KB023507

공명共鳴하는 동아시아사

Adventures in East Asian History:
A Cross-Cultural Studies among Korea, China, and Japan

Hun Park, Hiroshi Mitani, Xiang Zhang, editors

Ghil Publihser, 2024

공명共鳴하는 동아시아사

한·중·일 역사학의 최전선

박훈·미타니 히로시(三谷博)·장샹(張翔) 편

도서출판 길

박훈(朴薫)
1965년생. 도쿄대학 박사. 일본근세·근대사 전공.
(현) 서울대 동양사학과 교수.

미타니 히로시(三谷博)
1950년생. 도쿄대학 박사. 19세기 일본사, 동아시아사, 비교사 전공.
(현) 도쿄대학 명예교수.

장샹(張翔)
1957년생. 히로시마대학 박사과정 수료. 일본근세근대사상사, 동아시아비교사상사 전공.
(현) 푸단대학 역사계 교수.

공명共鳴하는 동아시아사
한·중·일 역사학의 최전선

2024년 6월 15일 제1판 제1쇄 인쇄
2024년 6월 25일 제1판 제1쇄 발행

편자 | 박훈·미타니 히로시(三谷博)·장샹(張翔)
펴낸이 | 박우정

펴낸곳 | 도서출판 길
주소 | 06032 서울 강남구 도산대로 25길 16 우리빌딩 201호
전화 | 02) 595-3153 팩스 | 02) 595-3165
등록 | 2000년 9월 18일 제2010-000030호

한국어 판 ⓒ 도서출판 길, 2024. Printed in Seoul, Korea
ISBN: 978-89-6445-280-6 93900

젊은 역사가들의 경연

21세기 초엽인 지금, 동아시아에서는 어떤 역사연구가 진행되고 있을까? 역사가들은 어떤 문제를 설정하고 어떤 방법을 사용해 어떤 새로운 식견을 획득하고 있을까? 이 책은 한국, 일본, 중국의 청년과 중견 역사학자가 진행하고 있는 동아시아사 연구의 최첨단을 소개하려고 한다. 출발은 2013년부터 3년 동안 서울대학, 일본 와세다대학, 중국 푸단대학이 교대로 개최한 '동아시아 소장 역사가 세미나'였다. 이 기획은 동아시아사의 소장 역사연구자가 한곳에 모여 각국의 최첨단 연구를 발표하고 토론하는 가운데, 절차탁마(切磋琢磨)와 인적 교류를 꾀하려고 한 프로젝트였다. 발표된 논문은 모두 역작(力作)이었고 동아시아 역사학계가 세계에 그 존재를 어필한 만한 실력을 갖고 있음을 유감없이 보여주었다. 다만 모든 발표 논문을 이 책에 수록할 수는 없었다. 그래서 각국을 대표한 기획자 세 명이 사후에 토론과 투표를 통해 수록 논문을 선정했다. 이번에 빠진 논문 중에도 뛰어난 글이 많았음은 물론이다.

이 논문집은 세 차례 세미나에서 발표된 논문을 주제별로 배치했다. 시대는 고대에서 현대까지, 분야는 환경사에서 젠더사까지를 망라하고 있다. 대상도 자국사(自國史), 인국사(隣國史), 국제관계사 등 다양하다. 너무 다양하다고 생각될지도 모르겠다. 그러나 이것을 통시대적으로 혹은 통지역적으로 살펴보면 동아시아의 공통성과 다양성을 찾을 수 있을 것이다. 여러 논문을 읽고 자신이 전공하는 시대와 사회에서 발생한 일들을 비교해보면, 새로운 통찰을 얻거나 새로운 연구과제를 발견할 좋은 기회가 될 것이다.

제1부에서 다루는 주제는 환경사다. 현재 환경사 연구는 세계 역사학계에서 최첨단에 위치하고 있다. 일본을 제외한 동아시아 역사학계에서도 최근 상당한 주목을 받고 있다. 이 책이 굳이 처음에 이를 소개하는 것은 일본 역사가들의 관심을 촉구하기 위해서다. 환경사에 대한 관심이 세계적으로 늘어난 것은 직접적으로는 19세기 이래 인구증가와 자원소비, 환경오염이 가속적으로 진행되어왔고, 근년에 들어 각지에서 지구 생태계의 변화가 불규칙한 기후변동이라는 형태로 체감·우려되고 있기 때문일 것이다. 인재(人災)뿐만 아니라 자연계가 일으키는 재해도 중요한데, 동일본 대지진 이후 자연계를 시야에 넣은 역사의 장기변동에 대한 관심이 역사학계에서 싹트고 있는 것은 환영할 만한 일이다.

우리 연구모임은 2014년 상하이에서 이 주제를 다루었다. 이 책에서는 이와 관련해 두 논문을 게재했다. 먼저 하세가와 쥰지(長谷川順二)의 「전한(前漢) 황하와 『수경주』(水經注) 황하의 특성 비교」는 황하 하구 부근의 유로(流路) 복원을 시도한다. 황하는 예로부터 사나운 강으로 알려진 대로 그 유로는 크게 변화해왔다. 지금은 발해로 흘러가지만 남송부터 19세기 중반까지는 산동반도 남쪽의 동중국해로 흘러들어간 적도 있다. 하세가와는 그 하도(河道) 변천사 가운데 전한기와 후한 이후 당말까지, 그리고 현대의 세 시대를 검토해 과거 두 시대의 하도를 복원하고 각각의 지질적 특징을 파악해 황하사(黃河史)의 통설을 크게 바꿨다. 그 결론은 이 책 45쪽의 그림에 집약되어 있다. 요컨대, 전한기 황하가 주위에 폭넓은 자연제방을 만들어가면서 흘러가다가 물이 불어날 때 범람하는 경우가 있었던 것에 비해, 후한 이후 『수경주』 시대의 황하는 자연제방이 없는 채로 평지를 몇 갈래로 병행해 흐르는 강이 되어 하구에 삼각주를 형성하지도 않았다는 것이다. 인공위성이 보내준 리모트센싱 데이터를 이용한 방법상의 혁신이 두드러지지만, 이 논문의 장점은 그것을 문헌 및 현지조사와 밀접하게 연결했다는 점이다.

이 논문의 함의는 자연현상을 복원한 데 그치지 않는다. 황하와 장강은 거대한 중화제국을 잉태한 원천으로 여겨져 왔다. 카를 아우구스트 비트포겔(Karl August Wittfogel)을 비롯해 종종 대규모 치수공사의 필요가 전제권력을 낳았다고 보고 이를 고대의 성왕 우(禹)의 전설과 연결하곤 했다. 황하의 제방도 당시의 권력에 의한 인공물로 보았고, 그것이 성공했기 때문에 후한 이후에는 제방의 붕괴가 없어지게 되었다고 해석하는 견해가 다수였다. 그러나 이 논문은 전한시대 황하의 제방은 인공물이라고 하기에는 폭이 너무 넓고 후한 이후의 황하는 제방이 없었다고 지적했다. 즉 치수를 권력편성과 직결할 수는 없다는 점을 시사해준다.

이어서 김현선의 논문 「명대(明代) 호남성(湖南省)의 환경과 역병(疫病)」이다. 현재의 환경사에서는 감염증 연구가 중요한 위치를 차지하고 있다. 근래 중국의 사스(SARS)와 아프리카의 에볼라출혈증, 그리고 코로나(COVID-19)가 세계를 뒤흔들어 신종인플루엔자에 대한 우려가 높아지고 있는데, 윌리엄 맥닐(William McNeill)이 『전염병의 세계사』에서 묘사한 것처럼 사람과 동물, 미생물이 만들어내는 감염병의 역사는 오래되었다. 이 책은 사람의 생명에 대한 위험뿐만 아니라 사람이 사는 지역의 생태적·민족적 특징과 사람의 이동, 경제생활의 상황도 선명하게 보여준다.

김현선은 감염병과 환경의 관계를, 중국 호남성을 무대로 14세기 중반부터 17세기 중반까지 약 300년에 걸쳐 통시적 통계를 만들어 시간적·공간적 분포를 통해 검토했다. 호남성은 장강 유역의 남쪽에 위치하는데, 그 북부에는 광대한 동정호를 포함한 평야가 있고, 남서부는 산악지대로 묘족 등 비(非)한족이 살고 있었다. 통시적 통계에 의하면, 명대 역병의 발생은 기복이 심해 1480년대와 1580년대 이후에 크게 늘어났고, 명청 교체기에 급상승했다. 또 이것을 지역별로 보면 1580년대 이전에는 남부 산악지대에 많았던 데 비해 그 후는 북부 평야지대에서 빈번하게 발생했다.

이 논문은 감염병 유행에 국소적·지속적으로 발생하는 경우와 단기간에 폭발적으로 유행하는 경우가 있는 점을 찾아냈다. 전자는 '장'(瘴), '학'(瘧)이라고 불리는 산악지대 고유의 풍토병으로 그 정체를 모기가 매개하는 말라리아로 추정한다. 산악지대의 경제개발과 인구유입이 원인이지만, 숲의 벌채가 기후변화를 초래해 장기적으로는 풍토병을 감소시켰다고 한다. 한편, 북쪽의 평야와 구릉지대에서는 명말에 대규모 유행이 보이는데, 페스트가 아닐까라고 추측한다. 당시 세계를 엄습한 한랭화가 기근과 면역력 저하를 초래했다고 본다. 김현선의 신중하고 다각적인 검토는 질병의 유행뿐만 아니라 당시 호남 사회의 실태, 나아가 명청 교체기의 모습을 생생하게 부각해 보여준다.

제2부는 전근대 동아시아 각국의 정치체제에 관해 살펴보고 있다. 전근대 동아시아의 정치질서에는 두 가지 두드러진 특징이 보인다. 정권의 구성방법으로서의 과거, 즉 학력시험에 의한 군주 직속의 관료 선발과 군주의 내정(內廷)을 담당한 환관이다. 이들은 중국 역대 왕조와 한반도의 국가들에 존재했지만 일본에는 없었다. 동아시아 전통질서에는 정치체제의 근간에 현저한 공통성과 이질성이 보이는데, 이것은 비교사의 좋은 소재가 될 것이다.

먼저 환관이다. 환관제도는 일본인에게는 익숙하지 않은 것이지만, 한국과 중국의 역사에서 환관의 역할은 적지 않다. 환관은 일상적으로는 내정에서 군주와 그 가족에 봉사하고 때로는 군주와의 친밀성 때문에 외정(外廷)의 관료를 능가하는 권력을 행사했다. 이재환의 논문 「신라의 환관(宦官) 관부(官府)를 찾아서」는 한반도의 환관제도가 신라시대까지 올라가는 것을 논증했다. 고려시대에 본격화한 이 제도는 내정의 이원성, 즉 환관에 의한 일용 잡무와 통상의 관료가 겸무하는 정무가 병렬되는 것을

특징으로 했다. 이 논문은 빈약한 문헌자료를 금석문(비문)으로 보완해 그
것이 신라시대까지 소급될 수 있음을 해명했다. 한반도의 고대사는『일본
서기』등과 거의 동시대에 편찬된 사서가 없어졌기 때문에 고려가 새로
편찬한『삼국사기』에 의지하지 않을 수 없어 상세한 문헌자료가 빈약하
다. 그러나 근래 금석문(비문)과 목간의 연구가 현저히 발전해 그 덕분에
구체적 역사상이 상당히 밝혀졌다. 이 논문은 그 좋은 예다. 목간의 해독
은 매우 어렵고 단편적인 문자에서 의미를 읽어내는 일 또한 지난한 작업
이지만, 그것을 문헌자료가 전하는 내용과 맞추어가며 역사상을 구성하
는 모습에는 고대사 아니고서는 맛볼 수 없는 흥미진진함이 있다.

　이 논문에서 이재환은 신라 환관제도의 복원을 위해 동시대의 당나라
와 후대 고려의 제도를 참조하고, 그 바탕 위에서 삼자의 이동(異同)을 서
술하고 있다. 이것을 좀더 일반화하면, 군주를 직접적으로 지탱하는 조직
의 구성법을 비교하는 것이 된다. 일반적으로 이것을 내정이라고 부르지
만 그것이 정무조직과 분화되어 있다고는 한정할 수 없다. 신라와 고려에
서 비(非)환관들이 중사성(中事省)을 겸무한 것이 그 예다. 그렇다면 중국
왕조에서는 어떠했을까? 내정과 외정을 준별해 내정을 환관과 여관(女官)
으로만 구성했다면 그 이유는 무엇이었을까? 환관이 없었던 일본에서 내
정은 어떻게 조직되어 있었을까? 이와 같은 비교는 젠더와 권력의 역사에
대한 보다 깊은 이해를 가능하게 할 것이다.

　다음으로 과거(科擧)다. 이 역시 일본에는 없었다. 중화제국에서는 수나
라 때 황제가 직속관료를 시험으로 뽑는 제도가 만들어져 그 외의 선발
제도와 병용(倂用)되기 시작했는데, 송대에 와서 전면화되었다. 남자에 한
정되기는 했지만 태어난 가문이 아니라 본인의 학력을 기준으로 고관을
선발하는 '기회의 평등'을 체현한 제도가 1,000여 년 전에 실현되었던 것
이다. 한반도에서도 고려 때 도입되었고 이어서 조선 왕조에서 전면적으
로 제도화되었다. 이에 반해 일본은 8세기의 영(令)에서 부분적으로 도입
되었지만, 관제의 근간에는 적용되지 않았고 그조차도 후에 무사가 대두

해 조정이 무력화함에 따라 소멸되었다. 전국시대에는 전투의 승패에 따라 지위가 결정되었지만, 도쿠가와 시대에 전란이 없어지자 지위의 유동성이 사라지게 되고 태어난 가문의 격(格)이 관제상의 지위를 전면적으로 규정하게 되었다.

이처럼 전근대 동아시아에서는 과거의 유무를 둘러싸고 한국과 중국, 일본 사이에 현저한 차이가 있었다. 그러나 한국과 중국에서도 과거가 전면적으로 긍정되었던 것은 아니다. 김영인의 논문 「16세기 조선 '산림지사'(山林之士)의 대두와 천거제 논의」는 과거를 국제의 근간으로 해서 성립한 조선에서 얼마 지나지 않아 폐해가 지적되고, 다른 원리에 의한 '천거'제도가 만들어져 이를 보완하게 된 점을 지적하고 있다. 본고장인 중국 송나라에서도 주자(朱子)는 학력시험이 통치자가 본래 체현해야 할 도덕성을 함양하지 않고 오히려 시험기술에 집착해 역효과가 나기 쉽다고 우려해 위로부터의 '찰거'(察擧)제도를 권장했다. 조선에서는 이 주장이 보다 널리 받아들여져 건국 후 100년이 지날 무렵에는 제도화되었던 것이다. 그 원동력은 주자학의 고양과 보급이었다. 성리학자는 도덕을 통치의 근본으로 확신하고 과거를 거부하며 민간에 남아 도덕성 수양에 전념하면서 '산림지사'로서 국왕과 정부에 기탄없는 비판을 가했다. 국왕과 정부도 그들의 상서를 환영했을 뿐만 아니라 조정에 초치해 토론하거나 관작을 주었고, 때로는 재상으로 임명하기도 했다. 각지에서 추천된 '유일'(遺逸)을 천거하는 것은 초기부터 보이지만, 16세기 초에는 '천거과'가 설치되어 각지로부터 온 인재가 왕의 책문을 거쳐 등용되었다. 이것은 과거의 '별시'(別試)로 위치지었지만, 당쟁의 표적이 되어 폐지된 이후에 산림지사의 등용은 그 특성에 즉하여 행해지게 되었다. 하나는 과거를 거친 문관 이외에도 임용 가능한 감찰기구인 사헌부에 임명하는 것, 다른 하나는 군신이 토론하는 '경연'(經筵)의 장(場)에 초청하는 것이다. 그 결과 천거된 산림지사는 일반의 문관보다 중용되었다는 것이다.

김영인의 논문은 산림지사의 천거에 의해 성리학이 국정에 커다란 영향력을 끼쳤다고 보면서 이것을 조선의 독특한 정치문화의 형성이라고 파악하고 있다. 정부 외부로부터의 일상적인 '공론'의 존재와 그 강력함, 또한 공론에서의 도덕성 강조는 오늘날 한국에서도 자주 보이는 현상이다. 그 원류가 여기에 있다고 보아도 틀림없을 것이다. 다만 그렇다면 과거를 창시한 중국에서는 어떠했는지 궁금해진다. 민간의 사(士)의 발언은 조정이나 여론에 어느 정도 영향을 끼쳤을까? 도덕성은 어느 정도 언론의 내용을 규정했는가? 차이가 있다면 그것은 무엇 때문이었을까?

다른 한편으로 근세 일본에서는 세습제가 지배해 과거는 물론 조선과 같은 천거도 행해지지 않았다. 이것만으로는 비교할 방법이 없다. 그러나 조선에서 천거제가 만들어낸 '공론'이라면 비교 가능할 터다. 근세를 관통해 일본에서는 공개된 장에서 명확한 의견을 밝히는 것이 가능하지 않았다. 그러나 막말기가 되면 갑자기 '공론'과 '공의'(公議)라는 주장이 출현해 유력한 정치운동이 되었으며, 유신 이후에는 입헌군주제로 제도화되었다. 뒤에 서술할 고노 유리(河野有理)의 논문은 이런 상황을 생각하는 단서를 제공할 것이다.

제3부는 전근대의 정치사상을 다루고 있다. 지식인이 각 시기의 정치체제와 어떻게 관련되었는가 하는 문제다. 먼저 장펑(姜鵬)의 「질서 지상인가 군주 지상인가」인데, 이것은 『자치통감』의 저자로 왕안석 신법을 뒤엎은 것으로 유명한 북송(北宋) 재상 사마광의 군주관을 논한 것이다. 중국에서의 통설은 사마광을 전제군주의 옹호자로 보고 있지만, 이 논문은 중앙정부에 의한 집권과 군주의 전제를 구별하여 전제는 명청시대처럼 황제가 재상을 두지 않았을 때 행해졌다며, 사마광의 송나라는 중앙집권체제이기는 했지만 전제는 아니었다고 주장한다. 그런 시각에서 『자치통감』에서의 왕위계승을 둘러싼 기술을 분석하여, 사마광은 황제 자신의 의지보다는 장자계통이라는 '예'를 중시했다는 점을 밝혔다. 군주의 자의, 전제가 아니라 그 의지에 반하더라도 예제에 의한 질서의 안정을 중시했다는 것이다. 이 논문은 저명한 사서에 기초하여 과거의 정치가를 논평한다는

중국의 지적 전통이 지금도 여전히 살아 있음을 보여주고 있다. 미언(微言) 속에서 현재에 대한 주장을 말하는 점도 비슷하다. 이 책에서는 특이한 논문이라고 할 수 있다. 이 논문의 저자는 20세기 중국사상사학이 근대 서양이 창출한 질서모델을 중국의 과거에 들이대 재단해 왔다고 강하게 비판하며 송나라 정치가 사마광의 언설을 동시대의 문맥에 즉해서 명료하게 분석하고 있다.

다음으로 다루는 주제는 근세 일본이다. 중국의 역사학자가 17세기 일본의 사상가 야마가 소코(山鹿素行)를 검토했다. 소코는 근세 초기의 사상가로 불교·주자학·고학(古學) 등 사상적 전환을 거듭하면서 병학(兵學)도 아울러 공부했다. 그가 수립한 야마가류 병학은 막말기까지 연면히 이어져 왔다. 이 논문은 소코가 불교·기독교 등 이단사상이 횡행하는 것을 근세 일본 사회체제의 결함이라고 보고 유학에 의한 적극적 교화를 제창하고, 그를 위해 주자학의 기본 개념인 '이'(理)를 독창적으로 재구성한 점을 지적했다. 주자학의 '이'는 우주와 인간을 관통하는 보편원리이며 누구라도 수양에 의해 인식하여 성인이 될 수 있다고 여겨졌다. '이'에 대해 소코는 보편적인 '이'와 개별적인 사물의 '이'는 다른 것이고, 전자는 성인만이 인식할 수 있는 것이어서 평범한 사람은 사물의 이를 추구하면서 성인의 교화에 따라야 한다며, 자신이야말로 그 성인이라고 주장했다. 그 위에서 전통적인 병법을 집대성한 후 자신이 만든 고학에 통합하여 '무교'(武教)라고 이름 짓고 평화시대의 무사들을 유교에 기반을 둔 덕치로 교화하려고 했던 것이라고 한다.

소코는 만년에 유폐되어 죽었다. 재상으로서 중국을 통치한 사마광, 민간에 있으면서 조정에 커다란 영향력을 행사한 조선의 '산림지사'들과는 대조적이다. 그것은 근세 일본의 막부가 통치 이데올로기에 무관심하고 경계적이었던 것을 역으로 보여주고 있다. 왜 이러한 차이가 동아시아에 생겨난 것일까? 그것은 현재 동아시아의 정치문화의 다양성과 관계가 있는 것인가, 매우 흥미로운 문제다.

제4부는 전근대의 국제관계다. 조선 초에 귀화한 대마도의 일본인, 만주족에 복속한 뒤 조선이 전개한 다각적인 국제무역, 류큐가 대마도의 양해 아래 일본에 대한 복속관계를 청조에 비밀로 한 것 등에 대한 3편의 논문을 모았다. 모두 각국의 경계에 위치한 사람과 국가에 대한 이야기다. 먼저 왕신레이(王鑫磊)의 「조선 왕조 초기 '향화왜인'(向化倭人) 평도전(平道全) 연구」다. '향화왜인'은 조선에 귀화한 일본인을 조선에서 부르는 호칭이다. 이 논문은 조선국왕의 신하가 된 대마도인 평도전을 통해 조선의 군사와 왜구토벌에 대해 논하고 있다. 평도전은 15세기 초에 조선의 관직을 받고 군사 분야에서 활약했는데, 이 '향화'는 대마도주의 양해 아래 이뤄졌던 점, 국왕을 위해 왜구토벌에서 활약한 점, 류큐로의 해로를 개척한 점, 대마도의 왜구토벌에 대해서는 전력을 다하지 않았던 점, 조선의 세종이 대마도공격(1419년의 기해동정[己亥東征], 오에이 외구[應永の外寇])을 단행하기 직전에 평양으로 유배되어 감시 속에서 일생을 마친 점 등이 지적되었다. 이 논문은 평도전의 생애에 조선과 대마도 양측에 끼인 자의 비극을 보고 있지만, 기해동정 후 조선과 대마도의 관계는 지속적으로 안정적이었다고 지적하며, 그는 대마도가 조선과 일본에 양속(兩屬)하게 되는 발단에 해당하는 존재였다고 위치지었다. 말미에서는 이러한 조선·대마도의 관계 안정이 왜구가 중국 연해를 약탈하는 것을 용이하게 했다고 결론짓고 있다.

다음도 역시 조선을 무대로 200여 년 후의 모습을 다룬 쓰지 야마토(辻大和)의 「조선·후금(後金) 사이의 경제관계」다. 널리 알려진 것처럼 16세기 말 일본을 통일한 도요토미 히데요시(豊臣秀吉)가 두 차례 조선을 침략하여 실패한 후, 이번에는 17세기 초에 만주족의 후금(뒤의 청)이 역시 두 번 쳐들어와 조선을 복속시켰다. 한반도를 무대로 도합 네 번의 대란이 발생한 것이다. 이 논문은 조선이 후금에 진공(進貢)을 시작한 후, 대명전쟁으로 중국에서 물자를 조달할 수 없었던 후금에 군복 옷감을 공급했던 것, 후금의 요구에 소극적으로 대응하는 한편에서 상인들은 후금산 약용인삼 입수에 의욕적이었던 점, 공급물자는 명의 장교와 무역을 재개한 일본에서 입수한 점 등을 지적했다. 즉 대란이 아직 계속되는 중에 조선은 복속한 후금의 요구에 교묘히 저항하거나 이용하면서 얼마 지나지 않아 동아시아에 다각적인 무역관계를 재건하기 시작했던 것이다.

그 무렵 류큐에도 흥미로운 변화가 일어났다. 와타나베 미키(渡邊美季)의 「감추는 외교」는 동아시아 근세를 관통하는 국제관계의 특징을 선명하게 보여준다. 14세기에 건국된 류큐는 명, 이어서 청과의 조공·책봉관계를 유지하면서도 17세기 초 일본 사쓰마의 침공을 받아 중국 왕조와 사쓰마에 양속하게 되었다. 나아가 청의 중국지배가 안정되었을 때, 류큐는 사쓰마에 사실상 지배당하고 있는 것을 청조에 은폐했는데, 그것은 19세기 중반까지 지속되었다. 와타나베는 그 경탄할 만한 외교수법을 사쓰마-류큐 간의 무역선이 중국에 표류했을 때 어떻게 대처했는가를 단서로 요령 있게 설명하고 있다. 이 논문은 은폐정책이 사쓰마의 동의와 협력 아래 행해진 점, 나아가 청나라 관헌은 사쓰마-류큐 관계와 사쓰마 관리의 류큐 주재 사실을 알고 있으면서도 계속 못 본 체한 점 등 중요한 사실들을 발견했다. 근세 동아시아의 국제관계는 200년 이상 안정이 유지되었지만 그것은 다분히 당사자들이 자타인식의 다의성을 의도적으로 이용해 온 것에 의한 것이었다. 형식상은 대등했던 조선과 일본의 국교도 한 꺼풀 벗기면 일본의 다이묘 소씨(宗氏, 대마도주)가 동시에 조선국왕에 신종(臣從)하는 한편, 통신사가 조선으로부터만 파견되고 일본은 답례사를 보내지 않았던 점 등 비대칭적인 관계가 중첩되어 형성된 것이었다. 그러나 당사자는 그것들을 '공공연한 비밀'로 다뤄 결코 자신의 해석을 상대방에게 강요하지 않았다.

이 책의 후반은 근대를 다룬다. 동아시아 근대는 서양 주도의 글로벌화의 제2파가 태평양 서안에 미쳐 한중일 각국이 그에 휩쓸리며 시작되었다. 조선과 프랑스·미국과의 교전, 중국의 아편전쟁, 일본의 메이지유신(明治維新)을 그 시기(始期)로 볼 수 있을 것이다. 이때 동아시아 각국은 서양과 경제적·군사적 관계에 진입했을 뿐만 아니라 사상·제도 면에서도 대치·참조·수용하며 자국을 변화시켜 가지 않을 수 없었다. 제5부는 먼저 서학(西學)에 대한 대응을 다룬다. 최초로 이에 착수하여 서양문명을 조직적으로 도입한 것은 일본이었지만, 중국도 청말에는 '신학'(新學)을 과거를 위한 교육과정에 수용했다. 고노 유리(河野有理)의 「메이지 일본 계몽사상의 재검토」는 메이지 정부가 성립한 후 양학(洋學) 지식인이 중심이 되어 조직한 메이로쿠샤(明六社)에 대한 종래의 이해를 대폭 수정해야만 한다고 제창했다. 통설에서는 메이로쿠샤는 '계몽'단체로 그 주장은 미온적인 '점진주의'였다고 하고 있지만, 고노는 메이로쿠샤가 서양의 '계몽'이 대결해야만 했던 기독교 교회 같은 강적을 갖지 않았기 때문에 폐창론(廢娼論)과 같이 일본 사회에 대담한 개혁을 촉구하는 급진론적 주장을 할 수 있었다고 주장한다. 그들이 점진주의로 간주되어 온 것은 민선의회 도입에 대해 동시대의 정치가들만큼 적극적이지 않았기 때문인데 이 논문은 그 이유에 대해 그들이 무려 10년 전부터 그것을 강구하고 그 실현에 필요한 조건을 미리 검토·숙지하고 있었기 때문이라고 한다. 정부·민간 모두 서양화(西洋化)에 급속히 나아가려고 하는 가운데 메이로쿠샤 동인들은 에도의 성숙한 학문을 바탕으로 일본의 개혁을 심사숙고해서 진행시키려 했다는 이야기다.

다른 한편, 쑨칭(孫青)의 「근대 동아시아 지식변화의 한 장면」은 중국에서의 서양학 도입이 다름 아닌 과거제도를 이용하여 시작되었다는 점을 입증했다. 과거는 학력시험이고 관료선발 제도였기 때문에 수험대책서(과예(課藝))가 다수 출판되었다. 이 논문은 이것을 철저히 수집하여 출제와 모범적인 해답 논문을 분석하여 '신학'이 얼마나 중국 사회에 도입·보급되고 있었는지를 밝히고 있다. 먼저 1870년경 상해의 광방언관(廣方言館) 등이 수학·시무책·지리 출제에 신학을 도입했고, 1890년대 말기에는 각지에서 신식학당 설립제안이 이뤄졌으며, 그 가운데 광서제는 전국 서원에 중학과 서학의 겸습(兼習)을 명령했다. 이것은 일단 좌절됐지만 의화단사건 후 1901년 정부는 류쿤이(劉坤一)와 장즈둥(張之洞)의 공동상주를 받아들여 과거개혁에 착수했고, 중학·서학 겸습 및 책론을 위주로 하는 신식학당과 과예가 다수 출현했다. 과거는 1905년에 폐지되었지만 이 과정에서 양성되고 합격한 '신학' 지식인은 구미유학 등을 거쳐 그 후 중국 개혁에 지도적인 역할을 담당했다는 것이다.

중국의 서양학 도입은 여전히 흥미로운 주제이지만, 이 논문의 후반부에서 소개한 산둥성과 절강성의 신식학당 교육과정은 종래의 과거를 계승한 매우 엄격한 것이다. 시험에 의한 사람의 선별은 현재 세계적인 현상이 되었지만 앞의 김영인 논문이 보여준 회의·비판, 대체제안 등도 흥미로운 연구주제일 것이다.

다음으로 제6부는 근대의 국제관계, 그 중에서도 19세기에서 20세기에 걸친 전환기의 중일관계를 다룬 논문 두 편이다. 청일전쟁은 일본의 식민지 제국으로서의 대두, 서양에 의한 중국의 세력권 분할과 내정개혁의 개시, 조선의 열강조종과 개혁모색 등을 초래하여 동아시아의 국제질서를 크게 바꾼 사건이었다. 가나야마 야스유키(金山泰志)의 「각종 미디어로 본 전쟁과 일본 민중의 중국관」은 일본 민중이 전쟁 중과 전후에 중국에 대해 어떤 감정을 품고 있었는지를 탐색한다. 국제관계에서는 냉정한 이해타산뿐만 아니라 감정이라는 측면도 중요한 역할을 하는데, 여론조사가 없었던 과거에서 후자를 검토하기란 쉽지 않다. 신문은 저명 지식인의 대외관을 알기에는 좋지만 그를 통해 민중이 품었던 감정을 보는 것은 무리다. 이 논문은 초등학교 교과서, 소년대상 잡지, 강담, 연극 등 다른 미디어에 주목했다. 그 결과 중국인에 대한 멸시와 일본인의 우월성을 강조하는 경향이 일반적으로 보인다고 했다. 교과서와 교육자 상대 잡지에서는 전후의 중일관계를 고려한 정부의 의향이 반영되어서인지 자제하는 분위기가 있었던 반면, 오락 미디어에서는 아동용, 성인용을 불문하고 노골적인 멸시가 나타나고 그것이 연쇄적으로 퍼져 쉽게 해소되기 어려운 편견이 뿌리를 내렸다고 한다. 다만 중국의 고전에 대해서는 여전히 존경심을 보이고 있어, 중국의 동시대와 과거에 대해 상반된 평가가 공존하는 현재 일본의 중국관의 기원이 여기에 있다고 해석한다.

전쟁과 식민지 지배에 의해 생겨난 역사기억을 어떻게 다룰 것인가는 현대세계의 난제 중 하나인데, 그것은 국제관계의 연구 자체에도 영향을 주고 있다. 다이 하이빈(戴海斌)의 「고노에 아쓰마로(近衛篤麿)와 19~20세기 중일관계」는 이 점을 의식하면서 청일전쟁 후, 러일전쟁 시기에 이르는 중일협조의 10년 동안을 대상으로 귀족원의장이자 동아동문회 회장인 고노에 아쓰마로의 두 차례 중국방문을 단서로 그 실태를 검증하고 있다. 고노에가 남긴 사료 중에는 일기 외에 청조 대관들과의 왕복서한이 있는데 이것들을 정독하여 고노에와 그들의 관계를 밝혔다. 그에 따르면 제1회(1899) 방문 때 고노에는 쑨칭 논문에도 등장하는 류쿤이와 장즈둥을 비롯한 남방의 대관들과 적극적으로 교류했다. 류쿤이는 의기투합한 데 비해 장즈둥과는 뜻이 잘 맞지 않은 듯했지만, 그의 손자의 일본유학을 지원하는 등 청일제휴의 기초를 쌓아갔다. 두 번째는 의화단사건 직후인 1901년으로 베이징을 방문하여 황족과 직예총독 룽루(榮祿), 위안스카이 등과 회담한 후 랴오둥반도를 시찰하고 귀국했다. 이때는 러시아가 점령하고 있던 동삼성을 반환받기 위해서도 청조의 변법자강이 필수적이라며 이를 장려하는 등 청일제휴를 추진하는 자세를 보였다고 한다. 이 논문은 고노에의 행동에 대해 경제 면의 관심과 일본 정부와의 중개 역할도 있었지만, 그들 대외강경파의 주목적이 '친중거아'(親中拒俄, 중국보전)에 있었기 때문에 러일전쟁과의 관계에 주목해야 한다고 촉구했다. 나아가 그들 가운데에도 다양한 세력이 존재했다며 그에 대한 정밀한 연구가 필요하다고 지적했다. 어느 서양학자는 이 논문이 다룬 시기를 '잊어버린 황금의 10년'으로 부르기도 하지만, 이에 동의하는 중국인 연구자가 많지 않다고 한다. 그러나 중일관계는 그 후 순조롭지 않았지만, 훨씬 뒤에도 비슷한 시기가 있었던 것으로 생각된다. 미래에 그런 시기가 다시 도래하길 기원하는 의미에서 이런 시기를 상기하는 것도 헛되지는 않을 것이다. 여기 수록한 두 논문은 난제를 냉정하게 다룬 점에서 시사하는 바가 크다고 여겨진다.

시선을 옮겨보자. 제7부는 젠더 문제다. 이는 학문상으로도 실생활 면에서도 지금 세계에서 강한 관심을 끌고 있는 문제인데, 이 책에서는 중국 상해를 무대로 한 여성의 담배소비를 둘러싼 논쟁, 그리고 일본의 조선지배에서의 '내선결혼'(內鮮結婚)의 실태와 문제를 분석했다. 황푸 추스(皇甫秋實)의 「'미명'(美名) 혹은 '오명'(汚名)」은 상해 신문에 게재된 담배광고를 망라적으로 수집하여 여성의 끽연에 대해 어떤 이미지가 제시되고 논의되었는지를 풍부한 도상(圖像)을 사용하여 논했다. 1930년대 불황에 직면한 상해의 담배회사는 여성의 담배소비에 활로를 찾아 현대화, 일상화, 관능화라는 세 가지 수단을 통해 여성의 끽연을 정당화하는 광고를 냈다. 여성의 '자신감' '아름다움' '섹시함' '평등' '현대' '애국' 등의 미명을 부여하려고 했던 것이다. 남성의 독점물이었던 끽연의 장려는 남녀간 평등도 표상했다. 그러나 여성의 끽연을 성적 매력의 원천으로 '미명화'한 것도, 닥치는 대로 이유를 갖다 붙여 이를 '오명화'한 것도 남성이었다. 이 논문은 상해라는 무역과 소비의 중심지를 무대로 기업과 소비자의 경제행위를 관찰하여 모던 걸의 출현뿐만 아니라 여성의 '미명'도 '오명'도 남성에 의해 줄곧 결정되었다는, 젠더구조의 동요와 지속성의 관계를 밝히고 있다.

다음 이정선의 「제국 일본의 '내선결혼'(內鮮結婚) 정책과 현실」은 일본이 20세기 전반에 조선을 지배할 때 표방한 동화정책이 어떻게 귀결되었는가를, 양 민족 간의 혼인실태와 정책에 대한 영향을 정밀하게 분석하여 해명했다. 일본은 조선지배를 시작하면서 일본식의 호적제도를 도입했지만, 일본인과 조선인 간의 전적(轉籍)을 엄격히 제한하고는 혼인·입양의 경우만 예외로 했다. 현실에서 진행되고 있던 양 민족 간의 통혼을 이렇게 법제상에 위치지었던 것이다. 통계에 따르면 1926년 이후 조선에서는 일본인 남편-조선인 처의 부부가 조선인 남편-일본인 처의 부부 수를 상회하고 있었다. 그러나 일본에서는 조선인 남성이 학생이나 노동자로 단신 도항하여 일본인 여성과 결혼하는 경우가 많았기 때문에 조선과 일본을 합치면 조선인 남성과 일본인 여성 부부의 경우가 대다수였다. 일본 측이 의도한 조선인의 일본화뿐만 아니라 일본여성과 그 자녀들의 조선인화가 진행된 것이다. 전시체제 시기가 되면 조선인 노동력의 내지동원에 대한 기대로 조선인에 전적을 개방하는 것이 검토되었지만, 다른 한편에서는 내선결혼이 증가하여 내지에서도 두드러지자 혼혈에 의한 일본인의 동질성 상실을 우려하는 목소리가 커져갔다. 결국 인종적·혈연적인 유사성을 근거로 한 동화정책은 포기되지 않을 수 없었다고 한다.

내선결혼은 수적으로는 소수에 머물렀지만, 이 논문은 식민지 지배와 그 정당화 정책, 개개의 결혼에서 보이는 민족·계급·젠더 간의 권력관계, 그리고 조선과 일본 간의 상호간섭을 정치하게 해명하고 있다. 지금까지는 일본 측의 동화정책이 그대로 관철되었다고 흔히 이해되어 왔지만 실상은 훨씬 복잡했다며, 내선결혼한 당사자, 특히 하층민들의 처지를 동정의 눈으로 바라보며 끝맺고 있다.

마지막 제8부는 일본제국의 전시동원 체제와 제국붕괴에 따라 발생한 동아시아 차원의 대규모 인구이동을 다룬다. 만주사변 후 일본은 다양한 형태로 대중동원을 꾀했는데, 당시 세계적 유행이었던 라디오의 이용을 주목한 것이 정지희의 「'듣는 주체'의 형성과 대중의 국민화」다. 이 논문은 공공방송이 단체청취 실험을 시행하여 관이 바라는 '주체'를 창출하려 했던 데 비해, 청취자들은 규범적인 청취자상으로부터 끊임없이 이탈하여 결국 관은 라디오에 의한 규율을 사실상 단념하지 않을 수 없게 되었다고 지적했다. 이런 시도는 1934년 오사카국(大阪局)에서 시작되었는데, 애초에는 주산강좌와 농촌대상 실용지식을 다뤘다. 사전에 텍스트를 배포한 후 각지에 지도자를 보내 집단적으로 청취하고 서로 내용 확인과 토의를 함으로써 사회교육을 효율적으로 행하는 것을 노린 것이다. 그를 위해 청취자가 특정 시간에 라디오 앞에 모일 필요가 있었다. 라디오 청취에 수반하는 일련의 규율을 신체화하고 최종적으로는 혼자서도 방송을 효과적으로 이용하며 나아가 청취습관을 타인에게도 보급할 수 있는 청취자를 만들려는 시도였다. 이 운동은 간사이에서 도쿄·도호쿠로 확산되었는데, 중일전쟁 발발 후에는 중점이 개개인의 계발로부터 단체훈련으로 이행했다. 이전의 자립적인 청취자상은 국민총동원 아래 단체정신에 충만한 이상적인 국민상으로 자연스럽게 연결되고, 직역(職域)마다의 청취라는 형태로 집단적인 생활훈련에 활용하게 되었다. 이어서 태평양전쟁 개시 후에는 생산 최우선의 체제 아래서 필수정보를 전달하기 위해 국민에 특정 청취시간을 설정하여 준수하도록 했다. 그러나 청취자가 꼭 그 지도에 따르지는 않았기 때문에 법률에 의한 강제도 구상되었지만 실현되지 못한 채 끝났다. 지도자층이 희망한 이상적인 청취자상은 끝내 구현되지 못했던 것이다. 이 논문은 라디오의 단체청취에 의한 공동체의식의 함양이라는 운동은 동시대 영국에도 있었다며 전 세계적인 대중의 국민화 운동이라는 시각에서 검토할 필요를 제창했다. 미디어에 의한 조직화와 수용자 측의 이용·도주라는 문제는 영원한 연구과제일 것이다.

한편 대일본제국은 총력전을 중국에서부터 구미·동남아시아로 확대하고 결국은 자멸에 이르렀다. 그때 제국 각지에 거주하고 있던 사람들은 대규모 이동을 시작했다. 청일전쟁으로 형성되기 시작한 일본제국은 근린 민족을 침략·지배했을 뿐만 아니라 그 지배영역의 사람들과 일본인의 이주도 초래했다. 제국붕괴 후 전승국(미국·중국·러시아)은 그들에게 조국의 땅으로 귀환할 것을 촉구했지만 그 중에는 어쩔 수 없이 잔류하게 된 사람들과 스스로 잔류를 택한 사람들도 있었다. 단기간이지만 20세기 중반에는 구 일본제국 지배 영역에서 약 1,000만 명이 대거 이동하는 시대가 있었고 그 결과 오늘날에 이르는 국경과 국민을 생성시킨 것이다.

황선익의 「동아시아 전후처리와 해외 한인의 귀환」은 한반도 밖에 거주했던 한인의 귀환을 중심으로 그것을 주도한 연합군 총사령부의 귀환정책과 미국·중국·소련 간의 귀환교섭을, 연합군 총사령부의 사료에 기초하여 기술하고 있다. 연합군의 초기 동아시아 귀환정책은 일본 제국주의의 해체를 주요 목표로 하여, 일본인의 본국송환과 일본거주 외국인(주로 한인)의 본국귀환을 최우선시했다. 한반도 밖 거주 한인은 약 500만 명에 달했는데 그 중 200만 명이 일본거주였다. 연합군은 1946년 2월 그들의 귀환의지 유무를 조사하고 귀환을 촉구했지만, 등록자는 예상보다 적었기 때문에 동년 11월에는 본국 정부의 수립까지 그들을 임시로 일본국적자로 간주하는 법령을 시행했다. 그러나 재일한인은 이에 반발했고, 그런 가운데 일본 정부는 그들의 참정권을 박탈했다(이 조치가 훗날까지 재일외국인의 법적지위를 불안정한 상태로 만들었다). 다른 한편으로 약 250만 명의 재중한인에 대해서는 미국과 중국의 합의에 의해 1946년 1월부터 귀환이 시작되었는데 그 대다수를 점하는 중국 동북 지역에서는 자발적 귀환자를 제외한 상당수가 잔류했다. 또 사할린 재주 한인의 지위는 미소의 협의에 넘겨져, 일본인 29만 명은 귀국했지만 한인은 소련 점령 아래의 북한으로 돌아간 233명을 제외하고는 그대로 사할린에 억류되었다. 세 지역 모두에서 당사자의 의지보다는 냉전을 시작한 대국과 일본의 의도가 그 운명을 결정한 것이다.

이 논문은 한인의 귀환 의의를 제국주의에 의해 왜곡된 민족적 괴리를 복원 내지 재결합하는 것에 찾고 있고, 그것이 한반도에 독립국가를 건설하는 선결조건이었다고 논한다. 그러나 대일본제국 해체 후에도 현지에 잔류를 희망하는 한인이 상당수 있었던 것도 분명하다. 문제는 연합군도, 일본 정부도, 중국 정부도 국적에 의해 거주지를 분할한 점에서 발생했다. 이 틀이 국민국가 성숙의 출발점이 된 것은 의심할 수 없지만, 그에 의해 한반도 밖에 거주하고 있던 한인은 적지 않은 곤란을 경험했던 것이다.

마지막으로 나카야마 다이쇼(中山大將)의 「제국 해체 이후」는 사할린에 초점을 맞추어 '경계지역사'라는 시각에서 그곳에 살고 있던 다양한 사람들이 제국붕괴와 함께 무엇을 경험했고, 나아가 과거를 어떻게 기억하고 말하는가를 구술조사의 성과도 이용하면서 서술하고 있다. 사할린은 원래 아이누 등 매우 적은 소수민족이 살고 있던 곳이었는데, 19세기 중반 러시아인과 일본인이 이주를 시작하여, 처음에는 잡거지로 한 후 1875년에 조약을 맺어 섬 전체가 러시아령으로 되었다. 러일전쟁 후에는 남반부가 일본령이 되었다가 1945년 소련군이 남쪽을 침공하여 사실상의 소련령이 되었다. 이때 남반부에 거주하고 있던 것은 일본인(일본제국의 내지 본적자) 약 36만 명, 한인(일본제국 조선 본적자) 약 2만 4,000명, 중화민국 국적자와 폴란드 국적자 외 유럽계 외국인이 약 240명, 선주민족 약 1,700명이었다. 소련 침공 후 대부분의 일본인은 내지로 철수했지만 잔류자도 약 1,400명 있었다. 소일 국교정상화 후 그 가운데 900명과 그들의 한인 가족 약 1,800명이 일본으로 귀국했다. 한인의 대부분은 소수의 북한 귀국자를 제외하고는 잔류하지 않을 수 없었지만, 냉전 종식 후 그중 약 3,500명이 한국으로 영구히 귀국했다. 귀국자들은 단체를 만들어 상호부조와 잔류자 철수지원 운동을 계속했는데, 그 입장은 냉전종결과 세대교체에 따라 소련의 가해에 대한 비난에서 화해로 톤이 변했다. 동시에 소련보다는 일본 정부에 눈을 돌려 잔류한인의 귀국을 위해 제기된 '사할린재판'(1975)에서는 일본 정부를 피고로 고소했다. 이 운동은 한일 양국 정부를 움직여 잔류한인 귀국이 실현되었지만, 일본인 관계자 중에서는 귀환자와 잔류자를 불문하고 한인과의 관계에 대한 기억을 둘러싸고 몇 가지 대립·착종하는 이야기가 있어왔다고 한다.

이 논문은 "이러한 복수의 '전후'는 소련의 피해자로서는 연대할 수 있을 한인과 일본인을 피해/가해론의 함정에 빠뜨려 한국과 일본이라는 민족적인 레벨에서 대립하게 하는 불씨가 되어 있다"고 경고했다. 동아시아에서의 역사기억은 국가 레벨에서는 일본 대(對) 한·중이라는 선명한 대립구조를 갖고 있지만, 사할린이라는 작은 복합사회를 통해 보면, 가해/피해의 관계는 착종한다. 그 경험을 귀속집단을 초월해 이해하려는 노력은 거꾸로 민족적 레벨의 대립을 해소하기 위한 단서를 제공할지도 모른다.

이상 18편의 논문을 소개했다. 주제가 다양하게 걸쳐 있음에도 불구하고 그 내용에 상당한 관련성 있는 것이 눈에 띈다. 독자들도 통독·비교하면서 각자 새로운 관련성과 미개척 영역을 발견해 갔으면 좋겠다.

지금 동아시아에서의 학술교류는 커다란 난관에 직면해 있다. 20세기 말부터 금세기 초에 걸쳐 두드러지게 진전해온 학술교류는 그 후 국제정세가 험악해지고 코로나도 발생하면서 거의 정지상태에 빠져 있다. 우리는 그런 속에서 미래의 동아시아에 평화를 확보·증진하기 위해서는 학술교류를 심화하고 그것을 통해 서로에 대한 존경심을 갖추는 것이 불가결하다고 믿고, 이 프로젝트를 수행했다. 이에 논문집을 간행하여 일단 완결 짓지만 향후 다른 형태로 지속할 것, 또 다른 연구자들이 보다 좋은 기획을 시작해 동아시아의 학술교류를 발전시켜 줄 것을 희망한다.

박훈, 미타니 히로시(三谷博), 장샹(張翔)

차례

IV. 국제관계(전근대편)

I

환경

1
전한前漢 황하와 『수경주』水經注 황하의 특성 비교*
—리모트센싱 데이터를 이용한 황하 고하도(古河道)의 연구

하세가와 슌지(長谷川順二)

머리말

중국에서 두 번째로 큰 강인 황하(黃河)는 무수히 범람을 반복하며 하
도(河道)를 이동시켜 왔다. 그리하여 중국의 역사지리학에서는 '황하 변천
사'라는 전문적인 항목까지 성립되었고, 오늘날까지 수많은 연구자의 검
토가 이루어졌다.[1] 나는 지금까지 문헌자료에 대한 검토가 중심으로 이루
어진 황하 변천사 연구에 리모트센싱(Remote Sensing, 이하 'RS') 데이터
와 현지조사를 통해 획득한 새로운 정보를 대입해봄으로써 기존의 통설

* 이 연구는 JSPS 두뇌순환을 활성화하는 신진 연구자 해외파견 프로그램 '리모트센
싱 데이터를 이용한 황하 유역의 역사와 환경', 중국 상해·복단대학 역사학박사후
연구과정 및 JSPS연구비26370829(기반연구C '리모트센싱 데이터를 이용한『수경
주』황하 및 지류군의 복원')의 조성에 의한 성과다.

1 황하 변천사 중 전한 황하부터 『수경주』(水經注) 황하까지의 시기에 걸친 황하의
변화에 대해서는 長谷川順二, 『前漢期黃河古河道の復元——リモートセンシングと歷
史學』, 六一書房, 2016年 2月, 第1部 第1章 참조.

을 재검토하는 작업을 진행하고 있으며, 전한(前漢) 시기의 황하에 대해서는 이미 복원을 완료한 바 있다.[2] 또한 후한(後漢) 이후의 황하[3]에 대해서도 『수경주』(북위, 6세기)의 기술을 출발점으로 삼아 복원을 진행했다.[4]

기존에 황하의 고하도에 대한 연구는 황하의 하천이나 지형적인 특성이 시대의 변화와는 무관하게 항상 동일할 것이라고 간주하고, 그러한 전제 위에 검토를 진행해왔다.[5] 그러나 수천 년에 걸쳐 하도를 끊임없이 변화시켜 온 황하가 과연 정말로 동일한 특성을 계속 유지하고 있었을까?

나는 2004~08년에 전한 황하, 2013~16년에 『수경주』 황하를 대상으로 현지조사를 진행했다. 이 현지조사를 통해 두 지역의 지표면에 남아 있는 지형의 특성이 전혀 다르다는 사실을 확인했다. 전한 황하의 지역에

---

2 내가 수행한 전한 황하의 고하도 복원에 대해서는 長谷川順二, 『前漢期黄河古河道の復元―リモートセンシングと歴史學』, 六一書房, 2016年 2月 참조.

3 현재의 황하 변천설에 따르면 전한 말기부터 후한에 걸쳐 황하의 개도(改道)는 2회 발생했으며, 전한 황하는 다른 하도로 이동했다. 이 하도는 남북조 시기를 거쳐 당 말기에 하도가 변할 때까지 장기간 큰 규모의 변화는 발생하지 않았다고 여겨진다. 하도의 위치정보는 북위 시기에 성립한 『수경주』에 상세하게 기록되어 있으므로 이 연구에서는 '『수경주』 황하/하도'라고 호칭한다.

4 후한 이후의 황하 고하도 복원에 대해서는 長谷川順二, 「リモートセンシングデータを用いた黄河古河道復元―後漢初期の第二次改道に關する考察」, 『日本秦漢史研究』 第15號, 2015年 3月; 長谷川順二, 「リモートセンシングデータを利用した『水經注』に記される北魏期黄河古河道研究―河南省濮陽市~山東省東阿縣~荏平縣~高唐縣」, 『人文』 第14號, 學習院大學人文科學研究所, 2016年 3月; Hasegawa Junji, "Remote Sensing Data: A Comparison of Distinctive Features of the Yellow River during the Former Han and the Yellow River Described in the Shuijing Zhu", *Memoirs of the Research Department of the Toyo Bunko*, 75, 2017 참조.

5 예를 들어 『황하수리지술요』(黄河水利志述要〔修訂版〕, 黄河水利出版社, 2003)는 청대 강기전의 『하거기문』(河渠紀聞)의 "평원현에서 북쪽으로는 옛 황하의 흔적이 아직까지 남아 있으며, 지형은 전체적으로 낮고, 모두 습지대나 늪지다"라는 기술에 대해 "'지형은 전체적으로 낮고'라는 것은 대하고도(大河故(sic)道)의 남북지구에 대한 서술이며, 고도(故道) 자체에 대한 내용이 아니다"(p. 134)라는 주를 달고 있다. 이 기술에 대해서는 이 글의 제3절 1)에서 검토한다.

서는 미고지(微高地)나 패각제(貝殼堤)라 불리는 특수한 지형이 확인되었다. 한편,『수경주』황하에 대한 조사에서는 황하로 인해 형성된 미고지나 패각제, 삼각주 등이 전혀 확인되지 않았다.

마찬가지로 RS 데이터도 전한 황하의 대부분은 지형 데이터 SRTM-DEM을 이용해 흔적을 판독할 수 있었지만,『수경주』황하가 흘렀을 것으로 여겨지는 지역에서는 SRTM-DEM을 이용해도 지형의 차이를 확인할 수 없었다. 이러한 조사방법에 의해서도 현지조사의 결과가 뒷받침되고 있는 것이다.

문헌을 살펴보면『사기』(史記)나『한서』(漢書)에서 전한 황하의 지류(支流)·분류(分流)에 대해 기술하고 있는 것으로는 '둔씨하'(屯氏河), '둔씨별하'(屯氏別河) 등 극히 적은 내용밖에는 확인되지 않는다. 한편,『수경주』에는 '탑수'(漯水), '제수'(濟水)를 비롯해 많은 황하의 지류가 기록되어 있으며, 황하 본류와 같은 방향으로 나란히 흘렀다고 언급되어 있다. 또한 왕상의(王尙義)에 따르면 후한 시기부터 남북조, 당대(唐代)에 걸치는 약 800년 동안에 '일'(溢, 범람)에 관한 기사는 몇 군데 확인이 되지만, '결'(決, 결궤)에 대한 기록은 확인되지 않는다고 한다.[6] 이처럼 전한 황하와『수경주』황하는 어떠한 연구방법을 통해 살펴보더라도 차이가 확인된다. 이 차이는 무엇에서 기인하는 것일까? 이 글에서는 두 시대의 하도를 복원하고 주변 지형을 검토함으로써 두 하도의 특성을 비교해보고자 한다.

---

6 王尙義,「隋以前黃土高原自然環境的變遷對黃河下遊河道及湖泊的影響」,『山西民族師範學院學報』第1期, 1989.

1. 기존의 황하 변천설

수리전력부(水利電力部) 황하수리위원회(黃河水利委員會)에 따르면, "황하는 1946년 이전까지의 약 3,000~4,000년 동안 결궤나 범람이 1597회 발생했고 개도(改道)가 26회 발생했다"고 한다.[7] 이중에서 부분적인 변화가 아니라 완전히 별개의 하도를 형성할 만큼 큰 규모의 변화는 6~7회 정도였다고 보는 것이 일반적이다.[8] 이 글에서는 기원후 69년[9]부터 남북조 시기를 거쳐 당대(唐代)에 이르는 『수경주』 황하를 중심으로 검토하고자 한다.

1) 후한(後漢) 이후의 황하(黃河)

황하의 하도(河道)연구는 남송(南宋) 시기 정대창(程大昌)의 『우공산천지리도』(禹貢山川地理圖)와 『우공론』(禹貢論)에서부터 시작되었다고 알려져 있지만, 당시의 하도 변천설에는 후한 이후의 하도가 포함되어 있지 않았다. 『수경주』에 기록되어 있는 북위(北魏) 시기의 하도가 황하 변천설의 내용에 포함된 것은 청대(淸代) 호위(胡渭)의 『우공추지』(禹貢錐指) 이후다.[10] 서명에서 알 수 있듯이 정대창에게서 시작된 황하연구는 『우공』(禹貢), 즉 『서경』(書經)을 포함하는 이른바 경학(經學)연구의 한 갈래를 이룬다. 한편, 『수경주』는 지리서이며, 최근에는 특히 진교역(陳橋驛) 등에 의한 뛰어

---

7   水利電力部黃河水利委員會 編, 『人民黃河』, 水利電力出版社, 1959.

8   북송(北宋) 시기에서 금(金)·원(元)에 이르는 시기는 황하의 난류기(亂流期)에 해당하며, 수차례 하도가 변화했다고 여겨진다. 이 시기의 개도를 어떻게 계산하는가는 연구자마다 차이가 있다.

9   『수경주』 황하의 시작을 기원후 69년으로 보는 설에 대한 보다 자세한 내용은 長谷川順二, 「リモートセンシングデータを用いた黃河古河道復元 — 後漢初期の第二次改道に關する考察」, 『日本秦漢史研究』 第15號, 2015年 3月 참조.

10   앞의 주 1 참조.

난 논문이 등장하면서 『역학』(酈學)이라 칭해지게 되었고, 학문 분야의 한 부분을 차지하게 되면서 경학연구와는 또 다른 갈래를 형성하고 있다. 그리고 이 두 갈래의 흐름을 통합한 것이 호위의 『우공추지』다.

그런데 『수경주』의 황하가 다른 시대의 황하와 동일시되지 못한 데에는 또 다른 이유가 있다. 현재의 황하는 그 하도의 양안을 따라 제방이 형성되어 있다. 하지만 『수경주』에는 전혀 다른 형태의 황하가 기술되어 있다. 『수경주』에 따르면 당시의 황하는 하류 평원에서 매우 많은 지류와 합류·분류를 거듭하고 있다고 되어 있다. 특히 탑수(漯水)와 제수(濟水) 두 하천은 하류 평원 전역에서 나란히 흐르다가 최종적으로는 하구 부근에 이르기까지 『수경주』 황하를 포함한 세 개의 하천이 나란히 흘러 그대로 발해(渤海)로 유입되었다고 한다. 이것은 현재의 황하와도, 내가 복원한 전한 황하의 특성과도 완전히 다르다.

2) 『수경주』의 황하 기술의 개요

북위 시기 당시의 황하가 『수경주』에 어떻게 기술되어 있는가에 대해서는 내가 이미 정리한 바 있다.[11] 이 글에서는 특히 산동성(山東省) 동아현(東阿縣) 부근부터 하구에 이르기까지로 범위를 좁혀 개관해보도록 하겠다.

북위 시기의 황하는 『수경주』에 따르면 현재의 산동성 동아현 부근에서 북쪽으로 흐름을 바꾼다고 되어 있는데, 좀더 자세히 살펴보면 북위 시기의 황하는 이 동아현 부근에서 이상한 흐름을 보인다. 동아현의 남쪽에서 '등리거'(鄧裏渠)라는 분류가 나타나지만, 10여 킬로미터 정도 북

---

11 長谷川順二, 「リモートセンシングデータを利用した『水經注』に記される北魏期黃河古河道研究 — 河南省濮陽市〜山東省東阿縣〜茌平縣〜高唐縣」, 『人文』第14號, 學習院大學人文科學研究所, 2016年 3月.

쪽으로 흘러간 지점에서 다시 합류한다. 이와 같은 흐름은 자연제방으로 둘러싸인 현재의 황하에서는 발견할 수 없다. 전한 황하에서는 오히려 100킬로미터를 단위로 하여 중간 규모의 변동이 발견되기도 하지만,[12] 이와 같은 소규모의 분류·재합류는 확인되지 않는다.

'등리거'와 재합류한 북위 시기의 황하는 그대로 북쪽으로 향해 현재의 우성시(禹城市)를 거쳐 임읍현(臨邑縣) 부근에서 다시 동쪽으로 방향을 바꾼다. 이 부근에 이르면 성시(城市)의 수가 감소하는 것인지 기술된 성시의 수가 급격하게 줄어든다. 다만 최종적으로 하구 부근에서 '염차'(厭次), '천승'(千乘)을 경유해 발해로 흘러들어간다고 기술되어 있다. 또한 『수경주』의 기술에 따르면 황하는 하구 부근에서 탑수·제수라는 두 줄기의 하천과 나란히 발해로 흘러들어간다. 하구에 삼각주를 형성하고 있는 현재의 황하나 전한 황하에서는 볼 수 없는 현상이다.

그러나 황하 변천사에서 『수경주』에 기술되어 있는 북위를 중심으로 한 하도는 오랫동안 황하 변천의 한 시대로 간주되지 않았다. 청대의 호위가 일찍이 『우공추지』에서 열거하고 있는 것처럼 여기에는 몇 가지 이유가 있지만 그중 한 가지는 후한의 명제(明帝) 시기에 실시된 왕경(王景)의 치수공사가 매우 효과적으로 기능했기 때문에 정사(正史) 등에서 다루는 황하에 관한 기술이 다른 시기와 비교해 매우 적은 것이 그 이유라는 설이 있다. 황하 변천에 관한 기존연구에 따르면, 전한 말기부터 바뀌기 시작한 황하는 하남성(河南省) 복양시(濮陽市) 부근에서 동쪽으로 흐르기 시작했다. 후한 왕조는 제2대 명제의 시대에 왕경이라는 기술자에게 명령해 황하의 안정공사를 실시하도록 했고, 이에 왕경은 1천 리에 이르는 장대한 제방을 건설해 황하의 하도를 다시 한번 안정시켰다.[13] 이 하도는 북위

시기의 『수경주』나 당대의 『원화군현지』(元和郡縣志), 북송 초기의 『태평환우기』(太平寰宇記)에 기술된 하도와 대략 일치하기 때문에 후한부터 북송 초기에 이르는 1천 년 동안 황하의 대규모 변동이 발생하지 않았던 '안류기'(安流期)라고 여겨지고 있다. 이를 두고 청대의 위원(魏源)은 '천년무환'(千年無患)이라 칭했고, 이는 1962년에 담기양(譚其驤)이 제창한 안류설(安流說)로 이어졌다.[14]

2. RS 데이터와 현지조사의 비교

이상에서는 주로 문헌자료의 기술에 근거해 전한 황하와 『수경주』 황하의 모습을 살펴보았다. 이 절에서는 RS 데이터라 불리는 디지털 데이터에 의한 화상해석 결과와, 내가 2013년 4월과 2015년 7월, 2016년 5월 등 세 차례에 걸쳐 하남성에서부터 산동성 일대를 답사하면서 실시한 현

---

13 전·후한 교체기의 황하 변동과 왕경의 치수사업에 대해서는 長谷川順二, 「リモートセンシングデータを用いた黃河古河道復元 —— 後漢初期の第二次改道に關する考察」, 『日本秦漢史研究』 第15號, 2015年 3月 참조.

14 위원은 청대의 관료·문인이며 『해국도지』(海國圖志) 등의 저자다. 『주하편』(籌河篇)에는 후한 시기에 왕경이 실시한 치수공사를 가리켜 "王景河, 千年無患"이라고 기술하고 있다. 담기양은 이 '천년무환'을 종래 왕경에 의한 치수공사의 공적으로만 보는 설에 대해 또 다른 원인이 있을 수 있음을 제기했다. 황하 중류의 오르도스 고원에서는 전한 시기에 이민정책이 추진되어 대규모 농지화가 이루어졌다. 이로 인해 황하 중류에서의 보수능력이 감퇴하고, 무제 시기 이후에 수해가 빈발하는 결과로 이어졌다. 한편 후한 시기에 들어서면 이 지역에 북방 유목민들이 침입함으로써 다시 삼림으로 회귀하게 되어 중류의 보수능력이 회복됨으로써 적어도 후한 시기부터 당 말에 이르는 약 800년 동안은 안정되어 있었다고 하는 '안류설'을 제창했다(譚其驤, 「何以黃河在東漢以後會出現一個長期安流的局面」, 『學術月刊』 第2期, 1962). 이후 이 '안류설'에 대해 찬반양론이 다양하게 등장했다. '안류설'을 둘러싼 논의에 대해서는 濱川榮, 「漢唐間の河災の減少とその原因」, 『中國水利史研究』 第34號, 2006 참조.

지조사를 통해 수집한 지형정보 등 두 가지 정보에 근거해 『수경주』 황하의 모습을 추적해보고자 한다. 하남성 복양시에서 산동성 동아현을 거쳐 고당현(高唐縣)에 이르는 범위에 대해서는 이미 검토했으므로[15] 이 글에서는 그 북쪽에 위치하는 임읍현에서 당시의 하구에 이르는 범위를 서술하겠다.

1) 임읍현(臨邑縣)의 북측

ALOS AVNIR 2에서는 임읍현성의 서쪽에서 북쪽으로 흘러간 하천의 흔적이 확인되었다(그림 1). 북쪽에는 비교적 분명한 흔적으로서 습지대가 형성되어 있는데, 그중 일부는 최근에 개원한 '홍단사 삼림공원'(紅壇寺森林公園)이 되어 있으며, 현지에서는 제방의 흔적도 확인할 수 있다. CORONA 화상으로는 보다 분명하게 하도의 흔적을 확인할 수 있다(그림 2). 이 화상들을 판독하면 〈그림 3〉과 같이 하도를 복원할 수 있다. 오늘날 현지에서는 이것을 '사하'(沙河)라고 부르는데, 새로 편수된 『상하현지』(商河縣志)에 따르면 송대 이후 황하가 유입되면서 모래와 진흙이 축적되어 사하로 불리게 되었다고 한다.[16]

머리말에서 언급한[17] 청대 강기전(康基田)의 『하거기문』(河渠紀聞)과 이에 대한 『황하수리지술요』(黃河水利志述要)의 기술은 이 주변 지역을 대상으로 하고 있다. 강기전의 『하거기문』에 기술된 "지형이 낮고, 늪지나 습지

15　하남성 복양시에서 산동성 동아현을 거쳐 고당현에 이르는 『수경주』 황하의 복원에 대해서는 長谷川順二, 「リモートセンシングデータを利用した『水經注』に記される北魏期黃河古河道研究 ─ 河南省濮陽市～山東省東阿縣～荏平縣～高唐縣」, 『人文』 第14號, 學習院大學人文科學研究所, 2016年 3月 참조.

16　商河縣志編纂委員會 編, 新修 『商河縣志』 第2編 「自然環境」, 濟南出版社, 1994: "사하(沙河). 옛날에는 상하(商河)라고 불렸으며, 송대 이후에는 황하의 강물이 흘러들어 하도에 모래가 퇴적되었고 그로 인해 사하라고 고쳐 부르게 되었다."

17　정확히는 머리말의 각주에서만 언급되어 있다.

그림 1 임읍현~상하현(ALOS AVNIR 2)

그림 2 임읍현~상하현(CORONA)

그림 3 임읍현~상하현의 하도 흔적
(ALOS AVNIR-II, Landsat5TM, CORONA를 판독)

대가 여러 군데에 흩어져 있다'라는 관찰 기록을 보면, 현재 이 인근 지역과 큰 차이가 없다.『황하수리지술요』에는 앞서의 기술에 대해 "지형이 낮다는 것은 대하(大河)의 옛 하도를 가리키는 것이 아니라 하도의 남북 지역을 가리키는 것이다"라는 주석이 삽입되어 있어 옛 하도 자체의 지형이 낮다는 의미가 아니라는 견해를 제시하고 있다. 분명 전한 시기의 하도나 명청(明淸) 시기에 남쪽으로 흘렀다고 전해지는 '폐황하'(廢黃河), 그리고 오늘날 황하의 하도 등은 모두 황하 그 자체로 형성된 자연제방 때문에 주변 지형보다 하도가 높게 형성되어 있다. 그러나 이 지역에서는 자연제방의 흔적이 보이지 않는다. SRTM-DEM을 이용한 경사도 분석으로도 마협하(馬頰河)나 도해하(徒駭河) 등 현재의 하천 부근을 제외한 대부분의 지역에서 거의 기복이 없는 평탄한 지형이 확인된다.

2013년의 현지조사 때 해당 지역을 방문한 결과, SRTM-DEM을 통해 이미 확인한 것과 마찬가지로 이 지역은 평탄한 지형이 끝없이 펼쳐져 있고, 오히려 앞서 말한 하도가 자연제방 없이 주변의 지표보다 약간 아래로 파고들어간 형태의, 이른바 '굴입하도'(堀込河道)[18]임을 확인했다(그림 4).

그림 4 임읍현 위가촌 북쪽(2013년 4월 촬영)

18 「굴입하도」에 대한 보다 자세한 내용은 이 글의 제4절 참조.

2) 동영시(東營市) 부근(북위 황하의 하구)

하천공학에서는 황하와 같은 커다란 하천이 바다로 흘러들어가는 부분에서는 삼각주라 불리는 특징적인 지형이 형성되는 것이 일반적이라고 보고 있다. 현재 황하를 살펴보면 산동성 간리현(墾利縣) 북쪽으로, 그리고 전한 황하의 경우에는 하북성(河北省) 맹촌(孟村) 회족자치현(回族自治縣)을 정점으로 하는 삼각주의 흔적이 확인된다.[19]

그러나 『수경주』에 기록되어 있는 북위 당시의 황하에서는 삼각주의 특징을 확인할 수 없을 뿐만 아니라 하구 부분에서는 황하를 포함해 '탑수', '제수' 등 모두 세 개의 하천이 나란히 흐르고 있다고 기록되어 있음을 확인할 수 있다.

커다란 하천이 바다로 유입되는 부분에서는 물줄기의 흐름으로 인해 해저의 토양이 뒤섞여 독특한 지층이 형성된다. 이것을 '델타 로브'(delta lobe)라 부르며, 해당 지역이 하구였다는 증거로 간주된다.[20] 설춘정(薛春汀) 등에 따르면 『수경주』를 통해 확인되는, 황하가 발해로 흘러드는 지점인 동영시 부근에서도 '델타 로브'를 확인할 수 있기 때문에[21] 전한 이후부터 당송 시기 사이에 이 부근으로 황하가 흘러들어 왔다는 것은 거의 확실하다.

---

19 전한 황하의 삼각주에 대해서는 長谷川順二, 『前漢期黃河古河道の復元 —— リモートセンシングと歷史學』, 六一書房, 2016年 2月 참조.

20 발해·황해의 델타 로브와 역대 황하와의 관계에 대해서는 齋藤文紀, 「アジアの大規模デルタ」, 日本第四紀學會 編, 『地球史が語る近未來の環境』, 東京大學出版會, 2007 참조.

21 薛春汀·周永靑·朱雄華, 「晚更新世末至公元前七世紀的黃河流向和黃河三角洲」, 『海洋學報(中文版)』第1期, 2004. 델타 로브와 황하개도의 관계에 대해서는 長谷川順二, 『前漢期黃河古河道の復元 —— リモートセンシングと歷史學』, 六一書房, 2016年 2月, 第1部 第2章 참조.

즉 북위 시기의 황하는 전한 황하나 현재의 황하와는 달리 하구 부분에 삼각주를 형성하지 않았다고 생각된다. 그뿐만 아니라 2015년과 2016년에 실시한 현지조사 결과, 동영시와 주변에서 『수경주』 황하의 하구라고 추정할 수 있는 흔적은 확인되지 않았다.[22] 한편 SRTM-DEM과 LANDSAT5TM 데이터를 이용해 동영시 부근의 지형분석을 수행한 결과, 동영시 인근에서 나란히 흐른 세 줄기의 하천을 확인했다(그림 5). 『수경주』의 기술에 따르면 이 세 개의 하천은 북쪽에서부터 『수경주』 황하, 탑수, 제수가 된다. 마리연(馬莉娟) 등에 따르면 이 동영시 일대는 '동영요함'(東營凹陷)이라 불리는 구조지형으로 간주된다.[23] 중국어의 '요함'은 일본어의 '배사지형'(背斜地形)을 의미하는데, 배사지형에서는 좌우로 여러 개의 줄무늬가 뻗어 나가는 형태의 근상(筋狀)지형이 확인된다. 앞서 언급한 세 개의 하도 흔적은 이러한 근상지형과 일치한다. '삼각주를 형성하지 않는 하구', '근상지형과 나란한 세 개의 하천'이라는 이 두 특징의 상관관계에 대해서는 지형의 형성과정과 함께 다음 절에서 검토한다.

3. 지형·지질 면에서 살펴본 황하의 특성

현재 황하의 특징은 '선어'(善淤), '선결'(善決), '선사'(善徙)라는 세 단어로

---

22 이는 동영시의 개발과도 관련이 있다. 동영시는 1961년 4월 무렵 승리유전(勝利油田, 이에 대해서는 후술함)이 발견되면서 급속하게 발전하기 시작했다. 1983년 2월에 지급시(地級市)가 되었고, 현재는 인구 180만 명의 대도시로 성장했다. 이처럼 급속한 개발이 이루어지는 과정에서 흔적이 사라졌을 가능성도 있다. 승리유전과 동영시 개발의 관계에 대해서는 山東省東營市地方志編纂委員會 編, 『東營市志』, 齊魯書社, 2000; 東營市統計局·國家統計局東營調查隊 編, 『東營統計年鑑二〇一四』, 中國統計出版社, 2014 참조.

23 馬莉娟·何新貞·王淑玲·任建業, 「東營凹陷沈降史分析與構造充塡演化」, 『石油地球物理勘探』 第6期, 2000.

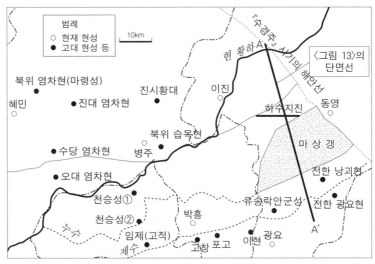

그림 5 RS 데이터에 기반한 동영시 주변의 고하도(SRTM-DEM, Landsat5TM)

요약될 수 있는데, "매우 탁하고(淤) 자주 결궤가 발생하며(決), 때때로 하도를 옮긴다(徙)"라는 의미다. 탁하다는 것은 하수에 다량의 황토가 포함되어 있음을 의미하며, 이 황토가 하류에서 강바닥이나 양안에 축적되어 하도가 주변 지형보다 높은 천정천(天井川)을 형성한다. 그리고 천정천이된 황하는 결궤를 일으켜 주위에 하수가 흘러넘치고, 때로는 결궤 이전과는 다른 하도를 형성한다. 황하는 이렇게 수도 없이 개도를 거듭함으로써 황하 하류에 광대한 평원을 형성했다.

1) 현재 황하와 전한 황하의 지형적 특징

황하가 하류의 평원지대로 흘러가는 정주시(鄭州市) 부근에는 폭이 10킬로미터 정도에 이르는 제방이 형성되어 있고, 퇴적이 진행된 황하의 강바닥은 제방의 바깥쪽에 위치하는 개봉철탑(開封鐵塔) 부근의 지면보다도 높아 이른바 '천정천'의 형태를 띠고 있다. 이 제방은 지역에 따라 폭에 편차가 있어서 산동성 제남시(濟南市) 부근에서는 정주시보다 좁은 5킬로미터 정도가 된다. 이 제방의 폭은 대체로 황하가 경유한 기간이 얼마나 길었는가에 비례하는 것으로 추정된다.[24]

황하를 둘러싸고 있는 이 제방은 역대 왕조가 치수를 목적으로 건조했다고 여겨지는데, 거슬러 올라가면 춘추시대의 제나라 환공 때로부터 유래하는 것으로 생각되었다. 일본의 중국 고대사 연구에서는 황하의 치수라는 대규모 공사를 실시하기 위해 거대한 권력이 필요했을 것이라고 상정하고, 이것을 통일된 국가권력의 형성요인으로 고려한 기무라 마사오(木村正雄)의 학설[25]이 오랫동안 통설로 여겨져 왔다. 그러나 나는 RS 데이터에 기초해 전한 황하의 하도와 그 형성과정을 복원함으로써 이러한 학설이 성립할 수 없음을 증명했다.[26] 아래에 그 요점을 소개한다.

지형학적으로 보면 황하의 하류 평원은 황하로 인해 형성된 거대한 부채꼴 모양의 선상지(扇狀地)다.[27] 그 범위는 북쪽으로는 천진시(天津市)에서 남쪽으로는 산동반도 남쪽을 따라 연운항시(連雲港市)를 넘어 염성시(鹽城市) 부근까지 도달한다. 일반적으로 선상지를 형성하는 하천은 선상지의 지표면을 흐르지 않고 지하로 스며들어 복류수(伏流水)를 형성하는 경우

24　현재의 황하는 1855년 이후로 약 160년 동안 폭 5킬로미터(산동성 제남시 부근)~10킬로미터(하남성 체주시 부근)를 형성했지만, 전한 황하는 기원전 602년~기원후 11년까지 약 600년 동안 폭 20킬로미터의 미고지를 형성했다. 즉 경유기간이 길수록 자연제방 혹은 미고지의 폭이 넓어지는 경향을 보인다. SRTM-DEM을 이용한 전한 황하와 현재 황하의 제방 폭 비교에 대해서는 長谷川順二, 『前漢期黃河古河道の復元──リモートセンシングと歷史學』, 六一書房, 2016年 2月, 第3部 第3章 참조.

25　木村正雄, 『中國古代帝國の形成(新訂版)』, 比較文化硏究所, 2003.

26　복원한 전한 황하에 기초해 전한 이전의 황하 하류 평원의 상황과 기무라의 설을 재검토한 내용에 대해서는 長谷川順二, 『前漢期黃河古河道の復元──リモートセンシングと歷史學』, 六一書房, 2016年 2月, 第3部 第2章 참조.

27　황하의 하류 평원의 지형적 특성에 대해서는 尹學良, 『黃河下遊的河性』, 中國水利水電出版社, 1995; 長谷川順二, 『前漢期黃河古河道の復元──リモートセンシングと歷史學』, 六一書房, 2016年 2月, 第1部 第2章 참조.

가 많지만, 황하의 경우에는 선상지의 주요 구성요소인, 매우 입자가 작은 황토에 가로막혀 지하로 스며들지 못하고 선상지의 지표층을 아슬아슬하게 흘러가는 매우 불안정한 하천이 되었다.

이 '자연제방-천정천'과 '선상지형'이 현재 황하를 특징짓는 두 가지 요소다. 현재의 황하와 전한 황하는 주위에 자연제방(혹은 인공제방)을 형성하고 있기 때문에 이 제방의 방해를 받아 하류 평원에서는 금제하(金堤河)를 제외하면 도중에 분류·합류하는 자연하천이 존재하지 않는다(인공적으로 만들어진 하도는 제외).[28]

전한 황하를 복원하면서 느낀 것은 "황하의 흔적은 수평방향이 아니라 수직방향(높이)으로 남아 있다"는 점이다. 이것은 현재의 황하도 마찬가지다. 황하라는 이름이 붙게 된, 강물에 대량으로 포함된 토사가 퇴적작용을 일으켜 하도의 양쪽으로 자연제방을 형성한다. 평탄한 하류 평원에서는 강물이 사행(蛇行)하면서 흘러 내려가기 때문에 제방의 폭도 넓어지는데, 현재의 황하에서도 산동성 제남시 부근에서 5킬로미터 정도까지 넓어져 있다. SRTM-DEM을 이용해 하류 평원 전 지형을 개관해보니, 산동성 요성시(聊城市)에서 덕주시(德州市)로 이어지는 장대한 미고지(微高地, 양쪽의 지명을 따서 '요덕미고지'라고 부른다)를 발견할 수 있었다. 폭이 20킬로미터에 이르렀던 이 미고지가 당초에는 황하의 제방에서 유래한 것이라고는 여겨지지 않았지만, 현지조사 결과와 문헌기술을 맞추어본 결과, 이 미고지가 전한 이전의 황하로 인해 형성된 자연제방의 최종 형태였음이 판명되었다.

『한서』(漢書) 「구혁지」(溝洫志)의 기술[29]은 기무라 마사오를 비롯한 기존

---

28 2016년 5월, 하남성 난고현(蘭考縣)을 찾아 현재 황하가 북동쪽으로 굽어드는 지점을 관찰했다. 이 지역에는 옛 황하가 남동쪽으로 흘러들어 갔을 때의 흔적이 남아 있지만, 황하의 남동쪽에 건조된 제방에는 물의 흐름을 조절하는 둑이 설치되어 있었다.

29 『漢書』 「溝洫志」에 '25리'라는 기술은 현재의 도량형으로 환산하면 10킬로미터가

의 학설에서는 "전국시대 무렵에는 이미 황하에 제방을 쌓은 증거"로 간주해 이 '25리'(=현재의 10킬로미터)라는 폭도 각 나라가 저마다 범람의 충격을 피하기 위해 이른바 완충지대로 설치한 것이라고 생각되었다. 그러나 완충지대라고 하는 개념이 일찍이 전국시대부터 존재했는가는 둘째치고, 전국시대 수백 년 동안 이것을 계속 유지할 수 있었다고는 생각하기 어려우며, 오히려 이 폭은 황하가 자연스럽게 만들어낸 '자연제방의 폭'으로 봐야 한다.

2) 『수경주』 황하의 지형적 특징

한편, 『수경주』 황하는 지금까지 살펴본 황하에 관한 상식과는 다른 특징을 가지고 있었을 가능성이 높다. 『수경주』를 중심으로 한 문헌기술과 현지조사 그리고 RS 데이터를 종합함으로써 상정할 수 있는, 다른 시대의 황하에서는 보이지 않는 『수경주』 황하만의 독자적인 특성으로 '자연제방이 형성되지 않음', '하구에 삼각주가 형성되지 않음', '지류·분류가 존재함'이라는 세 가지를 들 수 있다.

먼저 '자연제방'에 대해 살펴보자. 전한 황하를 복원할 때는 '금제'(金堤) 혹은 다른 이름의 제방이 각 시대의 지리서에 기록되어 있었으며, 그러한 기술을 참고해 미고지의 존재를 확인할 수 있었다. 그러나 『수경주』 황하의 하도라고 여겨지는 지역에 대해서는 이러한 기술이 존재하지 않는다. 앞 절에서 설명한 것처럼 현지조사나 RS 데이터를 이용한 지형분석에서도 제방 또는 미고지의 흔적은 확인할 수 없었을 뿐만 아니라 오히려 지

되며, 양쪽의 폭을 계산하면 20킬로미터가 된다. 더 자세한 내용은 長谷川順二, 『前漢期黃河古河道の復元──リモートセンシングと歴史學』, 六一書房, 2016年 2月, 第3部 第2章 참조. 『漢書』 卷二九, 「溝洫志」: "蓋隄防之作, 近起戰國, 雍防百川, 各以自利.齊與趙, 魏, 以河爲竟.趙, 魏瀕山, 齊地卑下, 作隄去河二十五里.河水東抵齊隄, 則西泛趙, 魏, 趙, 魏亦爲隄去河二十五里."

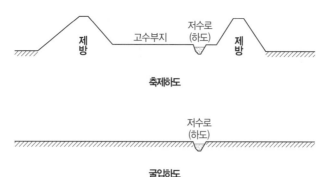

그림 6 축제하도와 굴입하도

표로부터 약간 파고 들어간 형태의 하도를 여러 군데에서 발견했다. 하천 공학에서는 이러한 하도를 '굴입하도'라 부르며, 현재 황하와 같이 양안에 제방을 쌓아올리는 '축제하도'(築堤河道)와 구별하고 있다(그림 6).

'하구의 삼각주'에 대해서도 100평방킬로미터에 이르는, 지금도 계속 확장되고 있는 현재 황하 하구부의 삼각주를 볼 때 『수경주』 황하에 삼각주가 존재하지 않았다고는 상상하기 힘들었지만, SRTM-DEM을 통한 분석과 현지조사 결과를 보는 한, 역시 삼각주가 형성되지 않았다고 보는 것이 타당하다.

'지류·분류'에 대해서는 이미 언급한 것처럼 『수경주』에는 황하의 지류 혹은 분류에 관한 많은 기술이 보이며, 그중에서도 특기할 만한 것은 '등리거'(鄧裏渠)의 존재다.[30] 수십 킬로미터를 단위로 물줄기가 갈라졌다가 재합류하는 현상은 적어도 제방으로 둘러싸인 현재의 황하에서는 전혀 확인할 수 없다.

이 세 가지 특성을 나란히 놓고 살펴보면, 또 하나의 새로운 특성이 드

---

30 등리거(鄧裏渠)에 대해서는 長谷川順二, 「リモートセンシングデータを利用した『水經注』に記される北魏期黃河古河道研究 ─ 河南省濮陽市~山東省東阿縣~荏平縣~高唐縣」, 『人文』 第14號, 學習院大學人文科學研究所, 2016年 3月 참조.

러난다. '자연제방'은 하수에 포함된 모래와 진흙이 하도 바깥으로 유출되어 형성되는 지형이다. '하구의 삼각주'도 마찬가지로 모래와 진흙이 하천에서 바다로 유출될 때 형성된다. 그리고 '지류·분류'는 '자연제방'이 형성되지 않았다는 증거다. 이러한 특징들은 당시 황하의 퇴적작용이 약해 있었다는 것을 시사한다. 다시 말해『수경주』황하 당시에는 현재나 전한 시기와 비교해 하수의 유량 혹은 하수에 포함된 모래와 진흙이 적어 퇴적이 진전되지 않았을 가능성이 높다.[31]

3) 하구의 '삼천병주'(三川竝走)

또 다른『수경주』황하의 특징적인 지형에 대해 검토해보자.『수경주』의 기술에 따르면 북위 당시 황하 하구에는 황하 본류를 포함해 '탑수', '제수' 등 모두 세 개의 하천이 발해로 흘러들고 있었다고 생각되며,『수경주도』(水經注圖)에도 그렇게 그려져 있다. 그러나 현재의 황하 하구부에는 삼각주가 형성되어 있기 때문에 황하의 본류와 나란히 흐르는 하천은 보이지 않는다. 내가 복원한 전한 황하에서도 맹촌 회족자치현을 정점으로 한 삼각주의 흔적이 확인됨에 따라[32] 현재와 마찬가지로 하구부의 병주 하천은 존재하지 않았던 것으로 보인다. 어째서 이와 같은 차이가 발생한 것일까. 유사한 지형의 사례를 참조해 하천의 실제 형성과정을 추측해보자.

일본에도 아이치현(愛知縣)에서 기후현(岐阜縣)에 걸쳐 있는 노비평야(濃尾平野)에 '기소삼천'(木曾三川)으로 유명한 기소가와(木曾川), 나가라가와

---

31 일반적으로 하천에 포함된 모래나 진흙이 감소하는 것뿐만 아니라 하천의 유량 자체가 감소하는 경우에도 하수의 운반능력이 저하되어 모래와 진흙이 하류까지 도달하기 어렵게 된다.

32 앞의 주 19 참조.

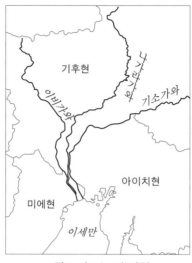

그림 7 기소(노비)삼천

(長良川), 이비가와(揖斐川)가 있다(그림 7). 그러나 구와와라 도루(桑原徹)에 따르면 기소삼천은 조산운동 또는 지질구조와 같은 광역적인 요인으로 인해 생성된 것이며,[33] 따라서 『수경주』에 기록된 황하 하구와는 성격이 다른 것으로 여겨진다.

또 다른 유사한 사례로 하구 부근은 아니지만 니가타현(新潟縣) 도카마 치시(十日町市) 부근을 살펴보자. 이 지역에서는 시나노가와(信濃川)와 그 지류인 우오노가와(魚野川)가 남북 방향으로 나란히 흐르고 있다. 두 하천 은 도카마치시 북쪽의 옛 가와구치마치(川口町, 현재의 나가오카시)에서 합 류해 그대로 에치고평야(越後平野)를 흘러 일본해로 흘러나간다. 단면도를 보면 시나노가와와 우오노가와 사이에 있는 중간 지역에 우오누마(魚沼) 구릉이 약간 솟아 있는 형상으로 존재하는데, 지형 단면도를 보면 우오누 마 구릉을 축선으로 한 배사구조라는 것을 확인할 수 있다(그림 8).

---

33   桑原徹, 「濃尾盆地と傾動地塊運動」, 『第四紀研究』 第七巻 第四號, 1968.

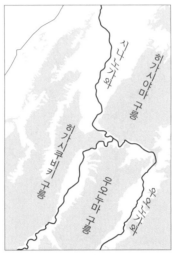

그림 8 시나노가와, 우오노가와와 우오누마 구릉

또 하나의 유사점이 있다. '유전(油田)의 존재'다. 오늘날에야 니가타의 유전은 거의 소실되었지만, 고대 일본에서는 '연수'(燃水)라 불린 석유의 생산지였다는 사실이 『일본서기』(日本書紀) 등의 문헌에 기록되어 있다.[34] 한편 『수경주』 황하의 하구 부근에도 2013년 및 2015년 현지조사를 벌였을 당시 동영시에서부터 빈주시(濱州市), 혜민현(惠民縣), 임읍현에 이르는 넓은 지역 곳곳에서 유정 펌프를 확인할 수 있었다(그림 9). 현지조사차 답사한 동영시에서부터 임읍현에 걸친 지역에는 1980년대 이후 개발이 진행된 '승리유전'(勝利油田)이라는 유전이 존재한다(그림 10).[35]

시나노가와와 우오노가와의 사례에서는 배사구조로 인해 만들어진 구릉부를 사이에 두고 남과 북으로 두 개의 하천이 나란히 흐르고 있다. 이러한 사례를 참고해 『수경주』 황하와 탑수·제수의 관계에 대해 SRTM-

---

34 『日本書紀』天智天皇 7年條에 "越國獻燃土與燃水"라는 기록이 있다. '월국'(越國)은 에치고(越後), 즉 현재의 니가타현이며, 이 '연수'가 석유라고 추정된다.

35 石油學會 編, 『ガイドブック世界の大油田』, 技報堂出版, 1984.

그림 9 혜민현의 유정(2013년 촬영)

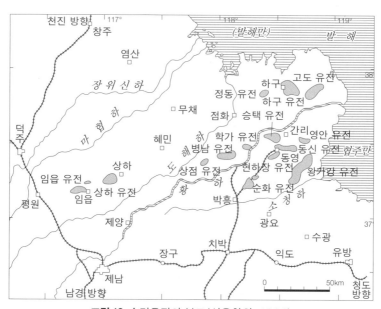

그림 10 승리유전의 분포(석유학회, 1984)

DEM 등 지형 데이터를 이용해 고찰해보자.

4) 『수경주』 황하의 형성과정

『수경주』에 따르면 당시 황하는 하구부까지 탑수·제수라는 두 개의 하천이 나란히 흐르고 있었다고 한다. 또한 『수경주』 황하의 하구라고 추측되는 현재의 산동성 동영시 부근에는 SRTM-DEM을 이용해 살펴본 결과, 평탄한 지형이 넓게 펼쳐져 있을 뿐 전한 황하나 현재 황하에서 보이는 삼각주의 흔적은 고사하고 자연제방의 흔적조차 확인할 수가 없다. 또한 하남성 복양시에서 동쪽으로 산동성 동아현에 이르는, 현재의 금제하(金堤河)와 일치하는 라인에서는 자연제방이 확인되지만, 동아현에서 북쪽으로 하구에 이르는 광대한 지역에서는 자연제방의 흔적을 찾을 수 없다.

게다가 현지조사 때 우성시나 고당현·임읍현·혜민현 등 각지에서 자전거를 이용해 지형의 기복을 조사했지만 매우 평탄한 지형이 펼쳐져 있을 뿐이었으며, 자연제방의 흔적을 확인할 수 있었던 지역은 한 곳뿐이었다. 이는 RS 데이터의 해석결과와도 일치한다.

여기서 주목해야 할 것은 하구에서 서쪽(엄밀하게는 서남서) 방향으로 이어지는 승리유전이다. 오늘날 석유 탐사방법에서 한 가지 지표로 삼는 것이 있다. 1885년에 화이트가 제창한 '배사설'(背斜說)이다.[36]

'배사'라는 것은 습곡지형의 일종으로, 퇴적된 지층이 양쪽에서 압력을 받아 위쪽으로 돌출한 형태를 띠는 것을 가리킨다(그림 11). 지표면에서 보면 돌출해 있지만, 지층 아래쪽으로는 '트랩'이라 불리는 형상을 갖추고 있다. 석유는 물보다 가볍기 때문에 침수층에서 석유는 위쪽에 고이는 특

---

36   I. C. White, The Geology of Natural Gas, *Science*, Vol. ns-5, Issue 125, 26 June, 1885.

성을 가지므로 '트랩'과 같은 지층구조에 석유가 고여 있기 쉽다는 것이 화이트의 '배사설'이다. 즉 지표면에 배사구조를 가진 지점에는 유전이 발견되기 쉽다는 것이고, 실제로 이 설에 따라 많은 유전이 발견되었다.

내가 RS 데이터로 해석한 동영시 부근의 지역을 두고 마리연 등은 '동영요함'(東營凹陷)이라 칭하며 이를 배사구조로 간주하고 있다.[37] 뿐만 아니라 '동영요함'은 보다 거대한 '제양요함'(濟陽拗陷)이라 불리는 구조지형의 일부이며, 이덕생(李德生)은 최종적으로 하남성 복양시까지 이어지는 거대한 지질구조대로 보고 있다.[38]

『수경주』에 기록된 북위 시기 황하의 하도 중에서 하남성 복양시에서 산동성 동아현을 거쳐 임읍현 부근까지 남북 방향으로 흘러가는 하도에 대해서는 이미 검토했다. 황하의 하도는 이 임읍현에서 동쪽으로 방향을 바꾼다. 임읍현은 앞서 언급한 '제양요함'의 서쪽 부분에 해당하며, 동쪽은 동영요함, 그러니까 『수경주』 황하의 하구 부분과 일치한다. 즉 『수경주』 황하 중 임읍현에서 동영시에 이르는 범위는 '제양요함'과 거의 일치한다고 생각된다. 실제로 『수경주』 황하의 하구라고 추측되는 산동성 동영시에서 발견된 '승리유전'은 서남서 방향에 위치한 산동성 임읍현 방향으로 늘어서 있으며, 『수경주』에 기록되어 있는 당시 황하 하도의 방향과 일치한다.

배사구조에는 또 한 가지 지형적 특성이 있다. 위쪽을 향해 돌출한 퇴적층은 빗물 등으로 인한 침식작용이 발생해 지층이 표면에 드러나게 된다. 퇴적층 안에 비교적 단단한 지층과 부드러운 지층이 있다면, 부드러운 지층은 더 빨리 침식되지만 단단한 지층은 그대로 남아 있게 된다. 그리하여 배사축을 따라 나란히 뻗어 나가는 몇 줄기 도랑형태(溝狀)의 지형이 형성되는 경우가 있다(그림 12). 이것이 니가타현 도카마치시의 시나노

---

37 앞의 주 23 참조.
38 李德生, 「渤海灣及沿岸盆地的構造格局」, 『海洋學報』 第4期, 1980.

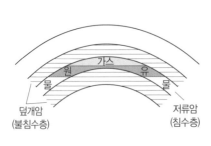

그림 11 배사 트랩(Trap)

향사(向斜)   배사(背斜)

그림 12 습곡지형 모식도
(葉俊林 等, 1996)

가와, 우오노가와에서 확인되는 배사구조와 병주하도의 형성원인이다.

동일한 현상이 『수경주』 황하의 하구에서도 발생한 것이 아닐까 추측해 SRTM-DEM을 이용해 북위 시기의 황하의 하구라고 생각되는 현재의 산동성 동영시 부근에 대한 단면도를 작성해보았다(그림 13). 그랬더니 몇 군데에서 특징적인 요철이 확인되었다. 이 요철은 앞서 언급한 '동영요함'의 지형구조와 일치한다. 또한 이 단면도를 보면 『수경주』 황하와 제수의 사이에 탑수의 하도보다도 폭이 넓게 움푹 꺼진 지형이 발견된다. 『수경주』에는 탑수의 하구부에 '마상갱'(馬常坑)이라는, 육지 쪽으로 깊숙이 파고들어온 안곡(岸曲)이 있다는 기술이 있는데, 움푹 꺼진 부분과 일치한다. 이것을 통해서도 세 하천의 흔적이 앞서 설명한 대로 황하 본류, 탑수, 제수 순이라는 것을 알 수 있다.

이상의 내용을 정리해 앞서 복원을 완료한 하남성 복양시~동아현~고당현 부분[39]과 합치고, 황하의 하류 평원 전체에 걸친 『수경주』 고하도 복원도를 작성하면 다음과 같다(그림 14).

---

39 앞의 주 15 참조.

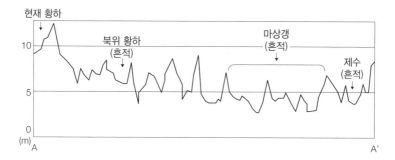

그림 13 동영요함의 단면도(SRTM-DEM에 기반해 직접 작성)

그림 14 『수경주』고하도 복원도

맺는말

이상과 같이 『수경주』의 기술에 근거하고 RS 데이터의 해석과 현지조사를 수행함으로써 북위 시기의 황하 상황을 확인했다. 이 글에서 확인한 사항은 다음과 같다.

① 현지조사와 RS 데이터 SRTM-DEM을 종합한 결과, 전한 황하와 현재 황하에서는 넓은 범위에 걸쳐 존재하는 자연제방의 유래라고 여겨지는 기복(起伏)이 확인되지 않았다. 다시 말해 『수경주』 당시의 황하에서는 자연제방이 형성되지 않았다.

② 하구부에서는 황하 본류가 탑수·제수와 나란히 흐르다가 그대로 발해로 흘러들어가 삼각주를 형성하지 않았다.

③ 하류 평원에서는 황하 본류를 포함하는 여러 개의 하천이 나란히 흐르거나 합류·분류했다.

①과 ②는 현지조사와 RS 데이터를 이용해 현지의 지형을 파악한 결과다. 전한 황하에서는 골단(滑亶)과 요덕(聊德) 두 곳의 미고지, 그리고 맹촌 회족자치현을 정점으로 한 삼각주의 흔적이 분명하게 확인되었다. 현재의 황하에서도 하도의 양쪽에 제방이 형성되어 있고, 현재의 하구인 동영시 북쪽에서는 지금도 계속 커가고 있는 하구의 삼각주를 확인할 수 있다. 이것과 비교하면 『수경주』에 기록되어 있는 북위 시기의 황하는 전혀 다른 하천의 특성을 가지고 있었음을 알 수 있다.

③은 『수경주』의 기술내용에 따른 것이다. 현재 황하의 하류 평원, 특히 북위 시기의 황하가 흘렀을 것이라고 추정되는, 전한 황하와 현재 황하의 하도 사이에 위치한 지역에는 매우 많은 인공운하가 만들어져 있어 과거의 상황을 확인하기가 매우 곤란하다. 그러나 이 『수경주』의 기술에 근거해 당시의 상황을 추측해보면 상당수의 중소 하천이 복잡하게 얽혀 있었을 가능성이 엿보인다. 이번 현지조사차 방문한 지역의 경우 하천의 상당수가 굴입하도를 형성하고 있었으며, 제방을 형성한 하천은 거의 존재하

표 1 역대 왕조 결(決)·일(溢)·사(徙) 횟수(王尙義, 1989)

왕조	결(決)	일(溢)	사(徙)	합계
신(新)	0	0	1	1
후한(後漢)	0	2	0	2
삼국(三國)	0	1	0	1
서진(西晉)	0	1	0	1
동진16국(東晉十六國)	0	3	0	3
수(隋)	0	0	0	0

지 않았다.

이 글의 머리말에서 언급한 왕상의는 정사(正史)의 기술을 수집·정리해 왕조별로 황하의 결궤와 월류의 횟수를 파악했는데, 전한 이전에는 수차례 '결'(決, 결궤)이 기록되어 있었던 것에 비해 왕망의 신(新)·후한(後漢) 이후로 당대에 이르기까지는 단 한 차례도 '결'이 기록되지 않았고 몇 차례 '일'(溢, 월류)이 기록되어 있을 뿐이라고 한다(표 1).

담기양은 '결'에 대한 기록이 없음을 근거로 후한에서 당대에 이르기까지 황하가 안정되어 있었다는 '안류설'(安流說)을 제창했지만,[40] 왕상의는 이 '일'의 기록에 주목해 안류설을 부정했다. 그러나 이 글에서 복원한 『수경주』 하도와 지형조건을 고려하면 또 다른 측면이 보인다.

---

40 앞의 주 14 참조.

1) 지형조건으로 살펴본 『수경주』 황하의 모습

먼저 '결'(결궤)과 '일'(월류)의 차이를 확인하고 넘어가자. '결'은 문자 그대로 제방이 무너져(결궤) 하수가 하도의 바깥쪽(제방의 안쪽지대)까지 도달하는 현상을 가리킨다. 한편, '일'은 '넘친다'라는 뜻이며, 역시 하수가 하도의 바깥쪽에 도달하지만 꼭 제방의 결궤를 동반하지는 않는다. 다시 말해 오히려 제방이 결궤되는 현상이 없었기 때문에 '일'이라고 기록했을 가능성을 생각해볼 수 있다.

『수경주』를 비롯한 문헌·현지조사·RS 데이터 등 세 종류의 정보를 종합적으로 검토한 결과, 당시의 황하에는 자연제방이 형성되지 않았음이 판명되었다. 자연제방이 없는 이상, 제방의 붕괴를 의미하는 '결'은 발생할 수가 없다. 발생할 수 있는 것은 제방의 붕괴를 동반하지 않으면서 하도의 물이 넘치는 '일'뿐이다. 또한 『수경주』 하도의 형태는 제방이 없는 '굴입하도'였다. 이러한 형태 역시 쉽게 '일'이 발생할 수 있었음을 시사한다.

그러나 '결'이든 '일'이든 간에 주변에 일으키는 피해에는 차이가 없다. 설령 결궤가 발생하지 않더라도 황하 정도의 대규모 하천이라면 '일'이 발생한 시점에서 상당히 넓은 범위에 영향을 끼쳤을 것이다. 그러나 담기양이 이미 언급한 것처럼 이 시기를 다룬 정사에는 황하의 하류 평원에서 황하로 인해 발생한 피해와 관련된 내용은 기록되어 있지 않다. 여기서 주목해야 하는 것이 또 하나의 지형적 특징인 '삼천병주'(三川竝走)다.

2) '삼천병주'와 홍수 피해의 관계

'삼천병주'라는 것은 내가 만들어낸 조어로, 이 시기에 황하와 다른 두 개의 하천이 나란히 흘렀던 상황을 가리킨다. 달리 말하자면 북위 시기의 황하 하구에서는 '탑수', '제수' 두 개의 하천이 본류와 나란히 흘렀다.

단, 이 세 개의 하천은 실제로는 위치관계가 고정되어 있지 않았다. 황하의 하류 평원에서도 상류 측에 해당하는 복양시 부근에서는 탑수가 『수경주』황하의 북쪽, 제수가 남쪽에 위치해 황하가 두 하천 사이에 끼어서 흐르고 있었다. 그러나 하구인 동영시 부근에서는 북쪽에서부터 『수경주』황하, 탑수, 제수 순으로 흐르고 있어 『수경주』황하와 탑수의 위치가 바뀌어 있다.

제4절에서 황하의 하구에 해당하는 동영시 주변은 '동영요함'이라 불리는 배사구조를 가지고 있었으며, 이는 더욱 광범위한 '제양요함'이라는 조직지형의 일부이고 이 조직지형은 임읍현까지 뻗어 있으며, 임읍현 너머로는 동북쪽에서 서남쪽으로 연결되는 지질구조가 복양시 동쪽까지 도달하고 있다는 사실을 언급했다. 이러한 형태는 실로 『수경주』에 기록되어 있는 당시 황하의 하도와 일치한다. 게다가 LANDSAT5TM 데이터를 이용해 지질분석을 실시한 결과, 동아현에서 요성시 주변으로는 남북으로 나란히 흐른 하천의 흔적이 발견되어 그중 하나가 『수경주』에서 '등리거'라고 칭한 황하의 분류였음이 판명되었다.[41] 이상의 내용을 종합해보면 당시의 황하 주변에는 등리거와 비슷한 분류 혹은 나란히 흐르는 하도가 여러 개 존재했을 것이라는 추정이 가능하다. 또한 그것들은 모두 배사구조에서 유래하는 도랑형태의 지형이라 여겨진다. 이는 『수경주』에 기록된 황하와 그 분류·지류의 위치관계와도 합치한다.

탑수·제수를 비롯해 황하와 나란히 흘렀던 이러한 중소 하천의 존재는 당시 황하의 하류 평원에서 황하로 인한 피해가 적었던 이유를 설명해준다. 당시 황하에는 자연제방이 없었기 때문에 상·중류 지역에 큰비가 내려 하수의 유량이 늘어나면 하류 지역에서는 '일'이 발생했다. 그러나 범람한 하수는 주변에서 나란히 흐르는 탑수나 제수 같은 병주하도로 흘러들어 그 이상 널리 퍼지지 않는다.[42] 아마도 당시 사람들은 이 피해범위를

---

41 앞의 주 30 참조.
42 『資治通鑑』「後周紀三」: "河自楊劉至於博州百二十里, 連年東潰, 分爲二派, 匯爲大

경험적으로 알고 있어 피해가 미치는 지역에는 처음부터 정주하지 않았던 것이 아닐까.

3) 기존 황하연구의 문제점

이상의 검토를 통해 『수경주』 황하는 전한 황하나 현재 황하와는 전혀 다른 특성을 가지고 있었다는 사실을 확인했다. 그러나 이 글의 '머리말'과 제3절 1)에서 거론한 청대의 『하거기문』 그리고 이에 대한 『황하수리지술요』의 각주에서 확인되는 것처럼 눈앞에 사실을 들이밀어도 그것을 바로 보려고 하지 않는 예는 수없이 많다.

하천과 같은 자연물에 대해 기술하는 경우 정사(正史)에 기록된 내용이 부족하기 때문에 다른 자연물·지역·시대 등 비슷한 사례로부터 내용을 베껴오는 경우가 많다. 그러나 그렇게 베껴온 정보가 현장의 특성과는 합치하지 않는 경우도 충분히 있을 수 있다. 자연물을 대상으로 하는 연구의 경우 항상 현실의 사물이나 지역성·시대성 등을 고려해 검토할 필요가 있다.

황하의 경우 기존연구에서는 『수경주』 황하가 전한 황하나 현재 황하와 동일한 특성을 가지고 있다고 생각했고 이런 전제가 결국 안류설로까지 이어지게 되었지만, 이 글의 결론은 그 전제조건 자체가 틀렸음을 시사하고 있다. 현재까지도 남아 있는 현지의 지형이나 하도가 형성되는 과정까지도 고려해 검토하는 것이 중요하다.

[번역: 김민, 서울대 동양사학과 박사과정]

澤, 彌漫數百里"라는 기록이 있는데, 전한 황하의 최대 범위(요덕 미고지의 폭)와 비교해 두 배 정도 넓은 면적이지만 아마도 동서 40킬로미터에 이르는 이 양류(楊劉, 현재의 동아현 양류)와 박주(博州, 현재의 치평현 박평진)의 범위가 『수경주』 황하(+탑수, 제수)가 미치는 최대 범위였을 것이라고 생각된다.

2

명대明代 호남성湖南省의 환경과 역병疫病

김현선(金賢善)

머리말

전염병은 직접적으로 인류의 건강과 생명을 위협하는 존재로, 전쟁 및 기근과 더불어 인류 역사상 가장 큰 공포 중 하나였으며, 인류가 출현한 이래 줄곧 인류에게 끊임없는 고통을 안겨주었다. 다행히 1960년대 이후 백신접종과 보건위생의 향상 등으로 급성전염병은 계속해서 감소했으며, 1969년 미국 공중위생국장 윌리엄 H. 스튜어트(William H. Stewart)는 "전염성 질병은 이제 대부분 끝이 보인다"라고 선언하기에 이르렀다. 수십 년 동안 우리는 전염병이 사라질 것이라는 환상에 빠져 있었으며, 한때 전염병은 마치 미개발 혹은 후진국의 상징처럼 여겨졌었다.

하지만 사스(SARS, 중증급성호흡기증후군), 조류독감 등 전염병이 출현해 전 세계를 공포에 휩싸이게 했으며, 그 쓰라린 기억이 채 가시기도 전에 우리는 다시 에볼라(Ebola), 메르스(MERS, 중동호흡기증후군), 지카바이러스(Zika virus) 등 전염병의 위협에 직면하고야 말았다. 특히나 눈앞에 닥친 예상치 못한 신종 전염병의 엄습에 우리는 당혹감을 감추지 못했다.

더불어 언제 도래할지 모를 새로운 전염병의 위협으로부터도 자유로울 수 없는 현실은 더욱 큰 두려움을 안겨주고 있다. 근래 중국을 비롯한 많은 역사학자의 전염병사(史)에 대한 관심은 우리가 당면한 이러한 현실과 무관하지 않다. 중국에서는 2002년 사스 유행 이후 질병사 연구가 활발하게 이루어지고 있다. 특히 명청(明淸) 시기의 강남(江南), 화북(華北) 그리고 연해 지역의 연구가 비교적 두드러지며, 근래 역사지리학의 측면에서 역병의 지리학적 특징과 그 발생기제를 밝히고자 하는 연구 역시 활발하게 이루어지고 있다.

호남성의 경우에 "湖廣熟, 天下足"이란 말의 유행에서 알 수 있듯이 호북성(湖北省)과 더불어 명청 시기 중국의 중요한 곡창지대였다. 동시에 "江西塡湖廣", "湖廣塡四川" 등의 속언에서 보이는 대규모 이주민은 명청 시기 호남성의 중요한 지위를 여실히 보여준다. 이러한 중요성과 관련해 호남성을 비롯한 화중(華中) 지역의 연구는 여전히 미진한 편이며, 기존연구가 청대 혹은 민국(民國) 시기에 집중되어 있다는 편향적인 면을 보여주고 있다.[1]

한편, 광우병과 라임병(Lyme disease), 에이즈, 사스 등 우리가 경험하지 못한 새로운 전염병은 자연환경과 인간 사이의 균형이 깨진 데서 비롯되었다.[2] 즉 균형을 이루던 자연환경은 환경개발 등으로 그 균형이 깨지면서 마치 재앙처럼 다시 우리에게 돌아왔다. 이러한 전염병이 환경과 인간 행동의 변화에서 기인했다는 사실은 전염병사 연구에서 환경의 중요성을 역설해준다.

따라서 이 글에서는 명대 호남 지역의 환경변화와 전염병의 상관관계를

1 楊鵬程,「淸季湖南疫災與防治」,『湖南工程學院學報』第2期, 2006; 楊鵬程, 「1912年以前湖南的疫災流行與防治」,『湖南城市學院學報』第2期, 2010; 楊鵬程·曹海,「兵燹水旱交乘瘟神疫癘肆虐 —— 1919~20年湖南疫災硏究」,『湖南科技大學學報(社會科學版)』第5期, 2012.

2 아노 카렌, 권복규 옮김,『전염병의 문화사』, 사이언스북스, 2001.

집중적으로 조명해보고자 한다. 먼저 시간에 따라 역병의 발생빈도와 범위를 분석할 것이다. 아울러 공간적인 분포를 ArcGIS를 이용해 지도로 제작하고 전염병이 발생한 지역과 그 변화 추이, 특징을 살피겠다. 또한 전염병 발생의 시간과 공간 특징을 바탕으로 호남성의 전염병을 산악과 평야 지역으로 구분해 그 특징과 원인을 밝히고, 자연환경과 인간개발에 따른 생태계 파괴, 기후변화, 인구증가 등 다양한 관점에서 환경과 전염병의 상관관계를 고찰하겠다. 그리하여 단순히 전염병의 역사가 아닌, 전염병을 통해 역사와 환경사에 대해 새롭게 접근해보자.

1. 명대 호남성의 역병 분포

1) 명대 호남성의 역병시간 분포

전염병 관련 사료와 지방지에 등장하는 '역'(疫)은 현대의학에서 흔히 말하는 '급성전염병'(急性傳染病, Acute Epidemics)에 해당한다. 이외에 여(癘), 역려(疫癘), 온(瘟), 온역(瘟疫), 질려(疾癘), 여기(癘氣), 역기(疫氣), 질역(疾疫), 상한(傷寒), 시행(時行), 시기(時氣), 천행(天行) 등이 역을 대체해 사용되었다. 명대 277년간(1368~1644)에 호남 지역은 총 45년 동안 137회의 역병이 발생했다. 〈그림 1〉은 '10년 역병지수'(十年疫病指數)인데, 명대 호남 지역에서 10년마다 발생한 역병의 연수를 나타낸 것으로 일정 지역 역병의 유행주기와 그 추세의 변화를 분명하게 보여준다.[3] '10년 역병지수'를 보면 크고 작은 파동이 7번 있는데, 그 가운데 1480년대와 1610년대에 비교적 높은 수치를 나타내며, 1640년대에는 갑자기 높은 수치를 기

---

3   龔勝生, 「中國疫災的時空分布變遷規律」, 『地理學報』 第6期, 2003, pp. 870~78. 도표의 정확성을 위해 1640년대는 1649년까지 포함했다.

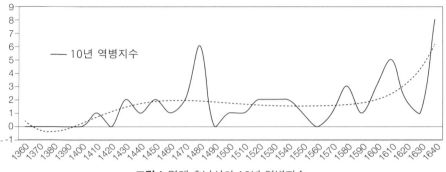

그림 1 명대 호남성의 10년 역병지수

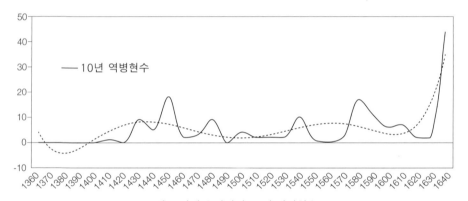

그림 2 명대 호남성의 10년 역병현수

록하고 있다. 전체적으로 역병은 증가 추세를 보이고 있다.

〈그림 2〉는 '10년 역병현수'(十年疫病縣數)인데 10년마다 역병이 발생한 현수를 나타내는 것으로 호남성에서 유행한 역병의 공간범위를 나타낸 다. '10년 역병현수'를 통해 공간 분포를 살펴보면, 1450년대와 1580년대 에 비교적 높은 수치를 나타내며, 1640년대에 급격히 증가하는 것을 확 인할 수 있다. 반면에 '10년 역병지수'에서 높은 수치를 기록했던 1480년 대와 1610년대는 역병현수에서 비교적 낮은 수치를 나타내고 있다. 이는 역병이 꾸준히 발생했지만, 그 유행한 지역이 비교적 국부적이라는 사실 을 의미한다. 반면에 '10년 역병현수'에서 높은 수치를 기록한 1450년대

와 1580년대는 짧은 시간 동안 넓은 지역에서 역병이 유행했다는 사실을 알 수 있다. 1640년대 이후 역병의 높은 지수와 현수는 역병이 비교적 오랫동안 유행했으며, 유행범위 역시 매우 넓은 지역에 걸쳐 있었음을 말해주고 있다. 즉 1640년 이후 역병이 폭발적으로 유행했다.

전체적으로 살펴보면 명대 후기로 갈수록 역병이 빈번해지며, 특히 1580년 이후에 매우 심각해진다. 1580년 이후 호남 지역에서는 67회에 걸쳐 역병이 발생했는데, 이는 명대 호남 지역에서 발생한 역병의 48퍼센트에 해당하는 높은 수치다.

2) 명대 호남성의 역병공간 분포

다음으로 역병 유행의 공간 분포를 살펴보도록 하겠다. 먼저 부(府)를 단위로 살펴보면, 형주부(衡州府) 39회, 장사부(長沙府) 27회, 침주(郴州) 15회, 정주(靖州) 15회, 영주부(永州府) 14회, 악주부(岳州府) 11회, 상덕부(常德府) 7회, 진주부(辰州府) 4회로 형주부와 장사부에서 가장 빈번하게 발생했다. 하지만 1580년을 기점으로 했을 때 1580년 이전까지는 형주부 31회, 침주 10회, 영주부 10회로 가장 많았다. 1580년 이후에는 장사부 24회, 형주부 8회, 정주, 악주부, 상덕부가 각 7회로 빈번하게 유행했다. 〈그림 3〉은 부(府)를 단위로 하여 역병 발생횟수를 표시한 것으로 시간의 흐름에 따른 공간변화를 좀더 분명하게 확인할 수 있다.

1580년 이전 역병이 빈번했던 형주부는 대체로 상중(湘中) 혹은 상남(湘南) 지역에 해당한다. 침주는 상남의 산악 지역, 영주부 역시 상남의 산악 지역에 해당하며, 정주의 경우 상서남(湘西南)의 산악 지역에 속한다. 반면에 1580년 이후 역병이 빈번했던 장사부는 상중 혹은 동정호(洞庭湖) 평원에 해당하며, 악주부와 상덕부 역시 대체로 동정호 평원에 속해 있다. 즉 1580년 이전까지 호남성 역병은 상남과 상서남의 산악 지역, 상중 지역에서 확연했다. 반면에 1580년 이후에는 동정호 평원과 상수(湘水)

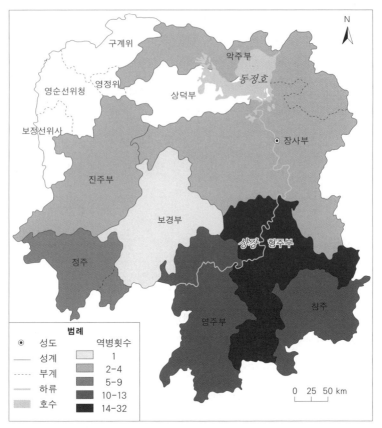

그림 3 1580년 이전 명대 호남성의 역병 분포도

유역 혹은 상중 지역에서 빈발했다. 〈그림 5〉는 '명대 10년 역병현수'를 다시 산악과 평야 지역으로 나누어 표시한 것으로 지역에 따른 역병의 발생빈도를 보다 분명하게 보여준다.

　　인구증가와 성시(城市)의 발달은 역병이 유행하는 데 매우 중요한 요소이며, 역병과 인구밀도는 매우 긴밀한 관계에 있다.[4] 동정호 평원의 경우

4　여신충(余新忠)은 민국(民國) 초(1920)의 인구자료와 청대 강남 지역 11개 현(溧水, 昆新, 南滙, 錫金, 溧陽, 寶山, 臨安, 桐鄕, 長興, 上虞, 鎭海)의 온역차수를 비교·분

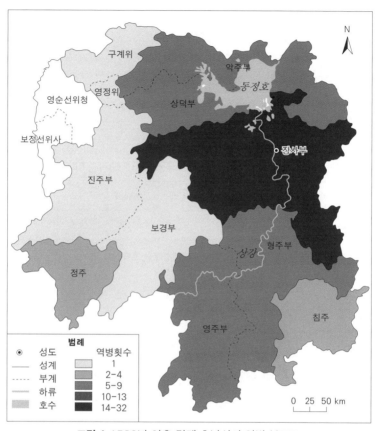

그림 4 1580년 이후 명대 호남성의 역병 분포도

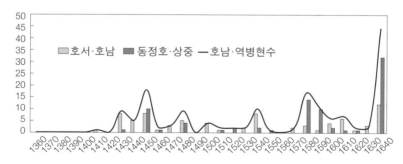

그림 5 명대 호남성의 평원과 산악 지역 10년 역병현수도

표 1 명대 호남성의 인구와 역병표

구역	면적 (제곱킬로미터)	성화 8년 (1472)	정덕 7년 (1512)	만력 6년 (1578)	인구밀도 (1578)	역병현수 (차)
동정호	30,173	115,290	94,139	427,774	14.1	29
상중	46,181	253,374	270,512	556,809	12	45
상남	40,617	220,378	189,535	349,466	8.6	49
상서남	56,261	8,189	11,359	389,461	6.9	21
상서북	38,568	73,439	67,718	185,730	4.8	5

* 출처: 張國雄, 『明清時期的兩湖移民』, 陝西人民教育出版社, 1995, pp. 157~59.

명대에 인구밀도가 높고 성시가 발달했던 지역으로, 이 지역의 일정 이상 인구는 지역경제를 발전시키는 기초가 되었다. 특히 명청 시기에 유입된 이주민은 강호(江湖) 변의 저습지에 완제(垸堤)를 쌓아 만든 완전(垸田)의 발전을 촉진했으며, 동정호 평원의 토지개간과 농업발전에 중요한 역할을 했다. 따라서 당송(唐宋) 이래, 이곳은 중요한 미곡 생산지가 되어 '어미지향'(魚米之鄕)이라는 말이 있었으며, 명청 시기에 이르러서는 "湖廣熟, 天下足"의 속언이 유행할 정도로 중국에서 가장 중요한 양식 생산지가 되었다. 상중 지역의 경우 인구 유입으로 인해 명대 호남 지역 가운데 인구가 가장 많은 지역이었으며, 인구 유입 이후 대규모 개발이 이루어졌다. 하지만 명대 호남 지역의 경우 인구가 비교적 희소했던 상남과 상서 지역에서 역병이 가장 빈발했으며, 이는 역병과 인구관계를 고려했을 때 매우 흥미로운 결과라고 할 수 있다.

석했다. 그리고 인구수와 온역 사이의 상관관계를 고찰해 '청대 강남(江南) 온역과 인구밀도 관계'(瘟疫與人口密度關係) 도표를 제작하고, 온역과 인구밀도의 상관도가 매우 높음을 증명했다. 余新忠, 『淸代江南的瘟疫與社會』, 中國人民大學出版社, 2003, pp. 166~67 참조.

2. 환경과 역병

1) 산악 지역의 지리환경과 역병

명대 호남성의 역병은 1580년대, 즉 만력(萬曆) 이전까지 80퍼센트 이상이 상남과 상중·상서 지역에서 유행했다. 〈그림 6〉은 DEM(Digital Elevation Model) 지도와 1552년까지 발생한 역병을 결합한 지도로 당시 역병 발생 지역의 지리적 특징을 보다 분명하게 확인할 수 있다.

산악 지역의 경우 대체로 평야 지역에 비해 인구가 희소하고 그 발전의 정도가 낮은데, 명대 호남성의 산악 지역 역시 인구가 적고 개발이 거의 이루어지지 않은 상태로 남아 있었다. 또한 상남과 상서의 산악 지역은 묘족(苗族), 토가족(土家族), 요족(瑤族), 동족(侗族), 백족(白族) 등 민족이 대대로 거주하는 지역으로, "漢不入山, 蠻不出峒"의 민족 격리정책이 이루어졌다. 동시에 험준한 산악지형으로 인해 교류가 활발하지 않았고, 그 결과 이 지역은 상대적으로 독립적이고 폐쇄적인 지역이 되었다.

한편, 역병은 자연재해 이후 빈발했는데 이들 산악 지역은 평야 지역에 비해 재해가 빈발하지 않았으며,[5] 설령 수재와 한재 등 재해가 발생했다 할지라도 그 피해가 평지에 비해 비교적 크지 않았다. 산악 지역에서 주로 재배했던 옥수수와 고구마 등 작물은 내한성이 강했다.[6] 또한 산악 지역에는 야생의 고사리 혹은 칡 등이 풍부해 재해와 기근에 비교적 탄력적으로 대응할 수 있었다. 산간벽지 혹은 인구가 희소하고 재해가 빈발하지 않은 지역은 전염병이 비교적 드물게 발생한다는 일반적인 사실에도 불구하고 명대 호남성의 산악 지역에서 전염병이 빈발했던 원인은 무엇일까?[6]

---

5 호남은 각 지역마다 지형·토양·식생·수리시설·경작방식이 다르며, 그에 따라 자연재해 역시 분명한 차이를 보인다. 한재의 경우를 살펴보면, "湘中旱重, 山區較輕"으로 상중 지역이 산악 지역에 비해 더욱 심각했다. 溫克剛 主編, 曾慶華本卷主編, 『中國氣象災害大典·湖南卷』, 氣象出版社, 2006, pp. 131~33.

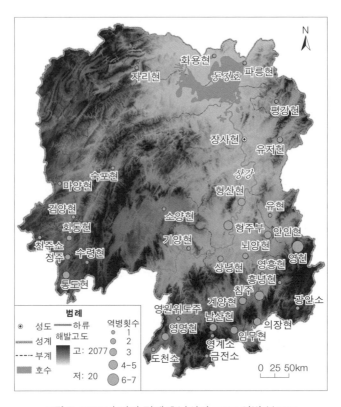

그림 6 1580년 이전 명대 호남성의 DEM 역병 분포도

(1) 장병(瘴病)의 분포

명대 호남성의 산악 지역에서 전염병이 빈발했던 원인을 설명하기에 앞
서 질병의 지방성 혹은 풍토병에 대해 설명하겠다. 어떤 특수한 질병, 예
를 들어 주혈흡충증, 말라리아, 뎅기열, 강편충 병 등과 같이 특정 지역에
서 지속적으로 발생하는 전염성 질환을 지방병(Endemic Disease) 혹은 풍
토병이라 하는데, 이는 특정 지역의 기후 등 자연환경과 지리적 영향을
받아 발생한 것이다. 이와 관련해 명대 『오잡조』(五雜組)를 보면 오령(五嶺)

---

6   同治『永順府志』卷10,「物産」.

을 장향(瘴鄉)이라 언급했는데, 호남성 역시 오령 지역에 해당되며 장기(瘴氣)가 가득해 사람들이 거주하기를 꺼리는 지역이었다.[7] 특히 영주부, 침주, 정주, 진주부, 형주부, 보경부(寶慶府) 등 상남과 상서 등 일부 산악 지역은 청말까지도 여전히 장기가 만연했다.[8] 아래 표는 호남성 산악 지역의 장기와 장병에 대한 기록을 나타낸 것이다.

장(瘴)의 함의에 대해 간략히 살펴보면, 장(瘴)은 고대 문헌에서 비교적 늦게 나타났으며『설문해자』(說文解字)에서조차 언급되지 않았다. 한편, 『예기』(禮記)「잡기상」(雜記上)을 보면 "사방에 장(章)이 있다"[9]라고 했으며, 『석문』(釋文)에서는 "장(章)은 본래 장(障)이다"라고 언급했다.[10] 다시 청대 완원(阮元)이『주례』(周禮)를 교감(校勘)한 것을 보면, "모본(毛本)에서는 장(障)을 장(瘴)으로 바꾸었다"라고 했다.[11] 즉 장(瘴)을 본래 장(障)으로 썼을 뿐, 장(瘴)과 장(障)은 그 의미가 같다고 할 수 있다. 한편『외대비요방』(外臺秘要方)을 보면 "무릇 장(瘴)과 학(瘧)은 나누어 두 개의 이름이나 실은 하나다. 혹 먼저 춥고 이후 열이 나거나, 혹은 먼저 열이 나고 이후 춥거나 하는데, 영남(嶺南) 지역은 장(瘴)이라 하고, 강북(江北) 지역은 학(瘧)이라 부른다. 이는 방언이 달라서이며, 다른 병이 아니다"라고 했다.[12] 즉 장기(瘴氣)로 인해 발생한 장병(瘴病)은 주로 전염성을 지닌 유행성 질병인 악성학질, 즉 말라리아(Pernicious malaria)일 가능성이 높다.[13]

---

7 謝肇淛,『五雜組』, 中華書局, 1959, p. 108.

8 장병의 지리 분포에 대한 통계와 분석은 龔勝生,「2000年來中國瘴病分布變遷的初步研究」,『地理學報』第4期, 1993; 梅莉·晏昌貴·龔勝生,「明清時期中國瘴病分布與變遷」,『中國歷史地理論叢』第2期, 1997 참조.

9 楊天宇 注說,『禮記』, 河南大學出版社, 2010, p. 573.

10 馬天祥·蕭嘉祉 編,『古漢語通假字字典』, 陝西人民出版社, 1991, p. 993.

11 張綱,『中醫百病名源考』, 人民衛生出版社, 1997, pp. 80~81.

12 〔唐〕王燾,『外臺秘要方』, 山西科學技術出版社, 2013, p. 120.

13 장병이 어떤 질병인지와 관련해 여전히 쟁론이 남아 있는 상태다. 예로 장병이 어떤 질병에 속하는가에 대해서 풍한용(馮漢鏞)은 학질, 이질, 각기병, 황달, 소갈증,

표 2 호남성의 장기(瘴氣)와 장병(瘴病) 기록

지역	장기와 장병 기록	출처
영순부	사방의 산에 남기(嵐氣)와 안개가 무성해, 정오가 아니면 사라지지 않고, 여름과 가을 사이에 이르러 학질을 앓는 사람이 많은데, 남기의 영향을 받은 까닭이다. 여름과 가을 사람들 대부분 학리(瘧痢)를 앓는다.	乾隆『永順府志』卷10,「風俗」.
영주부	7~8월 사이에 사람들 대부분 학질에 걸리는데, 전염이 매우 심했다.	康熙『永州府志』卷2,「氣候」.
계양현	즉 대부분 상한이 학(瘧)을 일으킨다. …… 만일 눈과 서리가 내리지 않거나, 혹 음우(霪雨)가 기한을 지나거나, 혹 지나친 양광이 가뭄을 일으키면 장려(瘴癘)는 그것으로 인해 일어나고 장(瘴)을 일으킨다.	同治『桂陽縣志』卷18,「風土」.
침주	만지는즉 대부분 상한이 학(瘧)을 일으키고, …… 장병은 그것으로 인해 일어난다. 병은 3월에 시작해 9월에 다하며, 또한 지방이 덥고 습하면 나타나는 바이며, 춥고 차가운즉 드물다.	嘉慶『郴州總志』卷21,「風俗」.
영현	산곡(山谷)의 백성은 대부분 전염되어 질병에 걸린다. 대개 장(瘴)이라는 것은 가을에 일어나 겨울까지 이어지며, 추위가 심할 때 비로소 흩어진다.	同治『鄮縣志』卷7,「戶口(風俗)」.
자리현	자(慈[利])의 주위는 모두 총산(叢山)으로, 밭이 대부분 좁고 험준한 산곡 사이에 있으며, 물을 끌어 높은 곳에 대니, 사람들이 벌산(伐山)으로 그 업(業)을 삼는다. 산이 높고 기가 항상 모이나, 또한 성해 흩어지지 않은즉 장독이 된다.	萬曆『慈利縣志』卷6,「風俗」.
진주부	장려(瘴癘)가 쌓이는바 학질을 앓는 사람이 가장 많으며, 죽는 사람 역시 많다.	乾隆『辰州府志』卷14,「風俗考」.

크레틴병, 쯔쯔가무시병, 표저(瘭疽), 장독발배(瘴毒發背), 청퇴아병(青腿牙病), 고산병, 셀렌중독, 공기오염으로 인한 일산화탄소중독, 유황중독, 수은중독, 수질오염으로 인한 오각병(烏腳病, Black foot disease), 암종(癌腫), 꽃가루 알레르기, 매독 등 열대병, 지방병, 기생충병, 수질오염이나 대기오염으로 야기된 질병 전체를

학질은 학질모기(Anopheles)를 매개로 한 열원충(Plasmodium)이 야기하는 전염병의 일종으로 주로 열대 지역이나 아열대 지역에서 유행한다.[14] 호남성 산악 지역은 말라리아 자연 역원지(疫源地)인데, 언제든 전염병이 발생할 가능성이 매우 높았다.

한편, 이 지역은 산림자원과 광산자원이 풍부해 명대 중국의 중요한 목재 생산지 가운데 하나였다. 각종 값비싼 목재와 약재, 동유(桐油), 다협(茶叶) 등 종류가 매우 많아 종종 궁정어용(宮廷御用)으로 사용되었으며,[15] 명대 초기에는 궁궐 건축을 위해 호남·사천·귀주 등지에서 대량의 목재가 벌채되었다.[16] 호남성의 경우 영락(永樂) 연간 조정에 바치기 위해 영현(酃縣)에 위치한 만양산(萬羊山)에서 대규모 벌목이 이루어졌다. 이때 고통스런 노역으로 반 이상의 농호(農戶)가 사망하거나 도망갔다.[17] 또한 『억암문집후집』(抑庵文集後集)을 보면 벌목 당시 "심한 더위에 역려(疫癘)가 일어나,

장병으로 보았다. 馮漢鏞, 「瘴氣的文獻研究」, 『中華醫史雜誌』第1期, 1981; 馮漢鏞, 「四川的瘴氣及其防治」, 『巴蜀科技史研究』, 四川大學出版社, 1995 참조. 반면에 공승생(龔勝生)은 많은 문헌에서 전염성을 지니지 않은 풍토병이 그 안에 포함되기도 하지만, 대체로 중국 고전에서 말하는 장병은 주로 악성학질을 가리킨다고 지적했다. 龔勝生, 「2000年來中國瘴病分布變遷的初步研究」, 『地理學報』第4期, 1993, pp. 304~05 참조.

14 현대 중국어에서 악성학질은 말라리아를 의미하지만 여전히 말라리아와 학질이 완전히 같은 질병이라 단정할 수 없다. 다만 그 증상의 특이성 때문에 같은 질병으로 인식하고 있다.

15 傅樂園, 「淸代湘南山區的經濟開發及其生態變遷」, 『中南民族學院學報(人文社會科學版)』第3期, 2001, p. 72.

16 김홍길, 「명대의 궁궐 목재 조달과 삼림환경」, 임병덕·정철웅 엮음, 『동양사』, 책세상, 2007. 한편 鄭哲雄, 「환경변화로 본 중국의 明淸時代 — 長江 中流 지역을 중심으로」, 『大丘史學』89, 2007, 208쪽에서 남벌의 원인은 비교적 다양하지만, 나무가 대량으로 소비되었던 주요 분야 가운데 하나는 건축물의 축조임을 지적했다. 호남성 묘민(苗民) 거주지 및 무강(武岡), 성보(城步), 노계(瀘溪) 등지의 도경화종(刀耕火種)과 철광 등으로 인한 산림파괴는 周宏偉, 『長江流域森林變遷與水土流失』, 湖南教育出版社, 2006 참조.

17 酃縣志編纂委員會 編, 『酃縣志』, 中國社會出版社, 1994, p. 5.

영보(營堡) 가운데 죽은 사람이 매우 많았다"고 한다.[18] 즉 조정에 바치기
위해 대규모 벌목을 시행한 결과 역병이 발생한 것으로, 생태계 균형이 파
괴되어 인간과 병원체인 학질모기의 접촉 비율이 증가해 악성학질이 폭발
적으로 발생했을 가능성이 매우 높다.

궁정용 목재인 황목(皇木)의 벌목 외에 이들 지역에서는 벌목한 목재를
판매해 이익을 취했다. 예를 들어 계양현(桂陽縣)은 "계읍(桂邑)은 밭이 적
고 산이 많으며, 산기슭이 넓게 퍼져 있어 임목의 이익이 자못 크다. 명대
본현(本縣)에 속하는 상인을 불러 감벌(砍伐)하니, 상인들이 길가에 가득
했다."[19] 더불어 목탄이 활발하게 생산되었는데, 당시 산악 지역의 중요한
경제수단이 되었다.[20] 하지만 산림의 벌목은 산사태와 홍수를 야기할 뿐
만 아니라 생태체계의 균형을 무너뜨려 각종 환경 문제를 야기했다.[21] 생
태계 변화로 인해 전염병 매개체와 인간과의 접촉빈도가 증가해 역병이
빈번하게 유행했을 것이다.[22]

또한 예릉현(醴陵縣), 계동현(桂東縣), 계양현 등지는 광산자원이 풍부해
당대(唐代)부터 광산을 개발하기 시작했다. 침주, 계양현, 의장현(宜章縣),
영흥현(永興縣) 등지에서는 은, 철, 동, 주석 등이 풍부해 많은 사람이 모
여들어 광산을 개발했으며, 그 과정에서 역병이 발생하거나 확산되었다.
당시의 기록을 보면 개발로 인한 열 가지의 해로움 가운데 "장기와 남기

---

18 〔明〕王直, 『抑庵文集後集』 卷26, 「曾處士墓表」, 『四庫全書第1242册·集部181別集
    類』, 上海古籍出版社, 1987, p. 90.
19 嘉慶 『桂陽縣志』 卷2, 「賦役志」.
20 傅樂園, 2001, p. 72.
21 명청 시기 장강 중류 지역의 산악 지역 개발과 그로 인한 자연환경의 훼손은 정철
    웅, 『자연의 저주』, 책세상, 2012, 제3장 참조.
22 일례로 서아프리카에서 열대우림 지역까지 농경법이 확대되고 화전민이 늘어나자
    종래의 생태학적 균형에 영향을 주어 말라리아가 새로이 급격하게 맹위를 떨치며
    유행하기 시작했다. 윌리엄 맥닐, 허정 옮김, 『전염병과 인류의 역사』, 한울, 1992,
    62쪽.

(嵐氣)로 역병이 더욱 심해지는 것이 그 아홉 번째 해로움"이라고 언급했는데, 이를 통해 광산개발 과정에서 역병이 창궐했던 사실을 확인할 수 있다.[23]

상남과 상서의 산악 지역은 장기가 그득해 사람들이 쉽사리 거주하지 못하고, 땅은 넓지만 사람이 드문[地廣人稀] 지역으로 남아 있었다. 하지만 명대에 이르러 경제적 이익을 쫓아 이주민이 유입되기 시작했다. 그 결과 상남 지역은 산악 지역 가운데 인구가 가장 많게 되었다. 하지만 산악 지역은 자연환경이 열악하고, 장기가 많아 주민이 거주하기에 적절하지 않았다. 현대의학에서 말라리아에 취약한 집단은 대체로 말라리아가 적게 혹은 발생하지 않는 지역의 사람들이라고 보고 있다. 말라리아에 감염되면 일정 정도의 면역력을 획득할 수 있는데, 말라리아가 발생하지 않는 지역의 사람이 말라리아 위험 지역에 들어가면 면역력이 없어 쉽게 감염되고 임상증상 역시 비교적 심각하기 때문이다.[24] 즉 외래 주민의 증가와 개발은 필연적으로 이 지역의 역병증가에 영향을 끼쳤을 것이다.

반면에 전염병이 일방적으로 이주민에게만 불리하게 작용한 것은 아니었다. 산악 지역의 경우 묘족 등 소수민족이 대체로 거주하고 있었는데, 이 지역에서는 천연두(天花)가 비교적 드물게 발생했다.[25] 하지만 외부인의 끊임없는 유입과 외부와의 관계가 점차 긴밀해지면서 쉽게 천연두에 노출되었고 그로 인해 전염병이 폭발하기도 했다. 즉 전염병은 어느 한편에 영향을 끼치는 것이 아니며 상호교류의 역사라고 할 수 있다.

---

23 光緒『湖南通志』「大淸一統志」「喩國人郴州礦廠十害論」.
24 徐小元·祁偉 主編, 『傳染病學』, 北京大學醫學出版社, 2013, p. 181.
25 乾隆『辰州府志』卷14, 「風俗」을 보면 "最速最畏痘疹瘴疾癰瘮所積瘙疾最多, 而致斃者亦多". "瑤人不知医, 最畏痘疹, 有染者置空屋中, 聽其生死"로 요족은 유독 천연두를 두려워했다. 전염성 질병 가운데 예를 들어 마진(麻疹), 천화(天花), 곽란(霍亂), 상한 등은 모두 반드시 일정한 인구 규모가 필요하며, 성시가 발전한 곳에서 빈번하게 발생한다. 하지만 산악 지역의 경우 산지와 하류가 천연의 장벽을 이루어 외부와의 경제문화 교류뿐만 아니라 질병의 상호교류 역시 저해했다.

이외에 상남과 상서북(湘西北)의 산악 지역은 산림과 숲이 무성한 전형적인 산악사회로, '토구'(土寇[山寇, 土匪])와 농민기의(農民起義), 왕조반란(오삼계[吳三桂], 김성환[金聲桓] 등의 반청활동[反淸活動]) 등 각종 동란이 끊임없이 발생했다. 또한 토가족(土家族), 동족(侗族), 요족(瑤族), 묘족(苗族) 등 수많은 이민족이 거주하고 있었으며 종종 반란을 일으켰다. "大兵之後, 必有大疫"이라는 말이 있듯 산악 지역에서 전란은 전염병 창궐의 주 원인이었으며 1600년 통도현(通道縣)에서의 역병 역시 전란으로 인해 창궐했다.[26] 전란 중 도적과 군인들은 열악한 환경에서의 밀집된 생활을 하며 쉽게 티푸스성 질환 등에 감염되었을 것이며, 동시에 정부가 반란을 진압하는 가운데서도 역병이 자주 폭발했다.[27] 예를 들어 1543년 귀주의 동인(銅仁), 평두(平頭)에서 용자현(龍子賢)과 용과상(龍科桑)이 반란을 일으켰으며, 호광(湖廣) 지역의 마양현(麻陽縣) 일대를 돌며 약탈을 자행했다. 이에 명 정부는 도어사 만당(萬鏜)에게 진압을 명령했다.[28] 이듬해 마양현, 검양현(黔陽縣), 정주(靖州), 회동현(會同縣), 통도현, 침주 지역에서 역병이 만연했는데 이는 시기적으로 묘족을 진압하는 과정에서 발생했을 확률이 매우 높다.[29]

또한 산악 지역의 거주민은 기근과 역병이 발생했을 때 쉽게 유민 혹은 도적이 되어, "盜賊奸宄", "招寇之藪"의 땅으로 알려지게 되었다. 일례로 1532년 영명현(永明縣)에서 역병이 발생한 후 이곳의 요족은 도주(道州)로 들어가 약탈을 자행했다.[30] 도주에서 역병이 발생했다는 기사는 보이지

---

26 嘉慶 『通道縣志』 卷10.
27 산악 지역의 전쟁과 역병관계는 金賢善, 『明淸時期兩湖疫災 ─ 時空分佈, 影響與社會應對』, 華中師範大學博士學位論文, 2016 참조.
28 夏燮, 『明通鑑』, 中華書局, 1959, p. 2198.
29 光緒 『湖南通志』 卷243, 「祥異」.
30 湖北省少數民族古籍辦公室 主編, 『湖南地方志少數民族史料 · 下册』, 岳麓書社, 1992, p. 276.

않지만 경계를 뛰어넘는 도적활동은 전염병을 전파시키는 역할을 했을 것이다. 실제로 1484년 영현에서 여름에 기근이 들고 도적이 출몰한 이후 가을에 역병이 유행했다.[31]

한편, 장기와 전란 등의 요인으로 이 지역에 역병이 발생했다 할지라도 이 지역은 국가의 어떠한 구휼도 받지 못했다. 장기는 남방, 특히 서남 지역에 대한 편견과 민족멸시의 문화개념이 포함되어 있다.[32] 더불어 산악 지역의 숲속에는 불순분자가 가득하다는 인식 속에 명 정부의 산악 지역에 대한 관심은 치안유지에 집중되어 있었다. 예를 들어 1507년 정주에 역병이 발생해 4,000여 명이 사망했다.[33] 곧이어 상검(湘黔) 교계지의 묘민 용동보(龍童保)와 용마양(龍麻陽)이 반란을 일으켰는데, 명 정부는 유병(劉丙), 심림(沈林), 반훈(潘勛) 등을 파견해 이들 지역을 진압하는 데 힘썼다.[34] 그 외에 이 지역은 경제적으로 그다지 중시되지 못해 역병을 비롯한 각종 재해에 대한 구휼이 비교적 적었다. 일례로 1531년 침주에 가뭄과 기근이 발생해 인상식(人相食)의 상황까지 벌어져 어사 장녹작(張祿作)이 진제(賑濟)를 청했지만, 『명실록』(明實錄), 『호남통지』(湖南通志) 어디서도 진휼의 기록을 찾아볼 수 없다.[35] 즉 명초의 이들 상남과 상서 지역은 산악 지역이라는 지리적 특성에 기인해 전염병이 빈번하게 발생했지만, 정부의 어떠한 구휼도 받지 못한 채 전염병에 적절한 대응을 할 수 없었다.[36]

---

31 嘉靖 『衡州府志』 卷7, 「祥異」.
32 "蠻瘴之地", "蠻煙瘴海", "蠻雲瘴雨", "蠻嶺瘴煙" 등 장기와 관련된 말을 분석해보면 장(瘴)은 시종 만(蠻)과 연관이 있으며, "烏煙瘴氣"와 같이 부정적 의미를 내포하고 있다. 張文, 「地域偏見與族群歧視 — 中國古代瘴氣與瘴病的文化學解讀」, 袁曉文·陳國安 主編, 『中國西南民族研究學會建會30周年精選學術文庫·重慶卷』, 民族出版社, 2014.
33 『明史』 卷28, 「五行志一·疾疫」, p. 442.
34 吳永章, 『中南民族關係史』, 民族出版社, 1992, p. 289.
35 蔣仁梅, 「明代湖南的朝賑研究」, 湖南科技大學碩士論文, 2008, p. 33.
36 적절한 구휼의 부재 속에 산악 지역은 민간신앙이 더욱 성행했는데, 이와 관련해서는 金賢善, 2016, 第四章 明淸時期兩湖地區疫災社會應對 참조.

(2) 장병의 분포 지역 축소

중국의 장병의 분포 지역은 시간이 지나면서 점차 축소되었다. 예를 들어 전국 서한 시기에는 진령(秦嶺)과 회하(淮河)를 경계로 분포 지역이 결정되었다. 수당 오대 시기는 대파산(大巴山)과 장강(長江)이 그 경계가 되었다.[37] 송원 시기에 이르러 장병은 주로 사천, 중경(重慶), 운남(雲南), 광서(廣西) 등 서남 지역과 호남, 강서(江西), 복건(福建), 광동(廣東) 등 남방 지역에서 비교적 넓게 유행했다.[38] 명청 시기에 이르면 분포지는 점차 축소되어 남령(南嶺)이 장병 분포의 경계가 되었으며, 현재는 운남과 광서, 귀주 등으로 그 분포 지역이 축소되었다. 이러한 장병 발생 지역의 점진적 축소는 인간의 활동과 기후변화의 결과라고 할 수 있다.[39]

먼저 중국 북방 주민이 끊임없이 이동해 남방 지역을 개발하면서 중국의 장기 분포 지역은 점차 축소되었다. 즉 장병 분포 지역의 변화는 인구의 증가, 토지개발, 경제개발로 인한 환경변화와 밀접한 관련이 있다.[40] 호남 지역의 인구를 살펴보면 상남 지역은 성화(成化) 8년(1472)에 22만 378구(口)에서 만력(萬曆) 6년(1578)에 34만 9,466구로 증가했으며, 상서남 지역은 성화 8년에 8,189구, 만력 6년에 38만 9,461구로, 상서북 지역은 성화 8년에 7만 3,439구, 만력 6년에 18만 5,730구로 증가했다. 이러한 인구증가는 장병 분포 지역의 점진적 축소에 분명 영향을 끼쳤을 것이다. 다른 한편으로 이주민이 유입된 후 수세대가 지나면서 해당 지역주민들 사이에 일정 정도의 면역력이 형성되어 장병 혹은 풍토병의 발생이 감

37　龔勝生, 1993 참조.

38　左鵬, 「宋元時期的瘴疾與文化變遷」, 『中國社會科學』, 2004.

39　龔勝生, 1993 참조.

40　梅莉·晏昌貴·龔勝生, 1997. 지리환경, 인구이동 및 장기와 장병의 관계에 대한 연구는 蕭璠, 「漢宋間文獻所見古代中國南方的地理環境與地方病及其影響」, 『中央硏究院歷史語言硏究所集刊』 第63本第1分; 范家偉, 「六朝時期人口遷移與嶺南地區瘴氣病」, 『漢學硏究』 第1期 참조.

소했을 가능성도 있다.

두 번째로, 앞서 언급했듯 장병 분포 지역은 환경과 밀접한 관계가 있으며, 환경변화는 결국 장병 분포 지역의 변화를 가져왔다. 자연환경의 측면에서 장기는 구름과 안개가 많고 습도가 높으며, 무더운 열대 산림 지역에서 발생한다. 이러한 환경에서는 마른 낙엽이 많고 토양에 함유된 부식물질과 부식산(humic acid) 등이 비교적 많아 미생물의 생장과 번식에 매우 유리하다. 하지만 산림개발 이후 습도가 낮아지고 구름과 안개가 줄어들면서 장기 분포 지역 역시 감소하게 된다.[41] 즉 산림개발은 생태환경을 변화시키고, 그 결과 각종 풍토병을 형성하는 환경요소 역시 끊임없이 소실되어 갔다. 다음 염군(廉郡)의 사례는 산림과 장병의 관계를 매우 생생하게 보여주며, 호남 지역의 상황 역시 이와 유사했을 것으로 짐작할 수 있다.

염군은 깊은 계곡과 우거진 수풀 때문에 옛날부터 장려 발생 지역으로 알려져 있다. 인구가 드물고 음양의 기운이 부적당한 곳이다. 게다가 독사와 독충, 괴조와 이수들이 숲과 계곡 사이를 지나다닌다. 한번 비가 내리면 계곡으로 급류가 흐르며, 산은 폭기를 토해내고, 그것이 상승작용을 일으켜 모든 생물이 질병에 걸린다. …… 현재 숲이 줄어들고 급류가 잦아들었다. 햇빛이 대지를 비추니 인구가 늘어나고 울창한 숲이 날마다 개간되고 있다. 합포와 영산에 오랫동안 질병이 발생하지 않았으며 흠주 역시 발병이 거의 나타나지 않았다. 오직 왕광 십만, 그리고 교지와 맞닿아 있는 사동 지역만 산천이 개발되지 않아 병이 종종 발생하고 있다. 위생에 철저한 사람들은 그 지역을 여행했음에도 질병에 걸렸다는 소리는 듣지 못했다.[42]

---

41 文煥然 等, 『中國歷史時期植物與動物變遷研究』, 重慶出版社, 2006, p. 94.
42 道光 『廉州府志』. 마크 엘빈, 정철웅 옮김, 『코끼리의 후퇴』, 사계절, 2011, 87쪽에서 재인용.

다음으로 건주청(乾州廳)의 기사는 청 중엽 이후 산림남벌과 기후변화를 나타내는 자료로 산림남벌 후 발생한 기후변화가 장병에 어떠한 영향을 끼치는지 알려준다.

> 살펴보건대 묘족의 반란이 평정된 후 기후가 약간 달라졌다. 이곳은 전에는 사방의 산에 수목이 울창했기 때문에 산속에는 안개와 장기가 매우 심했다. 최근 남벌로 나무가 하나도 남지 않아 하늘이 바로 드러나 보이고, 들이 개간된 (탓에) 기후가 매우 더워져 사람을 압박하며, 여름이 와도 비가 항상 적게 내리게 됐다. 해마다 가뭄이 들어 탄식과 걱정을 하며, 모기와 진드기가 많아져 사람을 무니, (기후변화가) 현재와 옛날이 매우 심하다.[43]

산림남벌과 채광은 이 지역의 생태환경을 변화시켰으며 국지적인 기후변화에도 영향을 끼쳤다.[44] 장기적으로 보았을 때 산림남벌은 궁극적으로 장병의 범위를 축소시켜 사람들이 장병에 걸릴 위험이 감소했을 것으로 보인다.

마지막으로 장병 발생 지역의 축소는 기후변화에서 그 원인을 찾을 수 있다. 앞서 침주와 영현의 장기 관련 기록에서 보이듯 장병은 기후 및 풍토와 밀접한 관련을 맺고 있다.[45] 말라리아로 추정되는 장병은 모기를 통해 전파되는데, 이러한 측면에서 장병의 유행은 모기의 생장번식과 깊은 관련이 있다. 특히 기온과 강수량은 열원충의 숙주인 모기의 번식과 분포에 결정적인 영향을 끼치는데, 기후가 한랭 건조할수록 모기의 개체수와

---

43 光緒『乾州廳志』卷5,「風俗」. 정철웅, 2012, 455쪽에서 재인용.

44 일반적으로 온대 지역의 숲은 그늘을 드리우거나 증발작용으로 온도를 낮춘다. 어떤 특정 상황에서는 숲이 국지적으로 강우량을 늘리기도 하고 그 반대의 역할도 한다. 마크 엘빈, 정철웅 옮김, 2011, 85쪽.

45 嘉慶『郴州總志』卷21,「風俗」; 同治『酃縣志』卷7,「戶口(風俗)」.

활동반경이 줄어들어 장병의 분포범위 역시 축소된다.[46] 명청 시기에 중국은 '소빙기'(小冰期)에 접어들어 기후가 점차 추워졌으며, 이는 분명 학질모기의 생장번식에 영향을 끼쳤을 것이다.

강희 56년(1717)에 강희제는 근신과의 담화에서 기후와 장병 분포를 다음과 같이 언급했다.

> 천시지기(天時地氣) 역시 변화가 있다. ······ 복건 지방은 줄곧 눈이 내리지 않았으나, 본조(本朝) 이래 대병(大兵)이 그곳에 이르렀으며, 이후 눈이 내렸다. 운(雲[南])·귀(貴[州]) 양광(兩廣)은 예전 장기가 있어 장군 뇌탑(賴塔)이 운남에 들어가고, 800인이 광서에 남아 있었는데, 모두 장기로 부상을 당했다. 오늘날 들으니 오직 운남의 원강(元江)에 미약하게 장기가 있고, 나머지는 모두 청화(淸和)되어 내지(內地)와 다르지 않다.

이에 대학사(大學士) 소영조(蘇永藻)가 보충해 말하길, "광서 역시 오직 심주(潯州) 이남에 안개와 남기가 미약하게 남아 있고, 계림(桂林) 등과 같은 부(府)는 장기가 없다"라고 답했다.[47] 호남 지역에서 기후변화와 장병의 분포범위에 관한 기록을 찾을 수 없었으나 운남 및 광서의 상황과 크게 다르지 않았을 것으로 추측된다.

전체적으로 명대의 인구증가와 산림벌목으로 인한 환경변화는 산악 지역에서 역병이 폭발하게 된 주원인이었을 것으로 보인다. 하지만 장기적

---

46 예컨대 기후가 온화하고 습윤할수록 그 생존에 적합하며, 기온이 20도일 때 성충이 되기까지 모기는 3주의 시간이 필요하다. 만일 기온이 30도가 되면 1주일 정도의 시간에 모든 과정을 완성해, 모기의 개체 수는 폭발적으로 증가한다. 반면에 온도가 30도보다 높거나 16도보다 낮을 때 열원충은 모기 체내에서 발육하는 데 매우 불리하거나 생존할 수 없게 된다. 李國棟·張俊華·焦耿軍·趙自勝, 「氣候變化對傳染病爆發流行的影響硏究進展」, 『生態學報生』 第21期, 2013, p. 6764.

47 龔勝生, 1993, p. 314에서 재인용.

으로 보았을 때, 이러한 변화는 기후변화와 더불어 장병 발생지를 축소시키는 역할을 했을 것으로 추측된다.[48] 반면에 산악 지역의 남벌로 인해 환경적 완충장치가 소실되어 재해 이후 역병이 발생하는 비율이 점차 높아졌으며, 외부와의 교류가 증가하면서 천연두와 콜레라 등 전염병이 유입되어 빈번하게 유행하기 시작했다.[49]

2) 명대 호남성 평야 지역의 재해 및 기후변화와 역병

(1) 자연재해와 전염병

명대 호남성의 역병은 1580년대 역병지수가 갑자기 높아지고 범위는 매우 넓어졌으며, 주로 동정호와 상강(湘江) 유역에서 만연했다. 이들 지역은 명초부터 인구가 대량으로 유입되었으며, 명대 시기 호남성에서 비교적 높은 인구수를 유지했다.[50] 인구증가는 병원체의 입장에서 숙주의 증가를 의미한다. 또한 인구가 증가하면 생활 쓰레기 역시 증가해 병원체가 서식하기에 알맞은 환경이 제공되어 역병이 쉽게 발생하게 된다. 실제로 중국 역사상 인구밀도가 높은 곳에서 역병이 빈발했다.[51] 높은 인구밀도, 발달된 성시 등 명말 이 지역에 역병이 빈발했던 원인은 매우 복잡하고 다양하지만 유독 1580년과 1640년의 역병지수가 높은 이유는 무엇일까?

---

48 일반적으로 말라리아 원충은 16도 이상에서 생존하며, 열대열 원충(plasmodium alciparum)은 28도 이상의 환경에서만 생존 가능하다. 따라서 장기 분포 지역의 변천과 기후변화는 밀접한 관련이 있으며, 기후가 한랭해질수록 장병의 범위 역시 축소된다.

49 명대 한재 이후 상서북·상서남·상남 지역의 역병 발생은 14회, 수재 이후 역병 발생은 3회에 불과하다. 하지만 청대에 이르면 한재 이후 역병 발생은 20회, 수재 이후 14회로 크게 증가했다. 이와 같은 울창한 숲의 장단점은 마크 엘빈, 정철웅 옮김, 2011, 제3장 참조.

50 王勇, 『湖南人口變遷史』, 湖南人民出版社, 2009, p. 246.

51 龔勝生, 2003, pp. 874~75.

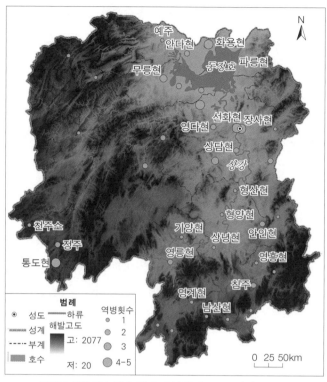

그림 7 1580년 이후 명대 호남성의 DEM 역병 분포도

명대 동정호 평원과 상중 지역의 역병 발생원인을 살펴보았을 때 자연재해가 주원인 가운데 하나였다. 명대 호남성의 동정호와 상중 지역의 역병은 총 65회 발생했다. 그중 51회, 즉 78퍼센트가 자연재해가 주원인이었던 것으로 파악된다.[52] 자연재해는 병원체의 서식지 환경을 변화시키고, 단기간에 병원체의 대규모 번식을 가능하게 한다. 또한 쉽게 기근을 야기

---

52 고대 문헌 기록은 대부분 그 원인을 설명하고 있지 않다. 따라서 이 글에서는 『중국기상재해대전(호남권)』(中國氣象災害大典〔湖南卷〕) 및 지방지(地方志) 자료를 이용해 역병의 원인을 분석했다. 역병 발생 직전 혹은 역병 발생 시 단일한 자연재해가 발생하면 그 재해를 역병의 원인으로 처리하며, 두 종류의 재해가 연달아 발생할 경우 최초의 재해를 그 역병의 원인으로 판단했다.

하는데, 기근으로 사람들의 영양상태가 불량해지면, 면역력이 약해져 쉽게 전염병에 걸린다. 즉 "大災之後, 必有大疫"이라는 중국 속언이 말해주듯 재해는 전염병과 아주 긴밀한 관계에 놓여 있다.[53]

동정호 평원 일대는 특수한 자연지리적 환경으로 인해 수재가 발생하기 쉬웠다. 특히 명청 시기 강과 호수 주변의 저습지에 완제(垸堤)를 쌓아 완전(垸田)을 대대적으로 개발해 수재가 더욱 빈번해졌다.[54] 명대 이전에는 수재보다 한재의 피해가 컸으나 명대 이후 수재가 빈번하게 발생하기 시작했다.[55] 하지만 당시 수재의 발생빈도를 감안했을 때, 수재 이후 역병이 발생하는 빈도는 그리 크지 않았다.[56]

특히나 1588년에서 1590년에 만연했던 역병은 대체로 한재 이후 빈번하게 유행했다. 1588년 장사현, 선화현(善化縣), 안향현(安鄉縣)과 1589년 선화현, 익양현(益陽縣), 예릉현은 수재에 이어 한재가 발생했고 다시 역병이 폭발했다. 다음 익양현의 기사는 당시의 처참했던 상황을 생생하게 보여준다.

(益陽縣) 봄에 홍수로 집들이 허물어지고 제방은 무너져 내려 벼들이 물에 잠겼다. 4월에서 9월까지 비가 내리지 않아 곡식이 비싸지고 온역

---

53 龔勝生, 2003, p. 875.
54 陳鋒 主編, 『明淸以來長江流域社會發展史論』, 武漢大學出版社, 2006, pp. 335~36.
55 陽鵬程, 「古代湖南旱災硏究」, 『湖南工程學院學報』 第4期, 2002, pp. 34~38.
56 기존연구에 따르면, 명대 이후 수재(水災) 157회, 한재(旱災) 124회로 수재가 가장 빈번했다. 하지만 수재 이후 역병 발생은 명대 276년 동안 총 8년에 걸쳐 영현과 선화현에서 각 2회, 무릉, 용양(龍陽), 화용(華容), 익양(益陽), 안향(安鄉), 형양(衡陽), 예릉(醴陵), 신화(新化), 노계(瀘溪)에서 각 1회로, 11현에서 발생했다. 이는 한재 이후 역병이 발생한 것에 비해 비교적 낮은 수치다. 반면에 청대에 이르면 수재 이후 역병이 발생하는 비율은 현저히 높아진다. 이는 명대에 한랭한 기후에서 수인성 역병이 발생하기에 적절하지 않았던 것으로 추측할 수 있다. 청대의 역병 발생에 대해서는 金賢善, 2016 참조.

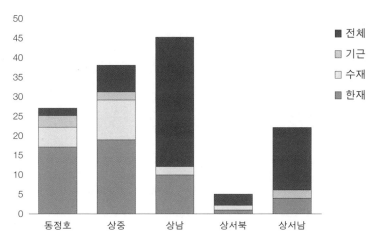

그림 8 명대 호남성의 역병 원인분석 도표

(瘟疫)이 창궐해 죽은 시신이 길에 가득했다.[57]

　　이듬해 장사현, 선화현, 상담현(湘潭縣), 유양현(瀏陽縣), 상향현(湘鄉縣), 다릉주(茶陵州), 원강현(沅江縣), 익양현, 안화현(安化縣), 형주부(衡州府)에서 한재가 발생한 후 역병이 유행했다. 당시 안화현은 연이은 한재와 기근으로 역병이 크게 유행하고 죽은 사람이 매우 많았다.[58]

　　〈그림 8〉은 역병의 원인을 분석한 것으로 명대에는 한재 이후 역병이 빈번하게 발생했음을 확인할 수 있다.

　　당시 심각했던 역병은 비단 호남성만의 상황은 아니었다. 1588년에서 1590년에 강회(江淮) 유역에서 매우 심각한 한재가 발생했으며, 아울러 역병이 대규모로 폭발했다.[59] 그중 오(吳), 노(瀘), 절(浙), 환(皖), 공(贛), 상

57　同治『益陽縣志』卷25, 「祥異」.
58　嘉慶『安化縣志』卷18, 「災異」.
59　명대의 역병과 한재는 매우 긴밀한 관계에 놓여 있다. 張濤, 『明代疫災時空分佈及環境機理研究』, 華中師範大學博士學位論文, 2015를 살펴보면, 명대의 역재(疫災)와 한재는 상관계수(相關系數) 0.861로 매우 높은 정도의 상관관계를 가지고 있

(湘), 악(鄂) 등 7개의 성(시)이 가장 심각했다.[60] 『만력저초』(萬曆邸抄)에 의하면, "1588년 3월 산(山), 협(陝), 하남의 모든 성, 응천(應天), 소(蘇), 송(松), 가(嘉), 호(湖), 항(杭), 소(紹) 모두 흉년이 들고, 역병으로 죽은 사람이 1만을 헤아렸다"고 한다.[61] 1589년에는 강서, 호북, 호남, 귀주(貴州) 등지에서 역병이 만연했는데, 이와 관련해 당대인의 언급은 당시 한재와 역병의 심각성을 말해준다.

> 수십 년간 사방에서 재해와 변고가 발생하니, 올해와 같이 심한 적이 없으며, 또한 올해처럼 광범위하게 퍼진 적도 없다.[62]

즉 1588년에서 1590년에 중국의 많은 지역에서 역병이 창궐했으며, 이는 당시 한재 이후 발생했던 역병이 호남성의 독특한 지리와 기후 특징에 기인했다기보다 당시 중국의 기후와 환경의 영향을 받았음을 말해준다.[63]

이와 관련해 1581년에서 1586년에 하북(河北)에서는 대두온(大頭瘟)이라 불리는 전염병이 폭발했으며, 하남(河南)에서도 1581년에서 1588년에 동일한 전염병이 유행했다.[64] 그리고 만력 16년에 이르러 남직례(南直隷)와 절강(浙江), 휘주(徽州) 지역까지 전파되어 대규모로 폭발했다.[65] 1589년에서 1591년에 호남성에서 유행했던 역병(疫病) 역시 그 시기와 거리의 측면

다. 즉 역재가 심각할 때 한재 역시 매우 심각했다.

60 李明志·袁嘉, 「近600年來我國的旱災與瘟疫」, 『北京林業大學學報(社會科學版)』 第3期, 2003, p. 41.

61 『萬曆邸抄』, 正中書局, p. 382.

62 같은 책, p. 462.

63 명말의 기후와 역병 관련 자료는 김현선, 「明淸時代 長江 중류 지역의 疫病 — 湖北省을 중심으로」, 명지대학교 석사학위논문, 2011 참조.

64 曹樹基, 「鼠疫流行與華北社會的變遷(1580~1644年)」, 『歷史研究』 第1期, 1997, pp. 21~23.

65 孔潮麗, 「1588~89年瘟疫流行與徽州社會」, 『安徽史學』 第4期, 2002, p. 11.

에서 보았을 때 대두온과 관련 있어 보이나 명칭과 증상에 대한 기록이 없어 아직 추측의 단계에 머물러 있다.[66]

다음으로 1643년에서 1644년에 한재 이후 역사상 유례없을 정도의 역병이 맹위를 떨쳤다. 먼저 1643년에 무릉현(武陵縣, 상덕(常德)), 용양현(龍陽縣), 화용현(華容縣), 예릉현, 안인현, 영릉현(零陵縣), 침주, 영흥현, 의장현, 상녕현(常寧縣)에서 가뭄과 기근이 발생한 후 역병이 크게 유행했다. 1643년 안인현의 상황은 당시의 처참함을 여실히 보여준다.

　　(安仁縣) 연이은 가뭄으로 쌀 한 되(斗)의 값이 한 금(金)에 이르렀다. 전
　　화와 흉년이 연이어 발생하니 역병이 성행해 죽은 사람이 길에 가득하고,
　　살아 있는 사람이 거의 없다.[67]

1644년에는 장사현, 선화현, 영향현, 익양현, 원강현, 화용현, 안인현, 예주(澧州), 영정위(永定衛), 안향현, 상녕현에서 역병이 폭발했다. 특히 영향현, 익양현, 원강현, 화용현, 안인현, 상녕현의 경우 몇 년에 걸친 오랜 가뭄으로 기근이 매우 심각했으며, 이후 역병으로 많은 사람이 사망했다. 그중 원강현은 역병으로 열에 아홉이 사망했다.[68] 당시의 높은 인구감소는 자연재해와 사회동란 등 여러 가지 요소가 함께 야기한 것으로 역병에 의한 순수한 사망률을 파악하기는 매우 어려운 일이다. 하지만 인구수

66　대두온(大頭瘟)이 현대의학의 측면에서 어떤 질병에 속하는지 아직까지 의견이 분
　　분하며 그 실체가 분명하지 않다. 曹樹基, 1997, pp. 21~23에 의하면, 그는 당시
　　대두(大頭)라는 병명을 목이 붓는 현상으로 판단해 이를 페스트라고 단정했다. 하
　　지만 아사카와(淺川)는 명대 만력 연간에 화북 지역에서 유행했던 전염병을 대두
　　온이라 칭한 것이 분명하지만, 현대의학의 시각에서 대두온이 어떤 질병에 속하느
　　냐에 대해 연구자들의 의견은 일치하지 않는다고 지적했다. 이와 관련해서는 淺川,
　　「萬曆年間華北地區鼠疫流行存疑」,『學海』第4期, 2003, pp. 191~93 참조.
67　同治『安仁縣志』卷16,「事纪·災異」.
68　嘉慶『沅江縣志』卷22,「祥異」.

를 살펴보았을 때 명대 융경(隆慶) 6년(1572) 190만에서 청대 강희 24년(1685) 100만으로 매년 평균 7.53퍼센트로 감소했으며, 명말 청초의 인구 감소로 호남성은 다시 '땅은 넓고 사람이 드문'[地廣人稀] 지역이 되어 당시의 높은 사망률을 짐작할 수 있다.[69]

한편 1628년에서 1641년에 중국은 서북, 화북, 화중, 화동 등 16개의 성(省)에서 한재가 발생했다. 이는 근 500년 동안 지속시간이 가장 길고 범위가 가장 넓으며, 피해가 가장 심각한 한재였다. 더불어 1638년, 1639년, 1641년 계속해 황재(蝗災)가 발생해 기근을 극대화시켰다. 호남의 경우 1638년 파릉현(巴陵縣), 익양현, 원강현에서, 1639년 화용현, 안향현에서, 1641년 예주, 석문현(石門縣), 악주(岳州)에서 황재 기사가 보이는데, 날아다니는 메뚜기 떼가 하늘을 가릴 정도였으며, 메뚜기가 지나간 자리에는 벼, 풀, 나뭇잎은 물론이고, 집 안의 의복 하나 남아 있지 않을 정도로 생태환경이 파괴되었다.[70] 황재는 농작물과 생태환경을 파괴해 쉽게 기근을 야기했다. 기근으로 오랫동안 굶주림에 시달리게 된 사람들은 영양결핍으로 체질이 악화되어 질병에 대한 저항력이 떨어지게 된다. 황재가 전염병을 직접적으로 확산하는 역할을 하지는 않지만 결국 이러한 상황은 역병의 발발과 확산에 유리한 조건이 되었다.[71] 또한 황재가 '건조한 기후', 즉 한재와는 밀접하게 관련되어 있으며, 기근을 야기한다는 점에서 당시 역병의 주원인 가운데 하나로 볼 수 있다.[72]

당시 역병과 관련해 오유성(吳有性)은 『온역론』(瘟疫論)에서 "1641년 역병이 유행해 산동, 절성(浙省), 남북양직(南北兩直)에 감염자가 매우 많다. 5~6월이 되어 더욱 심해졌는데, 문을 닫아도 전염이 되었다"고 언급했

---

69 夏先中, 「清代湖南人口與環境」, 湘潭大學碩士論文, 2007, p. 7.

70 湖南歷史考古研究所 編, 『湖南自然災害年表』, 湖南人民出版社, 1961.

71 施和全, 「論中國歷史上的蝗災及其社會影響」, 『南京師大學報(社會科學版)』 第2期, 2002, p. 152.

72 鄭雲飛, 「中國歷史上的蝗災分析」, 『中國農史』 第4期, 1990, p. 45.

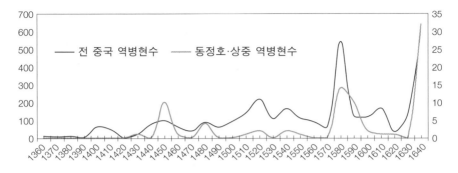

* 출처: 張濤, 『明代疫災時空分佈及環境機理研究』, 華中師範大學博士學位論文, 2015, p. 78을 토대로 작성.

그림 9 명대 중국의 역병과 호남성의 역병현수

다.[73] 당시 역병은 화북 지역에서 가장 먼저 창궐했으며, 1640년에 이르러 하북, 하남, 산동, 강남 지역까지 확산되었다. 즉 1640년대에 유행한 역병은 호남 지역에서만 발생한 특이한 사건이 아니라 기후로 인해 전국에서 대규모로 폭발한 보편적 현상이라 할 수 있다. 〈그림 9〉는 명대 전 중국의 역병현수를 나타낸 것으로 호남성 평야지대의 역병현수 파동과 유사한 파동을 그리는 것을 확인할 수 있다.

(2) 소빙기 기후와 역병

당시 중국과 호남성에서 발생했던 역병의 원인은 한재인데, 당시 발생했던 한재는 중국 역사상 가장 길고, 20개 성에 두루 미칠 정도로 범위가 컸다.[74] 호남 지역의 경우 1643년에는 상담현, 상향현, 예릉현, 무릉현, 용

---

73 『中國醫學大成 13 瘟疫論』, 上海科學技術出版社, 1990.

74 17세기 한랭 건조한 기후로 1640년에는 호남뿐만 아니라 서북, 화북, 화동 16개 도시에 한재가 발생했다. 이는 거의 500년 동안 지속 시간이 가장 길고, 범위가 가장 넓으며, 재해상황이 가장 심각한 한재였다. 기록에 의하면 적지(赤地)가 1천 리였고, 강하(江河)는 물이 흐르지 않고 샘과 우물도 모두 말라버렸으며, 벼와 싹은 시들어 낱알이 수확되지 않았다고 한다. 한재는 20개 성에 두루 미쳤으며, 북방의

양현, 안향현, 안복현(安福縣), 원강현, 뇌양현(未陽縣), 안화현, 영향현, 원릉(沅陵), 신계(辰溪), 노계(瀘溪), 회동현(會同縣), 형양현(衡陽縣), 형산현(衡山縣), 영현, 안인현에 걸쳐 한재가 발생했다. 당시 4월에서 9월, 즉 반년에 걸쳐 비가 오지 않는 심각한 수준의 한재였다.[75]

　명말에 호남 지역은 물론 전 중국에서 한재가 발생했던 원인은 무엇일까? 기후학자들은 지구 표면의 평균온도가 만약 3도가 하강하면 대기 가운데 수분이 약 20퍼센트 정도 감소해 심각한 한재를 야기한다고 했다.[76] 즉 명말의 한재는 당시의 한랭한 기후가 그 원인이었는데, 16~18세기 동안은 그전 시대에 비해 한랭한 기후가 지속되었다. 호남 지역에서도 숭정(崇禎) 연간에 한랭한 기후에 따른 동식물의 동사(凍死)가 자주 발생했다.[77] 예컨대 1638년 12월 장사현, 선화현, 상음현(湘陰縣), 익양현, 안

많은 지역에 한재는 5~9년 동안 지속되었다. 1639년 섬서(陝西) 북부에서 시작해 1646년 마침내는 호남에 이르렀다. 즉 당시의 한재와 황재는 17세기 한랭 건조한 기후가 야기한 동시적 성격의 재해였다. 李明志·袁嘉祖, 2003, p. 41; 譚徐明, 「近500年我國特大旱災的研究」, 『防災減災工程學報』 第2期, 2003 참조.

75　湖南歷史考古硏究所 編, 1961.

76　邱雲飛·孫良玉, 『中國災害通史·明代卷』, 鄭州大學出版社, 2009, p. 172.

77　당시 소빙기 기후의 원인에 대해 학계에서는 여전히 쟁론이 있는데, 크게 네 가지로 분류할 수 있다. 첫 번째는 1977년 에디(J. A. Eddy)가 제시한 태양흑점설이다. 두 번째는 프랭클린(B. Franklin) 등이 제시한 화산폭발설이다. 김문기, 「17세기 강남의 소빙기 기후」, 임병덕·정철웅 엮음, 『동양사』, 책세상, 2007, 450쪽에서는 1641년을 전후한 시기 극심한 한랭기후의 원인을 필리핀의 파커(Paker) 화산폭발, 운석낙하설 등을 들어 설명한다. 즉 1641년 필리핀의 파커 화산 폭발로 당시 기온이 한랭해졌다는 것이다. 필리핀의 파커 화산 폭발에 관한 이론은 브라이언 페이건, 윤성옥 옮김, 『기후는 역사를 어떻게 만들었는가』, 중심, 2002, 182쪽 참조. 램(Hubert H. Lamb)은 화산 폭발 이후 공기 중에 먼지베일(dust veil)이 형성되어 햇빛이 지표면을 비추지 못하게 해 지표면이 한랭해진다고 지적했다. 세 번째는 엘니뇨 현상(ENSO)과 연관지어 설명한 것으로 로스 쿠퍼-존스턴(Ross Couper-Johnston)은 그의 저서 『엘니뇨: 역사와 기후의 충돌』(김경렬 옮김, 새물결출판사, 2006)에서 1640~41년 엘니뇨로 중부와 북부의 여러 성에 걸쳐 한재·황재·전염병이 만연했고, 이 때문에 민중반란이 일어나고 집권층의 세력이 약화되어, 결국 명나라의 몰락을 촉진했음을 강조했다. 마지막으로 소빙기 원인에 대한

화현, 영향현 등지에서는 많은 눈이 내려 키를 넘을 정도로 쌓였으며, 1640년 영정위에서는 새와 동물들이 얼어 죽을 정도의 한랭한 기후가 지속되었다.[78]

일반적으로 기후변화는 인류의 건강에 직간접적으로 영향을 끼치는데, 전염병에서도 그 발생을 증가시켜 병에 걸리기 쉽게 하는 등의 영향을 끼친다. 공승생의 경우 중국 역병과 기후변화가 밀접한 관련이 있음을 지적했는데, 한랭기에는 역병이 빈발하며, 온난기에는 역병이 비교적 적게 발생한다고 했다.[79] 즉 중국 역사상 한랭한 기후와 역병은 매우 긴밀한 관계에 놓여 있으며, 명대 후반 역병의 대유행은 17세기 기후와 서로 합치된다. 지나치게 한랭하거나 건조한 기후는 인체 호흡기관의 점막혈관을 수축시켜 면역물질의 분비를 감소시킨다. 결과적으로 질병의 방어능력이 저하되며 병균이 침입하는 데 좋은 조건을 제공한다. 또한 겨울에는 실내의 온도가 높고 공기가 잘 통하지 않아 병균의 생존과 전염에 유리하게 작용해 전염병이 발생하기 쉬워진다.[80]

아울러 기후변화는 생물종의 지리 분포범위를 변화시킨다. 일부 학자는 기후변화가 특정 미생물이 돌변하거나 대량 증식하도록 해서 대규모로 인간사회에 침입해 전염병이 폭발하게 된다고 지적했다.[81] 예컨대 기후변화는 특정 생물의 분포 지역을 증가시키거나 계절 단계(Phenological phase)를 변화시켜 인류와 병원체 보균자와의 접촉빈도를 잦게 해 전염병 분포범위를 확대하는 역할을 한다.

마지막으로 한랭 건조한 기후는 기황(饑荒)을 야기해 역병의 유행에 영

설명으로 알바레제(L. W. Alvareze) 등은 운석낙하설을 제시했다.

78 湖南省地方志編纂委員會,『湖南省志·建設志』, 氣象出版社, 1995, p. 217.

79 龔勝生, 2003, p. 870.

80 梅莉·晏昌貴,「關於明代傳染病的初步考察」,『湖北大學學報(哲學社會科學版)』第5期, 1996, p. 86.

81 李國棟·張俊華·焦耿軍·趙自勝, 2013.

향을 끼친다. 기온이 1도 내려갈 때마다 해발고도가 152.4미터 상승한 것
과 같이 작물이 생장할 수 있는 시간이 짧아져 쉽게 기황이 발생하게 된
다.[82] 일단 기황이 발생하면 이재민은 풀뿌리와 나무껍질 등으로 연명하
는데, 심지어는 "人相食", "死者枕籍" 등의 참상이 발생하게 된다. 결국 오
랜 기근으로 영양이 부족해지고 면역력이 떨어진 상태에서 전염병이 쉽게
유행하게 된다.[83]

명말에 한랭한 기후와 그로 인한 한재 및 황재는 당시 중국의 전체적
인 기후 특징이었으며, 이에 따라 중국의 드넓은 지역에서 역병이 발생했
다. 호남 지역의 역병 역시 독특한 지리환경에 기인했다기보다 당시 중국
의 기후와 환경의 영향 아래 발생했다고 할 수 있다. 1581년 하북에서 유
행해 1589년까지 점차 중부로 전파되었던 역병은 한재가 그 주원인이었
으며, 당시 발생했던 한재는 명대의 한랭 건조한 기후 탓이 컸다. 그리고
호남 지역 역시 중국의 한랭 건조한 기후의 영향권에 있었으며, 한재의 결
과 역병이 발생한 것이다.

한편, 당시 유행했던 역병의 실체에 대해 학자들은 대체로 서역(鼠疫,
Pest)이라고 인식하고 있다.[84] 이 글에서는 명말의 호남 지역에서 역병이

---

82 Andrew B. Appleby, "Epidemic and Famine in the Little Ice Age", *The
    Journal of Interdisciplinary History*, Vol. 10.4, 1980, p. 658.
83 애플비의 경우 기후변화가 전염병 유행의 원인 가운데 하나임을 완전히 부정하지
    는 않지만, 그 영향이 간접적이라고 인식하고 있다. 기후변화가 비록 일부 '미생물'
    이 돌변하게 하거나 대량 증식하게 해 전염병이 유행하기도 하지만, 한랭 건조한
    기후는 오히려 일부 병원체와 매개생물(쥐벼룩, 모기 등)의 활동을 억제하거나 종
    식시킨다고 지적하고 있다. Andrew B. Appleby, "Disease, Diet, and History",
    The Journal of Interdisciplinary History, 8(4), 1978, pp. 725~35.
84 대부분의 사료에 당시 발생했던 전염병은 역(疫)으로 표시되어 있으며, 그 증상에
    대한 기록도 매우 드물어 전염병의 실체를 밝히기는 매우 어렵다. 그런데도 당시
    역병의 실체를 밝히려는 노력이 계속되어 왔다. 조수기(曹樹基)의 경우 숭정 연간
    은 물론 만력 연간에 발생했던 전염병까지 페스트로 단정했다. 하지만 아사카와
    는 1640년대의 전염병만을 페스트라고 보았다. 曹樹基, 1997, pp. 26~27; 淺川,
    2003, pp. 191~95 참조.

유행할 당시 쥐의 이동이나 증상 등 병의 실체를 확인할 수 있는 단서를 확인하지는 못했다. 다만 다음 사항들을 살펴보았을 때 페스트의 가능성을 확인할 수 있다.

첫째, 사망률 혹은 사망자들을 살펴보았을 때 중국 역사에서 대량의 인구사망을 야기하는 전염병은 서역과 천화(天花, Smallpox), 곽란(霍乱, Cholera) 등 매우 한정적이었다. 그 가운데 콜레라는 중국에 원래부터 존재했던 전염병이 아니었으며, 1821년 이후에서야 해외에서 중국으로 유입되어 유행하기 시작했다. 천화의 경우 어린아이들이 전염되는 경우가 대부분이며, 사망률은 20~40퍼센트에 지나지 않는다. 또한 천화는 신체접촉 혹은 포말을 통해 전파되기 때문에 명말의 중국에서 역병이 번진 것처럼 넓은 지역에서 유행하기 어렵다. 즉 역병의 넓은 유행범위, 높은 사망률과 역병에 걸린 사람들의 연령, 질병의 유입 시기 등을 고려했을 때 서역일 가능성이 매우 높다.

둘째, 기후가 병원체에 끼치는 영향 면에서 살펴보았을 때 명말은 소빙기에 해당하며, 한랭 건조한 기후는 서역(鼠疫, bubonic plague), 즉 페스트의 유행에 매우 유리했을 것으로 판단된다. 기후변화와 그로 인한 생태환경의 변화는 필연적으로 숙주 혹은 매개체에 중요한 영향을 끼치며, 나아가 인간 사이에 페스트가 유행하는 데 영향을 끼친다. 페스트의 매개체인 쥐벼룩은 온도가 높고, 공기가 건조하며, 강우량이 많은 환경에서 생존할 수 없으며, 온도가 너무 낮을 경우 동면하게 된다. 따라서 온대 지역에서는 일반적으로 봄과 여름에 발생하며, 열대 지역에서는 겨울과 봄에 발생하는 경우가 빈번하다.[85] 강수량 역시 지역마다 차이가 있는데, 남방의 높은 강수량은 쥐벼룩의 증가를 억제하지만, 기후가 건조한 북방의 경우

85 李海蓉·王五一·楊林生·譚見安,「氣候變化對鼠疫流行的影響及其趨勢分析」, 全國政協人口資源環境委員會 中國氣象局 編,『氣候變化與生態環境研討會論文集』, 氣象出版社, 2004, p. 435.

강수량의 증가는 오히려 페스트를 심각하게 만든다.[86] 즉 명말의 한랭 건조한 기후조건은 온대 남부에 위치하는 호남 지역의 페스트 유행에 유리한 조건을 형성했을 것이다.

마지막으로 농민기의군의 노선과 관련해 살펴보면, 1640~41년 안휘성(安徽省)의 합비(合肥)에서 대역(大疫)이 유행했을 때[87] 장헌충(張獻忠)은 호북 지역과[88] 안휘성 등을 전전하면서 관군에 대항했다. 숭정 16년(1643)에 이르러 무창현(武昌縣, 악성[鄂城])으로 철수했다가 계속 남하해 호남으로 들어갔다. 이후 악주부와 장사부의 상음현을 함락했으며, 이어서 장사현을 점령해 호남은 빠르게 장헌충의 점령지가 되었다.[89] 그해 악주부의 화용현 기록을 살펴보면 병적(兵賊)이 잡다하게 왕래했으며, 한재와 기황이 들고 이후 역병이 유행했다고 한다.[90] 즉 장헌충이 호남으로 들어오는 과정에서 호북 지역에서 유행하고 있던 페스트가 함께 들어올 수 있었을 것이다. 더하여 높은 사망률과 기후 특징을 감안한다면 페스트일 가능성은 매우 높다.

한편 명대 호남 지역의 동정호와 상중 지역은 '미곡 송출지'로서 경제적 지위는 매우 중요했으며, 재해 발생 시 다른 지역에 비해 '황은'(皇恩)을 자주 받았다.[91] 하지만 만력 연간에는 재정상태가 급속히 악화되었으며, 재

---

86 Lei Xu, Qiyong Liu, Leif Chr. Stige, Tamara Ben Ari, Xiye Fang, Kung-Sik Chan, Shuchun Wang, Nils Chr. Stenseth, Zhibin Zhang, "Nonlinear effect of climate on plague during the third pandemic in China", *Proceedings of the National Academy of Sciences*, 08(25), 2011, pp. 102~07.

87 邱雲飛·孫良玉, 2009, pp. 634~36.

88 명대 호북 지역의 경우 쥐의 대량 이동과 대량 사망, 유적 그리고 이자성 부대의 이동 등으로 미루어 역시 페스트의 가능성이 매우 높다. 김현선, 2011 참조.

89 譚仲池 主編,『長沙通史(古代卷)』, 湖南教育出版社, 2013, pp. 554, 733.

90 乾隆『華容縣志』卷12,「志余」.

91 명대의 악주부(岳州府)에서 15회, 장사부(長沙府)에서 13회, 상덕부(常德府)에서 13회 조진(朝賑)이 이루어졌는데, 이는 호남 조진의 90퍼센트에 해당한다. 蔣仁梅, 2008, pp. 33~35 참조.

해가 발생해도 왕실에서 이를 구제할 만한 재정능력을 상실한 상태가 되었다. 결국 명말에는 한랭한 기후로 인해 한재와 황재(蝗災)가 매우 심각했는데도 황정정책(荒政政策)이 시행된 적은 거의 없다. 만력 27년(1599) 이후에는 대재해와 대기근이 아니면 견면(蠲免)은 물론이고 개절(改折)까지도 함부로 요청하지 못하도록 했다.[92] 더하여 명말에 정부는 재정 확보를 위해 '삼향'(三餉)을 부과했는데, 과중한 부역은 명말에 빈발한 재해와 더불어 역병의 유행을 부채질했을 것이 분명하다.[93] 이어 숭정 15년(1642)에 이르러서는 한재와 황재, 그리고 역병이 발생했지만, 세금 부담과 그 징수 횟수만 증가했을 뿐이었다. 명초에 상수와 동정호 유역에서 재해가 빈번히 일어났음에도 역병이 발생하지 않았는데 명말의 상황과 비교해 이는 결코 우연이 아니었을 것이다.

맺는말

이 글에서는 명대 호남성의 환경변화와 전염병의 상관관계를 집중적으로 살펴보았다. 먼저 명대 호남 지역의 역병 발생을 시간과 공간에 따라 그 특징을 분석했다. 역병 발생 특징을 바탕으로 호남 지역을 산악 지역

---

92 張兆裕,「明代萬曆時期災荒中的蠲免」,『中國經濟史研究』第3期, 1999, p. 102.

93 명대를 비롯한 청대 정부는 전염병에 대해 비교적 소극적인 입장을 취했다는 것이 학계의 일반적인 의견이다. 실제 명청 시기의 의학기구는 미비했으며, 혜민약국 혹은 의학 등 이미 유명무실해져 있었던 상황을 고려한다면 명청 양 정부가 전염병에 대해 비교적 소극적인 입장을 취했다고 할 수 있다. 반면에 명청 시기 조정의 수한재해(水旱災害)에 대한 진제(賑濟)는 역병구조에 비해 상대적으로 완전하고 성숙한 제도를 갖추고 있었다. 평야 지역의 경우 재해 이후 역병이 빈번했으며, 재해 후 역병이 발생했을 때 비록 역병을 언급하지 않았으나 조정의 구제가 비교적 빈번했다. 이런 상황을 고려한다면 재해 이후 발생했던 역병의 조치에 대해서는 조금 다른 시각이 필요하다. 金賢善, 2016 참조.

과 평야 지역으로 구획해 그 지리와 환경 등의 요소와 관련해 역병 발생의 원인을 파악했다.

역병의 시공간 분포 특징을 살펴보면, 명대 1580년 이전까지 호남 지역의 역병은 상남·상서 등 산악 지역을 중심으로 몇몇 현에서 산발적으로 발생했다. 반면에 1580년 이후에는 동정호와 상중 지역을 중심으로 한 평야와 구릉지대에서 빈번했으며, 비교적 넓은 지역에서 폭발적으로 유행했다.

다음으로 명대 호남 지역의 역병을 환경과의 관련 속에서 살펴보았다. 명초의 역병이 주로 유행했던 상남과 상서 등지는 인구밀도가 낮고 미개발 지역으로 남아 있던 곳으로 이곳에서 역병의 빈발은 자연환경과 연관이 깊다. 이들 산악 지역에서는 명대의 황목(皇木) 채취 혹은 경제적 이익을 위해 도처에서 남벌이 행해지고 있었으며 그 과정에서 병원체와의 접촉증가로 역병이 쉽게 발생한 것으로 보인다. 또한 이주민이 끊임없이 유입되었으며, 그곳에서 학질과 같은 그 지역의 풍토성 질병에 쉽게 감염되었다. 더불어 상남 산악 지역은 왕조반란과 각종 동란이 빈발했으며, 정부가 반란을 진압하거나 적이 약탈을 일삼는 과정에서 역병이 창궐하기도 했다.

한편 중국의 장기(瘴氣) 분포 지역은 시간의 흐름에 따라 점차 축소되었다. 특히 인구증가와 산림남벌, 광산개발은 지리환경을 변화시키고 장기 범위를 축소시켰다. 또한 명말에 기후가 한랭해지면서 호남의 장병 발생률은 감소했을 것이다.

1580년대 이후 호남의 역병은 동정호 평원과 상중 지역을 중심으로 광범위하게 유행했다. "大災之後, 必有大疫"이라는 중국 속언이 말해주듯 재해는 전염병과 자주 동반해 발생했다. 평야 지역의 경우 수재와 한재가 빈발했으며, 그 영향 역시 매우 컸다. 특히 1588년과 1640년의 한재와 황재는 매우 심각했으며, 기근과 역병이 폭발적으로 유행했다. 당시 호남 지역을 비롯한 중국의 많은 지역에서 한재와 황재가 빈번했고, 역병은 이러한 재해의 연속선상에서 발생했다. 당시 한재는 한랭한 기후가 그 원인이었는데, 이른바 17세기는 가장 한랭했던 시기에 해당하며, 중국 역사상 한랭한 기후와 역병은 매우 긴밀한 관계에 있다. 일반적으로 기후변화는 특정 미생물이 돌연변이를 일으키거나 대량 증식하거나 하는 원인으로 해서 대규모로 인간사회에 침입해 전염병이 유행하게 된다. 또한 기황을 쉽게 일으켜 그로 인해 사람들의 면역력이 낮아진 상태에서 전염병이 쉽게 발생하게 된다. 당시 유행했던 역병의 종류와 관련해 높은 사망률과 사망자의 연령, 기후가 병원체에 미치는 영향, 외부에서의 장헌충군의 유입 등을 고려했을 때 서역(鼠疫)의 가능성이 매우 높다.

명말의 한랭한 기후와 그로 인한 한재 및 황재는 당시 중국의 전체적인 특징이었으며, 호남 지역의 역병 역시 호남의 독특한 지리환경으로 기인한다기보다 당시 중국의 기후와 환경의 영향에 의해 발생한 것이다. 이는 단순한 역병의 지역변화가 아닌 환경에 의한 질병체계의 변화를 의미한다. 한편, 만력 이후 명 정부의 구휼은 거의 전무했으며, 오히려 재정 확보를 위해 '삼향'(三餉)을 부과했는데, 과중한 부역은 명말에 빈번했던 재해와 역병의 유행을 부채질했음이 분명하다. 이는 명초 이 지역의 재해에 행해진 조진(朝賑)과 역병 발생의 관계를 상기할 때 우리에게 시사하는 바가 매우 크다.

부록 명대 호남성 역병표

年份	區域	地點	縣數	原因
1417	湘南	酃縣	1	山洪山崩
1434	湘南	道州, 桂陽州, 永明, 臨武, 藍山, 酃縣, 漵浦	7	旱饑
	湘中	衡山	1	旱饑
1435	湘西北	慈利	1	大旱
1440	湘南	寧遠偉逃川等六所: 寧遠衛, 桃川所, 枇杷所, 錦田所, 寧溪所, 廣安所 (道州, 永明縣, 江華縣, 藍山縣, 桂陽縣)	6	불명
1453	湘中	衡陽, 衡山, 耒陽, 常寧, 安仁	5	寒冷
	湘南	酃縣, 臨武, 藍山, 桂陽州	4	寒冷
1454	湘中	衡陽, 衡山, 耒陽, 常寧, 安仁	5	寒冷
	湘南	酃縣, 臨武, 藍山, 桂陽州	4	寒冷
1461	湘中	攸縣	1	불명
	湘南	興寧	1	大旱, 蟲食苗
1472	湘南	郴州	1	火
1476	湘南	郴州, 宜章	2	불명
1481	湘中	衡州府(衡陽縣)	1	饑
1482	湘南	永興	1	불명
1484	湘南	酃縣	1	大水
1486	湘南	郴州, 宜章	2	불명
		酃縣	1	饑, 寇
1488	洞庭湖	岳州府(府治: 巴陵)	1	大旱
	湘中	平江	1	大旱
1489	洞庭湖	華容	1	水
1506	湘西南	靖州諸處: 靖州(州治), 天柱所, 通道, 綏寧, 會同, 汶溪所	6	불명
1517	湘中	祁陽	1	大旱
	湘西南	邵陽	1	大旱
1522	湘中	衡陽縣	1	大水

年份	區域	地點	縣數	原因
1524	湘中	瀏陽	1	불명
1532	湘南	永明	1	瑤民起義
1534	湘西南	通道	1	天花
1542	湘南	宜章, 永明	2	불명
1544	湘西北	麻陽	1	苗亂
	湘中	衡陽, 安仁	2	旱, 蝗
	湘南	郴州	1	旱, 蝗
		黔陽, 靖州, 會同, 通道	4	불명
1552	湘中	瀏陽	1	불명
1579	湘南	江華, 永明	2	불명
1581	湘南	藍山	1	불명
1587	洞庭湖	益陽	1	歲兇
1588	洞庭湖	安鄉	1	大水
		益陽, 武陵, 華容	3	旱
	湘中	寧鄉	1	旱
		湘潭, 湘鄉	2	水, 饑
	湘西南	安化	1	風, 饑
1589	洞庭湖	長沙, 善化, 益陽	3	水, 旱
	湘中	醴陵, 湘鄉	2	大水後旱
		祁陽	1	大祲
	湘南	零陵	1	大旱, 饑
1590	洞庭湖	長沙, 善化, 益陽	3	大旱
		沅江	1	불명
	湘中	茶陵, 湘潭, 瀏陽, 湘鄉, 衡陽	5	旱
		衡山	1	大饑
	湘西南	安化	1	旱
1600	湘西南	通道	1	兵
1601	湘西南	新化	1	旱
	湘南	興寧, 寧遠	2	불명

年份	區域	地點		縣數	原因
1608	洞庭湖	武陵, 龍陽		2	水, 饑
1610	湘西南	新化		1	黑雪, 雨雹, 蝗
1613	洞庭湖	華容		1	水, 饑
1617	湘南	臨武		1	旱
1618	湘西南	靖州, 通道		2	불명
1619	湘西北	瀘溪		2	大水
	湘西南	通道			불명
1628	湘中	衡陽府(府治: 衡陽縣)		1	불명
1629	湘西北	桑植		1	雨雹
1636	湘南	靖州, 通道		3	饑
		天柱縣			불명
1641	湘南	郴州		1	地震
1643	洞庭湖	武陵, 龍陽, 華容		9	大旱
	湘中	醴陵, 安仁			旱
	湘南	零陵, 郴州, 永興, 宜章			불명
1644	洞庭湖	長沙縣, 善化,		2	大饑
		益陽, 沅江, 華容		3	大旱, 饑
		澧州, 安鄉, 永定		3	불명
	湘中	寧鄉, 安仁, 常寧		3	旱

| 참고문헌 |

1.사료

嘉慶『安化縣志』

嘉慶『沅江縣志』

嘉靖『衡州府志』

嘉慶『通道縣志』

嘉慶『寧遠縣志』

嘉慶『郴州總志』

康熙『永州府志』

乾隆『桂東縣志』

乾隆『辰州府志』

乾隆『華容縣志』

乾隆『永順府志』

光緒『黃州府志』

光緒『零陵縣志』

同治『安仁縣志』

同治『益陽縣志』

同治『酃縣志』

萬曆『慈利縣志』

『萬曆邸抄』, 正中書局.

謝肇淛, 『五雜組』, 中華書局, 1959.

『中國醫學大成 13 瘟疫論』, 上海科學技術出版社, 1990.

夏燮, 『明通監』, 中華書局, 1959.

〔唐〕王燾, 『外臺秘要方』, 山西科學技術出版社, 2013

〔明〕徐弘祖, 『徐霞客游記‧楚游日記』, 團結出版社 , 2002.

〔淸〕嚴如熤, 『苗防備覽』

〔淸〕段汝霖, 『楚南苗地』

2. 저서

로스 쿠퍼-존스턴, 김경렬 옮김, 『엘니뇨: 역사와 기후의 충돌』, 새물결출판사,

2006.

마크 엘빈, 정철웅 옮김, 『코끼리의 후퇴』, 사계절, 2011.

브라이언 페이건, 윤성옥 옮김, 『기후는 역사를 어떻게 만들었는가』, 중심, 2002.

서울대학교동양사연구실, 『강좌중국사 IV — 제국질서의 완성』, 서울, 1989.

아노 카렌, 권복규 옮김, 『전염병의 문화사』, 사이언스북스, 2001.

오금성 외, 『명청 시대 사회경제사』, 이산, 2007.

윌리엄 맥닐, 허정 옮김, 『전염병과 인류의 역사』, 한울, 1992.

임병덕·정철웅 엮음, 『동양사』, 책세상, 2007.

정철웅, 『자연의 저주』, 책세상, 2012.

龔勝生, 『淸代兩湖農業地理』, 華中師範大學出版社, 1996.

龔勝生, 『中國三千年疫災史料匯編』, 출판 예정.

邱雲飛·孫良玉, 『中國災害通史·明代卷』, 鄭州大學出版社, 2009.

金賢善, 『明淸時期兩湖疫災 — 時空分佈, 影響與社會應對』, 華中師範大學博士學位
　　論文, 2016.

譚仲池 主編, 『長沙通史(古代卷)』, 湖南敎育出版社, 2013.

文煥然, 『中國歷史時期植物與動物變遷硏究』, 重慶出版社, 2006.

宋正海, 『中國古代自然災異群發期』, 安徽敎育出版社, 2002.

陽鵬程, 『湖南災荒史』, 湖南人民出版社, 2008.

王勇, 『湖南人口變遷史』, 湖南人民出版社, 2009.

吳永章, 『中南民族關係史』, 民族出版社, 1992.

溫克剛 主編, 曾慶華本卷主編, 『中國氣象災害大典·湖南卷』, 氣象出版社, 2006.

余新忠, 『淸代江南的瘟疫與社會』, 中國人民大學出版社, 2003.

余新忠 等, 『瘟疫下的社會拯救』, 中國書店, 2004.

酃縣志編纂委員會 編, 『酃縣志』, 中國社會出版社, 1994.

張綱, 『中醫百病名源考』, 人民衛生出版社, 1997.

張國雄, 『明淸時期的兩湖移民』, 陝西人民敎育出版社, 1995.

『中國醫學大成 13 瘟疫論』, 上海科學技術出版社, 1990.

陳鋒 主編, 『明淸以來長江流域社會發展史論』, 武漢大學出版社, 2006.

鄧鐵濤 主編, 『中國防疫史』, 廣西科學技術出版社, 2006.

龔勝生, 『天人集 (歷史地理學論集)』, 中國社會科學出版社, 2009.

張劍光, 『三千年疫情』, 江西高校出版社, 1998.

張濤, 『明代疫災時空分佈及環境機理硏究』, 華中師範大學博士學位論文, 2015.

張偉然, 『湖南歷史文化地理硏究』, 復旦大學出版社, 1995.

全國政協人口資源環境委員會 中國氣象局 編, 『氣候變化與生態環境硏討會論文

集』, 氣象出版社, 2004.

周宏偉, 『長江流域森林變遷與水土流失』, 湖南教育出版社, 2006.

周祖杰 主編, 『中國瘧疾防治與研究』, 人民衛生出版社, 1991.

馮漢鏞, 「四川的瘴氣及其防治」, 『巴蜀科技史研究』, 四川大學出版社, 1995.

湖南歷史考古研究所 編, 『湖南自然災害年表』, 湖南人民出版社, 1961.

湖南省氣象避氣候資料室 編, 『湖南省氣候災害史料(公元前611年至公元1949年)』, 湖南省氣象局氣候資料室, 1982.

湖南省地方志編纂委員會, 『湖南省志·建設志』, 氣象出版社,1995.

湖北省少數民族古籍辦公室 主編, 『湖南地方志少數民族史料·下册』, 岳麓書社, 1992.

3. 논문

강효진·정창현·장우창·류정아·백유상, 「瘧疾의 種類와 病因·病機에 대한 考察」, 『대한한의학원전자학회지』 26, 2013; 김현선, 「明淸時代 長江 중류 지역의 疫病—湖北省을 중심으로」, 明知大學校 석사학위논문, 2011.

김현선, 「明淸時代 長江 중류 지역의 疫病—湖北省을 중심으로」, 명지대학교 석사학위논문, 2011.

오금성, 「明 中期의 人口移動과 그 影響影响—湖廣地方의 人口流入을 中心으로」, 『歷史學報』 137, 1993.

鄭哲雄, 「환경변화로 본 중국의 明淸時代—長江 中流 지역을 중심으로」, 『大丘史學』 89, 2007.

龔勝生, 「2000年來中國瘴病分布變遷的初步研究」, 『地理學報』 第4期, 1993.

龔勝生, 「中國疫災的時空分布變遷規律」, 『地理學報』 第6期, 2003.

孔潮麗, 「1588~89年瘟疫流行與徽州社會」, 『安徽史學』 第4期, 2002.

譚徐明, 「近500年我國特大旱災的研究」, 『防災减災工程學報』 第2期, 2003.

梅莉·晏昌貴·龔勝生, 「明淸時期中國瘴病分布與變遷」, 『中國歷史地理論叢』 第2期, 1997.

梅莉·晏昌貴, 「關於明代傳染病的初步考察」, 『湖北大學學報(哲學社會科學版)』 第5期, 1996.

林富士, 「中國疾病史研究芻議」, 『四川大學學報(哲學社會科學版)』 第1期, 2004.

施和全, 「論中國歷史上的蝗災及其社會影響」, 『南京師大學報(社會科學版)』 第2期, 2002.

陽鵬程, 「古代湖南旱災研究」, 『湖南工程學院學報』 第4期, 2002.

陽鵬程,「古代湖南蟲災, 風災, 雹災, 冰凍, 地震, 疫災簡論」,『湖南工程學院學報(社會科學版)』第4期, 2003.

陽鵬程,「清季湖南疫災與防治」,『湖南工程學院學報』第2期, 2006.

陽鵬程,「1912年以前湖南的疫災流行與防治」,『湖南城市學院學報』第2期, 2010.

楊鵬程·曹海,「兵燹水旱交乘瘟神疫癘肆虐 — 1919~20年湖南疫災研究」,『湖南科技大學學報(社會科學版)』第5期, 2012.

張陳程,「明清時期瘴氣在廣西消滅的原因探析」,『南寧師範高等專科學校學報』第2期, 2007.

王曉偉,『明清江南地區疫災地理規律與環境機理研究』, 華中師範大學碩士論文, 2013.

余新忠,「清代江南疫病救療事業探析 — 論清代國家與社會對瘟疫的反應」,『歷史研究』第6期, 2001.

余新忠,「20世紀以來明清疾病史研究述評」,『中國史研究動態』第10期, 2001.

李國棟·張俊華·焦耿軍·趙自勝,「氣候變化對傳染病爆發流行的影響研究進展」,『生態學報』第21期, 2013.

李明志·袁嘉,「近600年來我國的旱災與瘟疫」,『北京林業大學學報(社會科學版)』第3期, 2003.

張文,「地域偏見與族群歧視 — 中國古代瘴氣與瘴病的文化學解讀」, 袁曉文·陳國安主編,『中國西南民族研究學會建會30周年精選學術文庫·重慶卷』, 民族出版社, 2014.

張兆裕,「明代萬曆時期災荒中的蠲免」,『中國經濟史研究』第3期, 1999.

左鵬,「宋元時期的瘴疾與文化變遷」,『中國社會科學』, 2004.

傅樂園,「清代湘南山區的經濟開發及其生態變遷」,『中南民族學院學報(人文社會科學版)』第3期, 2001.

鄭雲飛,「中國歷史上的蝗災分析」,『中國農史』第4期, 1990.

曹樹基,「鼠疫流行與華北社會的變遷(1580~1644年)」,『歷史研究』第1期, 1997.

竺可禎,「中國近五千年來氣候變遷的初步研究」,『中國科學』第2期, 1973.

蔣仁梅,「明代湖南的朝賑研究」, 湖南科技大學碩士論文, 2008.

淺川,「萬曆年間華北地區鼠疫流行存疑」,『學海』第4期, 2003.

馮漢鏞,「瘴氣的文獻研究」,『中華醫史雜誌』第1期, 1981.

夏先中,「清代湖南人口與環境」, 湘潭大學碩士論文, 2007.

Andrew B. Applepy, "Disease, Diet, and History", *The Journal of interdisciplinary History*, 8(4), 1978.

Andrew B. Applepy, "Epidemic and Famine in the Little Ice Age", *The Journal of Interdisciplinary History*, vol.104, 1980.

Helen Dunstan, "The Late Ming Epidemics: A Preliminary Survey", *Ch'ing Shih Wen-ti*. 1975, 3(3).

Lei Xu, Qiyong Liu, Leif Chr. Stige, Tamara Ben Ari, Xiye Fang, Kung-Sik Chan, Shuchun Wang, Nils Chr. Stenseth, Zhibin Zhang, "Nonlinear effect of climate on plague during the third pandemic in China", *Proceedings of the National Academy of Sciences*, 2011, 08(25).

II

정치체제
(전근대편)

3

신라의 환관宦官 관부官府를 찾아서*
— 세택(중사성)의 성격에 대한 재검토

이재환(李在晥)

머리말

중국 당대의 환관(宦官)에 대해서는 전통 시기 지식인들부터 관심을 가지기 시작해 근대 역사연구에서도 중요한 테마 중 하나로 자리 잡았고, 이제는 '진부한 주제', '연구가 끝난 주제'로 간주될 정도로 많은 연구가 진행되었다.[1] 그러나 같은 시기에 당과 활발히 교류하며 제도와 문화적 측면에서 크게 영향을 받고 있던 신라의 환관에 대해서는 지금까지 전혀 관심이 기울여지지 않았다. 신라의 환관에 대해서는 한국사 속에서 환관의 기원을 찾는 과정 중 신라시대 환관의 존재를 언급한 것 정도가 유일하다고 하겠다.[2]

---

* 이 글은 이재환, 「新羅의 宦官 官府에 대한 試論 — 洗宅(중사성)의 성격에 대한 재검토」, 『木簡과 文字』 21, 2018의 내용을 수정·보완한 것이다.

1 柳浚炯, 「唐代 宦官 문제의 재인식 — 연구사 고찰 및 皇權運營과의 관계 분석을 중심으로」, 『中國史研究』 第77輯, 2012, 286쪽.
2 李遇喆, 「高麗時代의 宦官에 對하여」, 『史學研究』 1, 1958, 19쪽.

『삼국사기』(三國史記)에는 흥덕왕(興德王)의 비(妃)인 장화부인(章和夫人)
이 죽자 왕이 잊지 못하고 여시(女侍)를 가까이하지 않아 좌우에서 사령
(使令)하는 것은 '환수'(宦竪)뿐이었다는 기록이 남아 있으므로[3] 적어도 신
라 하대에 환관이 존재했으며, 왕의 곁에서 시봉하는 임무를 맡고 있었음
은 분명하다. 그러나 이들이 어떠한 관부(官府)에 소속되어 구체적으로 어
떠한 역할을 담당했는지는 아직까지 검토된 바 없다. 이는 신라의 환관에
대해 알 수 있는 자료가 극히 적기 때문이다.

이 글은 목간 등 금석문 자료와『삼국사기』직관지(職官志)의 파편적 기
록들을 조합하고 당의 환관기구인 내시성(內侍省)과 비교해 신라 관제 속
에서 환관들이 소속되어 있었던 관부를 찾아내는 것을 일차적 목표로 한
다. 환관 관부의 탐색에 성공한다면, 고려의 독특한 환관·내시제도의 연
원을 신라에서 찾는 것이 가능한지에 대해서도 검토해 보도록 하겠다.

1. 신라 중·하대의 중사(中使)·내양(內養)과 중사성

신라의 환관이 직접적으로 언급된 것은『삼국사기』흥덕왕 원년의 기록
이 유일하지만, 금석문에 등장하는 '중사'(中使)라는 존재가 신라의 환관
을 추적해볼 단서가 된다. '중사'는 신라 하대의 승려 비문들에서 국왕과
고승 사이의 교류를 중개하는 역할을 담당하고 있다. 경명왕(景明王)이 지
은 「봉림사진경대사보월릉공탑비」(鳳林寺眞鏡大師寶月凌空塔碑)에서는 진경
대사(眞鏡大師)가 입적하자 왕이 '중사'를 파견해 부자(賻資)를 전달했다고
했고,[4] 고려 태조 23년(940)에 건립된 「보현사낭원대사오진탑비」(普賢寺朗

---

3 『三國史記』卷10, 新羅本紀10, 興德王 元年: "冬十二月 妃章和夫人卒 追封爲定穆王
后 王思不能忘 悵然不樂 群臣表請再納妃 王曰 隻鳥有喪匹之悲 況失良匹 何忍無
情遽再娶乎 遂不從 亦不親近女侍 左右使令 唯宦竪而已."

圓大師悟眞塔碑)는 신라의 경애왕(景哀王)이 낭원대사(朗圓大師)에게 '중사' 최영(崔暎)을 파견해 초빙했음을 기록했다.[5] 광종 5년(954)에 건립된 「태자 사낭공대사비」(太子寺郎空大師碑)에서는 신라 신덕왕(神德王)이 '중사'를 파견해 낭공대사(郎空大師) 행적(行寂)의 장례를 감호(監護)하게 했던 사실이 확인된다.[6]

'중앙에서 급사(給使)하는 사람' 혹은 '중앙에서 파견된 사자' 등의 의미로 해석할 수 있는 '중사'라는 호칭이 처음 등장하는 것은 후한대로서,[7] 이미 환관들이 중사로서 황제의 사자가 되어 활약하고 있다.[8] 이때까지는 환관 외에도 궁녀나 황궁의 양마인(養馬人)이 중사의 임무를 맡는 경우도 있었지만, 남북조 시기를 거치면서 기본적으로 중사에는 환관만을 임명하는 것이 고정화되었다.[9] 당대에 들어와서는 '중사'가 환관 사직(使職) 전체에 대한 개괄적 명칭으로 사용되었으며, 나아가 환관 자체를 지칭하는 의미를 가지게 되었다.[10]

당시 중국에서 환관들이 중사로서 발해·신라 등 주변국에 파견된 사례가 많았는데, 당이 발해에 보낸 사절의 경우 정례적인 사절의 75퍼센트가 환관일 정도였다.[11] 신라는 다른 국가들에 비해 문장과 예악이 뛰어남

---

4 "寡人忽聆遷化 身惻慟情 仍遣昭玄僧榮會法師 先令吊祭 至于三七 特差中使賫送賻資 又以贈諡眞鏡大師塔名寶月凌空之塔."

5 "本國景哀大王 聞大師德高天下名重海東 恨闕迎門遙申避席 仍遣中使崔暎 高飛鳳詔 遠詣蕎廬 請扶王道之危."

6 "聖考大王 忽聆遷化 良惻仙襟 特遣中使 監護葬儀."

7 『後漢書』卷25, 魏霸傳: "永元十六年 徵拜將作大匠 明年 和帝崩 典作順陵 時盛多地凍 中使督促 數罰縣吏以厲霸."

8 陳巍·董劭偉, 「漢末三國中使考」, 『重慶交通學院學報(社科版)』 第5卷 第3期, 2005, pp. 77~78.

9 寧志新, 『隋唐使職制度研究(农牧工商編)』, 中華書局, 2005, p. 8; 唐飛, 「唐代中使研究──以中使與唐代政治, 軍事之關系爲中心」, 揚州大學校 碩士學位論文, 2010, pp. 12~13.

10 寧志新, 2005, p. 8; 柳浚炯, 2012, 317쪽.

을 인정받아 상대적으로 환관보다 유학적 소양을 갖춘 학자적 관료들이 대신라 사신으로 선정되는 경향이 있었다고는 하지만,[12] 당의 환관 중사가 대신라 외교활동에서 활약했음은 분명하다.[13] '중사', '중귀인'(中貴人)이 었음이 기록을 통해 확인되는 내사(內史) 고품(高品) 하행성(何行成)이 성덕왕(聖德王) 32년(773)에 사신으로 신라를 방문한 바 있고,[14] 신라의 질자(質子) 김윤부(金允夫)가 구례(舊例)에 따라 입번(入蕃)하는 중사의 부사가 되어 본국으로 돌아오기를 청했다는 기록도 남아 있다.[15]

신라 측에서도 당으로 사절을 파견해 외교활동을 벌일 때 당의 환관세력을 의식하고 있었으므로, '중사'의 용례를 인식하지 못했으리라고 보기는 어렵다. 따라서 신라의 승려 비문에 나타나는 '중사'들 또한 '환관 사자'의 의미에서 크게 벗어나지 않았을 것으로 짐작할 수 있다. 승려 비문에서는 '중사'와 동일한 역할을 담당한 이들에 대해 '성사'(星使), '중연'(中涓), '중관'(中官) 등의 표현 또한 사용하고 있는데,[16] 이들 모두 당시에 환관을 지칭하는 데 많이 쓰이던 용어였음은 마찬가지다. 특히 '중관'은 '내관'(內官)과 더불어 일반 관료들에 대비해 환관 자체를 지칭하는 데 활용된 명칭이었다.[17]

한편, 「흥녕사징효대사보인탑비」(興寧寺澄曉大師寶印塔碑)에서는 "獻康

---

11 권덕영, 「8~9세기 '君子國'에 온 唐나라 使節」, 『新羅文化』 第25輯, 2005, 117쪽.

12 권덕영, 2005, 120쪽.

13 신라·발해에 파견된 당의 환관 사신들에 대해서는 小宮秀陵, 「신라·발해에 온 당 환관사신의 확대와 그 배경」, 『역사와 현실』, 2013, 89쪽 참조.

14 崔致遠, 「上太師侍中狀」; 張九齡, 「勅新羅王金興光書」.

15 『册府元龜』卷999, 請求: "寶曆二年 十二月 新羅質子金允夫 請准舊例 中使入蕃 便充副使 同到本局譯詔書 不許."

16 雙溪寺眞鑑禪師大空塔碑: "仍貫籍于大皇龍寺 徵詣京邑 星使往復者 交轡于路 而岳立不移其志"; 聖住寺郞慧和尙白月葆光塔碑: "遠出書一編 大如椽者 俾中涓授受 乃門弟子所獻狀也"; 「沙林寺弘覺禪師碑」: "恩命中官爭刻焉."

17 『舊唐書』卷184, 宦者傳 序: "玄宗在位旣久 崇重宮禁 中官稱旨者 卽授三品左右監門將軍 得門施棨戟."

大王遽飛鳳筆微赴龍庭 仍以師子山興寧禪院 隷于中使省 屬之"라고 하여
이러한 '중사'들의 관부로서 '중사성'이 존재했음을 보여준다. '중사성'은 그
의미와 발음에서의 유사성을 감안할 때 「황룡사구층목탑찰주본기」(皇龍
寺九層木塔刹柱本記), 「봉림사진경대사보월릉공탑비」 등에 보이는 '중사성'
과 동일한 실체라고 판단된다.[18] 「봉림사진경대사보월릉공탑비」에서 진경
대사를 초빙하기 위해 '중사성 내양(內養) 김문식(金文式)'을 파견했다고 했
는데, 같은 비문의 뒷부분에서는 앞서 언급한 바와 같이 입적한 대사의
장례에 부자(賻貲)를 전달하기 위해 '중사'를 보냈다고 하여 중사성 내양
김문식이 곧 중사였음을 짐작케 한다.

또한 이 구절을 통해 중사성에 '내양'이라는 직함을 가진 이가 존재했
음을 알 수 있다. '내양'은 고품(高品)·품관(品官)·백신(白身) 등 당대 환관
을 구성하는 신분집단과 함께 등장하는 용어로서 환관 가운데 천자(天
子)와 사적 친밀관계를 가진 측근을 지칭한다.[19] 832년 발해로 파견되었
다가 돌아온 내양 왕종우(王宗禹)의 사례처럼 '내양'이라는 직함을 가진
환관들이 외교무대에서 활동했으므로[20] '중사'의 경우와 마찬가지로 신라
에서는 '내양'이라는 직함이 당에서 가졌던 의미를 인식하고 수용했다고
생각된다.

신라에서 '내양'이라는 직함을 사용한 것은 위의 사례 외에도 존재한
다. 경명왕(景明王) 8년(924)에 건립된 「흥녕사징효대사보인탑비」에는 진성
여왕(眞聖女王) 2년(888)에 '동궁내양'(東宮內養) 안처현(安處玄)을 징효대사
절중(折中)에게 파견한 사실이 기록되어 있다. 뒤에서 다시 살펴보겠지만,
『삼국사기』 직관지에 따르면 동궁에도 중사성이 설치되어 있었으므로 여

---

18 李基東, 『新羅骨品制社會와 花郎徒』, 一潮閣, 1984, 237~38쪽.

19 室永芳三, 「唐末內侍省內養小論」, 『長崎大學教育學部社會科學論叢』 第43號,
    1991.

20 『舊唐書』 卷17下, 本紀17下, 文宗 6年 12月 己未朔: "戊辰 內養王宗禹渤海使廻 言
    渤海置左右神策軍左右三軍一百二十司 畫圖以進."

기서의 '동궁내양'은 동궁 중사성 소속의 내양임을 알 수 있다.

　아울러 『삼국유사』(三國遺事) 원종흥법염촉멸신조(原宗興法厭髑滅身條)에 따르면 신라의 불교 공인과정에서 중요한 역할을 했던 박염촉(朴厭髑), 즉 이차돈(異次頓)이 '내양자'(內養者)였다고 한다.[21] 해당 기사의 뒷부분에서 '춘궁'(春宮), 즉 동궁에서 말고삐를 나란히 하던 무리들이 피눈물을 흘리며 서로 돌아보았다고 하므로 여기서의 '내양자' 또한 동궁 중사성 소속의 내양을 가리킨다고 하겠다. 기존에는 이를 '사인'(舍人)과 같은 말로 보아 단순히 궐내근시직(闕內近侍職)이라고만 설명했지만,[22] 앞의 사례와 마찬가지로 왕과 사적 친밀관계를 가지는 환관을 지칭하는 용어로 볼 수 있다.

　단, 『삼국유사』의 해당 기사는 원화(元和) 연간(806~20)에 남간사(南澗寺) 사문(沙門) 일념(一念)이 지은 「촉향분예불결사문」(髑香墳禮佛結社文)을 인용한 것으로, '내양'이라는 직함이 법흥왕대(法興王代)에 실제로 존재했다기보다는 일념이 9세기 초의 용어를 사용해 유사한 성격의 지위에 있던 이차돈을 지칭한 것으로 보인다. 그러나 왕의 뜻을 헤아리지 못하는 '조신'(朝臣)에 대비되는 존재로서 '내양자'가 등장하고 있다는 점에서 신라 하대의 '내양'에 대한 인식이 당대(唐代)와 그리 다르지 않았음을 짐작할 수 있다.

　『삼국사기』 직관지에 따르면 중사성(中事省)은 원래 '세택'(洗宅)이라는 명칭을 가지고 있었다가 경덕왕대(景德王代)에 개명된 것이다. 경덕왕은 지

---

21 『三國史記』卷3, 興法 3, 原宗興法厭髑滅身條: "元和中, 南澗寺沙門一念撰髑香墳禮佛結社文, 載此事甚詳. … 昔在法興大王垂拱紫極之殿 … 於是朝臣未測深意, 唯遵理國之大義, 不從建寺之神略 … 粤有內養者, 姓朴字厭髑 … 時年二十二, 當充舍人, … 春宮連鑣之侶, 泣血相顧, 月庭交袖之朋, 斷腸惜別 … 內人哀之 …."

22 李基東, 1984, 238~39쪽. 한편, 이문기는 중사성 내양을 당의 내양과 연관지어 해석하면서도 신라의 중사성이 환관 관부였음을 인정하지 않았다(「新羅 洗宅(中事省)의 機能과 官制的 位相의 變化」, 『歷史教育論集』第51輯, 2013, 298쪽).

명과 관호(官號)를 대대적으로 바꾸었는데, 그 변화 방향은 명칭을 중국식으로 '아화'(雅化)한 것으로서, '한화'(漢化)정책의 일환으로 간주하는 것이 일반적이다. 이러한 대대적 명칭 변경이 실질적인 제도'개혁'을 수반한 것인지에 대해서는 의문이 있지만,[23] 당제(唐制)를 의식한 개명이었다는 점에는 이견의 여지가 없다.

당에서 환관의 사자를 지칭하는 데 사용하던 '중사'의 명칭을 가지는 '중사성'이라는 이름을 선택했고, 해당 관부에 중사가 속해 있었다는 점은 해당 관부와 환관 간의 연관성을 보여준다고 하겠다. 나아가 역시 환관을 지칭하는 '내양'이라는 직함을 가진 존재가 소속되어 있었음은 이것이 환관들의 관부였을 것이라는 추정에 힘을 실어준다. 결국 신라의 환관 관부를 찾는다면 중사성이 그 후보로서 가장 유력하다고 할 수 있다.

그러나 기존연구에서는 신라의 중사성을 당의 내시성와 같은 환관기구와 연관짓지 않았다. 이기동(李基東)은 세택(중사성)을 국왕의 근시기구(近侍機構)로 보았다. 본래 왕명을 받드는 국왕 직속의 행정관부였던 집사성(執事省)이 신라 하대에 접어들면서 상대등과 동일한 성격의 관직으로 외정화(外廷化)하자, 국왕은 종래 국왕의 비서기관이었던 세택을 중사성으로 개칭하면서 일종의 내조(內朝)를 형성해 집사성의 실권을 흡수해 가도록 했다는 것이다. 나아가 이러한 중사성은 당의 3성 가운데 중서성과 유사한 성격을 가졌으며, 고려 초기의 내의성(內議省)을 거쳐 중서성(中書省)으로 그 계보가 이어진 것으로 추정했다.[24] 이후 중사성에 대한 이러한 이해는 통설로 자리잡았다.

중사성(세택)이 3성 6부의 핵심에 해당하는 중서성의 전신이었는지, 아니면 당의 내시성에 해당하는 관부였는지를 확인하기 위해서는 실제로 담당하던 직무의 성격을 살펴볼 필요가 있다. 다음 절에서는 이 관부가

23 이재환, 「新羅 眞骨 研究」, 서울대학교 국사학과 박사학위논문, 2015, 144~50쪽.
24 李基東, 1984, 240~46쪽.

실제로 맡았던 직무를 살펴보고, 당이나 후대의 고려·조선시대 환관 관부의 직장(職掌)과 비교해보도록 하겠다.

2. 동궁 출토 목간(木簡)을 통해 본 세택의 담당 직무

중사성에 대해서는 신라 하대의 금석문 자료뿐만 아니라 『삼국사기』 직관지에도 소략하나마 관련 기록이 남아 있다. 설관(設官) 시점과 지위의 고하를 알 수 없는 미상 관함(官銜) 중에 '중사성'이 포함되어 있지만,[25] 실은 직관지 중에 '세택'이라는 관부의 경덕왕대 개칭명으로 등장함은 앞서 언급한 바와 같다. 직관지에 두 차례 보이는 '세택'에 관한 기록은 다음과 같다.

   (a) 세택. 경덕왕이 중사성으로 고쳤다가 뒤에 원래대로 되돌렸다. 대사(大舍)가 8인, 종사지(從舍知)가 2인이다.[26]
   (b) 세택. 대사가 4인, 종사지가 2인이다.[27]

『삼국사기』 직관지는 관부명을 단순 나열하고 있어 관부 간의 상하 통속관계를 정확히 파악하기는 어렵지만, 대체로 전후의 관부명과 비교해서 (a)는 내성 산하의 국왕 직속기구이며, (b)는 동궁관(東宮官)·동궁아(東宮

---

25 『三國史記』 卷40, 志9 職官下外官: "其官銜見於雜傳記, 而未詳其設官之始及位之高下者, 書之於後. 葛文王·檢校尚書·左僕射·上柱國·知元鳳省事·興文監卿·太子侍書學士·元鳳省待詔·記室郎·瑞書郎·孔子廟堂大舍錄事·參軍·右衛將軍·功德司·節度使·安撫諸軍事·州都令·佐·丞·上舍人·下舍人·中事省·南邊第一."

26 『三國史記』 卷40, 志9 職官中: "洗宅 景德王改爲中事省 後復故 大舍八人 從舍知二人."

27 『三國史記』 卷40, 志9 職官中: "洗宅 大舍四人 從舍知二人."

衙)의 어룡성(御龍省) 다음에 언급되어 있으므로 동궁 소속의 관부로 이해하고 있다.[28] (a)를 통해 추정해보면, 본래 '세택'이라는 명칭을 가지고 있던 이 관부는 경덕왕 18년(759) 정월에 백관의 호를 한식으로 고칠 때 '중사성'으로 개칭되었다가, 혜공왕(惠恭王) 12년(766) 정월에 백관의 호를 복구할 때 다시 '세택'이라고 불리게 된 것으로 파악된다. 앞서 살펴본 신라 하대의 금석문들에 '중사성'(中事省)·'중사성'(中使省)이라는 명칭이 확인되므로 직관지에는 기록되지 않았지만 혜공왕대 이후 어느 시기에 다시 개명이 이루어졌거나 두 명칭이 혼용되었음을 알 수 있다. 문성왕(文聖王) 17년(855)에 김입지(金立之)가 편찬한 「창림사무구정탑원기」(昌林寺無垢淨塔願記)의 관련자 명단 중에 "專知修造官 洗宅 大奈麻 行西林郡太守 金梁博"이 확인된다.

그런데 『삼국사기』 직관지에는 세택이 어떠한 직장(職掌)을 가지고 있었는지에 관한 정보가 전혀 남아 있지 않다. 다행히 1975년 동궁과 월지(당시 명칭은 안압지) 발굴과정에서 발견된 목간 중에 '세택'이라는 문자가 확인되므로 이들 목간을 바탕으로 세택에서 담당했던 직무 중 일부를 추적해볼 수 있다.

먼저 191호 목간에서 '세택'이 두 차례 묵서(墨書)되었음이 확인되는데, 판독안은 다음과 같다.

191호
(앞면) × 〔曺〕洗宅家 ×
(뒷면) × 〔曺〕洗宅家 ×

앞·뒷면에 동일한 내용이 묵서된 것이 특징적이다. 첫 글자를 '賣'로 보

28 李基東, 1984, 234쪽.

고, 마지막 글자를 '處'로 보아 "□이 洗宅이라는 곳에 판다"라고 해석하는 견해도 나왔다.[29] 마지막 글자는 '家'와 더 유사하나 첫 글자는 '曺'의 가능성도 배제할 수 없다. 조씨(曺氏) 성을 가진 세택의 집으로 보낼 물건이나, 그 집에서 궁으로 보낸 물건에 달려 있었던 목간이라고 생각된다. 이 목간을 통해 세택의 담당 직무를 유추하기는 어렵지만 '세택'이 관부명인 동시에 직함으로도 사용되었음을 알 수 있다. 앞서 언급한 「창림사무구정탑원기」의 "洗宅 大奈麻 行西林郡太守 金梁博"에서도, '세택' 다음에 직명이 없이 '대나마'(大奈麻)라는 관등이 바로 이어졌다. 이러한 표기상의 특징은 고려의 '내시'(內侍)를 연상시키는데, 이 점에 대해서는 뒤에서 다시 언급하도록 하겠다.

다음으로 주목되는 것은 안1484호 목간(보고서 1호 목간)이다.[30] 이 목간은 발굴조사 보고서에서 1호 목간으로 소개되었으나,[31] 『한국의 고대목간』에는 수록되지 않았고, 2007년에 국립경주박물관의 『신라문물연구』(新羅文物研究) 창간호에서 '안1484'라는 새로운 번호와 함께 적외선 사진이 공개되었다.[32] 이후 하시모토 시게루(橋本繁)와 이문기(李文基)의 판독안이 제시되었다.[33] 이에 기반해 해당 목간의 판독문을 소개하면 다음과 같다.

---

29 李文基, 「안압지 출토 木簡으로 본 新羅의 洗宅」, 『韓國古代史研究』 65, 2012, 181쪽.

30 이 글에서 목간의 번호는 기본적으로 국립창원문화재연구소, 『한국의 고대목간』(개정판, 2006)을 따랐으나, 이 목간은 『한국의 고대목간』에 실리지 않았기 때문에 별도의 번호를 사용한다.

31 文化公報部 文化財管理局, 『雁鴨池 ― 發掘調查報告書』, 1978, 288쪽.

32 함순섭, 「국립경주박물관 소장 안압지 목간의 새로운 판독」, 『新羅文物研究』 創刊號, 2007, 143쪽.

33 橋本繁, 「雁鴨池 木簡 判讀文의 再檢討」, 『新羅文物研究』 創刊護, 2007, 106쪽; 李文基, 2012, 184쪽.

안1484

(앞면) 「× 洗宅白之 二典前四□子頭身沐浴□□木松茵」

(좌측면)「× 〔 〕□迎一入日□□」

(뒷면) 「× 十一月廿七日典□ 思林 」

　이 판독문은 하시모토 시게루의 판독안과 거의 유사하다. 이문기는 좌측면의 마지막 글자를 '了'로 읽고, 뒷면의 미판독자를 '左'로 읽었지만, 현재 적외선 사진으로는 이를 확신하기 어려워 판독 불가자로 돌렸다. 문장의 순서는 앞면→좌측면→뒷면으로서,[34] "세택이 두 전(典) 앞에 아룁니다"는 내용으로 시작하고, 문서 작성 시점과 담당자의 성명을 기록함으로써 끝을 맺은 문서 목간으로 판단된다.[35] 문서의 본문에 해당하는 부분에 미판독자가 많아 정확한 내용을 파악하기 어렵지만, '목욕'(沐浴)이나 깔개를 의미하는 '茵' 자를 보아 목욕 용품과의 관련성을 추정할 수 있다.[36] 여기서의 목욕이 일상적인 위생행위인지, 의례와 연관된 행위인지는 이 자료만으로 알 수 없다. 다만, 세택이 그와 관련된 자질구레한 물품에 관련된 일을 다른 두 전(典)과 연계해 담당하고 있었음은 분명하다.

　185호 목간 또한 세택의 직장을 추정하는 데 중요한 자료가 된다. 이 목간의 경우 특히 앞면에서 '牒'이라는 글자를 판독하면서 문서 목간으로서 큰 관심을 받은 바 있다.[37] 판독문을 제시하면 다음과 같다.

34　李文基, 2012, 185쪽.

35　윤선태, 「목간으로 본 한자문화의 수용과 변용」, 『新羅文化』 第32輯, 2008, 195쪽.

36　李文基, 2012, 187쪽에서는 문서 본문의 앞부분을 '四□子'를 '어떤 동물의 새끼 네 마리'로 보아 "어떤 동물의 새끼 네 마리의 머리와 몸을 물로 깨끗이 씻었다"고 해석했으나, 동물을 씻기는 데 '목욕'(沐浴)이라는 용어를 사용하는 것은 일반적이지 않다.

37　李成市, 「韓國出土の木簡について」, 木間學會, 『木簡研究』 19, 1997; 李鎔賢, 「統一新羅の傳達體系と北海通 ── 韓國慶州雁鴨池出土の15號木簡の解釈」, 『朝鮮學報』 第171輯, 1997(『한국목간기초연구』, 신서원, 2006년 수록); 윤선태, 「新羅의 文書

185호

(앞면) 「∨□遣急使□高城醢缶」

(뒷면) 「∨辛番洗宅□□瓮一品仲上」

　내용상 앞뒤는 불분명하므로 『한국의 고대목간』에 실린 순서를 기준으로 앞면과 뒷면을 설정했다. 앞면과 뒷면의 내용이 서로 이어지는 것인지, 별개의 것인지는 논란의 여지가 남아 있다. 일단 앞면의 네 번째 글자를 '牒'으로 읽었던 판독안은 2007년에 선명한 적외선 사진이 발표되면서 흔들리게 되었다. 앞면 여덟 번째 글자는 '醢'〔식해〕의 이체자인 '醢'로 판독되면서 동궁 월지 출토 목간의 성격을 파악하는 데 큰 영향을 주었다. 유사한 글자가 193호·195호·214호·216호 등 다른 목간들에서도 발견되고, 이들과 비슷한 양식에 '조사'(助史)가 씌어진 목간들(183호·188호·194호·211호·212호·215호·222호)이 확인되면서 목간 중 상당수가 발효식품의 보관과 관련된 것임을 알 수 있게 된 것이다.

　'辛番洗宅'으로 시작하는 뒷면의 경우 중간에 두 글자의 판독이 불분명하지만, 내용상 옹(瓮)에 담긴 내용물로 추정되며, '一'은 옹의 수량, '品仲上'은 내용물의 품질 등급이라고 생각된다. 동궁 월지에서 출토된 목간 183호·189호·195호 등에서 식해 혹은 젓갈로 추정되는 '해'(醢)·'조사'(助史) 등이 옹에 담겨 보관되었음이 확인되므로 여기서 세택과 관련되어 등장한 옹에 들어 있던 내용물 또한 음식물이었을 것으로 추정된다. 앞면과 뒷면의 내용이 이어지는 것이라면, 내용물은 곧 고성에서 가져온 해(醢)라고 할 수 있다. 이 목간은 세택이 특정 음식물의 반입이나 보관에 관련된 업무를 담당하고 있었음을 보여주는 것이다.

　이처럼 동궁 월지 출토 목간에서 확인되는 세택의 직장은 목욕 용품의

行政과 木簡―牒式文書를 중심으로」, 『강좌 한국고대사』 5, 가락국사적개발연구원, 2002; 橋本繁, 2007; 李文基, 2012.

수급이나 식해·젓갈 등 음식물의 관리 등 궁내의 잡무라 할 수 있는데, 이는 세택＝중사성을 고려 중서성의 전신으로 보는 기존의 통설적 이해와 배치되는 것이다. 이문기는 앞에서의 검토와 동일하게 목간에 나타난 세택의 성격을 분석해 8세기 중후반 단계의 세택은 국왕과 왕실 가족의 일상적인 궁정생활을 뒷바라지하는 하급의 공봉기구(供奉機構)로서의 성격을 지니고 있었다고 결론지은 바 있다. 하지만 늦어도 9세기 중·후반에는 관부로서의 위상에 변화가 발생해 근시·문한기구적 성격을 갖게 되었을 것으로 보았다.[38] 즉 동궁 월지 출토 목간에서 확인되는 세택의 양상은 8세기 중엽의 모습만을 반영하고 있다고 파악한 것이다.

그러나 동궁 월지 출토 목간이 특정한 시기에 일괄적으로 폐기되었다고 보기는 어려우므로 그 작성 연대를 8세기 중·후반으로 단정할 수 없다. 따라서 동궁을 만든 674년부터 신라가 멸망한 935년까지를 출토 목간의 상·하한으로 잡아야 한다.[39] 8세기 이전부터 사용되던 '세택'이라는 명칭이 9세기 중반까지 그대로 사용될 수 있었던 점도 세택의 기본적인 담당 직무에 큰 변화가 없었음을 암시한다.

결국 동궁 월지 목간에서 확인되는 궁내의 잡역은 시종 세택＝중사성의 기본적인 직장이었다고 할 수 있다. 『삼국사기』 직관지에서 확인되는 경덕왕대 한식 개명 이전의 관부 명칭들이 대부분 명칭에서 바로 담당 업무를 유추할 수 있을 정도로 단순하게 명명되었음을 고려할 때 환관의 가장 기본적인 임무로 간주되는 "門戶掃除之役"에서 "집을 깨끗이 한다"는 의미를 가진 '세택'의 명칭이 유래했을 가능성도 상정해 볼 수 있다.

이처럼 같은 시기 당에서 환관을 지칭했던 '중사'와 '내양'을 관부명이나 소속 직함으로 가지고, 궁내의 잡역을 기본 직장으로 가졌던 세택＝중사성을 당제와 비교할 경우 공적 영역에서 천자의 조칙(詔勅)을 받아 전달

---

38 李文基, 2012, 193~97쪽.
39 橋本繁, 2007, pp. 107~08.

하는 역할을 본래의 직무로 가지는 중서성보다는 사적 영역에서 황제와 황후를 시봉하면서 액정국(掖庭局)·궁위국(宮闈局)·해관국(奚官局)·내복국(內僕局)·내부국(內府局)을 산하에 두고 궁내의 여러 업무를 총괄하는 내시성과 상통하는 점이 많다고 할 수 있다.[40] 『경국대전』(經國大典)에서는 조선의 환관기구인 내시부의 기본 직장을 "監膳·傳命·守門·掃除之任"이라 했는데, 이 또한 신라 '세택'의 명칭과 기능에 잘 부합한다고 하겠다.

185호 목간과 아울러 직접적인 '세택'이나 '중사성' 언급은 없지만 유사한 형식과 기능이 확인되는 183호·188호·189호·193호·195호·197호·211호·212호·214호·215호·216호·221호·222호 등 식료품에 관련된 하찰(荷札) 목간들은 '감선'(監膳)의 직장에, '세택'이라는 명칭 자체는 '소제'의 직장에 대응시켜 볼 수 있다. 역시 '세택'·'중사성'이 등장하지는 않으나 궁문 경비관리에 관련된 186호 목간과 열쇠고리로 추정되는 213호 목간 및 '동궁아일'(東宮衙鎰)·'사정당북의문'(思政堂北宜門)·'함령천일'(合零闥鎰) 등이 새겨진 자물쇠 등 '수문'의 업무와 관련된 다양한 유물들 또한 함께 출토되고 있음이 주목된다.

앞서 살펴보았던 185호 목간의 뒷면에는 '옹'의 수급이나 보관과 관련된 주체로 '신번세택'(辛番洗宅)이 보이며, 발효식품 '조사'와 관련된 183호 목간에는 '병번'(丙番) 또한 확인된다. 이에 주목해 갑을병정무기경신임계(甲乙丙丁戊己庚辛壬癸) 등 십간(十干)으로 구분되는 번상제도(番上制度)의 존재를 추정한 견해가 제기된 바 있다.[41] 그런데 '신'(辛)의 간호(干號)가 붙은 '번'(番)이 '세택'과 붙어 있음을 볼 때 '세택' 내에 여러 번으로 나누어진 조직이 존재했을 가능성도 상정된다. 이는 조선시대의 내시부에 장기

---

40 세택(중사성)도 '성'(省)급의 관부명을 가지고 있는 만큼 내시성과 같이 예하에 다양한 관부들을 가지고 있었을 가능성이 높다. 다만 『삼국사기』 직관지는 몇몇 사례를 제외하고 관부들 간의 상하 예속관계를 거의 기록하지 않아 구체적인 양상은 확인하기 어렵다.

41 橋本繁, 2007, p. 112.

근무의 '장번'(長番)과 교대로 출·퇴근하는 '출입번'(出入番)이 존재했음을 상기시킨다.[42] 갑번(甲番)에서 신번(辛番)까지 적어도 8개 이상으로 간호를 붙인 번을 나누어 교대로 궁중 잡역에 근무하는 세택의 조직을 생각해 볼 수 있다.

이처럼 목간 자료에서 확인되는 세택(중사성)의 직장은 중서성이 아니라 내시성 환관들의 그것과 더 유사하다고 하겠다. 결국 『삼국사기』 직관지를 비롯한 여러 자료들에서 확인할 수 있는 관부·관서들 가운데 신라 하대에 존재했음이 분명한 환관들의 소속 관부로서 세택(중사성)보다 더 적당한 것을 찾기는 어려워 보인다.

3. 중사성의 이원화와 고려의 내시

중사성(세택)이 환관들의 소속 관부였을 가능성을 인정한다 해도 그것이 곧 시종 환관들'만'의 관부였음을 의미하는 것은 아니다. 중국사에서는 환관 관부가 사인(士人)들에 의해 대체되거나 겸용된 사례가 여러 차례 확인된다. 신라의 경우에도 9세기 중반 이후 자료에서는 환관으로 단정지을 수 없는 인물들이 중사의 직무를 담당한 사례가 확인된다.

문성왕(文聖王) 17년(855)에 만들어진 「창림사무구정탑원기」의 "專知修造官 洗宅 大奈麻 行西林郡太守 金梁博"과 경문왕(景文王) 12년(872)에 제작된 「황룡사구층목탑찰주본기」의 "崇文臺郎 兼春宮中事省 臣 姚克一"

---

42 『經國大典』卷1, 吏典 內侍府條: "長番及出入番者 每日給仕一." 이와는 성격을 달리하지만 고려의 내시에도 다음과 같이 좌번(左番)/우번(右番)의 구분이 있었다. 『高麗史』卷18, 世家18, 毅宗2, 19年 4月 甲申: "內侍左右番 爭獻珍玩 賜左番白銀十斤 丹絲六十五斤 右番白銀十斤 丹絲九十五斤 時右番多紈袴子弟 因宦者 以聖旨多索公私珍玩書畵等物 又結綵棚載以雜技 作異國人貢獻之狀 獻青紅盖二柄 駿馬二匹 左番皆儒士."

이 그러한 인물에 해당한다. 김양박(金梁博)은 다른 자료에서 관력(官歷)을 확인할 수 없지만, '행서임군태수'(行西林君太守)라는 지방관의 직을 가지고 있으므로 궁내에서 잡역에 종사하던 환관이라고 보기는 어렵다. 요극일(姚克一)의 경우『삼국사기』열전에서는 그의 벼슬이 '시중겸시서학사'(侍中兼侍書學士)에 이르렀다고 했다.[43]『삼국사기』신라본기에서 그의 시중 보임 기사가 확인되지 않으며, 진골(眞骨) 독점의 최고위급 관직에 오를 수 있는 신분으로는 보이지 않으므로 시중직에 올랐다는 것은 착오로 간주하는 것이 일반적이다.[44] 그렇다고 해도 숭문대랑(崇文臺郎)이나 시서학사(侍書學士) 등 문한직(文翰職)을 역임하고 있어 역시 환관이었다고는 생각되지 않는다.

한편, 진성여왕 7년(893)에 찬술하고 경명왕(景明王) 8년(924)에 건립한 「봉암사지증대사적조탑비」(鳳巖寺智證大師寂照塔碑)에는 경문왕이 지증대사에게 보낼 사자로서 근시(近侍) 중에 원성왕(元聖王)의 곤손(昆孫)인 김입언(金立言)을 선발했다는 기록이 있다.[45] 그가 중사성 소속인지는 명시되지 않았지만, 높은 신분의 인물이 근시로서 중사와 같은 역할을 담당하는 경우가 있었음을 보여준다고 하겠다.

『삼국사기』직관지에서는 세택이 대사(大舍)와 종사지(從舍知)라는 비교적 낮은 지위의 관직들만으로 구성되어 있었던 것으로 나오기 때문에 처음부터 세택(중사성)에 앞서 살핀 궁중 잡역 종사자와 함께 문한관(文翰官)이나 고위층 자제가 소속되어 있었다고 보기는 어렵다. 현존하는 자료에 따르면 9세기 중반 이후에 그러한 성격의 인물들이 확인되므로 이전의 어느 시기에 발생한 변화라고 이해하는 편이 자연스럽다.

---

43 『三國史記』卷48, 列傳8 金生: "又有姚克一者, 仕至侍中兼侍書學士, 筆力遒勁, 得歐陽率更法. 雖不及生, 亦奇品也."
44 李基東, 1984, 240쪽.
45 "… 妙選近侍中可人 鵠陵昆孫立言爲使 …."

그렇다면 본래 내시성과 유사했던 중사성(세택)이 9세기 중반에 위상과 역할을 크게 전환하며 시종과 문한기구(文翰機構)로 탈바꿈해 국왕 측근의 내조(內朝)로 재편하게 되었다고 보아야 할까?[46] 이러한 해석을 위해서는 중사성(세택)을 고려시대 중서성의 전신으로 보는 통설을 전제로 삼지 않으면 안 된다. 그러나 남아 있는 자료를 통해 이 시기에 중사성이 내조(內朝)를 형성해 외조화(外朝化)한 집사성(執事省)의 실권을 흡수하며 성장하는 모습을 확인하기는 어렵다.

문헌자료나 금석문 자료를 통해 확인할 수 있는 중사의 활동은 제2절에서 나열한 것들이 전부인데, 이들이 담당했던 임무는 고승에게 국왕의 증물(贈物)이나 부물(賻物)을 전달하거나, 국왕을 대신해 고승을 왕궁으로 초빙하는 일뿐이었다. 이는 국왕의 사적 대리인으로서 중사가 담당하는 가장 기본적인 직무로 고려나 조선의 자료에서 확인되는 양상과 다를 바가 없다. 사직(使職)을 띠고 각종 관부와 관서를 장악하거나 지방 통치와 군사 운영에 관여한 흔적은 어떠한 자료에서도 확인되지 않는다.

조관(朝官)과 대비되어 정치적인 목소리를 냈다고 인정할 수 있는 것은 오직 이차돈의 사례뿐이나 이는 사실로 인정한다 하더라도 시기적으로 훨씬 앞서는 법흥왕대의 일이다. 황제권과 재상권(신권)의 대립을 전제로 하는 내조와 외조(外朝)의 개념을, 잠재적 왕위 계승권자인 국왕의 지친들이 왕위 계승 순위에 따라 재상직에 오르던 신라의 상황에 적용 가능할지 근본적인 질문을 던지지 않을 수 없다.[47]

주목해야 할 것은 왕의 가까운 친척이나 문장과 서예에 능한 인물이 중사의 역할을 담당한 경우 이들이 모두 다른 직을 가지고 있는 상태에서 세택(중사성)을 겸대(兼帶)했다는 점이다. 요극일은 문한직인 숭문대랑을 본직으로 가지고 춘궁중사성(春宮中事省)을 겸했고, 김양박은 행서임군

---

46 李文基, 2012.
47 이재환, 2015, 94~97쪽.

태수라는 지방관직에 있었다. 김입언 또한 건공향령(建功鄕令)이라는 직을 가지고 있었음이 같은 비문의 뒷부분에서 확인된다. 지방관으로서의 본직을 가지고 있는 이들이 상시적으로 국왕 가까이에서 시봉했다고 보기는 어렵다. 왕의 지친이나 문장과 서예 등에 특별한 재능을 보인 인물들에게 중사성＝세택의 직을 겸대하게 하여 특정 사안과 관련해 왕을 시봉하거나 대리인으로서의 역할을 수행하게 했다고 생각된다.

그렇다면 기존과 동일하게 상시적으로 궁중 잡역을 맡던 중사성(세택) 소속 관원 외에 고승과의 교류 등에서 '전명'(傳命)의 역할을 담당하는 겸직 중사가 추가되면서 중사성이 이원화되었다고 할 수 있다. 이렇게 중사성 조직의 이원화가 생겨나게 된 배경으로는 중대 이후 임해전(臨海殿)에서 개최된 군신연(群臣宴)이나 외국 사절과의 연회 그리고 고승과의 교류 등 왕의 사적 영역에서도 문예능력이 요구되는 상황이 점차 늘어났던 것을 들 수 있겠다.

사적 영역에서 왕명을 전달하는 직무가 이들에게 넘어가면서 환관의 직무는 오히려 궁내 잡역으로 제한되어 성장이 억제되었을 것이다. 환관의 세력화는 국왕과의 친근성(親近性)에 기반하기 때문이다. 흥덕왕의 주변에 '환수'(宦竪, 내시)만이 있었을 뿐이라는 『삼국사기』의 기록이 환관들에 둘러싸인 군주에 대한 비판적 논조를 띠고 있지 않은 점은 환관이 조관들에게 위협이 될 만큼 성장하지 않았던 당시의 상황을 암시하는 것일 수 있다.

신라 하대 중사성 조직의 이와 같은 모습은 고려시대의 내시와 환관을 연상케 한다. 고려 말 공민왕(恭愍王) 5년에 환관기구로서 내시부(內侍府)를 설치할 때까지[48] 고려의 환관은 당제(唐制)에서 내시성 산하의 궁금(宮禁)·여공(女工) 담당 부서에 불과했던 액정국에만 집중 편제되어 각종 궁

---

48 『高麗史』卷77 百官志 2: "內侍府 恭愍王五年 改宦官職 設內詹事·內常侍·內侍監·內承直·內給事·宮闕丞·奚官令 後置內侍府 …."

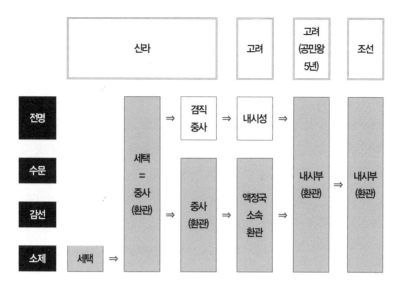

그림 1 내시/환관 관부의 변화 양상

중 잡무에 종사했을 뿐이었다.[49] 반면에 고려의 내시는 환관이 아니라 유
력귀족의 자제나 과거에 갓 급제해 문장력을 갖춘 유사(儒士)들이었다. 내
시의 직은 고려 태조대부터 확인되며, 이들의 기구는 처음에 내시성으로
불리다가 인종대(仁宗代)를 거치면서 내시원(內侍院)으로 명칭이 바뀌었
다.[50] 이와 같은 고려의 내시는 내시성이 곧 환자(宦者)들의 관부였던 당
(唐)·송제(宋制)와는 전혀 다른 것이었다. 그러나 고려가 어떻게 이처럼 독
특한 내시제도를 갖게 되었는지에 대해서는 지금까지 자세히 검토된 바
없다.

당·송제와 다른 이런 제도가 국초(國初)부터 존재하고 있었다면, 그 연
원을 신라에서 찾는 것이 자연스럽다. 고려에서 내시를 지낸 인물들을 일
별해보면 대개 세 가지 형식으로 그 사실이 기술되어 있다. '내시'에 이어

---

49 李愚喆, 1958, 25쪽.
50 李貞薰, 「고려 전기 內侍와 국정운영」, 『韓國史研究』 139, 2007, 51쪽.

관부와 관직 그리고 성명이 차례로 씌어진 예가 있는가 하면, '내시' 다음에 관직과 성명만 표기된 경우도 있으며, '내시'와 성명만 기술된 사례도 있다.[51] 이는 내시성 또는 내시원 내부에 직제가 분화되지 않았음을 보여주는 것으로, 직명 없이 관부명만 직함으로 사용한 191호 목간의 '조세택'(曺洗宅)과 '세택' 다음에 관등과 관직 그리고 성명이 기록된 「창림사무구정탑원기」의 "洗宅 大奈麻 行西林郡太守 金梁博"을 연상시킨다. 또 고려의 내시는 내시직 외에 항상 다른 관직을 겸대하고 있어서 내시직은 겸관(兼官) 또는 파견관(派遣官)이라고 보고 있다.[52] 역시 신라 하대의 환관이 아닌 중사와 상통하는 면모라 하겠다.

결국 고려의 내시는 신라 하대에 왕의 지친인 청년과 문예능력 보유자가 본래 환관기구였던 세택＝중사성을 겸대하면서 국왕의 근시 역할을 담당한 데서 기원했다고 할 수 있다. 이러한 흐름 속에서 환관이 아닌 조관이 겸직 혹은 파견관으로서 고려의 내시성을 전유하게 되었고, 궁중의 잡역을 관장하던 기존의 중사성 환관들은 고려로 넘어가면서 내시성에서 배제되어 별도의 액정국으로 편제된 것으로 보인다.

맺는말

지금까지의 논의를 정리하면 다음과 같다. 『삼국사기』에는 왕비를 잃은 흥덕왕이 여시(女侍)를 가까이하지 않고 주변에 오직 환수만 두었다는 기록이 있어 신라에 환관이 존재했음은 분명하다. 신라 하대의 승려 비문들

---

51 金載名, 「高麗時代의 內侍 ― 그 別稱과 構成을 중심으로」, 『歷史敎育』 81, 2002, 93~94쪽.
52 金載名, 2002, 97쪽에서는 파견관으로, 李貞薰, 2007, 54쪽에서는 겸직관(兼職官)으로 보고 있다.

에서 국왕과 고승 사이의 연락을 담당한 존재로서 '중사'가 확인된다. 이들의 관부로서 중사성(中事省) 혹은 중사성(中使省)이 있었으며, '내양'이라는 직함을 가진 이가 여기에 소속되었다. '중사'와 '내양'은 모두 당에서 환관을 가리키는 용어로 널리 사용되었으며, 환관이 이러한 직함을 띠고 발해와 신라 등에 사신으로 파견된 사례도 많다. 따라서 신라는 이러한 단어의 의미를 명확히 인식하고 사용했을 것으로 보인다.

기존에는 중사성이 국왕의 근시·문한기구로서 기존의 국왕 직속 행정관부였던 집사성이 외정화(外庭化)함에 반해 내조를 형성해 집사성의 실권을 흡수해 고려의 중서성으로 그 계보가 이어졌다고 보는 견해가 정설이 되었다. 그러나 안압지 출토 목간을 통해 세택(중사성)은 목욕 용품의 수급 혹은 특정 음식물의 반입이나 보관에 관한 업무 등 궁내의 잡역을 관장하고 있었음이 확인된다. 이것이 "감선·전명·수문·소제"라는 내시부의 기본 직장과 일치하므로 중사성(中事省)은 고려의 중서성보다는 동 시기 당의 환관기구였던 내시성에 대응하는 기관이라 할 수 있다.

단, 9세기 중반 이후의 금석문에서는 왕의 친족 자제나 문한직 종사자 등 환관이라고 보기 어려운 이들이 중사성을 겸대한 사례들이 확인된다. 국왕의 사적 영역에서 문장이나 서예 등의 능력을 필요로 하는 상황이 늘어나면서 상황에 따라 환관 이외의 인물들에게 중사를 겸대케 하여 왕을 근시하도록 한 것으로 보인다. 그러나 금석문에서 확인되는 이들의 담당 임무는 국왕과 고승 사이를 연결하는 중사의 기본 역할뿐, 이를 넘어 내조를 형성하거나 정치적 영향력을 추구하는 양상은 아직 찾아볼 수 없다.

궁중 잡역을 담당하는 환관과 왕족 자제나 문예능력을 바탕으로 국왕을 근시하는 겸직자로 중사성이 이원화된 현상은 고려로 이어져 환관이 내시성에서 배제되어 액정국으로만 편제되고, 환관이 아닌 귀족 자제나 과거에 급제한 유사(儒士)가 겸직관(兼職官) 혹은 파견관으로서 내시성을 독점하는 고려의 독특한 제도를 형성하게 된 것으로 보인다.

16세기 조선 '산림지사'山林之士의 대두와 천거제 논의

김영인(金映印)

머리말

1392년 조선이 건국되었다. 성리학자들이 고려에서 조선으로의 역성혁명을 주도했고 성리학 이념을 근간으로 새로운 나라를 설계했다. 이후 500여 년 동안 조선은 성리학의 나라로 존속했다. 조선은 성리학에 '정학'(正學)의 지위를 부여했고 가치판단의 준거로서 성리학의 권위를 인정했다. 시대에 따라 비록 정도의 차이는 있었지만 성리학자들의 사회적 입지 또한 공고했다. 성리학적 소양을 갖춘 이들이 정부를 이끌었고 성리학을 공부한 이들이 계속해서 관료로 충원되었다. 성리학의 나라 조선을 지탱하는 정부와 지배 엘리트인 사(士)들 간의 관계는 언뜻 무척 단순할 것 같아 보인다. 그러나 실제 역사는 그렇게 단순하지 않았다.

조선에서는 정부로부터 거리를 두고 관료제 외부에 자신을 위치시키고 있던 학자들, 이른바 '산림지사'(山林之士)[1]들이 높은 권위를 보유하고 강한 영향력을 발휘했다. 이들은 학자로 자처하면서도 관료제 안으로 완전히 들어오지 않음으로써 오히려 정치적인 힘을 가질 수 있었던 존재였다. 이들 중 일부는 그 권위와 영향력이 정부 고관대신들의 그것을 능가하기도 했다. 이러한 현상은 조선 사회의 성리학 수준이 크게 도약하는 16세기를 거치면서 나타났고 17세기에 이르러 전성기를 맞았다. 산림지사들의 권위와 활약은 조선 중기 이후 정치문화의 주요한 축을 이루었다.

이 글에서는 조선 사회에서 산림지사가 권위를 획득하고 정부 내에서 입지를 확대해가는 과정을 천거제 관련 논의 속에서 살펴봄으로써 성리학 이념에 근거해 조선이 이룩했던 정치문화의 주요한 일면을 조명해보고자 한다.

1. 성리학의 확산과 '산림지사'의 시대

조선은 16세기를 거치면서 성리학 이념이 사회의 각 방면에 보다 철저히 구현되는 단계에 이르렀다. 이 과정은 정부의 주도 아래 이루어졌다. 국왕과 중외(中外)의 관료들이 조선 사회의 성리학화를 이끌었던 것이다. 그런데 바로 이 무렵 다른 한편에서는 정부와 거리를 두는 산림지사들이 점차 그 존재감을 드러내기 시작했다.

성리학 이념의 확산은 출사(出仕)와 과거공부를 멀리하고 학문수양에 몰두하는 사(士)들을 낳았다.[2] 성리학에서는 사(士)들에게 사회적 책임의

---

1 '산림지사'(山林之士)와 유사한 말로는 '유일(지사)'(遺逸[之士]), '유현'(遺賢), '은일지사'(隱逸之士), '산림처사'(山林處士), '임하지사'(林下之士), '암혈지사'(巖穴之士), '초야지사'(草野之士), '산야지사'(山野之士) 등이 있다. 이 글은 17세기 '산림'(山林)의 시대에 대한 전사(前史)를 살펴본다는 문제의식 아래 쓴 글이므로 논지 전개의 편의상 '산림지사'라는 용어를 사용했다.

2 16세기 조선의 경우, 전반기에 발생했던 여러 차례의 사화(士禍) 및 척신(戚臣)의 득세와 같은 정치현실 문제, 그리고 지방사회의 경제발전과 교육문화 수준 향상 등도 산림지사 증가의 또 다른 배경이 되었다. 禹仁秀, 『朝鮮後期 山林勢力研究』, 一潮閣, 1999, 13~14쪽; 申炳周, 「16세기 處士型 士林의 擡頭와 學風 ─ 南冥 曹植과 花潭

식을 가질 것을 강조한다. 그러나 정부에 들어가 관료로서 복무하는 것이 사회적 책임을 이행하는 유일한 방법은 아니라고 말한다. 이른바 치국(治國)·평천하(平天下)를 하는 데 있어 관직이 필수적이지 않다는 주장이었다. 그 근저에는 세상의 도덕질서란 통치권력에 의해 만들어지는 것이 아니라 인간 개개인이 자신들의 타고난 도덕성을 깨치고 계발함으로써 구현되는 것이라는 믿음이 있었다.[3] 사(士)로서 우선해야 할 것은 꾸준한 학문수양이었다. 정부 관료가 되는 것을 목표로 삼는 것, 그리고 그것을 위해 과거공부에 몰두하는 것은 뜻을 높이 가진 사(士)라면 하지 않을 일로 간주되었다. 그런데 이러한 논리에 따르면, 가장 이상적인 인재는 기본적으로 정부 바깥에 존재하게 된다. 따라서 성리학 사회에서 정부는 이러한 이들을 찾고 불러들이기 위해 적극 노력할 것을 요구받았고, 이에 재야에서 인망을 얻은 사(士)들은 천거를 받아 출사하기도 하고 왕으로부터 부름을 받아 조정에 나아가기도 했다.

17세기 이후 조선에는 '산림'(山林)이라 지칭되는 이들이 존재했다. 조선 중·후기 정치사와 사상사에서 산림은 빼놓을 수 없는 존재로서, 저명한 학자와 정치가들 중 상당수가 바로 이 산림이었다. 산림이란 본래 조정과 대비되는 공간을 지칭하지만, 조선에서는 특정 인물들을 가리키는 말로도 쓰였다. 이 경우 산림은 '산림유일지사'(山林遺逸之士), '산림독서지사'(山林讀書之士), '산림숙덕지사'(山林宿德之士), '산림포도지사'(山林抱道之士) 등의 줄임말이었다. 그러나 재야의 학자 일반을 모두 산림이라 칭했던 것은 아니다. 학문과 덕행으로 명망이 높아 왕의 부름을 받고 관직을 제수받는 등 특별한 대우를 받는 이들만이 산림으로 불릴 수 있었다.[4] 산림은 조정에 나아가 학문을 강론하고 국정에 대해 조언하거나 비판을 가했으

　　徐敬德을 중심으로」, 『奎章閣』 21, 1998, 37~40쪽 참조.
3　Peter K. Bol, 김영민 옮김, 『역사 속의 성리학』, 예문서원, 2010, 208~45쪽.
4　禹仁秀, 1999, 6~13쪽.

며, 조정에서 의견이 엇갈리고 있는 중대 사안들과 관련해 시비를 가려주는 역할을 하기도 했다. 조선시대 대표적인 산림으로 꼽히는 정인홍(鄭仁弘), 송시열(宋時烈), 허목(許穆), 박세채(朴世采) 등에게는 재상의 자리까지 주어진 바 있다. 그러나 산림이라면 기본적으로 관직의 보유 여부나 정부 내에서의 공식적인 지위 고하와 무관하게 높은 권위와 영향력을 갖고 있었다.

산림이라는 존재와 관련해 특히 주목되는 점은 그 자격요건이다. 산림으로 인정받기 위해서는 과거출신이 아니어야 했다.[5] 즉 아무리 학문과 덕행이 뛰어나 명망이 높은 학자라 할지라도 과거에 급제해 관료가 되었던 인물이면 산림이 될 수 없었다. 따라서 산림은 과거에 나아가지 않음으로써 왕을 정점으로 하는 관료제 내에 포섭되기를 거부한 이들만이 오를 수 있는 자리였다고도 말할 수 있으며,[6] 산림이 되는 데 있어 출처(出處) 문제가 결정적으로 작용했음을 알 수 있다. 그리고 이 같은 산림의 시대가 열리기까지 몇 단계의 점진적인 변화가 선재했다.

2. 16세기 전반: 산림지사의 진출과 천거제

조선은 과거제를 통해 정부 관료를 선발했다. 과거제는 앞서 고려시대에도 시행되었지만, 조선시대 중앙집권적 관료제 국가가 수립되면서 관료의 등용제도로서 그 비중이 보다 커졌다. 과거제는 분명 조선시대 역사상을 규정하는 중요한 부분 중 하나다. 하지만 과거제만으로는 조선 역사의

---

5 여기에서 과거는 대과(大科)를 의미한다. 급제 시 생원(生員)이나 진사(進士) 칭호가 주어지는 소과(小科)는 포함되지 않는다.

6 오수창, 「17세기 조선의 정치세력과 산림」, 『조선시대 정치, 틀과 사람들』, 한림대학교출판부, 2010, 42쪽.

방향성을 충분히 설명해낼 수 없으며, 조선의 지배 엘리트들이 어떠한 비전을 가지고 나라를 이끌어 갔는지도 정확히 구명(究明)할 수 없다.

인재선발 및 등용 문제와 관련해 조선 성리학자들의 상상력과 비전은 결코 과거제에만 국한되지 않았다. 궁극적인 목표는 어디까지나 현능(賢能)한 인재를 구하는 것이었다. 과거제가 이를 위한 절대 유일의 방안일 수는 없었다. 개국 후 500년에 가까운 긴 시간 동안 과거제가 폐지된 적은 없었다. 하지만 입사로(入仕路)를 보다 넓혀야 한다는 문제제기 또한 꾸준히 이어졌으며 이른바 '입현무방'(立賢無方, 인재를 등용하는 데는 친소나 귀천에 구애되지 않음)의 원칙이 지속적으로 소환되고 강조되었다. 과거제가 개방적인 인재선발의 제도로서 입현무방을 실현하기 위한 최선의 방안이라는 인식은 조선시대 사람들에게서는 찾아보기 어렵다.

과거제에 대한 비판적 인식이 단지 제도 운영상의 부패와 문란, 또는 시험의 세부 내용이나 방법에 대한 불만에서 비롯된 것만은 아니었다. 성리학 이념의 철저한 구현을 지향하는 이들일수록 시선은 그보다 근본적인 곳을 향해 있었다. 대체로 과거제보다 이상적인 모델로 여겨진 것은 향거이선(鄕擧里選) 제도였다. 향촌 공동체의 공론을 토대로 천거된 인재를 등용하는 방식이란 것이 그 핵심이다. 경학적 소양이나 제술(製術) 실력에 앞서 진정한 인재라면 갖추어야 할 덕행이란 요소는 시험과 같은 방식으로 평가·검증될 수 없으며, 실제로 상당 시간 일상을 함께하며 그 사람을 직접 겪은 이들만이 정확히 파악할 수 있는 것이기 때문이다. 또한 인재선발 문제는 언제나 인재양성 및 풍속교화 문제와 직결되게 마련인데, 향촌 공동체 내부에서 현능한 자를 뽑고 구성원들로 하여금 그를 존경하고 예우하도록 하는 일은 그 자체로 교육효과를 가질 수 있었다. 반면에 과거제는 사람들로 하여금 어렸을 때부터 과거 급제를 목표로 공부하게 함으로써 항상 득실을 따지는 마음을 갖게 하므로 도덕적 인간으로 성장하는 데 해를 끼친다고 여겨졌다. 요컨대 과거제는 인재선발이라는 측면에서는 물론이거니와 바람직한 인재를 길러내고 사회풍속을 바로잡는 효과 면에서도 좋지 못한 제도로 인식되었다. 다만, 인심의 공정 무사함을 기대하기 어려운 시대에 최악의 상황을 피할 수 있게 해주는 제도라는 논리가 과거제 시행을 정당화하곤 했다.[7]

16세기 들어 성리학 이념을 보다 철저히 구현하기 위한 다각도의 노력들이 경주되던 시점에서도 과거제 폐지가 적극 주장되지는 않았다. 그러나 과거제의 근본적인 문제와 한계를 이전보다 심각하게 인식한 위에서 인재선발의 제도개혁이 논의되었고, 이러한 가운데 주요하게 거론된 것이 바로 천거제의 활성화 문제였다. 이상시대에나 온전히 시행될 수 있었던 방식의 천거제를 당장 그대로 복구할 수는 없을지라도 그 제도의 의의만큼은 유념해 현실적으로 가능한 선에서 구현해보고자 했던 것이다.

산림지사의 대두와 관련해서는 천거제 중에서도 이른바 '유일천거'(遺逸薦擧)의 시행양상과 추이에 주목해야 한다. 유일천거는 국초 이래 초야에 묻혀 있는 인재까지 발굴해 등용해야 한다는 당위 아래 간헐적으로 시행되었다. 조선이란 국가의 제도적 기틀을 세운 정도전(鄭道傳)이 펴낸 『조선경국전』(朝鮮經國典)에는 '공거'(貢擧) 조와 별도로 '거유일'(擧遺逸) 조가 설정되어 있고,[8] 그 내용은 조선 초기의 법전인 『경제육전』(經濟六典)에 그대로 수록되었다.[9] 그러나 이는 한동안 현실적으로 크게 유의미한 기능을 하지는 못했던 것으로 보인다. 유일천거가 본격적으로 강조되기 시작한 것은 15세기 후반 성종대(成宗代)였다. 그리고 16세기 전반 중종대(中宗代)를 거치면서 역사의 전면에 등장했다. 당시의 천거제 관련 논의들은 대개 과거제에 대한 문제의식에서 출발했다. 그러나 현실적으로 과거제를 폐지하기는 어려운 상황이었으므로 과거제만으로 인재를 선발·등용하기 때

---

7 이 같은 인식과 논리는 중종대 천거제 논의 속에서 그 예를 확인할 수 있다. 『中宗實錄』 권27, 中宗 12년(1517) 4월 己巳; 『中宗實錄』 권32, 中宗 13년(1518) 3월 庚戌; 『中宗實錄』 권35, 中宗 14년(1519) 4월 壬辰.

8 『三峯集』 권13, 「朝鮮經國典」 禮典, 〈擧遺逸〉.

9 『太宗實錄』 권16, 太宗 8년(1408) 11월 庚申.

문에 입사로가 너무 좁고 진짜 훌륭한 인재들이 수용되지 못하고 있다는 식의 논리가 주로 제기되었다. 이에 따라 과거를 멀리하고 학문과 덕행을 닦은 명망 있는 산림지사들을 조정으로 불러들여 등용하라는 요구가 이어졌으며 유일천거가 이전보다 활성화했다.[10]

중종대 전반기의 천거제 논의는 1518~19년 '천거과'(薦擧科, 일명 '현량과'〔賢良科〕) 시행으로 일단락되었다. 관련 논의는 당대 개혁세력을 대표하는 조광조(趙光祖, 1482~1519) 등이 주도했다. 천거가 이전에 비해 활성화됐다고는 하나, 천거를 받아 입사(入仕)한 이들의 정부 내 위상과 역할은 아직 그 한계가 분명했다. 음서(蔭敍)를 통해 입사한 이들에 비해서는 대체로 우대를 받았고 참상직(參上職)으로의 진출도 점차 활발해졌지만, 이른바 청요직(淸要職)은 여전히 과거출신의 문관들에게만 허용되었다. 천거과는 바로 이러한 문제를 타개하기 위해 시행된 것이었다. 천거과는 중국 한나라 때 시행되었던 현량과 형식을 모방한 것으로서, 전국에서 인재들을 천거하게 한 후 최종적으로 왕이 주관하는 책문(策問)시험을 거치게 했다.

천거과의 본질은 역시 천거에 의한 선발에 있었다. 그런데 천거과는 '천거별시'(薦擧別試)라고도 칭해졌다. 과거의 일종인 '별시'(別試)의 명목으로 치러졌기 때문이다. 조선의 과거제에는 식년시(式年試) 이외에 시행 시기나 절차 등에 관한 정칙(定則)이 없는 별시가 있었는데, 천거과는 바로 이 별시제도에 근거해 시행한 것이었다. 요컨대 천거과는 천거제에 과거의 명목을 입힌 것으로서, 사실상 천거를 통해 선발된 이들에게 과거급제자와 같은 자격을 주기 위한 것이었다. 천거과에 급제한 인물들 중에는 앞서 이미 천거를 통해 출사한 이들이 다수 포함되어 있었는데, 이들 '천거출신'은 천거과 급제를 통해 청요직 진출이 가능한 '과거출신'이라는 자격을 얻을 수 있었다.[11]

---

10 중종대 천거제 실시 현황에 대해서는 鄭求先, 『朝鮮時代 薦擧制度硏究』, 초록배, 1995, 76~100쪽 참조.

그러나 곧 기묘사화(己卯士禍, 1519)가 발생함에 따라 조광조 일파는 축출되었고 천거과도 파방(罷榜)되었다. 그 후 한동안 천거제 논의도 위축되었다. 하지만 중종대 말기부터 유일천거가 다시 활성화되기 시작했고 이러한 분위기는 인종(仁宗)·명종(明宗)대까지 계속 이어졌다. 이 시기에 서경덕(徐敬德, 1489~1546), 성수침(成守琛, 1493~1564), 조식(曹植, 1501~72) 등 각지의 이름난 산림지사가 유일(遺逸)로 천거되고 관직을 제수받았다. 유일천거 이념은 16세기 전반기를 거치면서 조선 사회에 확고히 자리 잡았으며 그 이념을 실천할 수 있는 사회적 환경도 점차 갖추어져 갔다.

3. 16세기 후반: 산림지사의 위상 강화

천거를 통해 산림지사를 정부 내로 끌어들이고 이들의 위상을 강화하기 위한 노력은 계속 이어졌다. 선조대(宣祖代)는 이 문제에 있어 또 한 번의 중요한 전기가 되었던 시기이고, 변화를 도출해내는 전략에 있어 이전 시기와는 차이가 있었다. 앞서 중종대에 시행되었던 천거과와 같은 방식은 다시 시도되지 않았다. 천거과는 조광조 등의 기묘사림(己卯士林)이 이룩한 주요 성과 중 하나였으며, 보다 넓은 시야에서 보자면 성종대 이래 천거제에 대한 의식이 꾸준히 발전해온 결과물이기도 했다. 하지만 후일 기묘사림에 대한 계승의식을 표방하는 이들 사이에서도, 천거제 활성화를 위해 고심하는 이들에게서도 천거과는 전범으로서의 역할을 하지 못했다.

천거과 시행은 기묘사화 후 조광조 일파가 가장 많은 비판을 받았던 일 중 하나였다. 그들이 자파세력을 조정에 뿌리박는 수단으로 천거과를

11　崔異敦, 『朝鮮中期 士林政治構造研究』, 一潮閣, 1994, 88~117쪽.

이용했으며, 때문에 선발이 공정하지 못했다는 주장이 제기되었다.[12] 이는 결국 천거과 파방이 결정되는 근거로 작용했다. 천거과로 선발된 이들이 대개 조광조 일파로 분류되는 인물들이었던 것은 사실이다.[13] 반대파의 비판이 순전히 중상모략만은 아니었던 것이다. 하지만 이 같은 문제가 천거과의 선발방식 그 자체에서 유래한 것이라고 보기는 어렵다. 천거라는 선발방식을 택할 경우 언제든 발생할 수 있는 문제이기 때문이다. 요컨대 사정(私情)이 개입되기 쉽다는 것은 천거제 일반의 약점이지, 천거과 특유의 폐단은 아니라는 것이다.

천거과는 당장 과거제에 손을 대기 어려운 상황에서 천거에 의한 선발을 활성화하고 피천인들의 위상을 강화할 수 있는 가장 현실적인 방안이었다고 할 수 있다. 다만 천거과는 비록 그 본질이 천거제에 가깝다 할지라도 어디까지나 과거라는 명목으로 실시된 것이었다. 사실상 천거를 통해 선발된 이들이 과거출신이라는 이름을 갖게 되는 방식이었던 것이다. 정부 내에서 천거출신의 입지를 확대하기 위한 방편으로 시행되었지만, 천거과를 거친 천거출신은 더 이상 천거출신이 아니게 되었다. 그 당시까지만 해도 어떤 관료가 과거출신이냐 천거출신이냐 하는 것이 크게 중요한 문제로 여겨지지 않았던 것으로 보인다. 그랬기 때문에 애초에 천거과와 같은 방식이 시도될 수 있었을 것이다. 그러나 시간이 흐를수록 천거출신과 과거출신 사이의 본질적 차이가 강조되고 사(士)들의 출처방식이 그들의 위상과 밀접하게 연결되었다. 천거제 활성화를 위해 천거과가 시행되었던 시대와 동일한 목적에서 천거과가 선택지에서 빠지게 된 시대 간의 차이는 중요한 역사적 변화를 암시한다.

선조대의 논의를 보건대 천거를 통해 출사한 산림지사의 위상강화를

---

12 『中宗實錄』 권37, 中宗 14년(1519) 12월 癸亥; 『中宗實錄』 권37, 中宗 14년(1519) 12월 癸酉.
13 鄭求先, 1995, 108~10쪽.

위해 시도된 전략은 정부에 들어온 다음에도 산림지사 또는 천거출신으로서의 본색을 그대로 유지하게 하고 오히려 이를 강조하는 것이었다. 이제는 그것이 도리어 그들의 권위를 높일 수 있는 길이 되었다. 이는 성리학 이념에 따라 학문적·도덕적 권위가 보다 중시되고, 세상을 이끌어갈 궁극적 권위와 책임은 학문수양을 올바르게 수행한 이들에게 있다는 인식이 조선 사회에 확고히 자리잡으면서 나타난 변화라고 생각된다. 뜻이 높고 도의를 지키며 경명행수(經明行修)한 산림지사이기 때문에, 또한 덕망을 바탕으로 다른 이들의 천거를 통해 조정에 나온 이들이기 때문에 스스로 벼슬을 구해 과거로써 출사한 일반 관료들보다 믿을 만하며 훌륭한 인재로서 더 귀하게 여기고 우대해야 한다는 주장들이 이어졌다.[14]

　조정에 나온 산림지사의 위상과 역할은 개인별로 차이가 작지 않았다. 그러나 이미 상당수 천거출신에게 초직(初職)으로서 6품의 참상직(參上職)이 주어지는 등의 파격이 베풀어지고 있었다. 이제 문제는 정치적으로 중요하고 힘을 발휘할 수 있는 자리에 얼마나 원활히 진출할 수 있느냐였다. 이에 우선 주목된 자리가 바로 사헌부(司憲府) 대관직(臺官職)이었다. 조선의 관료는 출사 경로에 따라 문관(文官), 무관(武官), 음관(蔭官)으로 구분되었다. 음서, 천거 등 과거 이외의 경로로 출사하면 음관으로 분류되었다. 문관과 음관은 관직 임용에서 차이가 있었고 문관이 우대되었다. 법적으로 의정부(議政府)·이조(吏曹)·예조(禮曹)·병조(兵曹)·승정원(承政院)의 당하관(堂下官), 사간원(司諫院), 홍문관(弘文館), 예문관(藝文館), 성균관(成均館) 등에는 문관만을 임용하도록 규정되어 있었다. 그런데 유력관서 중 하나로서 감찰기능을 담당하는 사헌부는 여기에 해당되지 않았으니, 천거출신의 진출로서 사헌부가 우선 주목된 이유가 여기에 있었다.

　선조대에 이와 관련한 논의를 주도한 대표적 인물이 이이(李珥,

---

14 『宣祖實錄』 권7, 宣祖 6년(1573) 12월 丁未; 『宣祖修正實錄』 권17, 宣祖 16년 (1583) 4월 壬子.

1536~84)였다. 그는 법적으로 대관(臺官)을 문관직으로 제한하지 않았다는 사실을 근거로 천거출신을 대관에 임용함으로써 "조종(祖宗)의 양법(良法)과 미의(美意)"를 구현하라는 논리로 왕을 압박했다. 또한 세종대(世宗代)를 비롯한 조종조(祖宗朝)에도 과거가 실시되었지만 과거출신만 중용하지는 않았으며, 과거를 거치지 않고 경상(卿相)의 자리에까지 오른 이들도 많았다는 사실을 강조했다. 천거출신의 임용 관행을 바꾸는 일은 조종의 법을 변개하는 것이 아니라, 도리어 조종의 법과 뜻을 복원하는 것이라는 주장이었다.[15] 이는 중종대 기묘사림의 실패로 인해 비과거출신이 대관이 되는 길이 막히고 말았다고 인식하고 있었다.[16] 사실 국초에 비과거출신이 중용되었던 배경에는 아직 과거제만으로 정부에 필요한 관원을 충분히 확보할 수 없었던 사정이 있었을 것으로 추정된다. 그러나 이이는 인재를 선발함에 있어 과거제에만 의존하지 않는 것이 본래 조선이라는 나라가 지향한 방향이었기 때문에 나타난 현상이라고 이해했다.

이상이 기존 관료제의 틀 안에서 구현(求賢)의 이념을 실천하고자 하는 방안이었다고 한다면, 다른 한편으로 기존 제도의 틀을 넘어 그 이념의 실천을 모색하는 움직임도 나타나기 시작했다. 산림지사나 천거출신의 경연(經筵) 참여 문제에 대한 논의가 대표적이다. 본래 경연에는 과거출신의 문관들만 참여할 수 있었다. 그런데 중종대부터 학문적 실력을 높이 인정받은 산림지사가 천거를 통해 조정에 진출하면서 이 부분이 문제로 제기된 바 있다. 1575년(선조 8) 이이는 현사(賢士)를 구해 경연에 참여시키는 일을 당대의 급무로 꼽았다.[17] 산림의 현사들을 불러오고 관직을 주는 일까지가 구현을 실천하는 일의 전부일 수는 없었다. 중요한 것은 높은 학덕을 지닌 이들이 왕이나 조정 관료들과 쉽게 소통할 수 있게 하고 그들

15 『宣祖修正實錄』 권17, 宣祖 16년(1583) 4월 壬子.
16 『宣祖實錄』 권7, 宣祖 6년(1573) 10월 己未.
17 『宣祖實錄』 권9, 宣祖 8년(1575) 6월 辛卯.

이 영향력을 발휘할 수 있도록 하는 일이었다. 그리하여 주목된 것은 군신이 정기적으로 만나는 경연 자리였다. 이이는 경연 참여 자격에 관한 기존의 규례를 개혁할 것을 주장하고, 천거를 통해 나온 산림지사들에게 한직을 주고 경연을 겸대(兼帶)하게 하는 방안을 제안했다.[18]

군신이 함께 학문을 강론하고 시정을 논의하는 경연에 참여하는 것은 산림지사에게 가장 이상적인 직무이기도 했다. 산림지사가 사헌부로 많이 진출하게 된 것 역시 제한규정이 없었기 때문만은 아니고 직무 적합성을 고려한 결과였다. 실무행정을 담당하는 관직보다는 시정을 감시하고 시비를 논하는 대관의 직무가 산림지사에게 적합하다고 여겨졌던 것이다. 더구나 이들은 일반 관료들보다 거리낌 없이 왕에게 직언을 할 수 있고 또 그렇게 해야만 하는 존재로 인식되었다. 산림의 현사로 칭송되어 왕의 부름을 받고 조정에 나간 이들은 관직에 임용된 후에도 여타 일반 관료들과는 구분되는 본질과 위상을 가진 존재, 곧 '빈사'(賓師)의 지위에 있는 존재로 간주되었다. 이이는 『성학집요』(聖學輯要) 위정편(爲政篇)에서 '용현'(用賢) 장을 첫머리에 넣고, 현인은 군주가 은혜를 베풀어 뽑아주어야 할 대상이 아니라 군주의 스승이 되는 존재라는 점, 따라서 군주가 그들에 대해 '치경진례'(致敬盡禮)해 만남을 구해야 하며, 또한 군주가 그들에 대해 '간행언청'(諫行言聽)할 때 비로소 그들을 신하로 얻을 수 있다는 점을 강조했다.[19]

이러한 분위기 속에서 천거출신을 음관의 범주로부터 분리하려는 시도도 나타났다.[20] 이미 우대받지 못하고 중용되지도 못하는 음서출신과 함께 음관이라는 동일 범주에 묶여 있는 것은 천거출신의 위상강화에 장애가 되었기 때문이다. 이이는 법전에서 관직 임용에 제약을 둔 '미출신

---

18 『宣祖實錄』권9, 宣祖 8년(1575) 6월 辛卯.
19 『栗谷全書』권24, 「聖學輯要」爲政 上, 〈用賢〉.
20 『宣祖修正實錄』권17, 宣祖 16년(1583) 8월 庚戌.

인'(未出身人)이란 음서출신을 가리키는 것으로서 산림의 현사는 그에 해당되지 않는다고 보았다. 현자라며 불러놓고 어찌 음서출신과 같은 대우를 할 수 있느냐는 주장이었다. 엄격한 법과 제도 안의 존재인 과거 및 음서출신과 달리, 산림의 현사들은 마땅히 '격외'(格外) 또는 '법외'(法外)의 대우를 베풀어야 할 대상으로 간주되었다.[21] 그리고 이러한 과정을 거치면서 산림지사가 파격적으로 등용되어 고관대신의 자리에까지 오르는 사례들이 증가했다.[22] 그 권위와 위상도 확고해졌다. 17세기라는 산림의 시대는 이렇게 시작되었다.

맺는말

이이는 "위로 대신(大臣)에서부터 아래로 미관말직의 서관(庶官)들까지 모두 물러나고자 하는 뜻을 가지고 있다면 국사(國事)는 그래도 해볼 만하고, 사(士)로서 조정에 선 자들이 모두 물러나고자 하는 뜻을 가지고 있다면 국사는 해나갈 수 없을 듯하다"는 말을 남긴 것으로 전해진다.[23] 이 말은 ① '위로 대신(大臣)에서부터 아래로 미관말직의 서관들', 즉 정부 관료들과 ② '사(士)로서 조정에 선 자들'을 대비하는 구조로 되어 있다. 일반적으로 사(士)가 조정에 서면, 다시 말해 사(士)가 출사하면 관료가 되는 것이라 생각하곤 한다. 그러나 여기서 이이는 조정에 진출하기는 했지

---

21 『宣祖實錄』 권8, 宣祖 7년(1574) 2월 甲戌.

22 『顯宗改修實錄』 권4, 顯宗 1년(1660) 12월 壬午: "國朝故例, 未登第者, 曾無入侍經筵之規. 至宣廟朝, 文成公李珥, 始請以處士成渾, 出入輔導, 其後仍以爲例. 臺憲之除, 亦始於其時矣. 先是, 雖學行德望表著者, 皆不過蔭職常仕, 自此草野之士, 皆進用於常調之外, 或至大官, 蓋美擧也."

23 『英祖實錄』 권126, 英祖 51년(1775) 12월 壬申: "上自大臣, 下至微末庶官, 而皆有欲退之意, 則國事尙可爲也, 士之立於朝者, 皆有欲退之意, 則國事若不可爲."

만 일반 관료들과는 구분되는 사(士)란 존재를 언급하고 있다. 또한 근본적으로 정부를 이끌어나가고 나라를 지탱하는 힘이 관료제 아래 완전히 편입되지는 않은 이들 사(士)에게서 나온다고 말하고 있다.

언뜻 이상하게 느껴지기도 하는 이 말은 조선시대 산림지사를 둘러싼 역사를 알고 있다면 쉽게 이해 가능하다. 앞에서 살펴본 바와 같은, 산림지사의 사회적 위상이 높아지고 정부 내 활약에 대한 기대감이 커지고 있던 당대 조선 사회의 현실이 반영된 말인 것이다. 이것이 성리학 사상을 토대로 사회를 개혁하고자 한 인물이 남긴 말이라는 사실도 기억할 필요가 있다. 흔히 조선을 성리학 사회라고 부르지만, 성리학 사상에 근거해 구축된 사회제도와 문화가 구체적으로 어떤 특징을 갖는지, 조선 사회를 구성하는 수많은 요소 중 무엇이 성리학 이념의 영향에 따른 것인지에 대한 설명은 아직도 많이 불충분하고 부정확한 채로 남아 있다.

이 연구는 성리학적 정치문화란 대체 어떠한 것인가를 해명하기 위한 시도로서 출발했다. 산림지사와 관련된 특별한 정치문화는 성리학 사회로서의 자격을 갖춘 조선의 주요한 일면이었다. 이것이 조선 사회의 다른 방면에서 나타나는 특징과는 어떻게 연관되는지, 또 조선 사회의 전반적인 성격과는 어떻게 조응하는지, 향후 보다 넓은 시야에서 심도 있는 연구가 진행되어야 할 것이다.

III

정치사상
(전근대편)

질서 지상인가 군주 지상인가

— 사마광(司馬光)의 정치관념에 대한 재해석

장펑(姜鵬)

머리말: 중앙집권과 군주전제의 차이

사마광(1019~86)은 많은 현대 학자에게 군주전제를 극단적으로 옹호하는 사람으로 인식되고 있다.[1] 샤오궁취안(蕭公權)이 『중국 정치사상사』에서 "사마광의 尊君이 극단적"이라고 하며, 심지어 맹자의 "민이 귀하다"(民爲貴)라는 말의 고의(古意)를 이미 사마광의 무리들이 이해할 수 없게 되었다고 말하고 있다.[2] 샤오궁취안이 내놓은 이러한 결론이 도출된 가장 중요한 논거는 『자치통감』 제1편 '신광왈'(臣光曰)이다. 이 편의 "三家爲諸侯論"이라고 명명된 평론에서 사마광은 정치적 핵심이 군주와 신하의 명분상 질서에서 체현됨을 강조한다. 사마광은 여기서 이렇게 말한다. "文王

---

1 사마광의 정치사상에 대한 학자들의 기존 평가를 총괄한 方誠峰, 「司馬光的政治主張」, 『北宋晚期的政治體制與政治文化』, 北京大學出版社, 2015, pp. 11~12, 第1章 第2節 참조.

2 蕭公權, 「司馬光」, 『中國政治思想史』, 遼寧教育出版社, 1998, pp. 443~46, 第15章 第1節.

이 卦의 순서를 정하면서 乾·坤을 처음으로 했고, 孔子가 이것을 다음과 같이 풀이했습니다. '하늘이 높고 땅이 낮으니 乾·坤이 정해졌고, 낮고 높은 것이 펼쳐져 있으니 貴·賤의 자리가 정해졌다.' 君臣의 자리는 天地와 같이 바꿀 수 없음을 말한 것입니다."[3]

현존하는 통론성의 중국 정치사상사 저작 중에서 샤오궁취안의 작품은 가장 영향력이 크다.[4] 샤오궁취안의 논증모델과 그 결론에서 우리는 최소한 세 가지 문제를 발견할 수 있다. 우선, 사마광 본인과 군권 사이의 긴장을 어떻게 이해할 것인가? 정확한 통계를 만들 방법은 없지만, 사마광의 글에 익숙한 독자는 어렵지 않게 다음과 같은 결론을 얻을 수 있을 것이다. 즉 시정(時政)을 주소(奏疏)하거나 역사를 평술할 때 군주야말로 사마광의 글에서 가장 많은 비판을 받는 인물 유형의 하나다. 더구나 왕안석 변법개혁에 반대하는 과정에서 사마광은 군주의 의지에 직접적으로 도전했다.

다음으로, '전제 정치체제'를 어떻게 정의할 것인가에 대해 샤오궁취안은 모호하게 말하고 명확한 견해가 없다. 앞에 언급한 『중국 정치사상사』의 사마광을 다룬 부분에서 '전제'(專制)라는 단어는 다음과 같이 세 번 나온다. "사마 씨는 송대라는 전제 정치체제가 발전해 완성에 가까워진 때 태어났다", "이러한 글들은 모두 군주를 높이 받들어 전제 정치체제

---

3 "三家爲諸侯論" 전문은 『資治通鑑』 卷1(中華書局 點校本 1956 초판 / 1995 인쇄본, pp. 2~6) 참조.

4 류저화(劉澤華)가 총 편집을 맡은 『中國政治思想通史』가 현재까지 중국 정치사상사를 토론한 최신의 통사류 저작이라고 할 수 있다. 그중 孫曉春 主編, 『中國政治思想通史 ─ 宋元卷』, 人民大學出版社, 2014, pp. 107~11에서는 여전히 "군주를 존귀하게 여기고 신하를 비천하게 여기며, 두 군주를 섬기지 않는다"(尊君卑臣, 事君不二)는 것을 사마광 정치사상의 가장 기본적인 내용으로 다루고 있다. 이러한 내용은 샤오궁취안의 관점에 비교해 독창적 견해나 새로운 진전이 많지 않기 때문에 샤오궁취안의 논점을 변론대상으로 삼는 것을 너무 시대에 뒤쳐졌다고 할 수는 없을 것이다.

를 부추기는 의도가 아닌 것이 없었다", "심지어 전제적인 천하 집권의 시각에서 봉건적인 분권정치를 해석했다." 그러나 샤오궁취안은 시종 무엇을 '전제 정치체제'라고 하는지, 군주체제와 집권체제·전제체제 사이에 어떤 관계가 있는지 엄격하게 규정하지 않는다. 내가 보기에 황제제도의 성립 이후 중국 고대의 정치체제를 관찰할 때 반드시 '중앙집권'과 '군주전제'의 두 개념을 엄격하게 구분해야 하며, 양자의 가장 중요한 차이는 재상제도의 존재 여부에 있다. '중앙집권'과 '지방분봉'은 중국 고대의 중요한 두 가지 정치 형태이다. '중앙집권'과 '군주전제'는 결합해 사용할 수 있는 정치형태이지만, '중앙집권' 방식의 채용이 반드시 '군주전제'를 동시에 체현하는 것은 결코 아니다. 위잉스(余英時) 선생이 「현대 유학의 회고와 전망」에서 지적하고 있듯이 명청 시기 '군주전제'의 압박 아래 유학의 핵심적 행동노선은 이미 송유(宋儒)가 추앙하던 '득군행도'(得君行道)에서 '이풍역속'(移風易俗)으로 바뀌어 주의력이 조정에서 사회로 향하게 되었다. 그 원인은 주원장(朱元璋)이 재상제도를 폐지한 이후 군권에 대항할 수 있는 역량이 다시 존재하지 않게 되어 유학자들이 도를 행할 방법이 없게 되었던 것이다.[5] 나는 위잉스 선생의 이러한 판단에 매우 찬성한다. 다만 위잉스 선생은 여전히 송대와 명청의 정치체제를 구분하지 않고 있으며, 송대 역시 '군주전제' 시대라고 여긴다. 이 점에 대해 나는 다른 시각을 가지고 있다. 생각건대 완전한 재상제도를 가지고 있는 제제(帝制) 시대라면 비록 '중앙집권'을 체현했다고 하더라도 결코 '군주전제'가 아니라고 여긴다. 한무제 시대에 외정 대신의 간섭을 피하기 위해 내조관(內朝官)을 창설한 때부터 당대(唐代)에 한림학사가 출현할 때까지 황제제도는 시종 내조관을 이용해 재상을 대표로 하는 외조관(外朝官)을 대체하거나 외조관에 맞서게 함으로써 자신의 권력범위를 확대하는 것을 시도했다. 그러나 역사에

---

5 余英時, 『現代儒學論』, 上海人民出版社, 1998, pp. 1~57, 특히 pp. 32~35 참조.

서는 동시에 내조관이 끊임없이 외조화(外朝化)하는 과정이 나타나고, 이는 곧 황권을 제약하고 황권에 대항하려는 의식과 역량이 지속적으로 존재했음을 증명한다.[6] 따라서 나는 '군주전제' 정치체제는 재상제도가 취약했던 시기, 특히 재상제도를 철저하게 폐지한 명청 시기에만 존재한다고 본다. 송대에는 비록 강대한 '중앙집권' 제도가 존재했다 하더라도 '군주전제'는 존재하지 않았다. 그렇기 때문에 사마광이 '전제 정치체제'를 옹호했다고 보는 샤오궁취안의 시각이 '전제 정치체제'에 대해 엄격한 정의와 구분을 하지 않고, 송대의 기존 정치체제에 대해 명료한 설명을 하지 않았기 때문에 나는 적절하지 않다고 생각한다.

셋째, 샤오궁취안의 근거는 겨우 "三家爲諸侯論"의 몇 구절뿐이다. 사마광의 모든 작품, 특히 『자치통감』 전체를 진지하게 해독한 후에도 사람들이 계속해서 사마광을 '군주전제'의 옹호자로 여길 수 있을까?

나는 『자치통감』을 전체적으로 살펴본 것에 기반해 "三家爲諸侯論" 중 몇몇 구절에만 근거해 사마광을 '군주전제' 정치체제의 옹호자로 자리매김하는 것은 결코 합당하지 않다고 생각한다. 우리는 『자치통감』의 다른 장절에서도 이러한 논점에 반대할 증거를 찾을 수 있지만, 심지어 "三家爲諸侯論"에서도 사마광이 결코 '군주전제' 정치체제의 옹호자가 아니라는 자신의 기본적 입장을 명확하게 제시하고 있다.

"三家爲諸侯論"은 확실히 사마광의 여러 기본적 정치관념을 집중적으로 반영하고 있다. 그러나 감히 솔직히 말하자면, 샤오궁취안을 포함한 많은 학자는 이 편을 해석할 때 모두 핵심을 포착하지 못하고 있다. 글의 표면적인 부분에만 공을 들임으로써 경중을 뒤바꾸어 사마광 사상의 오묘한 이치를 놓치고 있다. 군주와 신하의 본분을 벗어날 수 없다는 것은 사

---

6 이 문제는 이 글의 토론범위를 벗어난다. 주충빈(祝總斌) 선생의 『兩漢魏晉南北朝宰相制度研究』, 中國社會科學出版社, 1990이나 마오레이(毛蕾) 박사의 『唐代翰林學士』, 社會科學文獻出版社, 2000 등의 관련 저작 참조.

마광이 설계하고 있는 잘 조직된 이상적 사회질서의 일환으로서 그 질서의 본질을 대표하지 않을 뿐만 아니라 그 전부도 아니다.

1. 『자치통감』에 대한 인물평가의 기술법

사마광의 정치윤리 관념을 더욱 전면적으로 이해하기 위해 "三家爲諸侯論"을 잠시 옆으로 제쳐두고 먼저 『자치통감』 중의 다른 부분을 살펴보자. 『자치통감』 제68권 건안(建安) 22년의 서사는 조비(曹丕)가 위국(魏國)의 태자가 되는 과정을 기재하고 있다. 저자가 채택하고 있는 서사수단은 매우 풍부한데, 예컨대 '경전합일'(經傳合一)의 방법을 사용해 "魏는 五官中郎將 丕를 태자로 삼았다"는 결과를 먼저 독자에게 알려주고(『춘추경』〔春秋經〕의 간단명료한 사실 기록의 필법과 유사하다), 이어서 '초'(初) 자를 시작으로 이러한 결과가 형성되기까지의 과정을 서술한다(『좌전』〔左傳〕에서 경문을 해석하는 방법과 유사하다). 과정을 서술하면서 『자치통감』은 조비, 조식(曹植)의 경쟁관계의 윤곽을 그리고, 다음으로 조조(曹操)와 몇몇 중요한 관원들의 토론을 상세히 서술한다. 위왕(魏王)의 작위를 누가 계승해야 하는가를 두고, 『자치통감』은 최염(崔琰), 모개(毛玠), 형옹(邢顒), 가후(賈詡) 등 네 관원의 발언을 배치한다. 그중 앞의 세 명은 조조가 비밀편지를 통해 문의하는 형식으로 연락했으나 가후와는 바로 면담을 했다. 원문은 아래와 같다.

魏는 五官中郎將 曹丕를 태자로 삼았다.
원래, 魏王 曹操는 丁 부인을 아내로 맞아들였는데, 아들이 없었다. 첩 劉 씨는 아들 昻을 낳았고, 卞 씨는 丕, 彰, 植, 熊의 네 아들을 낳았다. 曹昻이 穰에서 죽자, 丁 부인이 흐느껴 울면서 법도를 잃었고, 曹操는 노해 그를 내쫓고 卞 씨를 후처로 삼았다. 曹植의 성품이 기민하고 기예가 많고,

민첩하고 문장도 뛰어나서 曹操가 그를 아꼈다. 曹操가 딸을 丁儀에게 시집보내려 했는데 曹丕가 丁儀의 눈이 짝눈이라고 간언해 그치게 했다. 丁儀가 이 때문에 曹丕에게 원한을 품고 동생인 黃門侍郎 丁廙, 丞相主簿 楊脩와 함께 여러 번 臨淄侯 曹植의 재능이 뛰어나다고 칭찬해 曹操에게 후사로 세울 것을 권했다. 楊脩는 楊彪의 아들이다. 曹操는 密函으로 밖에 문의했는데, 尙書 崔琰이 露版으로 답변했다. "『春秋』의 뜻은 적자를 세울 때 장자로 하는 것입니다. 더욱이 五官將은 어질고 효성스러우며 총명하니 마땅히 정통을 이어야 하며, 저는 죽음으로 이를 지킬 것입니다." 曹植은 崔琰의 조카사위였다. 尙書僕射 毛玠는 말했다. "근래에 袁紹가 嫡庶를 구분하지 않아서 집안이 무너지고 나라가 멸망했습니다. 폐립은 큰일이니 다른 사람에게 물을 일이 아닙니다." 東曹掾 邢顒이 말했다. "서자로서 宗子를 대신하는 것은 선조들이 경계했습니다. 폐하께서 깊이 살피시기를 원합니다." 曹丕는 사람을 시켜서 太中大夫 賈詡에게 자신의 자리를 지킬 술책을 물었다. 賈詡가 말했다. "바라건대 장군께서는 덕을 넓히고 법도를 숭상하며, 素士의 업에 힘쓰고, 아침저녁으로 부지런해 아들 된 도를 어기지 말도록 하면 됩니다." 曹丕는 이를 따라서 깊이 몸소 수양했다. 어느 날 曹操가 사람들을 물리고 賈詡에게 물었는데, 賈詡는 묵묵히 대답이 없었다. 曹操가 말했다. "경에게 말해도 답을 하지 않으니, 무슨 일이오?" 賈詡가 말했다. "마침 생각한 바가 있어서 바로 대답하지 않았습니다." 曹操가 말했다. "무슨 생각이오?" 賈詡가 말했다. "袁本初와 劉景升 부자를 생각했습니다." 曹操가 크게 웃었다.[7]

『자치통감』의 이 서술을 분석하면, 우리는 다음과 같은 몇 가지 특징을 발견할 수 있다. 첫째, 발언하고 있는 네 명의 관원 중 한 명의 예외도

---

7 『資治通鑑』 卷68, pp. 2150~51.

없이 조비를 지지한다. 둘째, 조식의 처삼촌인 최염이 첫 번째로 발언하고 있다. 셋째, 네 명의 발언자의 핵심 논점은 모두 적장자 계승의 정당성을 강조하는 것이다. 여기서는 무엇보다도 『자치통감』 저자의 선택적 서술의 책략이 나타나는데, 즉 조비에게 유리한 발언만을 선택하고 있다. 다음으로는 집중적인 나열의 형식으로서 독자들의 조비 계승의 정당성에 대한 인상을 강화한다. 의심할 바 없이 『자치통감』 저자 역시 조비가 계승한 것을 지지하는 경향을 가지고 있다.[8] 다만 이야기는 여기서 끝나지 않는다. 『자치통감』에서는 이어서 다음과 같이 쓰고 있다.

> 曹操가 일찍이 출정할 때에 曹丕와 曹植이 함께 길가에서 송별했다. 曹植은 공덕을 칭송했는데 말에 조리가 있어서 좌우에서 주목하고 曹操 역시 기뻐했다. 曹丕는 슬퍼서 망연자실하자, 濟陰 사람 吳質이 귓속말로 말했다. "왕께서 떠나시려 하니, 눈물을 흘리는 것이 좋습니다." 이별할 때가 되자 曹丕는 눈물을 흘리며 절했다. 曹操와 주변 사람들이 모두 흐느껴 울었고, 이 때문에 모두 曹植이 화려한 말은 많지만 誠心이 부족하다고 여겼다. 曹植은 제멋대로 행동하고 스스로를 꾸미지 않았으나, 五官將은 술책으로 제어해 감정을 억누르고 스스로를 꾸미니, 宮人과 주변 사람들이 이를 칭찬했기 때문에 마침내 태자로 정해졌다.
>
> 주위의 長御가 卞 부인에게 말했다. "장군께서 태자에 제수되어 천하에 기뻐하지 않는 사람이 없으나 부인께서는 마땅히 府藏을 기울여 상을 내리십시오." 부인이 말했다. "왕께서 스스로 曹丕의 나이가 많은 까닭에 후

---

8 여기서 모호하게 『자치통감』 저자'라고 부르고 직접적으로 '사마광'이라고 하지 않은 것은 우리가 이 구절이 '장편'(長編) 형태에서 탈고될 때 어떠한 변화가 있었는지 명백하게 알지 못하기 때문이다. 잘 알다시피 '장편'은 사마광의 조수들이 완성했는데 이 부분은 유반(劉攽, 1023~89)이 작성했을 가능성이 크다. 다만 사마광이 이 부분에 대해 어느 정도의 공헌을 했는지는, 그가 적어도 글의 배후에 있는 이념을 받아들였고 심지어 그가 주도해서 비롯되었을 수도 있기 때문에 문제가 되지 않는다.

사로 삼으신 것이오. 나는 다만 가르치고 인도하지 못한 과실을 면한 것을 다행으로 여길 뿐이니, 어찌 또한 거듭 상을 내리는 것이 맞겠소." 長御가 돌아가서 曹操에게 이를 말했다. 曹操가 기뻐하며 말했다. "화가 나도 얼굴이 변하지 않고, 기뻐도 절제를 잃지 않으니, 가장 어려운 것이다."

태자가 議郎 辛毗의 목을 끌어안고 말했다. "辛君은 내가 기쁜 것을 알지 못하는가?" 辛毗가 이를 딸 憲英에게 말했다. 憲英이 탄식하며 말했다. "태자는 군주를 대신해 종묘와 사직을 주관하실 분입니다. 군주를 대신하는 것은 슬프지 않을 수 없고, 나라를 주관하는 것은 두렵지 않을 수 없습니다. 마땅히 슬프고 두려워해야 하는데 오히려 기쁘게 여기어 어찌 오래 갈 수가 있겠습니까. 魏는 창성하지 않을 것입니다!"[9]

이어지는 부분에서 『자치통감』은 조비와 조식의 경쟁결과를 드러내면서 조비가 경쟁에서 승리한 비결이 "술책으로 제어해 감정을 억누르고 스스로 꾸미는 것"(御之以術, 矯情自飾)이라고 지적한다. 이러한 서술은 다음의 두 가지를 암시한다. 첫째, 조조가 적장자 계승법칙에 대한 입장이 결코 확고하지 않았기 때문에 조비가 늘 술책으로써 스스로를 꾸며야 했다. 둘째, 조비는 스스로를 위장하는 데 능한 사람이었다. 인용문의 마지막 구절에서 『자치통감』 저자는 신헌영(辛憲英)의 입을 빌려 조비의 경박함을 비판한다. 앞 구절에서 조조가 변 부인을 평가하면서 "화가 나도 얼굴이 변하지 않고, 기뻐도 절제를 잃지 않는다"라고 한 것은 앞부분에서 정 부인의 "통곡하며 울어서 절제를 잃었다"는 행위에 호응하는 것임을 알 수 있는데, 마찬가지로 다음 부분에서 조비가 기뻐서 평소의 모습을 유지하지 못한 것과도 반대됨을 알 수 있다. 『자치통감』이 조비의 사후에 하는 평가를 종합하면, 우리는 조비가 인품이나 행위 모두에서 『자치통감』 저

---

9 『資治通鑑』 卷68, pp. 2151~52.

자가 좋아하는 인물이 아님을 알 수 있다.[10]

이러한 해석은 한 가지 모순성을 체현한다. 즉『자치통감』 저자가 조비를 좋아하지 않고 심지어 우리는『자치통감』에서 조비가 매우 부정적인 인물임을 알 수 있는데, 왜 그들은 조비와 조식의 상호경쟁이라는 역사적 사건 중에서 조비를 지지하는가. 이러한 모순을 해석하는 것은 결코 어렵지 않다. 즉『자치통감』 저자가 지지하는 것은 적장자 계승제도이지 조비 개인이 아니다.『자치통감』이 강조하는 것은 질서와, 이 질서를 지탱하는 각종 규칙 자체의 가치와 중요성이다. 거짓된 인품을 가진 조비를 좋아하지 않으면서도 적장자 계승제도에 부합하는 조비를 지지하는 것이야말로『자치통감』 저자가 질서와 규칙 자체를 절대적 가치로 인지하고 인물에 대한 호오(好惡)로 옮아가지 않음을 보여준다. 말하자면 어떤 상황 아래서도 질서와 그 배후의 규칙은 반드시 준수되어야 한다.

반대로, 품행이 고상한 사람이 질서와 그 배후의 규칙을 위배해도 상응하는 비판을 받는다.『자치통감』 제172권에 나오는데 이누겸(伊婁謙)이 고준(高遵)을 용서한 이야기는 이러한 방면의 예증이다. 주 무제가 제(齊)를 공격할 때 이누겸을 북제(北齊)에 사자로 파견해 형세를 관찰하게 했다. 참군(參軍) 고준이 제(齊)나라 사람에게 정보를 팔아 이누겸이 제(齊)에서 구금되었다. 진양(晉陽)을 공격해 점령한 후에 주 무제는 이누겸을 구출했고, 아울러 고준을 그에게 처리하게 했다. 이누겸은 결국 용서를 선택했고, 고준을 "그전과 같이 대했다". 만약 이어서 사마광이 평론에서 환기하지 않았다면 아마도 많은 독자는 이누겸의 도량에 감복하고 그의 행위를 좋아했을 것이다.

그러나 사마광은 평론 중에서 주 무제와 이누겸에 대해 각기 비판을 제기한다. 우선 주 무제에 대해서는 다음과 같이 비판한다. "공이 있는 자

---

10 『자치통감』의 조비에 대한 최종 평가는 卷70 黃初7년(226) "帝之爲太子也" 이하 (pp. 2227~28) 참조.

에게 상을 주고, 죄가 있는 자에게 벌하는 것은 人君의 책임이다. 高遵이 다른 나라에 奉使하면서 큰 계획을 누설했으니 이는 叛臣이다. 周 高祖가 스스로 죽이지 않고 伊婁謙에게 주어서 복수하도록 했으니 政刑을 잃은 것이다." 비판할 필요가 있는 역사적 사건 중에서 군주와 신하에 관련된 것에 대해 사마광은 신하의 행위만을 비판하지 않으며 심지어 군주에 대한 비판을 가장 중요한 위치에 놓기도 하는데, 이것이 사마광 사평(史評)의 현저한 특징 중 하나로서, 이러한 현상의 의의에 관해서는 이하에서 상세하게 토론할 것이다. 같은 평론 중에서 사마광은 이어서 이누겸을 다음과 같이 비판한다. "孔子께서 말씀하시기를 '德으로써 원수를 갚는다면, 德에는 어떻게 보답하겠는가'라고 했다. 伊婁謙은 마땅히 사양해 받지 않고, 有司에게 귀속시킴으로써 典刑을 바르게 해야 했다. 高遵의 사면을 청함으로써 사사로운 이름을 아름답게 했으나, 또한 公義는 아니다."[11] 사덕(私德)을 지키고 공의(公義)를 위배함으로써 사덕이 그 의의를 잃었을 뿐만 아니라 사마광은 이를 유해한 것으로까지 보았다. 사마광이 평론에서 제기한 '정형'(政刑) 개념과 "유사(有司)에게 귀속시킴으로써 전형(典刑)을 바르게 한다"라는 행위의 묘사는 모두 이상적 질서에 부합하는 제도와 규칙을 지향한다. 이 사례와 앞의 글에서 인용한 조비·조식이 경쟁하는 장절(章節)은 하나의 대비를 형성해 반대되는 각도에서 질서와 규칙 그 자체가 가치를 가지고 있으며 사덕의 미추(美醜)나 학문과 품행의 고저와는 모두 무관함을 설명한다. 정치를 행하는 사람이 해야 할 유일한 일은 곧 질서를 존중하고 규칙을 준수하는 것이다.

---

11 『資治通鑑』 卷172, p. 5365(원문의 인용에서 '典型'은 '典刑'의 오기인 듯하다 — 옮긴이).

2. 국가수호와 예제수호의 사이

그러나 이러한 질서와 규칙관에 대해서는 반드시 다음과 같은 의문에 부딪히게 된다. 만약 융통성 없이 덮어놓고 질서와 규칙을 준수하다가 현실 속에서 불리한 입장에 처하거나 심지어 국가와 정권의 위기에 처하게 되면 어떻게 해야 하는가? 왕(皇)위 계승인을 선택하는 경우, 단순히 적장자 계승제도를 강조하다가 선출된 사람이 (상(商)의 주왕(紂王)과 같은) 폭군이나 (진(晉)의 혜제(惠帝)와 같은) 지적 장애인이어도 여전히 이러한 원칙을 지켜야만 하는가? 적장자 계승만 포기하면 더 좋은 선택이 가능한 경우, 예컨대 미자(微子)로 주왕(紂王)을 대체함으로써 상 왕조가 그 통치를 지속할 수 있게 되는데, 이러한 상황에서도 융통성 있게 변통하면 안 되는 것인가? 여전히 질서와 규칙을 지켜야만 하는가?

이 문제에 대해 사마광은 일찍이 답안을 내놓았고, 이 답은 바로 샤오궁취안이 사마광을 '전제 정치체제'의 옹호자라고 논증하는 데 활용한 "三家爲諸侯論" 중에 있다. 이 평론 안에 있는 다음 구절에 대해 샤오궁취안은 주의하고 있지 않으며 정치사상을 연구하는 다른 많은 학자도 거의 인용하거나 해석한 적이 없는데, 나는 이 구절이야말로 사마광의 정치사상을 이해하는 관건이라고 생각한다. "이러한 까닭에 微子로 紂를 대신하게 했다면 成湯은 제사를 받았을 것이고, 季札이 吳의 군주가 되었으면 太伯도 제사를 받았을 것이나, 두 사람이 차라리 나라를 망하게 하더라도 행하지 않은 것은 진실로 禮의 大節을 어지럽힐 수 없었기 때문입니다."[12] 상(商)의 제을(帝乙)에게는 세 명의 아들이 있었는데, 나이순으로는 미자계(微子啓), 중연(中衍), 주(紂)였다. 세 명 중에서 주(紂)만 왕후 소생의 적자였다. 제을은 미자계가 현명하다고 여겨서 왕위를 계승시키고자 했으

---

12 『資治通鑑』 卷1, pp. 3~4.

나 당시의 태사(太史)가 법에 의거해 강하게 반대했다. "처의 아들이 있으면, 첩의 아들을 세울 수 없습니다."[13] 법을 지킨 결과는 주왕이 왕위를 잇고, 상 왕조가 멸망한 것이다. 오(吳)의 왕 수몽(壽夢)에게는 네 명의 아들이 있었고, 가장 어린 아들이 계찰(季札)이었다. 계찰은 적장자가 아니었지만 가장 현명하고 능력이 있었기 때문에 수몽은 왕위를 그에게 물려주고 싶었다. 그러나 계찰은 사양했다. 계찰의 큰형 제번(諸樊)도 왕위를 그에게 물려주려고 했으나, 이에 계찰은 아예 오(吳)를 떠나버렸다. 나중에 제번의 아들과 또 다른 형제 여매(餘昧)의 아들이 나라를 다투는 사건이 일어나고, 오나라는 결국 부차(夫差, 제번의 손자)의 대에 멸망했다.[14] 이것이 사마광이 평론에서 인용한 두 가지 전고(典故)다.

미자라는 인물의 문화적 함의는 매우 복잡하기 때문에 우리는 계찰을 사례로 하여 사마광의 관점이 그전의 정치가나 사평가(史評家)와 어떤 점이 같고 다른지 살펴보자. 당대의 저명한 학자이며 고문운동의 선구자인 독고급(獨孤及, 725~77)은 일찍이 「오계자찰론」(吳季子札論)을 쓴 적이 있다. 이 사론에서 독고급은 계찰에 대해 다음과 같이 첨예한 비평을 제기한다. "先君의 命을 폐했으니, 孝가 아니다. 子臧의 뜻을 따른 것은 公이 아니다. 禮를 따르고 절개를 지킴으로써 나라가 찬탈되고 군주가 시해되었으니, 仁이 아니다. 나가면 변화를 볼 줄 알았으나 들어서서 난리를 토벌하지 않았으니, 智가 아니다." 독고급은 계찰이 사양하고 행동하지 않음으로써 오나라가 멸망에 이르렀으니, 그는 자신의 작은 절개만을 살피고, 가국(家國)의 대의를 잃었다고 본다. 인물의 현명함과 계승의 원칙, 제도 사이의 관계를 어떻게 다룰 것인지에 관해 독고급은 다음과 같이 말한다.

---

13 호삼성(胡三省)의 『자치통감』 주문(注文)에서 재인용, 『資治通鑑』 卷1, p. 3. 미자계와 주(紂) 중 누구를 세울 것인가의 문제에 대해서는 『史記』 卷3, 「殷本紀」, 中華書局 點校本, 1982, p. 105 참조. 다만 호삼성 보주의 내용에는 『사기』의 범위를 넘는 것이 많다.

14 『史記』 卷31, 「吳太伯世家」, pp. 1449~61.

"무릇 나라의 근본은 실로 후사를 선택하는 데 있다. 王者의 수양이 바르지 못하면, 賢으로써 年을 폐하고, 義로써 卜을 폐하고, 君命으로써 禮를 폐한다."[15] 독고급이 제기한 후사를 선택하는 세 가지 기준은 현(賢), 의(義), 군명(君命) 세 가지인데, 만약 이 세 가지와 어긋나면 연(年), 복(卜), 예(禮)라는 세 가지 기준에 부합한다 하더라도 폐위할 수 있다. 글 전체를 총괄해보면 독고급이 가리키는 '의'는 오나라가 강성해지고 지속된다는 목표에 부합하는 행위를 가리킨다. 현(賢)으로써 연(年)을 폐한다는 시각은 명확하게 적장자 계승제도에 도전하는 것이며, 더욱 주의해야 할 것은 독고급이 군명을 예보다 높다고 강조하고 있는 점이다.

독고급의 이 사론(史論)은 일정한 영향력을 가지고 있어서 송나라 사람이 편찬한 『문원영화』(文苑英華)와 『당문수』(唐文粹)에 모두 수록되어 있다. 송초(宋初)에 3선생의 하나로 불렸던 석개(石介, 1005~45)가 「계찰론」(季札論)을 써서 이 글을 반박했다. 독고급의 관점은 국가의 강성함과 지속을 최고의 목표로 하는 기초 위에 세워져 있다. 우리는 석개의 핵심논점을 어떤 구체적 국가(혹은 정권)가 강성하고 지속되는 것보다 더 높은 목표가 있는가 하는 것으로 개괄할 수 있다. 석개는 있다고 답한다. 계찰이 나라를 양위한 의의를 석개는 다음과 같이 인식한다.

季札의 현명함과 지혜로 어찌 吳國이 季子로써 존속하고 諸樊으로써 망함을 몰랐겠는가? 어찌 그 先人의 나라를 보존하는 것을 孝로 여기고, 그 先人의 사직이 넘어져 끊기는 것을 不孝로 여기지 않았겠는가? 대개 아버지와 아들은 천하의 大親이고, 형과 동생은 천하의 大倫이다. 周 왕실이 이미 쇠하고 王政이 끊겼다. 다투어 天子로 서고, 諸侯가 찬탈한다. 동생이 그 형을 죽이고, 아들이 그 아버지를 살해하니 나라가 없으면 그렇지 않을

---

15 『毗陵集』卷7, 『四部叢刊』初編本, 上海商務印書館, 1922年 再版影印, pp. 10b~11b.

것이다. 또한 후세에 부자의 親과 형제의 愛를 알지 못하고 대개 아들이 그 아버지를 찬탈하고 동생이 그 형을 찬탈하는 것으로 여긴다면 親愛가 멸하게 될 것을 크게 두려워한 것이다! 따라서 子臧에 의탁해 諸樊에게 양위한 것이다. 아! 季札이 욕심을 버리고 양위해 萬代 부자·형제의 親을 보존했다.

이 문장의 서두에서 석개는 마찬가지로 다음과 같이 칭찬한다. "한 몸이 굶어죽음으로써 만대 君臣上下의 分을 지킨 것이 伯夷와 叔齊다. 한 나라를 망하게 함으로써 萬代의 父子兄弟의 親을 지킨 것이 季札이다." 만대로 이어지는 부자의 친(親)은 '예'의 구체화이며, 이 '예'를 지키기 위해서라면 심지어 국가의 전복이나 정권의 멸망을 대가로 바칠 가치가 있다. 석개가 보기에 '예'의 가치가 어떤 구체적 국가나 정권보다 높다는 것을 볼 수 있다. 문장의 말미에 석개는 독고급의 논점을 한 걸음 더 나아가 다음과 같이 비판한다. "獨孤及이 「季札論」을 지으며 말한 것으로, 어찌 季札이 보존한 것을 알겠는가! 獨孤及이 先君의 명을 폐한 것을 非孝로, 그 나라를 멸망하게 한 것을 非仁으로 잘못 알고 있다. 獨孤及은 先君을 받드는 것을 孝로 여기는 것은 孝의 末이고, 한 나라를 온전하게 하는 것을 仁으로 여기는 것이 仁의 小임을 알지 못한다. 先君의 이미 다한 命을 받는 것이 어찌 先王의 大中의 가르침을 보존하는 것과 같을 수 있고, 한 나라의 무너지려는 緖를 보존하는 것이 어찌 萬世의 찬탈과 시해의 禍를 구하는 것과 같을 수 있겠는가. 오호! 季札의 뜻이 멀리 미침을 獨孤及이 어찌 알겠는가!"[16] 역사적 배경에서 생각하면 석개를 포함한 송대 학자들이 찬탈의 불법성과 위험성을 강조하고, 찬탈에 반대해 양위를 사양한 역사인물이나 사건을 표창하는 것은 오대(五代) 시기에 찬탈과 반란이 이어

---

16 『徂徠石先生文集』 卷11, 陳植鍔 點校本, 中華書局, 1984, pp. 118~19.

진 역사적 교훈을 경계하고 문화 해석상의 자각을 체현하는 것이었다. 그러나 이러한 역사적 반성은 모든 학자들이 간단하게 절대적으로 군주에 충성한다는 관념을 지향하게 하지는 못했다. 석개는 "先君을 따름으로써 孝를 행하는 것"은 "孝의 末"이라고 하여 '군명'(君命)의 최고권위를 부정하고 독고급과 날카롭게 맞선다. '군명'의 절대권위를 부정하는 기초 위에서 석개는 '국'(國)의 존재를 최고의 의의로 삼는 것을 부정하며, 그래서 "한 나라의 무너지려는 緒를 보존하는 것이 萬世의 찬탈과 시해의 禍를 구한 것과 어찌 같을 수 있겠는가"라고 말한다.

안사의 난 이후 중앙정부의 권위가 부진했던 것이 아마도 독고급의 존군사상(尊君思想)을 불러일으킨 중요한 배경일 것이다. 만일 우리가 석개 글 중에 언급된 '군명', '국서'(國緒)의 두 개념으로 그들의 논점을 개괄한다면, 독고급의 관점은 군명을 따름으로써 국서를 연장하는 것이고, 석개는 필요할 때에는 군명을 폐할 수 있을 뿐만 아니라 나아가 국서까지도 내려놓을 수 있다고 본다. 이 두 관점 사이에는 중간상태가 있는데, 바로 필요할 때에 군명을 폐하고 국서를 연장하는 것이다. 이 점에 관해 석개의 글에서는 언급되지 않는데, 사마광의 "三家爲諸侯論"에서 논의하고 있다.

사마광의 연배는 석개보다 약간 아래다. 우리는 그가 "三家爲諸侯論"에서 계찰을 언급했을 때, 석개의 영향을 받았는지를 확정할 방법은 없지만, 사상의 측면에서 해석한다면 사마광의 관점은 확실히 석개와 공통의 입론에 기초해 있다. 즉 어떤 구체적 왕조와 국가, 정권의 존재와 이익은 결코 최고의 '의'가 아니며, 당연히 사람들의 행위를 평가하는 최고의 기준도 아니라는 것이다. 최고의 '의'와 기준은 '예'와 질서다. 이것은 앞에 인용한 "三家爲諸侯論" 중 "두 사람이 차라리 나라를 망하게 하더라도 행하지 않은 것은 진실로 禮의 大節을 어지럽힐 수 없었기 때문입니다"라는 구절에서 증거를 얻을 수 있다. 비록 나라는 망했지만, 미자와 계찰의 행위는 그래도 정당한 것인데, '예'에 부합하기 때문이다. '예'가 국가(정권)의 존망보다 더 높이 자리매김되고 있는 것이다. 사마광이 여기서 '군명'

문제를 논하지 않은 것은 계찰이 군명을 어기고 양위했기 때문에 이른바 '군명'이 '예'의 하위개념으로서 이미 이 논증 중에 포함되어 있기 때문이다. 군명과 구체적인 국가정권을 지키는 것이 사마광의 정치관념에서 최고의 목표가 아니라면, 샤오궁취안 등의 학자들이 사마광을 '전제 정치체제'의 옹호자라고 지적할 때 사마광이 옹호한 것은 누구의 '전제'인가? '전제'의 주체는 어떻게 정해지는가?

석개의 「계찰론」보다 더 발전한 것은 사마광이 '국서'를 버릴 수 있다고 가볍게 말하지 않은 측면이다. 비록 국가(정권)의 존망이 최고 기준이 아니라는 것을 부인하지 않더라도 만약 사회질서가 시종 혼란 속에 있다면 역시 백성의 복이 아니다. 『맹자』에는 제 선왕(宣王)과 맹자 사이에 논의된 '탕무혁명'(湯武革命)에 관한 대화가 기재되어 있다. 제 선왕이 "신하로서 그 군주를 시해할 수 있는가?"라고 물었다. 맹자가 대답했다. "필부인 紂를 벌했다는 말은 들어봤지만, 군주를 시해했다는 말은 듣지 못했습니다."[17] 맹자는 '탕무혁명'의 정당성을 긍정하고, 불합리한 사회질서를 적극적으로 고쳐야 한다는 시각에서 말한다. 그러나 사회질서가 늘 극단적으로 불합리한 상태에 있는 것은 아니다. 따라서 사마광은 '국서'를 적극적으로 바꾸기 위한 엄격한 조건을 둠으로써 질서의 안정성을 지키려 한다. 사마광은 "三家爲諸侯論"에서 다음과 같이 말한다. "桀·紂와 같은 폭군이 있고, 湯·武와 같은 어진 이가 있어서 사람들이 귀의하고 天命이 있는 것이 아니라면, 군주와 신하의 分은 마땅히 목숨을 걸고 지켜야 한다."[18] 이 구절은 두 층위로 이해해야 한다. 첫째, 사마광은 결코 '혁명'을 절대적으로 반대하는 것이 아니다. 둘째, 정당한 '혁명'은 엄격한 조건에 부합해야만 한다. 종합적으로 보면, 사마광의 논의가 가지는 맥락과 맹자의 논의

---

17 『孟子』卷2,「梁惠王章句下」; 朱熹, 『四書章句集注』, 中華書局 點校本, 1983, p. 221.
18 『資治通鑑』卷1, p. 3.

가 가지는 맥락은 큰 차이가 있지만, 직접적으로 사마광의 관점을 맹자의 대립 면에 놓을 수는 없다. 엄격하게 혁명의 정당성의 경계를 규정하는 논의는 사마광의 두 가지 특징을 체현한다. 첫째, 사마광은 정치의 실천무대 중심에 있는 정치가다. 둘째, 사마광은 보수주의 색채가 짙은 정치가다.

3. 군신관계에 관한 예와 군주의 책임

마지막으로 사마광의 정치관념 체계 중에서 군주가 담당하는 역할을 이야기해보자. 샤오궁취안은 사마광이 "민이 귀하다"(民爲貴)라는 말의 고의(古意)를 이해하지 못한다고 비판했다. 생각건대 맹자가 "民이 귀하고, 社稷은 그다음이고, 君은 가볍다"라고 말하는 것은 한 국가에서 가장 바꾸기 어려운 것은 백성이고, 사직과 군주는 어느 정도 교체될 수 있다는 것을 가리킨다.[19] 적합하지 못한 군주가 폐위되거나 교체될 수 있다는 이러한 관념은 『자치통감』과 사마광의 기타 저술에서 전혀 비판의 대상이 되지 않는다. 오히려 내가 보기에는 '이곽고사'(伊霍故事)라는 이 역사 자료로 시비를 가리지 못하고 잔혹한 군주를 폐위할 수 있다는 것을 증명하는 점에서 『자치통감』은 『한서』보다 더 철저하게 표현하고 있다. 『한서』에서 곽광(霍光)이 창읍왕(昌邑王) 세력을 처리한 사건을 서술할 때 창읍왕의 부하들이 피살되기 전에 "처단해야 할 때 처단하지 못해 그 대가를 치르는구나"(當斷不斷, 反受其亂)라고 크게 외쳤다는 대목이 있다.[20] 『자치통감』에서 이 이야기를 서술할 때에는 이 세목을 삭제했다.[21] 내가 보기에 "當斷不斷, 反受其亂"이라는 여덟 글자는 이 사건의 본질이 곽광과 창읍

---

19 『孟子』卷14,「盡心章句下」; 朱熹,『四書章句集注』本, p. 367.

20 『漢書』卷68,「霍光傳」, 中華書局, 1962, p. 2946.

21 해당하는 대목은 『資治通鑑』卷24, p. 787 참조.

왕의 정치투쟁이라는 것을 암시할 수 있다. 『자치통감』은 이 세목을 삭제해 방탕한 군주가 폐위된다는 이 이야기의 주제가 더욱 두드러지고 간결하게 보이도록 했다. 남조(南朝) 시기 방탕하고 포악한 군주가 여러 명 폐위되는 것에 대해서도 『자치통감』은 마찬가지로 적극적으로 지지하는 태도를 유지한다.[22] 군주도 마찬가지로 교체할 수 있는 요소이되, 다만 그가 정말로 적합하지 않아야 교체할 수 있다고 하는 사마광의 정치관념을 볼 수 있다.

중국 고대의 정치가와 사상가들에게 '군'(君)은 질서를 구성한 결과 필연적으로 요구되는 것이다. 맹자라 하더라도 '무군'(無君)의 틀로 사회질서를 설계할 수는 없다. 맹자가 양묵(楊墨)을 배제하며 말한다. "楊 씨는 我를 위하고 君을 무시한다."[23] 따라서 '군'의 문제에 관해서 사마광의 관념은 맹자와 다음과 같이 부합되는 지점이 있다. 첫째, '군'은 정치질서 중 불가결한 요소다. 둘째, 자기 역할에 부적격인 군주는 교체할 수 있는 요소다. 이러한 사상의 같고 다른 부분은 엄격한 분석을 필요로 한다. 우리는 사마광이 「의맹」(疑孟)을 쓴 적이 있다고 해서 간단하게 사마광을 맹자의 대립 면에 둘 수 없다.[24]

천인감응설이 점차 도태되는 상황에서 송대 중기에도 황권 신성화의 관념이 보편적으로 출현했다.[25] 『자치통감』에서는 특히 교훈적 의미가 있

---

22 지면의 제한 때문에 관련된 토론을 더 전개할 수는 없다. 祝總斌, 『材不材齋史學叢稿』, 中華書局, 2009, pp. 339~49의 「從「宋書·蔡興宗傳」看封建王朝的'廢昏立明'」 참조.

23 『孟子』 卷6, 「滕文公章句下」; 朱熹, 『四書章句集注』 本, p. 272(원문에서 인용한 맹자의 구절 중 '楊氏无我'는 '楊氏爲我'의 오기인 듯하다 — 옮긴이).

24 「의맹」은 맹자의 민귀군경(民貴君輕)의 견해에 대해 의문을 제기한 것이 결코 아니다. 『溫國文正司馬公文集』 卷73, 四部叢刊初編本, pp. 9a~14a 참조. 『사고전서총목』(四庫全書總目)은 원대(元代) 학자 백정(白珽)의 『담연정어』(湛淵靜語)의 시각을 인용해 사마광의 「의맹」이 주로 왕안석(王安石)을 겨냥해 나온 것으로 보는데, 왕안석은 『맹자』를 자부(子部)에서 경부(經部)로 올린 핵심적 인물이다. 『四庫全書總目』 卷152, 「傳家集」 條, 中華書局, 1995年 縮印本, p. 1315 中欄 참조.

는 사적을 남긴 것 외에는 기본적으로 "神鬼의 일은 모두 쓰지 않는다"는 원칙을 지키고 있다.[26] 남기고 있는 몇 가지 이야기도 중점이 훈계에 있고, 사적(事迹) 자체에 있지 않다.[27] 그렇기 때문에 사마광의 정치관념에서 군권이론의 기초는 신성이 아닌 인성이다. 그는 "三家爲諸侯論"에서 다음과 같이 말한다. "무릇 四海의 넓음과 수없는 백성의 무리가 한 사람에게 명령을 받으니, 비록 절륜한 힘과 높은 지혜를 가지고 있으며 분주하게 복종하지 않는 자가 없다 하더라도 어찌 禮로써 이를 다스리지 않겠습니까!"[28] '예'는 질서를 지키는 핵심이다. 질서의 필요성으로부터 '예'는 '군'과 '신'(臣)을 나눈다. 다만 사마광이 지키려는 것은 '군'도 아니고 '신'도 아닌 군과 신 사이의 '관계'(關係), 곧 '예'를 통해 규정된 질서다.

이러한 사상은 석개의 「계찰론」에서도 아주 명료하게 표현된다. 석개는 다시 한 번 백이(伯夷), 숙제(叔齊)가 무왕에게 주(紂)를 벌할 것을 간언하는 사례를 토론한다. 석개는 다음과 같이 말한다.

> 伯夷와 叔齊의 현명함과 지혜로서 어찌 紂의 不仁이 천하를 도탄에 빠뜨린 것을 몰랐겠는가? 武王이 하늘에 순응하고 사람에 호응해 至仁으로써 至不仁을 침으로써 백성들을 도탄에서 건지면 安樂하고 泰然해지는가? 대개 堯가 舜에게 선양하고 舜이 禹에게 선양하고, 禹가 아들에게 전한 것은 천하의 大公이라고 한다. 舜은 현명하고, 禹도 현명하고, 啓도 현명하다. 堯舜의 선양과 禹의 傳嗣는 모두 현명한 사람에게 넘긴 것이기 때

---

25 이 문제에 대해서는 劉浦江, 「'五德終始說'之終決」, 『中國社會科學』 第2期, 2006, pp. 177~90; 〔日〕 小島毅, 「宋代天譴論的政治理念」, 〔日〕 溝口雄三·小島毅 主編, 孫歌 等譯, 『中國的思惟世界』, 江蘇人民出版社, 2006, pp. 281~339 참조.

26 劉羲仲, 『通鑑問疑』, 文淵閣四庫全書本, p. 16b.

27 司馬光, 「答范夢得書」, 『全宋文』 第56冊, 上海辭書出版社, 2006, pp. 80~81: "及妖异異止于怪誕, 詼諧止于取笑之類, 便請直删不妨. 或妖…異有所儆戒, 詼諧有所補益, 並告存之."

28 『資治通鑑』 卷1, p. 2.

문에 법이라고 할 수 있다. 湯이 桀을 치고, 武가 紂를 친 것은 비록 천하의 大義라 하더라도 桀·紂는 君이고, 湯·武는 臣이다. 臣으로서 그 君을 치는 것은 교훈으로 삼을 수 없다. 堯·舜·禹는 모두 현자에게 전했으나, 湯이 처음 臣으로서 桀을 쳤다. 湯은 臣으로서 桀을 쳤을 뿐만 아니라 스스로 君이 되었고, 武王 또한 臣으로서 紂를 치고 스스로 君이 되었다. 또한 후세에 堯·舜·禹가 大公의 命으로 현명한 사람에게 전한 것을 모르고, 다만 湯·武가 대의로써 桀·紂를 친 것만 알아서 장차 大義의 이름을 빌려 도적들이 그 군주를 찬탈하고 시해할 것을 크게 두려워했기 때문에 말 앞에서 간언하고 수양산에서 죽은 것이다. 아! 伯夷와 叔齊는 義를 소홀히 하지 않고, 萬代의 君臣上下의 分을 보존했다.[29]

석개는 전통적인 백이·숙제의 고사에 대해 새로운 해석을 하면서 백이와 숙제가 무왕에게 간언한 것이 주(紂)를 보전하기 위해서가 아니고 '분'(分)을 보전하기 위해서였다고 여긴다. 여기서 군주가 성군인지 폭군인지는 핵심적인 내용이 아니며, 중요한 것은 '분'이다. '분'을 보전하기 위해서는 비록 성군이 폭군을 치는 행위라 하더라도 장려할 가치가 없는데, 이러한 행동으로 말미암아 후세 사람이 이를 본받아 찬탈을 시행할 수 있기 때문이다. 비록 백이와 숙제는 무왕이 주(紂)를 치는 것이 천리(天理)와 민심에 순응한 것이며 피할 수 없는 추세임을 알았지만, 그럼에도 '분'이 파괴되는 것에 대한 자신들의 우려를 표현하고자 했던 것이다. 우리는 석개의 관점이 오대(五代)의 군신 사이에 찬탈과 반란이 빈번했던 현상에 대한 반성을 구체적인 역사적 배경으로 한다는 것을 알 수 있다. 다만 우리는 이러한 관념이 구체적인 역사적 배경을 초월하는 추상적 의미를 가지고 있음을 인정하지 않을 수 없는데, "군주-질서"의 개념 중에서 석개는

---

29 『徂徠石先生文集』 卷11, p. 118.

군주의 중요성을 희미하게 하고 질서야말로 본질임을 강조한다. 백이와 숙제가 질서를 존중하고 (현군이든 폭군이든 상관없이) 어떤 구체적 군주를 존중한 것이 아님은 칭찬하고 배울 가치가 있는 태도다. 이러한 관념은 사마광의 사평(史評)과 정론(政論) 중에서 마찬가지로 체현되어 있다. 석개가 제기한 '분'은 사마광의 "三家爲諸侯論"에서 중요한 역할을 담당하고 있으며, 그것은 '예'의 중요한 부분이다. 즉 "臣이 듣건대 天子의 직책 중에 禮보다 큰 것이 없고, 禮에는 分보다 큰 것이 없으며, 分에는 名보다 큰 것이 없습니다"[30]라는 것이다.

만약 질서야말로 본질이라면 군주는 비록 질서등급의 정점에 자리하고 있지만, 그 자신이 반드시 질서에 복종해야 하며, 그가 질서를 조종하는 것이 아니다. 이 점을 근거로 한다면, 우리는 비로소 사마광이 왜 『자치통감』의 평론 중 군주를 강하게 비판했는지 이해할 수 있다. 앞의 글에서 다룬 고준사건에서 주 무제에 대한 비판 외에 다시 두 가지 예를 더 들 수 있다. 하나는 사마광이 곽광 사후에 그 가족이 모두 멸족되는 역사 사건에 대한 평론이고, 다른 하나는 풍도(馮道)현상에 대한 평론이다. 곽씨 멸족을 서술한 후에 『자치통감』은 먼저 반고(班固)의 평론을 인용했다. 반고는 곽씨의 화에 대해 곽광이 "배우지 못하고 술책도 없어서, 큰 이치에 어두운 것"(不學亡術, 闇于大理)에서 비롯되었다고 하여 결국 자업자득으로 보았다. 이어서 사마광은 자신의 평론을 공포했다. 그가 비록 곽광의 문제를 부인하지 않지만 반고와 비교하면 그의 평론은 한 선제(漢 宣帝)를 더욱 비판하고 있어서 한 선제의 각박함을 비판할 뿐만 아니라 곽씨의 화가 한 선제의 의도에 의한 것으로 인식한다.[31] 풍도에 대한 평론에도 비슷한 점이 있다. 『자치통감』은 풍도의 죽음을 설명한 후 구양수(歐陽修)가 『신오대사』(新五代史)에서 풍도에 초점을 맞추어 그 시대의 염치를 모르는 사풍

---

30 『資治通鑑』卷1, p. 2.
31 『資治通鑑』卷25, pp. 820~21.

(士風)을 비판했던 평론을 인용한다. 사마광은 뒤따르는 평론에서도 오대 시기의 군주를 더욱 비판하면서 풍도현상을 조성한 것에는 기강을 잘 유지하고 인재를 잘 선택할 직책을 이행하지 않은 그 시대의 군주에게도 마찬가지로 책임이 있다고 여긴다.[32] 『자치통감』의 첫 번째 구절을 다시 보자. "처음으로 晉의 大夫 魏斯, 趙籍, 韓虔을 諸侯로 삼았다"와 이후의 "三家爲諸侯論"에서 사마광이 비판한 중점은 주 천자(周天子)가 부당하게 예와 기강 유지에 힘쓰지 않았던 데 있고, 위(魏), 조(趙), 한(韓)의 비판에 있지 않다. 말하자면 "三晉을 諸侯의 자리에 둔 것은 三晉이 禮를 무너뜨린 것이 아니고 天子가 스스로 무너뜨린 것입니다"라는 것이다.[33] 이러한 비판은 군주가 질서에 복종해야 한다는 관념의 증거다. 군주의 행위·의지와 질서의 필요 사이에 모순이 발생할 때 사마광의 선택은 질서의 옹호다.

맺는말

이상의 분석을 통해 우리는 다음과 같은 결론을 얻을 수 있다. 사마광의 정치관념 중 가장 중요한 것은 질서다. 질서는 군주와 신민이 각자의 역할을 담당함으로써 함께 완성하는 것이며, 결코 질서등급의 정점에 있는 군주에게 절대적이고 의심의 여지가 없는 권위가 있음을 의미하지는 않는다. 군주의 권위는 질서의 필요에 부합할 때에만 유효성을 가진다. 질서 속에서 군주는 폐위되거나 교체될 수 있는 요소이며, 폐위될 수 없는 것은 질서 그 자체다. 이러한 인식을 가진다면 아마도 사마광을 간단하게 '전제 정치체제'의 옹호자로 치부하지 못할 것이고, 더욱이 그를 '군주전제'의 지지자라고 인정하지 못할 것이다.

---

32 『資治通鑑』 卷291, pp. 9510~13.
33 『資治通鑑』 卷1, p. 6.

20세기 전반기의 중국 사회는 거대한 변화의 시기에 있었고, 민족혁명 사조의 인도 아래 학자들이 습관적으로 서방문명의 틀로 중국 고대의 정치문명과 정치사상을 평가하곤 했다. 그들은 쉽게 하나의 착오를 범했다. 즉 20세기 서방이 취득한 최고의 성취를 기준으로 하여 20세기의 뒤늦은 깨달음으로 옛사람을 심판했다. 이것은 옛사람에게 매우 불공평한 것으로서 사마광에 대한 샤오궁취안의 비판이야말로 하나의 사례다. 사마광이 살던 11세기의 서방에도 '무군'(無君)이면서도 질서가 있는 정치구조는 없었을 뿐만 아니라 20세기의 서방 선진국가에도 군주제를 철저하게 폐지한 국가는 몇 없다. 사마광이 군주 존재의 합리성을 부정하지 않았다는 것만으로 그를 '전제 정치체제'의 옹호자로 규정하는 것은 그의 복잡한 사상과 입론의 맥락을 자세히 해독하지 않은 불합리한 일이다. 샤오궁취안의 이 사례를 대표로 하는 사유는 오늘날의 중국에서도 여전히 큰 영향력을 가지고 있기 때문에 나는 이를 논박해 바로잡을 필요가 있다고 생각했다. 그 시대의 학자는 절박하게 신중국을 필요로 하고 있었기 때문에 종종 옛사람을 진지하게 해독하는 인내심을 잃곤 했지만, 현재의 중국 학자들이 여전히 이러한 길을 따라서 간단하고 거칠게 중국 고대사상의 문제를 처리한다면 우리는 옛사람을 해독하는 능력을 잃게 될 것이다.

[번역: 윤형진, 고려대 아세아문화연구원 부교수]

6

일본형 병학兵學의 성립

—— 야마가 소코(山鹿素行)의 주자학 비판에 대한 논의

당리궈(唐利國)

머리말

야마가 소코(山鹿素行, 1622~85)는 일본 에도시대 전기의 가장 중요한 유학자 중 한 명이다. 그는 일찍이 하야시 라잔(林羅山)의 문하에서 주자학을 익혔다. 1666년에는 주자학을 격렬하게 비판한 『성교요록』(聖教要錄)을 간행해 자칭 '성학'(聖學)이라는 경학 해석체계를 제시했다. 일반적으로 근대 이후의 학계에서는 소코가 제기한 신설(新說)을 일본식 유학, 즉 '고학'(古學)의 시작점으로 여긴다. 학계에서는 일본 근세사상의 이 유명한 사건에 대해 풍부한 연구성과를 거두었다. 하지만 유의할 점은 소코가 유학자일 뿐만 아니라 동시에 유명한 병학가(兵學家)였다는 사실이다. 『성교요록』을 간행한 이후 그는 마침내 독립적인 병학 유파인 '야마가류(山鹿流)병학'을 확립해 전투기술 위주의 전통병학에서 '무사계급을 위한 정치학·윤리학'으로서의 근세병학으로 전환을 꾀했다.[1]

소코는 두 개의 영역에서 선후로 입장변화를 겪었다. 양자 간에는 어떤 관련이 있는 것일까? 이 문제에 대한 학자들의 논의는 아직 적은 편이다.

마에다 쓰토무(前田勉)는 일찍이 야마가 소코의 병학적 사고가 그의 유학적 입장변화에 끼친 영향을 논술했다.[2] 이 글에서는 다음과 같은 관점의 변화를 시도하고자 한다. 소코의 유학적 입장변화는 그의 병학사상이 발전하는 데 어떠한 영향을 끼쳤을까? 또한 왜 '야마가류 병학'의 본격적인 확립은 반드시 주자학 비판을 전제로 하는 것인가?

1. 소코가 바라본 무가정치(武家政治)

소코가 『성교요록』을 간행한 것은 4대 쇼군 도쿠가와 이에쓰나(德川家綱, 1651~80)의 치세 때였다. 이때 막부(幕府)의 제반 제도는 대체로 완비된 상태였으며, 통치사상이 무단주의(武斷主義)에서 문치주의(文治主義)로 변화하기 시작했다. 하지만 전국시대 말기부터 무가 통일정권이 점차 성립한 이래로 고대부터 이어져온 사원세력에 대해서는 타격을 가했으며, 잇코슈(一向宗)의 저항도 진압했다. 기독교의 전파도 금지해 현세 정권에 대항할 가능성이 있는 일체의 초월적 권위를 억제하는 데 힘썼다. 이러한 이데올로기적 정책의 기본 방향은 이후에도 계속되었다. 그런데 유교는 현세의 규범을 중시하고 현세 이외의 권위를 부정했기 때문에 막부의 정책적 수요와 정확히 부합했다. 쇼군의 보좌역이었던 호시나 마사유키(保科正之, 1611~72)는 유학을 선호해 주자학자인 야마자키 안사이(山崎闇齋, 1618~82)를 추앙하기도 했다.

하지만 소코는 당시의 정치적·사상적 상황에 대해 큰 불만을 가지고

1 堀勇雄, 『山鹿素行』, 東京, 吉川弘文館, 1987, 第75頁.
2 마에다 쓰토무는 야마가 소코가 기율 위반자를 배제하는 군대 통제론에 기초해 무용한 사람의 배제를 주장한 것으로 인식했으며, 그가 주자학을 비판한 근본적인 이유는 무용한 사람의 배제를 위해서인 것으로 바라보았다(前田勉, 『近世日本の儒學と兵學』, 東京, ぺりかん社, 1996, 第154頁).

있었다. 그는 "風俗이 不正하면 비록 治平에 속할지라도 그 끝에 弊가 있다. 오직 풍속을 고쳐야만 天下가 도덕을 모두 갖추고 異端邪說이 행해지지 않으니, 君臣父子의 道가 밝아야만 上下尊卑의 分이 바르게 되고, 사람들이 天地의 德을 德으로 삼아 萬代에 夷狄의 풍속이 없게 된다"[3]라고 여겼다. 이는 명확하게 유가의 정교일치적 이상과 당시 상황에 대한 비판에 기초한 것으로, 사람들의 도덕이 통일되지 않으면 이단사설(異端邪說)도 여전히 존재하기 때문에 진정한 이상적 치세가 아닌 것으로 바라본 것이다.

소코가 말하는 이단사설은 주로 불교와 기독교를 가리킨다. 그는 당시 불교의 영향에 대해 심히 우려하면서 "國俗이 文才에 어둡고 부족해 道德으로 敎化됨이 얇다. 오로지 부처의 邪說을 믿고 행하니, 賤婢한 門戶의 匹夫, 匹婦 또한 念佛, 稱名의 功德을 귀히 여겼다. 그리하여 부처의 宗門이 많아지니, 異端이 횡행했다. 寺院이 市街, 閭里에 林立했다"[4]라고 했다. 그는 불교가 줄곧 현원(玄遠)한 사유만을 제창하고 사람들로 하여금 현실생활에 어둡게 해 "모든 空無의 이야기가 지금 日用하는 사이에 君이 君이고 臣이 臣인 것을 모르게 한다"[5]고도 했다. 기독교에 대한 야마가의 비판은 더욱 매서워서 "蠻國의 邪法인 耶蘇宗門이 나타나 옳은 듯하나 그릇된 것을 믿고 善인 듯하나 惡을 행한다. 진실로 사악하게 말하고 사납게 행하는 天魔波旬의 소행이라 할 만하다"[6]라고 했다. 소코는 기독교의 놀라운 사상 침투력에 대해 매우 심각한 인상을 지니고 있어서 "근자에 南蠻의 耶蘇宗門이 민간에 유포되어 士民이 그 邪說을 믿으니, 죽음에 이르도록 宗門을 바꾸지 않는다"라고 했으며, 결과적으로 막부가 기

---

3 廣瀬豊 編, 『山鹿素行全集思想篇(第五卷)』, 岩波書店, 1942, 第25頁.

4 廣瀬豊 編, 『山鹿素行全集思想篇(第五卷)』, 岩波書店, 1942, 第3頁.

5 廣瀬豊 編, 『山鹿素行全集思想篇(第五卷)』, 岩波書店, 1942, 第367頁.

6 廣瀬豊 編, 『山鹿素行全集思想篇(第五卷)』, 岩波書店, 1942, 第23頁.

독교를 금지할 때 "本朝의 土民으로 이 邪說 때문에 죽음에 이른 자들을 이루 다 말할 수 없다. 이는 邪法魔寐의 술책이라 할 만하다"[7]라고 이야기 했다. 야마가가 보았을 때 기독교의 위해는 국가의 안전을 위협하기에 이른 것으로, "이는 그 폐단을 업신여겨 四邊에 침투시키려는 모략이 아니겠는가? 더욱이 소홀히 할 수 없다"[8]라고 말했다.

소코는 이단사상이 전파되는 근본적인 원인이 적극적인 교화정책의 부족에 있다고 보았다. 사람들이 모두 도덕적 본능을 추구하더라도 "도덕적인 교화와 상세한 戒示가 없다면" 매우 쉽게 "이단에 빠지고 正法을 모르게 된다"[9]라고 했다. 그런데 야마가의 견해에 따르면, 당시 막부의 문교(文教)정책은 사람들의 도덕적 추구를 정확하게 만족시키는 것이 불가능했기 때문에 "本朝는 聖學과 學校의 법이 不興해 師道가 서지 않아서 사람들이 우연히 도덕에 뜻을 두고 배우려 한다 할지라도 佛門에 빠지지 않을 수 없다"[10]라고 했다. 그 결과로 "사람들이 이미 익힌 氣에 익숙해져 있어서, 한번 이단에 빠지면 참된 도덕으로부터 멀어지게 된다. …… 이것은 이단이 세상을 속이고 백성을 미혹한 것과 蠻國의 耶蘇가 폐단과 함께 들어온 까닭이다"[11]와 같은 상황이 발생한다고 했다. 그래서 소코는 명확한 교화만이 이단사상을 철저하게 없애는 유효한 수단이라고 주장하며, "教化가 진실로 능숙하다면 이단의 邪說을 누가 사용하겠는가? 이단의 견해를 멈출 수 있다면, 이단이 사라질 것이다"[12]라고 했다. 교화의 내용은 당연히 유학적인 것으로, 예를 들어 소코는 "만일 修身을 추구할 수 있다면, 학문을 하는 편이 낫다. …… 이른바 학문은 聖人의 가르침을 배

---

7 廣瀬豊 編, 『山鹿素行全集思想篇(第五卷)』, 岩波書店, 1942, 第367頁.
8 廣瀬豊 編, 『山鹿素行全集思想篇(第五卷)』, 岩波書店, 1942, 第367頁.
9 廣瀬豊 編, 『山鹿素行全集思想篇(第五卷)』, 岩波書店, 1942, 第24頁.
10 廣瀬豊 編, 『山鹿素行全集思想篇(第五卷)』, 岩波書店, 1942, 第24頁.
11 廣瀬豊 編, 『山鹿素行全集思想篇(第五卷)』, 岩波書店, 1942, 第24~25頁.
12 廣瀬豊 編, 『山鹿素行全集思想篇(第五卷)』, 岩波書店, 1942, 第24頁.

우고 묻는 것이다"[13]라고 말했다.

이상의 인식에 기초해 소코는 학교를 건립하고 도학을 세워 '육예'(六藝) 등 유교식 교화를 실행할 것을 적극적으로 제창했다. 어떤 이가 이것은 중국의 전통으로 일본에서는 널리 퍼지기 어려울 것을 염려하며 질의하자 소코가 반박하기를, "令이 나온 바와 기록이 실린 바를 고려하니, 本朝에도 中古에 이르기까지는 그 誠意가 있었다. 그런데 戰國에 이르러 治教가 不詳해져서 그 폐단이 今日에 미쳤으니, 결코 今世의 잘못이 아니다"[14]라고 했다. 소코는 또한 일본의 풍속과 천성이 유교의 이상과 상통하고, 심지어 중국보다 뛰어나다고 주장했다. 일단 유학이 퍼져나가면 성과를 거둘 수 있다며 말하길, "本朝는 풍속이 자연스럽고 순박하니 설령 道學의 이름과 君臣·父子·兄弟·朋友·夫婦의 道에 밝지 않아 禽獸의 行蹟과 같더라도, 비록 사방의 邊鄙가 또한 드물더라도 여기에 天照大神의 神德이 사방의 끝에 미친다. …… 이에 대해 말하자면, 本朝의 풍속은 異朝의 것을 초월한 점이 많다. 만약 聖學이 널리 퍼지고 敎導가 자세해진다면, 풍속이 빠르게 바로잡힐 것이다"[15]라고 했다. 여기에서 소코가 신도(神道) 관념을 인용한 것은 유학을 전파하기 위해서였다. 그가 일본의 우월성을 주장할 때 근거로 삼은 평가기준 또한 사실상 유학에서 온 것이었다. 그는 심지어 사찰과 신사를 유교를 가르치는 장소로 바꿀 것을 주장했다.[16]

소코는 유학을 받아들여 일본 정치를 이끌었으면 했지만 그가 보았을 때 당시 주자학을 신봉하는 일본의 유자(儒者)들은 이 임무를 절대 달성할 수 없었다. 왜냐하면 그들은 "입을 열기만 하면 太極의 이치에 대해서

---

13 廣瀬豊 編, 『山鹿素行全集思想篇(第四卷)』, 岩波書店, 1942, 第27頁.
14 廣瀬豊 編, 『山鹿素行全集思想篇(第五卷)』, 岩波書店, 1942, 第45頁.
15 廣瀬豊 編, 『山鹿素行全集思想篇(第五卷)』, 岩波書店, 1942, 第45~46頁.
16 廣瀬豊 編, 『山鹿素行全集思想篇(第五卷)』, 岩波書店, 1942, 第46頁.

만 말하고 아무 일도 하지 않으니, 이는 '理' 한 글자에만 빠지고 지나치게 편중되어 聖人의 道를 알지 못하기"[17] 때문이다. 그래서 소코의 주자학 비판은 '이'(理)에 대한 새로운 해석을 중심에 두고 전개되었다.

2. 주자학의 '궁리'(窮理)에서 고학(古學)의 '궁리'로

『야마가어류』(山鹿語類) 제33권 「성학일」(聖學一)에서는 집중적으로 주자학의 '이'(理)에 대해 분석하고 비판하면서 "程朱의 窮理에 대한 說은 '理' 한 글자를 중시하고 있다. 天地之間에 대해 말하면서 설령 事物의 萬差에서 그 本을 찾는다 하더라도, 一理는 나뉘어 있다. …… 理는 비록 萬物에 산재하지만, 그 쓰임이 미묘해 실제로 한 사람의 마음 밖에 있지 않다. 이는 理의 極處에 通한 것이라 할 수 있다. 그 窮究의 바닥에 대해 유추해보면 쌓고 익힌 것이 오래되어 豁然하니, 이는 程朱 格物窮理의 極이다"[18]라고 논했다. 소코는 주자학의 '이'에 두 개의 층위가 있다고 바라보았다. 만물의 본(本)이 되는 보편적 '이'와 만물 가운데 나뉘어 체현되는 구체적 '이'가 바로 그것이다. 그런데 주자학적 '궁리'의 최고 목표는 구체적 '이'에 대한 지식을 쌓아서 보편적 '이'에 대해 인식하는 것이다.

하지만 소코 본인은 만물 가운데 나뉘어 체현되는 구체적 '이', 즉 '조리'(條理)만을 인정해 "條理를 가리켜 '理'라 한다. 사물 사이에는 반드시 條理가 있다",[19] "萬物에는 각기 一理가 있어서 그 쓰임에 條理가 있다"[20]라고 했다. 주자학에서 만물의 본으로 삼는 보편적 '이'에 대해 소코는 '이'

---

17 廣瀬豊 編, 『山鹿素行全集思想篇(第十卷)』, 岩波書店, 1942, 第372頁.
18 田原嗣郎 等 編, 『日本思想大系32 山鹿素行』, 岩波書店, 1970, 第355頁.
19 田原嗣郎 等 編, 『日本思想大系32 山鹿素行』, 岩波書店, 1970, 第343頁.
20 廣瀬豊 編, 『山鹿素行全集思想篇(第九卷)』, 岩波書店, 1942, 第410頁.

라는 칭호에 결코 부합하지 않는다고 인식해 "천지만물의 형상은 陰陽五行에서 말미암은 것으로 그 本은 하나다. 천지와 만물이라는 것은 一理로 논하는 것이 불가하다"[21]라고 했다. 여기서 야마가는 하나의 공통된 '이'를 통해 천지만물에 대해 토론하는 것을 명확하게 부정하고 '본', 즉 '기본일'(其本一)로 대신했다. 이리하여 주자학의 '이일분수'(理一分殊) 개념을 '본일분수'(本一分殊)로 전환했다. 예를 들어 '오상'(五常) 문제에 있어 야마가는 주자의 이른바 "一理라 말하는 것도 가능하고, 五理라 말하는 것도 가능하다"라는 관점을 비판하고, "이미 五常이라 했으니, 一理라 말하는 것은 불가하다. 五常은 각기 다른 그 쓰임이 있으니 각각 말미암아 행하는 條理가 있어 混合이 불가하다"[22]라고 강조했다. 소코는 비록 오상의 "근원이 하나에서 비롯했음"을 인정했으나, 그가 강조한 것은 "五常은 이미 日用하는 理로 나뉘어 있다. 그 本源의 理는 五常의 理와 混合될 수 없다"[23]라는 점이다. 여기서 소코가 비록 '본원지리'(本源之理)라는 한 단어를 사용했지만, 이는 다만 '오상지리'(五常之理)와 구별하기 위해 편의상 활용한 것이다. 사실상 소코는 '이' 자를 주자학의 보편적 '이'로 적용하기를 거부하고, '본' 자로 대체했다.

'이'의 함의에 대한 새로운 정의를 통해 소코는 주자학의 '궁리'와 구별되는 '궁리'의 개념을 발전시켰다. 만물의 근원이 되는 '이'의 개념을 배제하고, 오직 구체적 사물의 '이', 즉 '조리'의 개념만을 인정해 소코는 이른바 '궁리'의 대상을 '사물의 쓰임'과 관련된 구체적 도리로 한정했다. 예를 들어 야마가는 "무릇 사물의 쓰임은 각기 그 理를 궁구하고 그 實을 살펴 天地의 常經으로 규명이 가능하다"[24]라고 말했다. 보편성을 가진 '천지(天

---

21 田原嗣郎 等 編, 『日本思想大系32 山鹿素行』, 岩波書店, 1970, 第355頁.

22 廣瀬豊 編, 『山鹿素行全集思想篇(第九卷)』, 岩波書店, 1942, 第410~11頁.

23 廣瀬豊 編, 『山鹿素行全集思想篇(第九卷)』, 岩波書店, 1942, 第411頁.

24 田原嗣郎 等 編, 『日本思想大系32 山鹿素行』, 岩波書店, 1970, 第164頁.

地)의 상경(常經)'은 궁리의 전제조건이자 근거이며, '사물의 쓰임'은 궁리의 대상이다. 이러한 소코의 '궁리'는 다만 구체적 지식의 추구를 의미할 뿐이며 근본적 철학 문제는 포함하지 않는다. 그 스스로 "내가 말하는 理는 멀지 않으나 떠날 수 없다"[25]라고 언급했다.

소코가 보았을 때 보편적이고 근본적인 문제에 대한 인식은 '성인'(聖人)의 특권에 해당하는 것이었다. 그는 성인이란 상인(常人)을 초월한 존재이기 때문에 "사람은 萬物의 靈이고 성인은 億兆의 靈이다"[26]라고 했으며, 범인이 따라잡을 수 없는 인지능력을 가지고 있어서 "聖人은 앎이 극에 이르고 마음이 발라서 天地之間에 통하지 않는 것이 없다"[27]라고 언급했다. 또한 '천'(天)을 대신해 '도'의 함의를 해명해 교화를 실시하니 "聖人이 나오고 天地의 사물이 精正해지니 사람들이 알게 되고 행하게 되었다. 고로 聖人이 天을 대신해 그 道를 궁구하고 그 教를 펼친 것이다"[28]라고 했다. 따라서 성인이 있어야만 일체의 구체적 '이'를 밝힐 수 있고, 또한 천지의 도를 인식할 수 있으니 "分은 殊에 이른다. 결국 千差萬別해져서 聖人이 아니면 그 쓰임을 깊이 窮究할 수 없다"[29] "道의 大原은 天地에서 나오는 것으로 능히 알 수 있는 자가 聖人이다"[30]라고 했다.

대조적으로 소코는 보통 사람의 인지능력에는 한계가 있어 초월적인 도리를 추구하기에는 역부족일 뿐만 아니라 이단에 빠질 위험도 있다고 바라보았다. (이에 대해) "무릇 聖人의 道는 평생 동안 日用하는 데 있으며, 만약 멀리서 찾고 숨은 것을 살펴보게 되면, 오히려 道는 숨기에 이른다"[31]

25 廣瀨豊 編, 『山鹿素行全集思想篇(第七卷)』, 岩波書店, 1942, 第140頁.
26 田原嗣郎 等 編, 『日本思想大系32 山鹿素行』, 岩波書店, 1970, 第348頁.
27 田原嗣郎 等 編, 『日本思想大系32 山鹿素行』, 岩波書店, 1970, 第341頁.
28 田原嗣郎 等 編, 『日本思想大系32 山鹿素行』, 岩波書店, 1970, 第348頁.
29 廣瀨豊 編, 『山鹿素行全集思想篇(第九卷)』, 岩波書店, 1942, 第250頁.
30 田原嗣郎 等 編, 『日本思想大系32 山鹿素行』, 岩波書店, 1970, 第346頁.
31 廣瀨豊 編, 『山鹿素行全集思想篇(第十卷)』, 岩波書店, 1942, 第372頁.

"사람은 모두 드물게 聖人의 뜻을 가지고 있지만, 아는 데 이르지 못해 이단에 빠진다"[32]라고 언급했다. 그래서 성인이 보통 사람에게 단지 구체적인 도리만을 가르치는 것으로, "道의 大原을 성인은 언제나 말하지 않는다",[33] "聖人의 가르침은 모두 分殊 사이에 있다"[34]라고 했다. 보통 사람은 '도'의 의의를 정확하게 인식할 필요가 없으며, 다만 일상생활 중 성인의 구체적 가르침을 따르는 것만 필요하기 때문에 "백성은 日用하지만 알지 못한다"[35]라고 했다.

이러한 성인관은 소코의 '궁리'론이 확립되는 데 중요한 영향을 끼쳤다. 주자학의 '궁리'론이 내건 '활연관통'(豁然貫通)의 최고 목표는 "성인이 배워서 이를 수 있다"는 일종의 낙관주의에 기초하고 있다. 반대로 소코는 성인과 백성 사이에 뛰어넘을 수 없는 차이가 있다는 점을 강조해 보통 사람이 근본적인 문제를 인식할 가능성과 필요성을 부정했다.[36] 이 점이 바로 소코의 고학이 주자학과 구별되는 주된 지점이다.

막번체제(幕藩體制)의 입장에서 주자학은 비록 현실의 통치질서에 적합한 윤리학설을 제공했지만, '도'를 최고의 목표로 삼는 학문태도는 (통치)질서에 대한 의문과 권력에 대한 비판을 야기하는 위험성을 가지고 있

---

32 田原嗣郎 等 編, 『日本思想大系32 山鹿素行』, 岩波書店, 1970, 第341頁.

33 廣瀬豊 編, 『山鹿素行全集思想篇(第十卷)』, 岩波書店, 1942, 第348頁.

34 廣瀬豊 編, 『山鹿素行全集思想篇(第九卷)』, 岩波書店, 1942, 第250頁.

35 田原嗣郎 等 編, 『日本思想大系32 山鹿素行』, 岩波書店, 1970, 第347頁.

36 이러한 입장은 소코 자신의 사고를 심화하는 데 제한요소로 작용했다. 예를 들어 『성교요록』 성편(性篇)에서 송학(宋學)의 '천명지성'(天命之性)과 '기질지성'(氣質之性)에 대한 토론에 대해 비평하면서 "자세하지만, 聖學에 無益하다"라고 했다(廣瀬豊 編, 『山鹿素行全集思想篇(第七卷)』, 岩波書店, 1942, 第345頁). 최종적으로는 "性惡을 말하며, 善과 惡이 섞여 있다 하고, 善과 惡이 없는 것이 性이 작용한 것이니, 性卽理라 했다. 모두 性을 알지 못하는 것이다. 性은 (그렇게) 많은 말과 관련되지 않는다"라고 했다(廣瀬豊 編, 『山鹿素行全集思想篇(第七卷)』, 岩波書店, 1942, 第345~46頁). 소코는 사실상 성(性) 문제에 대해 근저까지 탐구하는 것을 거부했는데, 장황한 토론은 실천에 무익하다 여겼기 때문이다.

었다.[37] 사실상 소코가 막부에 죄가 될 수 있는 것을 고려하지 않고 주자학을 비판할 수 있었던 까닭은 유사 주자학의 사상적 입장에 기초해 자신이 성인의 도를 인식할 수 있다고 믿었기 때문이다. 『성교요록』이 막부에 죄가 된 것을 알게 된 뒤 소코는 당당하게 "무릇 나에게 죄를 주는 것은 周公과 孔子의 道에 죄를 주는 것이다. 나에게는 죄를 줄 수 있지만, 道에는 죄를 줄 수 없다. 聖人의 道에 죄를 주는 것은 時政의 그릇됨이다. …… 무릇 道를 아는 무리는 반드시 天災를 만나며, 그 앞선 자취는 더욱 많다. 乾坤이 뒤집히고 日月이 빛을 잃었다. 오직 쇠잔한 今世에 태어난 것을 원망하고 時世의 그릇됨은 末代에 이르렀다. 이것이 臣의 죄이니, 진실로 두려워하며 고개를 숙인다"[38]라고 했다. 그런데 무가정권을 안정적으로 유지하려는 입장에서 생각해보면, 이러한 비판적인 학문태도는 당연히 널리 퍼져나가서는 안 된다. 이 때문에 소코가 성인의 도를 해석하고 추측하려는 사람들을 격렬하게 비판한 이유를 어렵지 않게 이해할 수 있으니, "생김새는 賢者와 비슷하여, 道를 推定하지만 …… 자신의 견해를 세워, 道에서 떠나고 더욱 멀어지기 때문에 결국 大道를 얻지 못한다"[39]라고 했다.

그런데 소코는 신학설의 정확성을 논증하고 자신이 '성인의 대도'를 인식할 수 있다는 것을 증명하기 위해서 "聖人의 道는 강제로 이르게 함이 없다. 오직 天德이 본래 그러함에 따라 敎化를 베푸는 것이다. 나의 뜻이 이미 섰으니, 事를 익히고 알 수 있으며, 그 本意를 받들고 스스로 얻었다. 하물며 옛 聖人은 사람을 이끌기 위해 格言을 베풀었다. 나는 이에 근거

---

37 마에다 쓰토무는 주자학이 근세 일본에 끼친 기능에 대해 논하면서 "儒者는 유교의 보편적 원리를 견지하기 때문에 현실 사회와 국가 사이에서 긴장관계를 형성할 가능성이 있다"라고 지적했다(前田勉, 『朱子學在'武國'日本的功能』, 日本思想史學會 編, 『日本思想史學』 第33號, 2001, 第33頁).

38 廣瀬豊 編, 『山鹿素行全集思想篇(第七卷)』, 岩波書店, 1942, 第331頁.

39 廣瀬豊 編, 『山鹿素行全集思想篇(第七卷)』, 岩波書店, 1942, 第13頁.

해 勤愼, 勤修했으니, 聖人의 大道를 얻을 수 있었다"[40]라고 강조했다. 여기서 소코의 학문태도가 가진 내재적 모순을 어렵지 않게 발견할 수 있다. 창조적인 사상가로서 소코는 성인의 도를 "推而自得"할 수 있다고 주장했다. 이것은 고학 창립의 진정한 방법론적 근거다. 정치적 교화의 제창자로서 그는 다른 사람이 사견으로 "推而定道"하는 것에 반대했으며, 이는 고학에서 주자학의 궁리설에 반대하는 논리다.

그렇다면 소코는 자신이 사고해 얻은 것이 다른 사람의 '사견'과는 달리 성인의 본의와 부합하는지 어떻게 보증할 수 있을까? 그는 우선 성인의 도통(道統)이 공자 이후에 점차 사라졌음을 강조해 중일 양국 주자학자의 경학해석을 전반적으로 부정한 뒤 은밀하게 혹은 명확하게 자신이 도통을 다시금 계승했음을 강조했다. 예를 들어 『성교요록』의 「소서」(小序)에서 제자의 입을 빌려 "聖人이 멀리 있어 微言이 점차 숨게 되니, 漢·唐·宋·明의 학자들이 세상을 속이고 누차 미혹했다. 中華가 이러한데 하물며 本朝는 어떻겠는가? 선생께서 발흥하신 지 2천 년 뒤에 本朝에 환생하시어 周公과 孔子의 道를 숭상하시니, 처음으로 聖學의 綱領을 들어 올리셨다. 身·家·國·天下, 그리고 文武에 대해서 가르치신 학문이 통하지 않는 곳이 없고 본받지 아니할 곳이 없다. 선생께서 今世에 계시니 마땅히 지금의 정치가 본받아야 하지 않겠는가?"[41]라고 했다. 소코는 만년의 작품인 『원원발기』(原源發機) 중에서 심지어 다른 사람의 입을 빌려 자평하기를, "이것은 인간이 만든 것이 아니라 神께서 만든 것이 아닌가?"[42]라고 했다. 이 시기에 그는 이미 스스로 성인이라 여기고 있었다.[43] 사실 소코가 "무릇 나에게 죄가 있다고 하는 자는 周公과 孔子의 道에 죄가 있다고 하는

---

40   廣瀨豊 編, 『山鹿素行全集思想篇(第七卷)』, 岩波書店, 1942, 第13頁.

41   田原嗣郎 等 編, 『日本思想大系32 山鹿素行』, 岩波書店, 1970, 第340頁.

42   廣瀨豊 編, 『山鹿素行全集思想篇(第十五卷)』, 岩波書店, 1942, 第393頁.

43   田原嗣郎, 「山鹿素行の誠: その思想の理論的構成」, 『北海道大學文學部紀要』第三六卷 第2號, 1988, 第11頁 참조.

것이다"라고 하고, 스스로 '도를 아는 무리'에 속한다고 했을 때 그는 이미 은연중에 자신을 성인이라 여긴 것이다. 그의 관점에 따르면 성인만이 '도를 알 수' 있기 때문에 "道의 大原은 天地에서 나오는 것으로 능히 알 수 있는 자가 聖人이다"[44]라고 했다.

이상에서 서술한 것처럼 (소코는) 주자학에서 초월적인 '이'를 인식하고자 하는 주장을 배척하고, 천지의 대도(大道)를 인지할 권력을 성인에게 귀속시켰다. 또한 '도통'을 독점하고 심지어 스스로 '성인'이라 하며, 자신에게 성인의 도를 해석할 특권을 부여했다. 이것이 바로 소코 이론의 최종적 결론이다.

그는 고학을 개창해 17세기 막번체제 안정화의 수요에 적응했다. 질서를 해칠 가능성이 있는 사상적 자유는 엄격하게 제한하는 한편, 사무라이들이 정치에 참여하고자 하는 실천적 열정을 강하게 불러일으켰다. 소코는 앞서 서술한 사상조작을 통해 다른 사람의 사상적 자유를 제한하는 동시에 자신에게 사상창조의 특권을 부여했다. 소코는 이 새로운 유학 해석체계를 이론적 기초로 삼아 마침내 그의 이름으로 명명한 일본 근세 병학의 새로운 유파를 확립했다.

3. 야마가류(山鹿流) 병학의 확립

1656년 소코는 『무교소학』(武教小學), 『무교본론』(武教本論), 『무교전서』(武教全書) 등의 저작을 완성했다. 이때 그는 여전히 주자학을 신봉했지만, 유학과 병학의 융합을 시도해 그 이름을 '무교'(武教)로 삼은 병학체계를 구축했다.[45] 선행연구에서는 일반적으로 '사무라이 야마가 소코'가 그 학

---

44 田原嗣郎 等 編, 『日本思想大系32 山鹿素行』, 岩波書店, 1970, 第346頁.
45 堀勇雄, 『山鹿素行』, 吉川弘文館, 1987, 第320頁.

설을 세울 때의 사회적 입장을 중시했다.[46] 분명히 소코는 "士를 위한 道에서 그 풍속은 異俗을 쓸 수 있지 않겠는가?"[47]라는 고려에서 출발해 중국 유가의 『소학』(小學)과 비교되는 일본 무가의 『무교소학』을 완성했다. 하지만 '유학자 야마가 소코'의 사상적 입장도 홀시할 수 없다. 그렇지 않으면 유학으로 사무라이의 행동을 지도하는 데 진력한 그의 소망을 정확히 이해할 수 없다. 어디까지나 "풍속이 쇠잔하여 가르침이 제멋대로이니 스스로 이단에 빠져 人心의 위기다"[48]라고 했다. 이것 역시 소코가 『무교소학』을 저술한 주된 이유다. 소코는 무교론(武教論)을 통해 한편으로는 무가정치에 적합하게 군사적 중요성을 강조했을 뿐만 아니라, 다른 한편으로는 유가의 이상에 따라 당시 일본의 정치상황을 개선하는 것 또한 추구했다.

소코는 이미 『무교소학』의 「서문」에서 일본의 특수한 상황에 근거해 제기한 무교가 유가와 성인의 뜻에 부합한다고 강조하기 시작했다. 하지만 이 당시 그는 아직 성인이 말한 도의 보편적 활용성과 일본적 상황의 특수성을 함께 해석할 수 있는 이론을 제시하지는 않았다. 소코는 곧장 고학적 입장으로의 전환을 달성한 후 자신에게 '성인의 도'를 해석할 특권을 부여할 수 있었으며 병학을 새롭게 정의할 자유를 획득했다. 최종적으로는 야마가류 병학을 확립했다.

야마가류 병학의 기본 사상은 유학에 근거해 병학을 새롭게 해석하는 것이다. 전투기술 위주의 전통병학을 수신과 치국을 포괄하는 일본형 병학으로 확장하고자 했다. 소코는 "병법의 大家라면, 孔子·老子·孟子 등 여러 앞선 聖賢이 모두 병법의 대가다. 일본에서는 쇼토쿠 태자부터 이

---

46 田原嗣郎, 『山鹿素行和士道』, 見田原嗣郎 編, 『日本的名著12 山鹿素行』, 中央公論社, 1971, 第37頁.
47 廣瀬豊 編, 『山鹿素行全集思想篇(第一卷)』, 岩波書店, 1942, 第500頁.
48 廣瀬豊 編, 『山鹿素行全集思想篇(第一卷)』, 岩波書店, 1942, 第500頁.

나라의 많은 諸公이 모두 병법(의 대가다)"[49]라고 한 바 있다. 소코는 공맹 (孔孟) 등에게서 병법의 가르침이 없었으며 전해지는 병서(兵書)가 없다는 문제제기에 대해 "당시의 四書와 六經이 모두 이것(병서)이다", 왜냐하면 "正士의 法, 養義, 治天下, 治国이 모두 士의 本이기 때문이다"[50]라고 반박 했다. 그는 자신의 병학과 전통병학을 쉽게 구별하기 위해 전투기술 부분 을 '전법'이라 별칭하기도 했다. 예를 들어 그는 구스노키 마사시게와 미 나모토노 요시쓰네의 병법상 성취를 비교하면서 마사시게는 "智·仁·勇의 三德을 갖추고 평생 武의 正道를 지켰으며 마음은 오직 義를 本으로 삼 아서" '병법(兵法)의 골수(骨髓)'를 얻었다고 말할 수 있지만, 반대로 요시 쓰네는 평생 '무(武)의 의(義)'를 하나도 실행한 것 없이 전투에 임했을 때 만 "변화무쌍한 계략이 古今에 필적할 자가 없어서" 단지 '병법의 피부', 즉 '전법의 골수'만 얻었다고 말할 수 있다[51]라고 했다. 소코가 병법의 중 점이 전투기술에 있지 않고 수신과 치국의 술(術)에 있다고 여겼음이 분 명하다. 소코는 "병법의 上은 治天下·国家이고, 中은 修身·正心이며, 下는 신체와 수족을 단련해 익힐 수 있고 技藝에는 부지런해지는 것이다"[52]라 고 했다. 이는 그가 병법 내의 고하에 대해 판단한 것일 뿐만 아니라 나아 가 병학의 각 구성요소 간 경중순서를 표현한 것이다.

새롭게 확립된 야마가류 병학에서는 유가의 덕치주의를 도입해 무가정 치를 지도하는 데 힘써 무가통치에 도덕적 합법성을 부여하고자 했다. 소 코는 이미 '무'(武)의 가치를 강조해 정치지배의 무력적 기초를 정당화했 다. 또한 동시에 '문'(文)의 가치를 고양하고 예악(禮樂)과 문교(文敎)를 중 시해 막번정치의 합리화가 실현되기를 추구했다.

---

49 廣瀨豊 編, 『山鹿素行全集思想篇(第十一卷)』, 岩波書店, 1940, 第319頁.
50 廣瀨豊 編, 『山鹿素行全集思想篇(第十一卷)』, 岩波書店, 1940, 第319頁.
51 廣瀨豊 編, 『山鹿素行全集思想篇(第十一卷)』, 岩波書店, 1940, 第284~85頁.
52 廣瀨豊 編, 『山鹿素行全集思想篇(第十一卷)』, 岩波書店, 1940, 第320頁.

소코는 '문무겸비'를 제창했지만, 그 언사 중에서는 때때로 '무'의 가치에 대한 편중과 강조가 나타나기도 했다. 그는 "治國·平天下의 要法은 文事와 武備의 兩用을 벗어나지 않는다. 설사 文으로 아랫사람을 어여삐 여기더라도, 만약 武로 懲惡하는 法이 없다면 은혜를 베풀어도 예절을 잃어버리게 된다"[53]라고 했다. 소코는 때로 '무'만 강조하기도 해 "治國·平天下의 要는 더욱이 武備를 엄격히 하는 것에 있다"[54]라고 언급했다. 반대로 '문'만 강조한 적은 없다. 소코의 무에 대한 중시는 무엇보다도 일본 민족의 성격에 대한 관찰에 기반을 두었다. 그는 일본의 호전적인 민간풍속으로 인해 무력으로 질서를 보존할 필요성이 발생한다고 판단해 "설사 邊鄙·遠境의 백성이 각각 허리에 短刀를 차고 있더라도 言行이 不合하면 곧장 生死를 결정한다. 이것이 本朝의 풍속이다. …… 이러하니 武는 잠시 나태해짐이 있어서 亂逆이 쉽게 발생한다"[55]라고 했다. 그는 더욱이 막번 질서 아래 평화상태가 지속되어 사무라이들이 문약해질 것을 걱정해 "治가 亂을 쉽게 잊고, 安이 危를 쉽게 잊고, 文이 武를 쉽게 잊는 것은 世間의 常이다"[56]라고 했다. 소코가 보았을 때 천하가 태평할 때 무용(武勇)이 더욱 강조되어야 하기에 "治가 오래되었을 때 武를 갈고 닦아야 문무가 합해 바르게 된다"[57]라고 했다.

그러나 근세 사무라이들이 '무'에는 익숙하고 '문'을 알지 못하는 상황이었기 때문에 문무겸비를 제창한 것은 당시 실질적으로 '문'을 적극 도입한 것을 의미한다. 야마가가 "本朝는 武를 우선시"를 서술했을 때 표현하고자 했던 것은 사무라이의 권력과 지배가 기정사실인 상황에서 문교(文敎)에 대한 학습이 진일보해야만 장기간의 통치와 안정이 가능하다는 점이

53　廣瀬豊 編,『山鹿素行全集思想篇(第五卷)』, 岩波書店, 1942, 第197頁.
54　廣瀬豊 編,『山鹿素行全集思想篇(第五卷)』, 岩波書店, 1942, 第196頁.
55　廣瀬豊 編,『山鹿素行全集思想篇(第五卷)』, 岩波書店, 1942, 第405~06頁.
56　廣瀬豊 編,『山鹿素行全集思想篇(第五卷)』, 岩波書店, 1942, 第313頁.
57　廣瀬豊 編,『山鹿素行全集思想篇(第五卷)』, 岩波書店, 1942, 第433頁.

어서 "武將의 치세가 비록 武勇에 달려 있지만, 그 勢가 이미 勇武를 갖추었으니 오로지 文으로 화합하고 (문을) 사용한다. …… 武將이 또한 文에 盛하니, 그 武威가 비로소 永久에 미침이 可하다. 事物은 모두 한쪽에 치우치는 것이 불가하다"[58]라고 했다.

소코는 게다가 '무'의 함의를 확장해 문교정사(文敎政事), 예악전장(禮樂典章) 등을 포괄해 본래 '문'에 속하는 내용을 '무'의 명목으로 전환시켰다. 그리하여 '무'에 대한 우선시를 강조한 것이 실질적으로는 문교정사를 동시에 강조한 것을 의미하게 되었다. 예를 들어 그가 "文이 亂을 초래하는 本"을 서술하며 "專文하여 四書·六經을 배우고, 武에 태만한 것은 亂의 本이다. 만약 武라면 자연히 도적이 물러난다"라고 했다. '문'을 폄하해 '전문'(專文)하고, '무에 태만한 것'이라 한 동시에 그는 또 '무'의 예교화(禮敎化)를 제창해 그 최종 결론을 도출하기를, "武는 禮를 닦는 것이며, 文은 亂을 초래한다"[59]라고 했다. 또 소코는 "人君 측근의 文學만 修行하는 무리는 武學과 武義를 익히는 것만 못하다. 武將의 職을 잊지 않고 이를 本으로 삼아 治敎가 聖學의 淵源으로 돌아가도록 하여 王道를 익히고 풍속을 바르게 하는 것이 人君이 해야 할 일이다"[60]라고 주장했다. 여기서도 마찬가지로 '문'을 '문학'(文學)으로 한정하고, '치교'(治敎)와 '왕도'(王道) 등을 인군(人君)이 제창해야 할 무학(武學)과 무의(武義)의 목표로 상정했다. 그가 추구한 것은 여전히 유가적 치세 이상이었다.

종합해보면 소코 문무론의 기본적 경향은 '무'를 우선하는 것을 강조하는 동시에 '문'의 요소를 도입하는 데 진력해 막번통치의 합리화를 모색하는 것이다. 당시 전투자인 사무라이들이 문교의 임무를 담당해야 했기 때문에 전사로서의 전통을 부정하는 것도, 나아가 무용으로 스스로를 지키

---

58 廣瀬豊 編, 『山鹿素行全集思想篇(第五卷)』, 岩波書店, 1942, 第406頁.

59 廣瀬豊 編, 『山鹿素行全集思想篇(第十一卷)』, 岩波書店, 1940, 第510頁.

60 廣瀬豊 編, 『山鹿素行全集思想篇(第五卷)』, 岩波書店, 1942, 第434頁.

는 관념을 버리는 것도 불가능했다. 소코는 마침 사무라이들을 위해 유학을 받아들여 (문무) 합용의 논리를 제공한 것이다.

소코가 문무 모두를 통치의 구체적 수단으로 삼은 것은 어렵지 않게 알 수 있다. 그는 실제로 천하의 흥망을 결정하는 관건이 덕이라고 인식해 "천하의 흥망은 덕의 厚薄에 달렸다. …… 이른바 덕의 厚薄은 그 몸에 쌓인 덕에서 말미암아 천하 萬民에게 돌아가는 것이니, 천하의 주인은 덕에 의지하여 흥한다"[61] "德을 따르는 자는 오래가고, 力을 따르는 자는 그렇지 못하다. 智를 따르는 자는 풍속을 등지고, 時를 따르는 자는 눈앞의 이익 때문에 모두를 얻지 못함에 이른다. 특히 義를 살피고 생각함이 可하다"[62]라고 했다. 덕치주의의 현실적 의의는 무엇보다도 쇼군과 막부가 천황과 조정을 대신해 정권을 장악한 것에 대한 정당성을 논증하는 데 있으니, "무가는 자못 王道을 얻었다. 천하는 道로 돌아가고 無道를 향하지 않으니, 물이 결국 아래로 흐르는 것과 같다"[63]라고 했다.

덕치주의는 또한 무가정치를 지도하기 위한 판단기준을 제공한다. 예를 들어 소코는 일찍이 도요토미 히데요시의 조선침략에 대해 "만약 내가 德과 正이 없으면, 아랫사람의 文德을 복종시킬 수 없으니, 설사 兵士를 南蠻과 西戎에 보내더라도 禍가 필히 蕭牆 안에서 일어난다. 하물며 征은 正이다. 나의 正으로 다른 사람의 不正을 바로잡는 것을 征이라 한다. 히데요시는 어떤 正이 있어 고려의 不正을 바로잡으려 한 것인가?"[64]라고 했다. 또 소코는 일찍이 공자의 "攻은 異端이니, 그 害가 있다"라는 말을 인용해 "힘으로 사람을 복종시키는 것은 心腹시킨 것이 아니다"라는 점을

61 廣瀬豊 編, 『山鹿素行全集思想篇(第五卷)』, 岩波書店, 1942, 第356頁.
62 廣瀬豊 編, 『山鹿素行全集思想篇(第五卷)』, 岩波書店, 1942, 第358頁.
63 廣瀬豊 編, 『山鹿素行全集思想篇』에는 이 단락에 대한 논의가 삭제되어 있다. 대략의 내용은 근대 일본에서 성행한 황국(皇國) 관념과 상통한다. 이 글에서는 村岡典嗣, 『大教育家文庫6 素行·宣長』, 岩波書店, 1938, 第128頁을 인용했다.
64 廣瀬豊 編, 『山鹿素行全集思想篇(第十一卷)』, 岩波書店, 1940, 第296頁.

강조했다. '성인의 가르침'을 확장할 것을 주장해 "이는 덕으로써 사람을 복종시킨 것이다. 덕으로써 복종시킨 사람은 충심으로 기쁘게 심복한다"라고 했다.[65] 와타나베 히로시 또한 이러한 점을 지적해 막번의 지배질서 유지는 결국 무위('어위광'(御威光))에 의거한 것으로 '초월적 도리'가 부족하다고 했다.[66] 소코의 학문은 유가의 '성인의 도'를 인용해 무가정치 질서의 내재적 결함을 보충하고자 한 것이다.

야마가 소코가 살았던 일본의 17세기 중후반은 무단정치에서 문치주의로의 전환이 이루어지던 시기였다. 당시 사상계를 살펴보면, 기독교가 탄압을 받고 불교의 체제 도구화가 진행되었으며 신도는 체계적 윤리구조가 부족했다. 사무라이들의 전통학문인 병학은 여전히 군사 영역에 머물러 있었다.[67] 주자학을 대표로 하는 유학은 기본적으로 막번체제를 정당화하는 수요에 부합했지만, 체제비판을 야기할 위험성을 내포하고 있었다. 소코는 이러한 배경 아래 '이'의 개념을 다시 해석해 주자학을 비판하고 '고학'을 개창했다. 그는 천지의 대도를 인식하는 권력을 '성인'에게 귀속시켜 보통 사람의 자유로운 사고를 제한했다. 나아가 자신을 '도통'의 계승자라 여겨 자신에게 성인의 도를 해석하는 특권을 부여했다. 또한 유학에 대한 새로운 해석을 통해 '병학'의 사상적 근거를 획득했으며, 결국 독자적인 야마가류 병학을 확립했다. 그는 막번체제에 대한 선구적 사상가로

---

65 田原嗣郎 等 編, 『日本思想大系32 山鹿素行』, 岩波書店, 1970, 第370頁.

66 渡邊浩, 「'御威光'與象征: 德川政治體制的一个側面」, 岩波書店 編, 『思想』第740號, 1986年 2月, 第153頁.

67 야마가 소코는 "당시의 兵學은 모두 名利에 머물러 있다"라고 보았다(廣瀬豊 編, 『山鹿素行全集思想篇(第十一卷)』, 岩波書店, 1940, 第256頁). 이러한 학문은 자연스럽게 막부의 문교정책을 지도하는 데 활용하기가 부적합했다. 이와는 별도로 소코의 병학 스승인 호조 우지나가(北條氏長)의 호조류 병학에서도 "士法과 國家를 유지하는 방법" 등을 주장했다(堀勇雄, 『山鹿素行』, 吉川弘文館, 1987, 第70頁). 하지만 그 중점은 '심'(心)의 수양에 있었기 때문에 여전히 '정신주의적 색채'를 지니고 있었다(尾藤正英, 「山鹿素行的思想轉變(下)」, 『思想』第561號, 1971年 3月, 第96頁). 이는 야마가류 병학이 국가와 천하를 지향한 것과 다르다.

서 막번체제의 정당성을 적극적으로 긍정하는 한편, 당시 지배질서 내에서 이상적인 선정(善政)을 쌓으려고 힘썼다. 비록 그 본인은 운이 좋지 않아 정치적으로 원대한 계획을 실현하지는 못했지만, 그의 문인(門人)들은 히라도 번과 쓰가루 번 등의 번정(藩政) 확립과정에서 적극적으로 활동했다.[68]

[번역: 황해윤, 서울대 동양사학과 박사과정]

---

68 마에다 쓰토무는 소코의 문인들이 번정의 확립 시기에 지방과의 연계가 부족해 직접 번주(藩主)의 봉건 관료로 근무했으며 지배기구를 정비하고 번주의 권력을 강화하는 데에 활약했다고 지적했다(前田勉, 『近世日本的儒學與兵學』, ぺりかん社, 1996, 第155頁). 그밖에도 『야마가가문인장』(山鹿家門人帳)과 부록(廣瀬豊 編, 『山鹿素行全集思想篇(第十五卷)』, 岩波書店, 1942, 第676~702頁) 참조.

IV

국제관계
(전근대편)

7

조선 왕조 초기 '향화왜인'向化倭人 평도전平道全 연구

왕신레이(王鑫磊)

머리말

조선 왕조 초기(14세기 말)에 출현한 '향화왜인'은 당시 다양한 이유로 조선반도에 오게 된 일본인을 가리키는데, 그들은 오랜 시간 조선에 정착해 살다가 일본으로 돌아가거나, 혹은 조선 왕조의 신민(臣民)이 되어 대대로 조선에 거주하기도 했다. 이러한 특수한 사람들은 당시 특정한 역사적 산물로서 복잡한 원인과 독특한 존재형태를 보이며 역사에 일정한 영향을 끼쳤다. 이러한 현상은 단순히 한·일 양국의 외교 영역의 문제에만 그치는 것이 아니라 조선 왕조의 내정에도 영향을 끼쳤고, 좀더 시야를 넓히면 그 영향은 심지어 한·일 양국뿐만 아니라 동아시아 전체에까지 끼쳤다. 이 글은 당시 '향화왜인'의 대표적인 인물 중 한 사람인 평도전(平道全)을 개별 연구대상으로 삼아 그 평생의 이력을 살펴보는 동시에 다음과 같은 두 가지 문제, 즉 첫째, 조선 왕조와 일본 대마도 간의 특수한 관계, 둘째, '향화왜인'과 14세기 말 동아시아의 '왜구'(倭寇) 문제를 고찰해보고자 한다.

1. '향화왜인'이란 무엇인가: 기존연구와 이 글의 문제의식

대략 14세기 말부터 시작해서 조선 왕조의 각종 문헌에는 '향화왜인'에 대한 기록이 집중적으로 나타나기 시작한다. '향화왜인' 외에 '투화왜인'(投化倭人), '귀화왜인'(歸化倭人), '수직왜인'(受職倭人) 등의 명칭이 보이기도 하는데, 이들은 모두 같은 부류의 사람들을 가리킨다. 즉 당시 다양한 이유로 조선반도에 오게 된 일본인으로서, 그들은 오랫동안 조선에 정착해 살다가 일본으로 돌아가거나 혹은 조선 왕조의 신민이 되어 대대로 조선에 거주했다. 그 성격은 대략 오늘날의 개념으로 국가와 국가 사이의 '이민'(移民)과 유사하다.

이러한 '향화왜인'에 대한 역사현상에 대해서는 일본과 한국학계의 학자들이 깊이 있는 연구를 진행했다. 일본 측의 대표적인 연구로는 나카무라 에이타카(中村榮孝)의 『日鮮關係史の研究』 중에 관련 토론, 아리이 치토쿠(有井智德)의 「李朝初期向化倭人考」, 세키노 슈이치(關周一)의 「對馬·三浦の倭人と朝鮮」, 마쓰오 고키(松尾弘毅)의 「朝鮮前期における向化倭人」 등이 있고, 한국 측의 연구로는 이현종(李鉉淙)의 「朝鮮初期 向化倭人考」, 송재웅(宋在雄)의 「朝鮮初期 向化倭人研究」, 한문종(韓文鍾)의 『朝鮮前期 向化·受職倭人 研究』 등이 있다.[1]

상술한 한·일 양국 학자들의 선행연구는 거시적인 관점에서 '향화왜인'

---

1 관련 연구의 상세한 정보는 다음과 같다. 中村榮孝, 『日鮮關係史の研究』, 吉川弘文館, 1965; 有井智德, 「李朝初期向化倭人考」, 『村上四男博士和歌山大學退官紀念朝鮮史論文集』, 開明書院, 1982, pp. 275~362; 關周一, 「對馬·三浦の倭人と朝鮮」, 『地域'としての朝鮮 ─ 境界'の視點から』(朝鮮史研究會論文集·第36集), 綠蔭書房, 1998, pp. 89~115; 松尾弘毅, 「朝鮮前期における向化倭人」, 『史淵』 144, 2007, pp. 25~54; 이현종, 「朝鮮初期 向化倭人考」, 『歷史敎育』 4, 1959, 20~48쪽; 송재웅, 「朝鮮初期 向化倭人研究」, 중앙대학교 석사학위논문, 1996; 한문종, 『朝鮮前期 向化·受職倭人 研究』, 국학자료원, 2005.

에 대한 기본 개념 문제를 이미 상세하게 다루었고, 그들이 영향을 끼친 한·일 외교에 관한 문제나 조선 왕조의 '향화왜인' 관리방식과 제도 등에 대해 많은 학술적인 연구를 진행했다. 여기서는 마쓰오 고키의 논문을 예로 들어 간략하게 그 대략의 내용을 소개해보도록 하겠다.

우선 기본 개념 측면에 대해 말하자면, 학자들은 '향화왜인'이라는 개념을 비교적 통일적인 학술용어로 받아들이는 동시에, 또한 역사문헌에 함께 보이는 예컨대 '투화왜인' '귀화왜인' '수직왜인' 등의 서로 다른 명칭에 주목하기도 한다. 심지어 어떤 학자는 각각의 세밀한 차이에 주목하기도 하는데, 예를 들어 문헌 중에 '향화'(向化)나 '귀화'(歸化)를 쓴 경우에는 종종 문화흠모의 의미가 있고, '투화'(投化)를 쓴 경우에는 주로 군사행동과 관련된 투항 등의 배경이 존재하며, '수직왜인'은 특히 '향화왜인' 중에서도 조선 왕조의 관직을 수여받은 일부의 사람만을 가리킨다고 보았다.[2] 이러한 연구들은 확실히 '향화왜인'에 대한 개념과 기초지식을 풍부히 하는 데 많은 도움이 된다.

선행연구가 다루고 있는 또 하나의 중요한 문제는 '향화왜인'에 대한 분류방식이다. 주류적인 관점은 우선 '수직'(受職)의 여부를 가지고 1차적으로 구분하는데, 즉 '향화왜인'은 '수직향화왜인'(受職向化倭人, 조선 왕조의 관직을 받거나 정부를 위해 복무하는 경우)과 '무직향화왜인'(無職向化倭人) 두 부류로 나뉜다. 다음으로 '수직향화왜인'은 세부적으로 군사 관원, 외교 관원, 그리고 기술 관원 등 세 부류로 나눌 수 있다. 그리고 '무직향화왜인'은 주로 조선반도에 건너온 후 평민 백성이 되어 거주하는 부류를 가리키는데, 연구자들은 그 내원도 크게 두 부류로 나누어 하나는 군사행동(왜구 토벌이나 기해동정(己亥東征)) 중의 포로이고 다른 하나는 유민(流民, 혹은 난민(難民))으로 구분한다.[3] 이러한 '향화왜인'의 유형 분류에 대한 연구는

---

2 松尾弘毅, 앞의 글, pp. 26~30.
3 같은 글, pp. 33~42.

이들 집단의 내원과 거취가 매우 복잡했음을 잘 보여준다.

조선 왕조가 '향화왜인'을 안치하고 관리하기 위해 고안하고 시행한 제도 문제도 한·일 양국 학자들이 연구한 주요한 측면이다. 연구자들의 지적에 따르면, 조선 왕조의 '향화왜인' 관리 문제는 크게 무휼(撫恤)과 통제(統制), 두 가지 측면에서 살펴볼 수 있다. 우선 무휼이란 '향화왜인'에게 알맞은 생활을 보장해주는 것으로, 수직자의 경우에는 봉록의 방식으로, 무직자의 경우에는 기본 생활을 보조하는 방식으로 이루어졌다. 그리고 통제란 주로 제한을 가하는 관리방식을 가리키는데, 그 조치는 주로 거주지를 중심으로 하는 집중 관리로서, '향화왜인'은 전국에 걸쳐 마음대로 거주할 수 없어 수직자의 경우에는 경성(京城)에 거주하거나 직무에 따라 파견된 지역에 거주하고, 무직자는 정부가 지정한 소수의 몇 개 지역에만 거주할 수 있고 마음대로 거주 지역을 옮길 수 없었다.[4] 이러한 '향화왜인'의 관리제도에 대한 연구는 '향화왜인' 문제가 단순히 조일(朝日) 외교 문제에 그치는 것이 아니라 오히려 조선 왕조 내부의 정치적 문제와 관련되어 있음을 보여준다.

종합해보면 기존연구는 이른바 '향화왜인'이라는 존재가 특정한 역사적 조건 아래서 생겨났고, 일본의 대마도와 같은 특정한 지역의 사람들이 조선반도로 옮아다니는 현상으로서, 그 배후에는 정치, 외교, 군사, 경제활동과 같은 복잡다단한 요소들이 종합적으로 작용한 결과로 보았다.

이러한 거시적인 관점의 연구 이외에도 학자들은 '향화왜인'에 관련된 미시적인 연구를 진행하기도 했는데, 그중에는 개별 인물에 대한 사례연구가 대부분을 차지한다. 예를 들어 다무라 요코(田村洋幸)의 「中世日朝貿易の問題點 ── 特に平道全を中心として」이나, 한문종의 「조선 초기의 向化倭人과 李藝」 「조선 초기 向化倭人 皮尙宜의 대일교섭 활동」 「조선 초

---

4 같은 글, pp. 42~47.

기 대마도의 向化倭人 平道全 — 대일 교섭활동을 중심으로」 등을 들 수 있다.[5] 한·일 학자들의 '향화왜인'에 대한 개별 연구 중에서 평도전은 출현빈도가 비교적 높은 인물인데, 그 이유는 관련 문헌자료가 상대적으로 풍부하고 이를 바탕으로 그의 이력을 추적하기가 편리하기 때문이다. 기존연구 중에 평도전의 평생에 걸친 경력에 대한 연구도 비교적 풍부한 편이고, 주로 한·일 무역이나 한·일 외교의 분야를 중점적으로 분석했다.

이 글 역시 '향화왜인' 평도전에 대한 개별 연구이지만 기존연구와 차별적으로 중점을 두고자 하는 부분은 한 개인의 '향화왜인'의 경력을 통해 첫째, 조선 왕조와 일본 대마도 간의 특수한 관계, 둘째, '향화왜인'과 14세기 말 동아시아의 '왜구' 문제라는 두 가지 문제를 살펴보고자 한다. 한·일 학자들의 선행연구는 이미 다양한 문제에 대해 상당한 수준에 이르렀지만, 위 두 가지 문제에 대해서는 좀더 추가적으로 살펴볼 여지가 있다고 생각한다.

대마도에 대해서는 기존연구의 주류가 한·일 관계의 큰 틀 아래서 '향화왜인' 문제를 다루어 왔고, 실제로 '대마도와 조선 왕조의 관계'라는 구체적이고 특징적인 학술 문제에 대해서는 상대적으로 소홀했기 때문에 이 글에서는 이와 관련된 연구를 진행하도록 한다. 그리고 '향화왜인'과 동아시아의 '왜구' 문제에 대해서는 기존연구들이 일본과 조선 각자의 관점에서 혹은 양자의 상호적인 관점에서 분석이 진행되었지만, '왜구' 문제를 동아시아 전반을 아우를 수 있는 문제로 인식한다면, '향화왜인'과 '왜구' 문제의 외연을 한·일을 넘어 중국까지 포함하는 동아시아 전체로 확

---

5 관련 연구의 상세한 정보는 다음과 같다. 田村洋幸, 「中世日朝貿易の問題點 — 特に平道全を中心として」, 『經濟經營論叢』 13-3, 1978, pp. 19~43; 한문종, 「조선 초기의 向化倭人과 李藝」, 『韓日關係史研究』 28, 2007, 89~116쪽; 한문종, 「조선 초기 向化倭人 皮尙宜의 대일교섭 활동」, 『韓日關係史研究』 51, 2015, 71~94쪽; 한문종, 「조선 초기 대마도의 向化倭人 平道全 — 대일 교섭활동을 중심으로」, 『軍史研究』 141, 2016, 7~25쪽.

장할 수 있고, 그 과정에서 새로운 문제를 제기할 수 있을 것으로 기대한다.

2. '향화왜인' 평도전

1419년 6월 조선 왕조가 왜구를 토벌한다는 명분으로 대마도에 출병한 '기해동정'은 조선 역사상 유일한 대외정벌로서, 전쟁을 시작하면서 조선은 출병의 명분을 매우 중시했다. 전쟁 기간 조선에서는 세종대왕의 명의로 총 세 편의 '교서'(敎書)를 내렸는데, 각각 「정대마도교서」(征對馬島敎書)와 「유대마주서」(諭對馬州書), 「재유대마도서」(再諭對馬島書)로서,[6] 이 세 편의 '교서'는 각각 조선의 신민과 대마도의 주민을 대상으로 한 것으로 전쟁의 정의성과 토벌의 정당성을 주장했다. 특히 대마도민을 대상으로 한 뒤의 두 '교서'에서는 그들이 잘못을 진심으로 뉘우치고 스스로 투항해 귀순할 것을 훨씬 더 직접적으로 요구했다.

그중 「유대마주서」에서는 다음과 같이 대마도의 귀항(歸降)을 효유(曉諭)하는 내용을 확인해볼 수 있다.

만약 깊이 뉘우쳐 무리를 이끌고 투항해 오면, 都都熊瓦[7]는 좋은 벼슬을 내려줄 것이며 후한 봉록을 내릴 것이다. 代官들은 平道全의 예와 같이 대해 줄 것이다. 그 나머지 群小들도 또한 모두 옷과 양식을 넉넉히 주어 비옥한 땅에 살게 하고 함께 농사짓는 이익을 얻게 할 것이다. 우리 백성과

---

6 이 세 편의 교서는 『東文選』卷24, 「敎書」에 실려 있다. 徐居正 編, 『東文選』(全七册), 朝鮮古書刊行會, 1994, 第1册, 465~69쪽.
7 '도도웅와'(都都熊瓦)는 조선의 문헌 기록 중에 당시 대마도주 종정성(宗貞盛)을 부르던 명칭인데, 이는 종정성의 어렸을 때 이름인 '도도웅환'(都都熊丸)의 와전이다.

똑같이 인애를 베풀 것이다.[8]

앞의 기록에 평도전이라는 한 인물의 이름이 보인다. '교서'의 내용으로
보건대 이 평도전이라는 인물은 당시 '향화왜인'의 전형적인 인물로 보이
고, 또한 당시 조선 왕조와 대마도 쌍방에 모두 잘 알려진 인물로 그려지
고 있다. 그렇다면 이 평도전은 대체 어떠한 사람이었을까?

『조선왕조실록』만 살펴보더라도 평도전에 관한 적지 않은 기록을 확인
할 수 있는데, 이러한 기록을 통해 우리는 평도전이라는 인물이 조선 왕
조 초기에 가장 대표적인 '향화왜인'의 경력을 가지고 있었음을 아주 명
확히 알 수 있다.

1) 대마도주의 천거로 '향화왜인'이 된 평도전

평도전은 생몰년 미상으로, 일찍이 대마도주 종정무(宗貞茂)의 수하에
서 대관(代官)으로 임직(任職)했다. 1407년 그는 종정무로부터 조선에 파
견되어 같은 해 조선에서 원외(員外) 사재(司宰) 소감(少監)이라는 관직을
받았는데, 이로써 그는 조선 왕조의 '향화왜인'이 되었다. 그는 대마도주의
소속 관원으로서 명을 받고 조선에 사신으로 간 이후 곧바로 조선에 머
물게 되면서 갑자기 조선 왕조의 관원이 되었다. 이 과정에 대해『조선왕
조실록』에서는 다음과 같이 적고 있다.

대마도 守護인 宗貞茂가 平道全을 보내와 土物을 바치고 잡혀갔던 사

---

8 『東文選』, 第1冊, 467~68쪽; 國史編纂委員會 編,『朝鮮王朝實錄』, 第2冊, 探求堂,
1963, 326쪽: "若能幡然悔悟, 卷土來降, 則其都都熊瓦, 錫之好爵, 頒以厚祿. 其代
官等, 如平道全例. 其餘群小, 亦皆優給衣糧, 處之沃饒之地, 咸獲耕稼之利, 齒於吾
民, 一視同仁." 이하『朝鮮王朝實錄』은『實錄』으로 약칭한다.

람들을 돌려보냈다.[9]

平道全을 員外 司宰 少監으로 삼고 銀帶를 하사했다. 道全은 일본인으로서 投化한 자다.[10]

사실상 평도전의 '향화'는 본래 대마도주 종정무가 직접 나서서 만들어 낸 결과로서, 그는 종정무가 적극적으로 조선국왕에게 천거한 인재라고 할 수 있다. 당시 이러한 종류의 천거방식은 또 다른 '향화왜인'인 표사온 (表思溫)과 관련된 기록에서 훨씬 더 직접적으로 나타난다.

처음에 思溫이 나와서 그대로 머물러 살면서 宿衛하기를 啓請했으나, 나라에서 島主의 공문이 없다 하여 허락하지 아니했더니, 思溫이 돌아가서 宗貞盛의 공문을 가지고 왔으므로 벼슬을 주었습니다.[11]

여기서 볼 수 있듯이 '향화왜인'이 된 표사온은 대마도주 종정성(宗貞盛)의 천거 공문을 가지고 조선에 온 후에야 비로소 관직을 받을 수 있었다.

이러한 측면에서 평도전과 같은 부류의 '향화왜인'이 출현한 것은 당시 두 정치 주체인 조선 왕조와 대마도가 공동으로 허가하는 일종의 인재교류 현상이라고 할 수 있다. 이러한 인재교류의 배후에는 양자 관계의 긴밀성과 특수성이 반영되어 있고, 다른 한편으로는 각자의 이익 추구, 즉 조선 왕조는 평도전과 같은 사람의 능력을 활용하기 위함이고, 대마도 또한

---

9 『實錄』, 第1冊, 388쪽: "對馬島守護宗貞茂, 遣平道全, 來獻土物, 發還俘虜."
10 『實錄』, 第1冊, 405쪽: "以平道全爲員外司宰少監, 賜銀帶. 道全, 日本人之投化者也."
11 『實錄』, 第4冊, 552쪽: "初, 思溫出來, 啟請仍留宿衛, 國家以無島主之文不許, 思溫遂還, 齎宗貞盛之文而來, 乃授職."

이를 통해 조선 왕조 내부에 '자기 사람'을 끼워놓으려는 목적이 반영되어 있었다.

평도전은 조선 왕조에 임직한 이후 수차례 조선 왕조의 사절로서 대마도 사신으로 갔는데, 이는 당연히 그 신분의 특수성에 기반한 것이었고 매우 적당한 안배였다.

> 護軍 平道全이 대마도에서 돌아왔는데, 宗貞茂가 사람을 보내어 陳慰하고, 말 2필을 바쳤으며 잡혀갔던 사람들을 돌려보냈다.[12]

> 護軍 平道全을 대마도에 보냈으니, 報聘한 것이다.[13]

평도전은 조선 왕조를 위해 복무하면서도, 다른 한편으로 대마도주 종정무와 관계를 맺어오면서 그 관계가 시종 한 번도 끊어진 적이 없었다. 한 번은 종정무가 조선 왕조의 대우에 불만을 가지고 평도전에게 글을 보내 기회를 보아 조선을 떠나 대마도로 돌아오라고 했다. 여기서 볼 수 있듯이 대마도주의 마음속에 평도전과 같은 '향화왜인'은 본질적으로 여전히 그의 수하였다.

> 이때 宗貞茂가 平道全에게 글을 보내 말하기를, "지금 조선이 보이는 우리를 향한 정성이 예전만 못하다. 예전에는 쌀 5~6백 석을 보냈는데, 지금은 보내지 않는다. 너도 휴가를 청하여 나오는 것이 좋겠다."[14]

---

12 『實錄』, 第1冊, 464쪽: "護軍平道全還自對馬島. 宗貞茂使人陳慰, 獻馬二匹, 發還被擄人."
13 『實錄』, 第1冊, 482쪽: "遣護軍平道全於對馬島, 報聘也."
14 『實錄』, 第1冊, 548쪽: "時宗貞茂通書平道全曰: 朝鮮向我之誠, 今不如古. 古者送米五六百石, 今不送矣. 汝亦乞暇出來可也."

2) 평도전의 조선 왕조에 대한 공헌

사실상 조선 측에서도 평도전과 대마도의 긴밀한 연계를 잘 알고 있었지만, 인재를 존중하고 활용한다는 측면에서 후한 대우를 해주고 적극적으로 관계를 맺었다.

> 護軍 平道全의 아비의 喪에 후하게 賻儀하도록 명했다.[15]

> 大護軍 平道全에게 襦衣 1벌을 하사하고, 경상도에다 집을 지어서 주게 했다.[16]

조선 측의 후한 대우를 받고 평도전도 진심으로 온 힘을 다해 조선 왕조를 위해 노력했다. 그중에서도 평도전의 군사 통솔능력, 특히 해군 지휘 방면의 재능은 조선 왕조를 위해 힘쓰는 과정에서 가장 돋보이는 부분이었다.

무장이었던 평도전은 함께 대마도에서 건너와 그를 위해 일하는 장병들을 수하에 거느리고 있었는데, 이들은 조선 측에서 보면 눈에 거슬리는 존재로서 경성에 차마 머물게 할 수 없었기 때문에 그들을 동남 연해의 경상, 전라, 강원도 일대로 보내 바다를 지키고 왜구의 침범을 막게 했다.

> 平道全을 보내어 그의 아들 望古 및 그 무리 8인을 거느리고 慶尙·全羅·江原道에서 왜구를 막게 했다. 조정이 의논하기를 道全은 사납고 헤아릴 수 없으니, 그 무리가 한데 모여 서울에 사는 것이 온당치 않다 하여 흩어져 살게 한 것이다.[17]

---

15 『實錄』, 第1冊, 500쪽: "命厚賻護軍平道全父喪."
16 『實錄』, 第2冊, 38쪽: "賜大護軍平道全襦衣一襲, 且於慶尙道造家與之."

수비에 임하던 중 평도전은 어떻게 왜구를 막아낼지에 대해 당시 조선 군이 채택하고 있던 소극적인 방어전략의 폐단에 일침을 날리고 적극적인 출격의 책략을 제시했다.

平道全이 議政府에 말하기를, "조선 사람은 아직 싸우지도 않은 때에 먼저 집으로 돌아갈 생각을 하니, 어떻게 敵을 이길 수 있겠습니까? 저는 이미 나라에 몸을 바쳤고 적과 싸우러 가는 날에 마땅히 먼저 아내를 죽여 돌아오지 않을 생각을 굳혔으니, 어찌 이기지 못하겠습니까? 만일 저를 보낸다면 반드시 나라에 은혜를 갚을 것입니다"고 하니, 의정부에서 그대로 아뢰었다. 道全이 이때 작은 병이 있었는데, 知申事 安騰이 묻기를, "네 병을 어찌할 것인가?"라고 하니, 道全이 말하기를, "나는 바다 가운데서 태어나 자라 산을 다니고 물에서 잠을 잤는데, 지금은 편안히 잠을 자고 마음을 놓아 잠시 움직이지 않았기 때문에, 기운이 원활하지 못하여 병이 생긴 것입니다. 지금 만약 명령을 받아 출동하면, 병은 저절로 나을 것입니다. 만일 내가 전쟁에서 죽어 돌아오지 않거든, 나의 爵祿은 바라건대 내 자식에게 전해주소서"라고 했다. 임금이 장하게 여기어, 그 무리 10여 인을 데리고 가라고 명했다.[18]

평도전이 통솔하는 해군 부대는 왜구를 방어하는 실전에 투입되어 많은 공을 세워 당시 조선 왕조에서 중요한 해상 군사력이 되었고, 그 자신

17 『實錄』, 第1冊, 531쪽: "遣平道全率其子望古, 及其徒八人禦倭於慶尙, 全羅, 江原道. 朝議以道全狠戾不測, 聚徒居京不便, 因以散處之也."
18 『實錄』, 第1冊, 551쪽: "平道全言於政府曰: 朝鮮之人, 未戰之時先有還家之念, 豈能勝敵乎? 予則忘身委質, 赴敵之日, 當先殺妻, 以固其無回還之念, 胡爲不勝哉? 若遣我, 則必有以報國矣. 政府以啟. 道全時有小疾, 申知事安騰問曰: 若汝疾何? 道全曰: 吾生長海中, 山行水宿, 今安枕肆志, 暫不運動, 故致氣澀而疾作. 今若受命發行, 則疾當自愈. 若予戰亡而不還, 則予之爵祿願以傳吾子. 上壯之, 命率其徒十餘人以往."

또한 군공을 계속 세워 벼슬이 삼품관인 상호군(上護軍)에 이르렀다.

평도전은 작전을 지휘하는 동시에, 또한 조선의 해상 군사력을 높이는데 매우 유익한 사업을 진행했는데, 즉 일본의 조선기술을 도입해 조선해군의 전선(戰船)을 제조했다. 1413년 1월, 평도전의 감독 아래 건조된 일본식 전선이 한강에서 조선의 병선과 속도 시합을 펼쳤는데, 그 결과 그가 건조한 전선의 성능이 당시 조선에서 사용된 병선보다 훨씬 뛰어남이 드러났다.

> 명하여 倭船을 시험하게 했다. 代言 柳思訥에게 명하여 본국의 兵船과 平道全이 만든 倭船을 漢江에서 그 빠르고 느림을 비교하게 했다. 思訥이 다음과 같이 보고했다. "물길을 따라 내려가면 兵船이 倭船보다 30步 혹은 40步가량 미치지 못했고, 거슬러 올라가면 몇백 보나 뒤졌습니다."[19]

'향화왜인'이 조선 병선의 기술 제고에 기여한 사례는 1419년의 기록에서도 확인되는데, 인재교류에 따른 선진기술의 전수가 나타나는 현상을 다음의 기록에서 볼 수 있다.

> 귀화한 왜인 皮古와 沙古 등이 진언하기를, "지금 兵船의 체제를 보니, 배 한 척에 겨우 꼬리 하나만을 달았기 때문에, 한 번 풍랑을 만나면 곧바로 전복됩니다. 倭船은 평시에는 꼬리 하나를 달고, 풍랑을 만나면 양쪽에 꼬리를 하나씩 달기 때문에 전복될 걱정이 없습니다. 倭船의 예에 따라 꼬리를 만들게 하소서"라고 하니, 그대로 따랐다.[20]

---

19 『實錄』, 第1冊, 660쪽: "命試倭船. 命代言柳思訥將本國兵船, 與平道全所造倭船, 較其疾徐於漢江. 思訥複命曰: 順流而下, 則兵船不及倭船三十步或四十步, 逆流則幾百步矣."

20 『實錄』, 第2冊, 323쪽: "投化倭皮古, 沙古等上言: 今觀兵船體制, 一船只著一尾, 故一遇風浪, 輒至傾覆. 倭船則於平時懸一尾, 遇風浪則又於兩房各懸一尾, 故無傾覆

기술의 전수 외에도 평도전의 행적 중에서 일본의 문화적인 요소가 '향화왜인'의 이동에 따라 조선에 전파되는 사례를 확인해 볼 수 있다. 예컨대 1415년 6월, 조선에 한재(旱災)가 발생하자 평도전이 태종(太宗)에게 청해 자신이 한강으로 나아가 일본의 기우(祈雨) 의식을 거행하고자 하니, 태종이 이를 윤허했다.

> 上護軍 平道全이 漢江에서 祈雨하기를 청했다. 道全이 청하기를, "日本國의 僧 몇 사람을 데리고 일본의 禮에 따라 한강의 물가에서 舍利를 가라앉히고 小鼓를 울려서 기도하면, 비를 얻을 수 있을 것입니다"라고 하니, 그대로 따랐다.[21]

평도전이 조선에서 능력을 발휘한 부분은 외부의 소식을 전하고 자문에 응한 측면에서도 살펴볼 수 있다. 조선이 잘 알지 못하는 외부 세계의 정보를 이해할 필요가 있을 때 평도전이 종종 자신의 경험에 근거해 답변을 제공했다. 예컨대 1415년 태종이 류큐(琉球)에 사신을 파견해 왜구에게 사로잡혔다가 팔려간 조선인을 귀환시켜 달라고 요구하고자 했을 때 평도전을 소현(召見)해 류큐로 가는 해상 루트와 추천할 만한 사신 후보가 있는지 자문을 구했다.

> 平道全을 불러 바닷길의 險易를 물었다. 左代言 卓愼이 아뢰기를, "마땅히 琉球國에 사신을 보내어 왜구에게 사로잡혔다가 팔려간 사람을 돌려보내도록 청해야 합니다"라고 하니, 임금이 옳게 여겨, "族屬과 헤어져 이별했으니 그 사정이 애석하다. 데려오는 사람은 마땅히 벼슬로써 상을 주

之患. 乞依倭船例作尾. 從之."
21 『實錄』, 第2冊, 70쪽: "上護軍平道全請祈雨於漢江. 道全請曰: 率日本國僧數人, 依日本禮, 於漢江水邊沉舍利, 擊小鼓以禱, 庶可得雨. 從之."

겠다'라고 하고, 이에 平道全을 불러 물었다. 임금이 琉球國에 사신을 보내고자 하나, 바다가 험하고 멀기 때문에 모두 가고자 하지 않으니, 죄인 중에서 능히 임금의 명령을 욕되게 하지 않을 사람을 가려 뽑자고 아뢰었다.[22]

사실상 초기에 조선이 류큐와 교섭을 시도하는 과정에서 '향화왜인'들이 항상 거기에 참여했는데, 예컨대 1430년 류큐에 파견된 통사(通事) 김원진(金源珍),[23] 1461년 이계손(李繼孫)과 함께 류큐의 사신을 접대한 통사 평무속(平茂續)과 피상의(皮尙宜)[24]는 모두 '향화왜인'이었다.

3) 조선과 대마도 사이에 낀 평도전의 비극적인 결말

평도전은 비록 조선 측으로부터 '향화왜인'으로 인식되었지만, 그의 '향화'는 애초부터 일방적으로 조선 왕조에 '귀부'(歸附)하는 의미가 아니라 오히려 대마도와 시종 긴밀한 관계를 유지했고 정치적으로도 완전히 대마도와 명확하게 경계를 그어놓은 것도 아니었다. 조선 왕조에 임직한 기간 동안 평도전은 진심으로 온 힘을 다했다고 볼 수 있지만, 아마 그는 내심 양측을 모두 자신의 소속으로 보았고, 양자 사이에서 평형을 찾기를 진심으로 원했을 것이다. 하지만 바로 이러한 상황 때문에 조선 왕조와 대마도 사이에 적대관계나 충돌이 발생했을 때 그는 진퇴양난에 빠져 곤란해졌다.

---

22 『實錄』, 第2冊, 80쪽: "召平道全, 問海路險易. 左代言卓愼啓曰: 宜遣使琉球國, 請還倭寇搶掠轉賣之人. 上然之曰: 分離族屬, 其情可惜. 其率來者. 當賞以職. 乃召道全問之. 上欲遣使琉球國, 以其海險遠, 皆不欲往, 命被罪人中, 選揀能不辱君命者以聞."

23 『實錄』, 第3冊, 286쪽.

24 『實錄』, 第7冊, 494쪽.

평도전은 대마도와의 접촉과 왕래를 회피하려 하지 않았고, 자신의 고국에 대한 감정 또한 일부러 숨기려 하지 않았다. 예컨대 그가 중국이 왜구 문제로 인해 일본으로 출병해 정벌한다는 소문을 전해 들었을 때 그는 조선 왕조에 병사를 이끌고 대마도로 돌아가 구원할 수 있도록 공개적으로 요청했다.

> 平道全이 河崙의 집으로 가서 이르기를, "제가 듣건대 上國이 우리나라(일본)를 치고자 한다니, 제가 가서 구원하고자 하여 번거롭게 申達합니다"라고 하니, 하륜이 대답하기를, "그대 나라의 왜구가 상국의 국경을 침범하여 황제께서 노하여 이르시기를, '조그마한 왜놈들이 우리 변경을 침략했으니, 마땅히 兵船 만 척을 동원하여 가서 토벌하겠다'라고 하시었다. 너희 나라는 어찌 그리 침략이 심하냐? 너희 나라가 이를 알게 하지 말라"라고 했다. 하륜이 즉시 임금께 아뢰기를, "道全이 신에게 물어와 신이 그에게 이처럼 대답했습니다"라고 하니, 임금이 이르기를, "내가 그에게 대답했어도 이같이 했을 것이다"라고 했다.[25]

이와 같은 행동 때문에 자연히 평도전은 시종 조선 측으로부터 완전한 신임을 얻지 못했고, 군사 부문에서 그의 활약이 커질수록 조선 정부 내에서는 그를 두려워하는 사람이 점점 많아졌다. 그에 대한 나쁜 여론이 사방에서 터져 나오고, 이로 인해 국왕에게 '향화왜인'에 대한 지원을 삭감하자고 건의하는 자도 생겨났으며, 심지어 어떤 관원은 평도전이 왜구와 공모해 함께 중국에 대한 침략을 꾀하려 한다고 고발하기도 했다.

---

25 『實錄』, 第1册, 667쪽: "平道全詣河崙第, 曰: 吾聞上國欲討吾國, 吾欲往救, 煩爲申達. 崙答曰: 汝國之倭, 侵上國境, 皇帝怒曰: 蕞爾倭奴, 侵掠我邊境, 當發船萬艘往討之. 汝國何其侵掠之甚耶? 毋令汝國知之. 崙卽啓曰: 道全問於臣, 臣答之以此. 上曰: 予將答之亦如此."

代言 河演이 아뢰기를, "投化한 倭人들이 와서 우리나라에 거주한 것이 한두 해가 아닌데도, 여전히 국가에 기대어 생계를 의지하고 그 지출하는 비용이 적지 않으니, 청컨대 이제부터 다시 양식을 주지 마소서"라고 하니, 다음과 같이 下敎했다. "이 사람들이 처음 우리나라에 와서 家産을 익히지 않았을 때는 양식을 주어서 궁핍함을 도와주는 것이 마땅하고, 이미 우리나라의 일을 익혀서 이미 그 생활을 꾸리면 田地를 경작하여 먹어야 할 것이다. 우리나라에 기식하는 것을 恒例로 여긴다면, 끝이 없는 욕심을 어느 때에 그치겠는가? 근자에 平道全이 동생 皮郎에게 글을 보내 賊人들이 배 150척을 만들어 중국을 약탈하고자 한다니, 그 왕래할 때에 변방의 우환을 이루 다 말할 수 있겠는가? 우리나라는 平道全 등으로 인하여 지금까지 보전할 수 있었는데, 이는 특별히 임기응변의 조치였다. 적들이 不義를 함부로 행하니, 마땅히 스스로 멸망할 것이다. 만약 스스로 멸망하지 않는다면, 승냥이와 이리 같은 포악함을 어느 때에 그만두겠느냐? 만약 중국이 우리나라가 그들과 서로 통하고 있는 것을 알고 있는데도 중국의 우환을 구원하지 않는다면, 비단 事大의 정성이 없는 것일 뿐만 아니라, 그 끝에는 반드시 치명적인 우환이 있을 것이다. 내가 이 때문에 걱정이 끝이 없다."[26]

이러한 정황 아래 평도전은 조선 안에서 큰 위기상황에 봉착하게 되었다. 설상가상으로 1419년 5월 7일, 조선반도에서 대마도 왜구가 전라도 연해 지역을 침범한 '비인현(庇仁縣) 왜구사건'이 발생했다.[27] 이때 평도전

---

26 『實錄』, 第1册, 210쪽: "代言河演啟曰: 投化倭人等來居我國, 非一二年矣, 而猶賴國家資生, 其支費不貲, 請自今勿複給糧. 教曰: 此人等初來我國, 不習家產之時, 宜給糧以補乏, 既習我國之事而已成其生, 可以耕田而食也. 寄食我國, 以爲恒例, 則無窮之欲, 何時而已乎? 近者, 平道全與弟皮郎書賊人等造船一百五十只, 欲掠中國, 其於往來邊鄙之患, 可勝言哉? 我國因平道全等至今得保, 此特權時之意也. 賊等多逞不義, 宜當自滅, 若不自滅, 則豺狼之暴, 何時而已乎? 倘中國知我國交通, 而不救中國之患, 則非特無事大之誠, 其終必有腹心之疾. 予以此慮之無已."

27 『實錄』, 第2册, 314쪽, 세종 1년 5월 7일: "忠淸道觀察使鄭津飛報: 本月初五日曉,

은 조선 측의 해방장령(海防將領)으로서 명령에 따라 응전하지 않을 수 없었다.

朴븐이 아뢰기를, "나라에서 왜인을 아주 후하게 대접했는데도 이제 우리 변방을 침략하니, 신의가 없음이 이와 같습니다. 平道全은 聖恩을 후하게 입고 벼슬이 上護軍에 이르렀으니, 마땅히 그를 보내 싸움을 돕게 해야 합니다. 지금 그 힘을 쓰지 않는다면 장차 어디에 쓰겠습니까? 죽여도 좋을 것입니다"라고 하니, 이에 명하여 道全을 忠淸道 助戰兵馬使로 삼고, 동료 왜인 16명을 거느리고 가게 했다.[28]

그러나 전쟁 중에 평도전은 오히려 소극적인 대응방식을 취했다. 사실상 심정적으로 그와 수하의 병사들 모두 차마 결연하게 동포를 겨누어 칼을 뽑을 수 없었기 때문이다.

朴齡과 成達生 등이 급히 보고하기를, "尹得洪과 平道全 등이 處置使와 함께 白翎島에 모여 그들을 협공하고자 약속하고, 이달 18일 未時에 得洪이 兵船 2척으로 먼저 백령도에 이르렀다가 적선 2척을 만나 싸우니, 道全도 병선 2척을 거느리고 달려와서 협공했습니다. 申時에 倭船 1척을 포획하니, 이는 곧 적의 우두머리가 탔던 배였습니다. 적은 모두 60여 인이 있었는데, 得洪이 13급을 베고 8인을 사로잡았고, 道全은 3급을 베고 18인을 사로잡았으며, 나머지는 모두 빠져 죽었습니다. 남은 배는 구름이 어른 어른하는 지평선 남으로 향해 달아났습니다."[29]

倭賊五十餘艘, 突至庇仁縣之都豆音串, 圍我兵船焚之, 煙霧矇暗, 未辨彼我. 上王即命征集當道侍衛, 別牌, 下番甲士, 守護軍與當下領船軍, 嚴加備禦."

28 『實錄』, 第2冊, 314쪽: "朴븐啓曰: 國家待倭人極厚, 而今乃侵我邊鄙, 無信如此. 平道全厚蒙聖恩, 官至上護軍, 宜遣道全以助戰. 今若不用其力, 將焉用哉? 殺之可也. 乃命以道全爲忠淸道助戰兵馬使, 率其伴倭十六人以往."

비록 '비인현 왜구사건'으로 인해 발발한 전쟁은 최종적으로 조선 측의 승리로 끝났지만, 이는 또한 '기해동정'의 도화선이 되어 사건 발생 후 한 달 여가 지난 6월 19일에 세종은 이종무(李從茂)를 수군사령(水軍司令)으로 임명하고, 227척의 전함과 1만 7천에 달하는 대군을 이끌고 대마도로 진공하게 했다.

평도전이 뜻밖에 '비인현 왜구사건' 전쟁이 끝나고 나서 전공을 독차지하려 했는데, 이것이 그와 함께 작전에 나섰던 장령(將領) 윤득홍(尹得洪)의 심기를 건드리고 말았다. 윤득홍은 원래 평도전이 전쟁에 나서게 된 입장에 대해 동정하고 이해했기 때문에 결코 그의 소극적인 작전을 공개하려 하지 않았지만,[30] 평도전이 공을 독차지하려 하자 윤득홍은 마음을 돌려 그의 소극적인 작전과 전공을 독차지하려는 행실을 사실대로 보고하기로 했다. 그리하여 세종은 명령을 내려 평도전과 그의 가인(家人)을 평양에 안치하고, 그 수하 장관(將官)은 함경도 일대에 나누어 안치했는데, 이름은 비록 안치였지만 실은 유배에 가까웠다.[31] 이때부터 평도전 일가는 더욱 곤란한 생활고에 빠지게 되었다.

---

29 『實錄』, 第2冊, 318쪽: "朴齡, 成達生等飛報: 尹得洪, 平道全等期與處置使會於白翎島, 將挾攻之, 月十八日未時, 得洪以兵船二艘先到白翎島, 遇賊船二艘與戰, 道全以兵船二艘繼至挾攻. 申時, 獲倭一船, 乃賊魁所騎船也. 賊凡六十餘人, 得洪斬十三級擒八人, 道全斬三級擒十八人, 其餘皆溺死. 餘船隱見雲涯, 向南而去."

30 『實錄』, 第2冊, 318쪽: "平道全率伴人十七名, 及尹得洪伴人樸英忠馳驛入京, 詣壽康宮獻俘及兵器衣甲. 上王命厚饋酒食, 仍賜道全鞍馬, 英忠弓矢. 上又賜道全米豆四十石, 平八郎衣一領及米豆十石, 其餘伴人各米豆十石, 英忠衣一領. 八郎, 道全弟, 其十六人皆倭之從道全在京中者. 道全與得洪追賊, 得洪功居多. 得洪以道全向化人, 不與爭功, 道全自言己功居多, 故賞之特厚."

31 『實錄』, 第2冊, 320쪽: "先是, 平道全潛通於對馬島曰: 朝鮮近來待汝等漸薄, 若更侵掠邊郡以恐動之, 則必將待之如初矣. 及尹得洪逐倭於白翎島, 道全自以日本人, 不肯盡力, 得洪先與賊戰, 賊已敗矣, 道全不得已助之. 且見所知倭僧, 請得洪勿殺, 處置使成達生責之. 道全先來闕下, 以爲己功. 至是, 得洪乃以實啟. 宣旨: 道全並妻孥等十四名, 安置平壤, 其伴人等分置鹹吉道各官. 上命道全妻孥自備生業間, 量給米鹽, 且與空閑家舍, 俾遂其生."

禮曹에서 아뢰기를, "평안도 陽德에 안치한 왜인 平道全은 생계가 어려워서 의복과 말을 팔아 조석 끼니를 이으며, 그 딸은 장성했는데도 시집가지 못하고 있습니다"라고 하니, 임금이 명하여 道全의 딸을 그곳의 지방관으로 하여금 비용을 대어 시집보내게 했다.[32]

'비인현 왜구사건' 이후 조선 당국의 평도전에 대한 처치는 매우 신속했다. 5월 23일에 전쟁이 마무리되자 평도전은 6월 3일에 즉시 체포되어 단죄되었고, 2주 후에 조선은 곧바로 대마도에 출병했다. 조선이 이렇게 서둘렀던 이유는 어렵지 않게 추측해 볼 수 있다. 조선은 대마도로 출병하기 전에 국내에 있는 '향화왜인' 계통의 장군과 군사들을 반드시 먼저 처리해야 했는데, 그렇지 않으면 대마도에 출병하겠다는 결정에 그들이 반대했을 것이고, 또한 대마도 작전 중에 그들이 후방을 공격할 우려가 있었다. 그래서 조선은 실제로 '향화왜인' 장군 중에서도 가장 지위가 높은 평도전을 철저하게 탄압함으로써 이러한 걱정과 후환을 제거했다.

실제로 '비인현 왜구사건'은 대마도가 조직적으로 그리고 계획적으로 조선을 침범한 사건이 아니라 대마도 왜구가 중국으로 노략질하러 가는 도중에 군량이 부족해서 어쩔 수 없이 임시로 약탈에 나선 것이었다.[33] 하지만 이후 조선이 이 사건을 이유로 신속하게 대마도 공격을 결정하고 실행한 것은 오히려 조선 측이 대마도에 대해 가지고 있었던 군사적인 의도를 보여주고, 일찍부터 그것을 계획하고 있었던 것으로 보인다. 조선에 머물고 있던 평도전은 사실상 일찍부터 이러한 분위기를 감지하고 있었다. '기해동정' 발발 전에 그는 대마도주에게 보내는 서신에서 이렇게 설명

---

32 『實錄』, 第3冊, 51쪽: "禮曹啓: 平安道陽德安置倭人平道全, 計闊零丁, 典賣衣服鞍馬以資朝夕, 其女子年壯未嫁. 上命道全女子令所居官給資妝嫁之."

33 『實錄』, 第2冊, 315쪽: "據朝鮮方面在戰役中俘獲的一名倭寇這樣供述: 吾系對馬島人, 島中饑饉, 以船數十艘, 欲掠浙江等處, 只緣乏糧, 侵突庇仁, 遂至海州, 窺欲行劫."

했다. "조선이 근래에 너희들을 점점 박대하니, 만약 또다시 변군(邊郡)을 침략하여 놀라게 하면, 앞으로의 대접이 분명 처음과 같을 것이다."[34]

당시 조선 왕조와 대마도의 관계 아래 평도전은 "마음을 두 곳에 두고 있는" '향화왜인'으로서, 처음부터 비극적인 운명에 처해질 수밖에 없는 양자 관계 사이의 희생양이었다고 할 수 있다. '기해동정' 과정에서 평도전은 이미 처벌을 받아 유배를 간 상황이었지만, 아이러니하게도 그의 이름은 여전히 조선국왕의 '교서'에 언급되면서 대마도인들을 귀순시키는 데 사용되었다.

'기해동정' 이후 조선 왕조와 대마도의 관계는 다시금 우호적으로 회복되었다. 대마도주 종정성은 1421년과 1426년 두 차례에 걸쳐 조선 정부에 사람을 보내 평도전을 대마도로 돌아오게 사면해달라고 호소했으나, 조선 측은 시종 이를 윤허하지 않았다.

> 禮曹가 (宗貞盛의 사신 仇里安에게) 묻기를, "이번 글에 平道全 구속에 대한 말이 있는데, 平道全은 本朝에 벼슬하여 관직이 上將에 이르렀다. 스스로 죄를 지었기 때문에 지방에 安置한 것이며, 그 처자에게는 모두 식량을 지급하고 있다"고 하니, 仇里安이 말하기를, "道全은 본래 宗貞茂의 代官으로 宿衛하고 있었는데, 지금은 쫓겨났으니 우리 쪽과의 관계로 죄를 얻은 것이 아닌가 하여 말한 것이며, 다른 뜻은 없나이다"라고 했다.[35]

> 對馬州 宗貞盛과 左衛門大郎 등이 禮曹에 글을 올려 재차 平道全을 돌려 보내주기를 청했다. 禮曹參議 金孝孫이 답서를 보내 말하기를, "道全에

---

34 『實錄』, 第2冊, 320쪽: "朝鮮近來待汝等漸薄, 若更侵掠邊郡以恐動之, 則必將待之如初矣."

35 『實錄』, 第2冊, 428쪽: "禮曹問曰: 來書有平道全系累之言, 道全從仕本朝, 官至上將. 自作罪咎, 故安置於外, 其妻子並給口糧. 仇里安曰: 道全本以貞茂代官宿衛, 今以見黜, 故疑以本道之故得罪耳, 非有他也."

대하여 말하자면 국법을 크게 범했으니, 생명을 보전하게 된 것만도 그 은혜가 지극한 줄 알라"고 했다.[36]

　15년 후인 1434년에 조선 관원 우의정 최윤덕(崔閏德)이 또다시 평도전의 사면을 건의했으나, 여전히 조정에 반대 의견이 있어 끝내 이루어지지 않았다.

　　(右議政 崔閏德이) 또 아뢰기를, "平道全이 陽德에 寄食하면서 곤궁 막심하오니, 그를 사면하여 주옵소서"라고 하니, 安崇善이 아뢰기를, "平道全은 대마도의 왜인입니다. 임금의 두터운 은혜를 입어 벼슬이 3품에 이르렀으니, 마땅히 힘을 다하여 보답해야 했습니다. 지난 기해년에 그 아들 望古가 나라를 배반했고, 平道全은 황해도에서 왜구를 잡을 때 힘써 싸우려 하지 않고 적들과 서로 호응했으니, 그 죄는 용서할 수 없습니다. 우리 太宗께서 다만 외지로 추방하셨던 것이니, 그 목숨을 보전한 것만으로도 다행한 일입니다. 어찌 석방하여 사면할 도리가 있겠습니까"라고 하매, 임금이 말하기를, "그 말이 옳다"고 했다.[37]

　그 후 평도전에 관한 기술은 역사서에 나타나지 않는다. 15세기 초에 조선 해역에서 활약하고, 왜구의 횡행(橫行)을 배경으로 조선반도를 일시 지켜낸 이 '향화왜인', '어왜상장'은 동아시아 지역에서의 외교·군사적 각축이라는 환경 속에서 자신을 지키지 못하고 비극적인 최후를 맞이한 것

36　『實錄』, 第3冊, 47쪽: "對馬州宗貞盛, 左衛門大郎等奉書禮曹, 再請發還平道全. 禮曹參議金孝孫答書曰: 諭及道全重幹邦憲, 然得保性命, 恩至渥也."

37　『實錄』, 第3冊, 546쪽: "又啟曰: 平道全寄食陽德, 窮困莫甚, 請赦之. 安崇善啟曰: 道全對馬島倭也. 厚蒙上恩, 官至三品, 宜當效力圖報. 歲在己亥, 其子望古背國, 道全於黃海道捕倭時, 不肯力戰, 與賊相應, 罪在不赦. 我太宗只黜於外, 得保首領, 斯亦幸矣. 安有放赦之理乎? 上曰: 所言是矣."

이다.

3. 조선 왕조와 일본 대마도의 특수한 관계

대마도는 조선반도와 일본 열도 사이에 위치한 작은 섬으로 면적은 708제곱킬로미터, 인구는 4만이 안 되는 일본의 부속 섬이다. 대마도는 비록 일본에 속해 있지만, 한국 부산 사이의 거리는 49.5킬로미터, 일본 후쿠오카 사이의 거리는 138킬로미터로서, 지리적으로 보자면 한국과 훨씬 더 가깝다. 역사적으로도 조선반도와의 관계는 여간하지 않았고, 특히 조선 왕조 시기에 양자 간의 관계는 일종의 "국가 경계를 초월한 친밀관계"였다고 할 만했다.

'향화왜인' 평도전의 개별 사례를 통해 우리는 조선 왕조 초기 대마도와의 관계의 한 측면을 충분히 살펴볼 수 있다. 조선 왕조 시기 내내, 특히 '기해동정' 이후에 조선 왕조와 대마도의 관계는 기본적으로 확실히 안정적인 상태였는데, 즉 대마도의 입장에서 조선 왕조는 '상위'에 존재하면서 반드시 의지해야 하는 대상이었다. 그러나 평도전의 사례는 양자 간의 이러한 안정적인 관계가 성립되기 이전에 거쳐 온 단계적인 '적응기'의 모습을 잘 보여준다. 더 긴 역사적인 안목으로 조선반도와 대마도의 관계를 살펴보고자 한다면, 우리는 독특한 이 시기의 특징에 주목할 필요가 있다.

고려시대 말 대마도는 왜구의 주요 거점으로서, 왜구가 수차례 변경을 침범하자 고려국왕은 대장 이성계(李成桂)를 보내 정벌하고 대패시키니 크게 두려워했다. 후에 이성계가 조선 왕조를 건립하고 그의 재위 기간 중에는 왜구가 감히 변경을 침범하지 못했는데, 이성계가 세상을 떠나자 왜환(倭患)이 다시 일어났다. 1419년 6월 조선 왕조는 왜구를 토벌한다는 명분으로 파병해 대마도를 공격하고 점령했는데, 이 사건을 한국에서는

'기해동정'이라 부르고 일본에서는 '오에이 외구'(應永の外寇)라 부르며, 또한 "조선 역사상 유일한 주도적 일본 침략전쟁"이라고도 불린다. 이 전쟁에서 조선 군대는 크게 승리했고 대마도는 항복을 요청해 도주 종씨(宗氏)는 조선의 관직을 받고 대마도는 사실상 조선 왕조의 부속이 되었다. 하지만 당시 대마도주는 일본 국내로 보고하면서 대마도는 조선과 전쟁 후에 화의를 맺었고 조선은 스스로 병사를 거두었으며, 대마도의 관할권은 전혀 변화가 없다고 했다.

당시 대마도의 수뇌부는 그들의 생존과 발전이라는 현실을 고려해 스스로 조선과 일본 사이에서 '양속'(兩屬)상태를 선택했다고 할 수 있다. 사실상 현대 국가의 관념이 정착되기 이전에 이러한 형태의 모호한 국가 귀속의식은 사실 아주 이상한 것이 아니었다. 바로 이러한 '양속'상태가 이후 수백 년 동안 조선 왕조와 대마도의 관계를 다져왔고, 심지어 오늘날에 이르기까지 그 영향이 여전히 존재한다고 할 수 있다.

조선 왕조 시기 내내 이러한 '양속'상태로 인해 대마도와 조선 왕조 사이에는 일종의 유사 조공관계가 형성되어 대마도는 정기적으로 조선에 사절을 파견해 진공했고, 이때 획득한 회사(回賜)는 그들이 바친 것보다 훨씬 더 많았다. 그밖에도 조선 왕조는 항상 종주국의 자세로 생계가 곤란한 대마도의 주민들에게 자발적으로 은상을 내리거나 구제했다. 대마도는 조선 왕조와 특별한 관계를 맺으면서 '왜구시대'에 이별을 고했고, 약탈을 위주로 하는 생존방식을 벗어나 조선과 일본 사이에 전개된 중계무역이라는 새로운 경제 생산방식에 들어서게 되었다. 부산에 설치된 '왜관'(倭館)은 바로 대마도인이 독점했던 조·일 무역의 거점으로서, '왜관'의 운영과 무역활동의 전개에 따라 대마도는 조·일 간의 경제교류의 중개 역할뿐만 아니라 점차 양자 간의 정치·외교, 심지어 문화교류의 중요한 매개자로 발전하게 되었다.

그러나 조선 왕조와 대마도의 관계는 다시 풍파와 시련을 겪게 되었다. 1592년 임진왜란(壬辰倭亂)이 발발하자 대마도는 일본 진영에 귀속되었고, 대마도의 병사들은 고니시 유키나가(小西行長)의 군단에 편입되어 조선 침략전쟁에 참여했다. 전쟁 기간 내내 대마도는 마치 '가라앉지 않는 항공모함'처럼 아주 중요한 군사적 발판이 되었다. 조선을 공격하기 전에 일본의 해군과 육군은 우선 대마도에 집결한 후에 매우 빠른 속도로 조선에 침입했고, 전체 전쟁과정에서 대마도는 매우 중요한 군사기지로 작용했다.

조선과 일본 사이에 존재하는 특수한 존재로서 대마도인의 입장에서 본다면, 조선과 일본 사이의 평화야말로 그들의 이익을 보장받을 수 있는 길이었고, 양자 사이에 발생하는 전쟁은 그들이 가장 원치 않는 상황이었다. 그래서 전쟁이 발발하기 전에 대마도인들은 온 힘을 다해 중재에 나서 전쟁의 발발을 막아보고자 했다. 그리고 전쟁 기간에는 대마도인들의 심리가 매우 복잡했으리라 추측해 볼 수 있는데, 당시 대마도에 전해져 오는 한 일화에서 이 점을 확인해 볼 수 있다. 임진왜란 중 한 대마도의 장군이 있었는데, 병사를 이끌고 출정하라는 군령을 받은 후 그는 조선이 그동안 자기 도민들에게 대대로 베푼 은정에 감사해하며 진퇴양난에 빠졌고 결국에는 할복자살을 택했다고 한다. 그밖에도 전쟁 기간 중 일본 부대에 속해 있던 대마도인들 중에는 조선 측의 간첩이나 내통자로 활동한 경우도 있었다.

임진왜란 이후 대마도인들은 또한 곧바로 조·일 양국의 외교관계를 회복하는 데 온 힘을 기울였다. 그들은 심지어 국서(國書)를 위조해 도쿠가와 막부 대신 조선 왕조에 먼저 호의를 표하기도 했고, 최종적으로 조선과 일본이 1606년에 다시금 국교의 정상화를 실현하는 데 큰 역할을 했다. 조선과 일본이 참혹한 전쟁을 치른 이후에 뜻밖에도 불과 8년 만에 다시 평화 우호관계를 맺게 된 것은 실로 예상치 못한 일이었는데, 이 과정 중에 바로 대마도가 매우 큰 공헌을 했다고 할 수 있다.

그 후에 조선과 일본 사이에 이른바 '선린우호'(善鄰友好)의 통신사 외교 시대에 접어들게 되면서 대마도인들은 조선의 통신사신이 일본에 왕래하는 과정에서 매번 모든 단계의 호위와 외교 협조업무를 담당했으니, 이는 그들이 아니면 맡을 수 없는 임무였다. 그들은 마음을 다해 조선 사신을 호위했고, 전력을 다해 소통과 협조에 나섰고, 조선과 일본 사이에 발생하는 크고 작은 오해와 모순을 방지하며, 조·일 외교의 우호적인 분위기를 유지하기 위해 노력했다. 분명한 사실은 조선과 일본 사이에 통신사 외교의 형식으로 근 300년 동안의 평화적인 왕래가 유지되었고, 그 과정에서 대마도가 절대 빼놓을 수 없는 중요한 임무를 수행했다는 점이다.

맺는말: '향화왜인'과 14세기 말~15세기 초 동아시아의 '왜구' 문제

조선 왕조 초기 국력이 아직 안정되지 못했을 때 가까운 지척에 있는 '대마도'는 왜구라는 군사세력의 존재로 인해 어쩔 수 없이 반드시 안무하고 우호적인 관계를 맺어야 하는 대상이었다. 그리고 대마도의 입장에서 보면 조선과의 평화를 유지하는 것이야말로 가장 큰 호재였다. 조선과의 친교는 사실상 대마도와 일본 다른 지역의 왜구세력이 중국 방면으로 진출해 약탈하는 경로를 마련할 수 있는 기회였고, 심지어 어떤 측면에서는 보급의 편의를 기대할 수도 있었다. 바로 이러한 특수한 역사적인 조건 아래서 많은 수의 '향화왜인' 현상이 나타나기 시작했다. '향화왜인'의 도움을 빌려 조선은 자기가 발전하는 데 필요한 인력자원과 평화적인 환경을 획득할 수 있었고, 대마도 또한 이에 상응하는 이익을 거둘 수 있었다. 하지만 이러한 배후에서 과연 누구의 이익이 희생되었고, 또는 누가 간접적인 피해자가 되었다고 할 수 있을까?

평도전의 사례를 통해 살펴보면, 조선에서 왜구를 방어하는 데는 즉각 효과를 거두었다고 할 수 있고, 조선이 이들의 도움으로 연해 지역을 방어하고 첩보를 신속하게 받아들인 결과 왜구 걱정이 거의 사라졌기 때문에 표면적으로 보면 이는 평도전의 공이라 할 수 있다. 하지만 좀더 자세히 살펴보면, 이후 조선과 대마도의 관계는 긴장국면에 들어서게 되고, 누군가 평도전이 왜구와 몰래 내통하고 있다고 고발한 것도 전혀 아니 땐 굴뚝에 연기가 난 것이 아니었다. 관점을 바꾸어 생각해보았을 때 평도전이 주둔해 왜구를 방어한 지역이 실제로 만약 왜구가 서쪽으로 진출했다가 동쪽으로 돌아오는 도중에 존재하는 중계 보급거점이 되었다면, 조선 왕조 측에서는 해안 변경의 왜환(倭患)이 자연스럽게 해소되었겠지만, 중국 측에서 보자면 왜구의 침입에 대한 압력이 훨씬 더 증가했을 것이다.

실제로 이 문제를 논급한 연구는 적지 않다. 예를 들면 조선 왕조의 건국 초기, 이성계가 잘 훈련된 무력과 외교수단을 써서 왜구에 대항했기 때문에 왜구는 그 대신 요동·산동 지역을 약탈했다는 것이다. 종정무가 대마도 정치를 좌지우지한 시기는 조선 왕조에서 크게 우대받고, 종씨도 조선을 침략하지 않겠다는 약속을 지켜 조선에 협력하고 다른 왜구를 쫓아냈다. 거기에 따라 조선은 20년 넘게 해역의 안녕을 얻고 북방 영토 문제에 대응하는 여유마저 얻었다. 그러나 종씨가 말하는 "조선을 침략하지 않는다"는 해적활동을 그만둔다는 것이 아니고, 목표를 중국으로 옮긴 것뿐이다. 게다가 14세기 중엽~15세기 초에 명나라 조정이 직면한 '왜구의 범람 흑막'은 조선이었다고 지적하는 연구도 있다. 대마도를 농락하고 왜구가 조선을 침략하지 않는다는 것을 확보한 데다가 중국 방면으로의 강도행위를 눈감아주었을 뿐만 아니라 일본인이 중국에서 강탈한 물건을 조선에서의 판매도 일시 허용했다는 말이 있다.

왜구는 당시 동아시아 세계 전체의 문제로서, 만약 조선반도와 일본 둘 사이의 일로만 국한한다면 조선 왕조가 '향화왜인'을 기용한 조치는 연해 지역의 평화를 가져왔다는 결론을 자연스럽게 내릴 수 있다. 하지만 시야를 동아시아 전체로 확장한다면 당시 조선반도는 왜구에 대해 어떠한 저지나 억제를 가하지 않았고 오히려 일정 정도 도움을 준 셈이 되고, 그 결과 중국은 어쩔 수 없이 왜환에 대한 압력을 더 많이 받게 되었다고 볼 수 있다. 이러한 문제와 그 연쇄반응의 과정에 대해서는 앞으로 좀더 깊은 연구가 이루어져야 할 것이다.

당시 조선 왕조는 결코 이러한 문제를 의식하지 않았는데, 어떠한 정권이라 하더라도 이해득실을 따지는 과정에서 자신의 이익을 가장 최우선으로 삼는 것은 당연한 일이기 때문이다. 조선 왕조 초기에 자신을 속이고 남도 속이는 방식의 '이왜어왜'(以倭禦倭) 책략은 다만 부득이한 임시방책이었고, 그것의 장구한 목표는 고질적인 문제였던 왜환을 확실하게 해결하는 데 있었다. 이는 결국 자기 국가의 안전을 꾀하는 것일 뿐만 아니라, 부속국으로서 중국 명조를 수호하려는 의무에서 나온 것이었다. 그래서 일단 조선의 국력이 안정되고 군사력이 발전된 후에는 필연적으로 이러한 비정상적인 국면을 스스로 타개하고 왜구세력과의 관계를 바꾸어야 했다. 좀더 직접적으로 말하자면 대마도와의 관계 상황에서 조선 왕조가 대마도를 정벌한 '기해동정'이야말로 이러한 역사적 맥락에서 벌어진 필연적인 결과라고 할 수 있을 것이다.

왜구와 같은 커다란 역사 문제에 대해서는 당연하게도 다양한 각도에서 연구·분석하는 것이 가능하다. 그러나 평도전이라는 '향화왜인' 같은 미미한 사례를 통해 고찰하는 의의는 싱싱한 역사의 테이블을 찾게 하기도 하고, 그것은 우리로 하여금 거시적인 역사서술에 눈을 돌리게 하는 동시에 사실적으로 이 시대를 산 개인이나 집단을 발견하는 것이 가능한 데 있다. 그들은 역사의 참가자이면서 경험자 또는 제작자이고, 그들을 통해 우리는 역사의 진실에 한 걸음 더 가까이하는 것인지도 모른다.

[번역: 박민수, 이화여대 사회과교육과 부교수]

8

조선·후금後金 사이의 경제관계
— 동아시아 대란 가운데서의 다각무역과 권력관계

쓰지 야마토(辻大和)

머리말

조선 왕조는 1592년부터 일본의 침략(문록(文祿)·경장(慶長)의 역, 임진·
정유의 난)을 받아 1598년에 일본군이 완전히 철수하기까지 전 국토가 전
장이 되어 큰 피해를 입었다. 한편 조선에 인접한, 현재의 중국 동북부(만
주)에서는 16세기부터 경제 붐을 맞이해 여진의 여러 세력이 성장했는데,
점차 누르하치가 이끈 여진의 휘하에 통합되고 있었다. 여진은 1616년에
후금(後金)을 건국하고, 1636년에는 청(清)을 건국했으며, 1644년에 명(明)
이 멸망한 후에 북경에 입성했다. 이러한 명청 교체기의 과정에서도 조선
은 잇따라 곤란에 직면했다. 조선은 그때까지 책봉을 받고 있었던 명과
최종적으로 단교하고 청에 복속했다.

그런 가운데 1628년부터 1636년에 걸쳐 조선은 명과 후금 양쪽과 통
교와 무역을 행하고 있었다. 1627년까지 조선은 후금과 통교와 무역을 행
하지 않았으나, 1627년에 후금이 조선을 침공하고(정묘호란) 강화를 맺게
되자 조선은 후금에 매년 두 차례 사절을 파견해 예물을 보내고 개시(開

市, 호시(互市)에 의해 무역을 행하게 되었다. 1637년에 청이 조선을 침공해(병자호란) 복속시켰을 때에는 청은 조선에 명과 단교할 것과 조공사절을 청에 보낼 것을 요구했다. 1628년부터 1636년까지 조선은 명과는 책봉관계에 있었고 후금과는 형제관계에 있었으니 어떤 의미에서 다국간 관계를 구축하고 있었다. 그러나 당시의 조선과 후금의 경제관계에 대해서는 밝혀지지 않은 부분이 많다.

우선 17세기 전반의 조선과 후금(청)의 통교와 관련된 대략적인 선행연구와 앞으로의 과제에 대해 돌아보고자 한다. 조선과 후금의 정치관계에 대해서는 다카와 고조(田川孝三)가 1621~29년에 조선 북부, 평안도 앞바다의 가도(椵島)를 점거하고 후금을 공격했던 명의 장수 모문룡(毛文龍)과 조선의 관계를 밝힌 바 있고,[1] 이나바 이와기치(稲葉岩吉)가 조선의 광해군이 명과 후금 사이에서 중립적인 외교정책을 취했음을 해명했다.[2] 그 후 에지마 히사오(江嶋壽雄)는 조선이 후금(청)에 보냈던 예물의 수량을 분석했고,[3] 류자주(劉家駒)는 조선이 소극적이나마 후금과의 무역을 병자호란 직전까지 지속했음을 밝혔다.[4] 최근에는 한명기(韓明基)가 정묘호란 이후부터 병자호란까지의 기간에 후금이 조선을 물자 조달처로 중요시했음을 밝히기도 했다.[5]

그러나 이러한 연구에서는 조선과 후금의 무역에서 발생한 문제나 그에 대한 조선 정부의 정책, 혹은 그 배경에 대해서는 깊이 다루지 않았다. 조선이 소극적으로나마 10년에 걸쳐 후금과 무역을 지속했던 원인, 즉 조선

1 田川孝三, 「毛文龍と朝鮮との關係について」, 『青丘說叢』 3, 今西龍 發行, 近澤印刷部, 1932.
2 稲葉岩吉, 『光海君時代の滿鮮關係』, 大阪屋號書店, 1933.
3 江嶋壽雄, 「天聰年間における朝鮮の歲幣について」, 『史淵』 101, 1969; 江嶋壽雄, 「崇德年間における朝鮮の歲幣について」, 『史淵』 108, 1972. 두 논문은 후에 江嶋壽雄, 『明代淸初の女直史研究』, 中國書店, 1999에 수록되었다.
4 劉家駒, 『淸朝初期的中韓關係』, 臺北: 文史哲出版社, 1986.
5 한명기, 『정묘·병자호란과 동아시아』, 푸른역사, 2009.

과 후금의 경제관계의 의의는 거의 밝혀지지 않았다.

이러한 연구상황에서 조선이 후금(청)에 대해 1628년부터 1637년까지 취했던 무역정책의 내용이나 그 배경을 밝히는 것이 이 글의 목적이다. 따라서 이 글에서는 우선 제2절에서 조선과 후금 사이의 무역형태를 정리하고, 제3절에서 조선이 후금과의 무역에서 취했던 정책의 내용을 확인하며, 제4절에서는 그 배경을 다룰 것이다.

1. 조선과 후금 사이의 무역형태

조선의 광해군 8년(1616)에[6] 건주위(建州衛)에서 누르하치가 후금을 건국했다. 누르하치가 인조 4년(1626)에 사망하고 그의 아들인 홍타이지가 후금의 제2대 칸(汗)으로 즉위하자, 인조 5년 2월에 후금은 조선을 침공했다. 후금군이 침입하자 조선은 화평교섭을 개시해 양국은 두 번에 걸쳐 강화를 맺었다. 그 후 양국은 사절을 서로 주고받게 되었고,[7] 사절이 예물을 주고받는 것과는 별도로 무역을 했으며, 나아가 국경에서의 개시(開市)를 행하게 되었다.

이 절에서는 조선 사절의 예물 공헌, 국경에서의 개시, 양국 사절에 의한 무역에 대해 각각의 형태가 성립된 과정을 고찰한다.

---

6 역(曆)은 태음력의 연월일로 기재했으나, 조선 사료에 의거할 경우 조선의 왕위 기년(紀年)을 사용했다. 후금 사료의 경우는 후금의 연호(천총[天聰]·숭덕[崇德])도 조선의 기년과 병기한다. 이하 같음.

7 鈴木開, 「朝鮮丁卯胡亂考 —— 朝鮮·後金關係の成立をめぐって」, 『史學雜誌』 123-8. 2014, pp. 23~27.

1) 조선 사절의 예물 공헌

예물에는 조선국왕이 정기적으로 파견했던 사절이 휴대했던 예물과 임시 사절이 휴대했던 예물 두 종류가 있었다. 인조 5년(1627) 2월에 강화교섭 때 후금 대표단의 일원이었던 유해(劉海)가 일정액의 세폐(歲幣, 연례의 예물)를 후금에 보낼 것을 조선에 요구한 데 대해 조선은 증여물은 우호의 정을 바탕으로 하는 것이지 강요하는 것이 아니라고 해 세폐를 회피하고자 했다. 이 강화교섭은 타결되지 못했는데, 같은 해 3월의 교섭 때에도 후금 측에서 세폐를 요구하자 조선은 그를 거부하고자 했다.[8]

그 후 실제로 조선은 사절을 파견할 때에 반드시 후금에 예물을 보냈다. 강화 직후인 인조 5년 6월에 조선이 후금에 파견했던 사절은 조선국왕의 서(書)와 예물을 지참했다.[9] 그때의 방물(方物)을 『조선국내서부』(朝鮮國來書簿)에서 보자. 〈표 1〉은 이 책에 수록된 인조 6년(천총 원년, 1628) 7월 10일에 후금에 도착했던 조선 사절의 지참품 리스트(禮單)다.

〈표 1〉의 예단에 포함된 물품은 조선 특산품이 주를 이루고 있으나, 단목(丹木, 동남아시아산의 소목(蘇木))이나 후추 등 조선산이 아닌 물품도 일부 포함되어 있다. 모두 후금의 입장에서 귀중품이 중심이었다.

그 후의 예물을 보면 적어도 봄철과 가을철에는 정례화했던 증여물이 확인되는데, 에지마 히사오는 그를 연 2회의 세폐라고 보았다.[10] 그러나 『조선국내서부』는 그 방물을 '세폐'라고 기재하지 않고, 그 액수는 사행 때마다 매번 변동이 있었음이 확인된다.

8　江嶋壽雄, 앞의 책, pp. 480~83.
9　『朝鮮國來書簿』天聰 원년 7월 10일조.
10　江嶋壽雄, 앞의 책, pp. 485~86.

표1 예물 지참 품목

백면주 50필	표피 8장	단검 5자루	안장구 2부
백저포 50필	상화지 80권	장창 2자루	단목 100근
홍색포 50필	유둔 4부	궁자 1장	후추 8되
청색주 50필	화석 15장	궁대 1부	
청포 400필	유선 100개	큰어살 10개	
호피 4장	장검 5자루	말 2필	

* 『조선국내서부』 천총 원년 7월 10일조에서 작성.

2) 개시(開市)

인조 5년(1627) 3월의 강화에서 조선과 후금 양국은 국경을 엄수하고 상호 통교하기로 정했으나, 양국 간의 개시에 대해서는 정하지 않았다.[11] 그러나 강화 이후에도 후금은 의주(義州)를 계속 점령하면서 철수하는 조건으로 개시를 요구했으므로 조선은 인조 6년(1628) 2월 2일에 개시를 승인했다.[12] 그해 같은 달에 제1차 개시가 의주에서 행해져 조선에서 후금에 쌀이 3,000석 운송되었다.[13] 또한 같은 해 3월, 후금의 잉굴다이(ingguldai, 龍骨大)가 의주 대안의 진강(鎭江)을 상인과 함께 방문해서는 식량을 공급해줄 것을 의주에 요구했다.[14]

후금은 이어서 조선의 북방 국경에 위치한 함경도 회령에서의 개시도

11 『滿文老檔』太宗 天聰 제4책, 天聰 원년 3월 3일조.
12 『朝鮮國來書簿』天聰 2년 2월 2일조; 鴛淵一,「朝鮮國來書簿の硏究(一)」,『遊牧社會史探求』33, 1968, pp. 8~10.
13 劉家駒, 앞의 책, pp. 51~52.
14 『承政院日記』제20책, 崇禎 원년 3월 28일 庚申조.

요구했고, 조선은 인조 6년 9월에 회령에서의 개시를 승인했다.[15] 그러나 회령에 조선의 상인이 모이지 않아 후금의 불만을 샀다. 후금 측의 기록인 『구만주당』(舊滿洲檔)에 기재된, 조선에서 후금에 설명한 바에 따르면 회령은 변경이고 길이 험하며 재물이 적은 탓에 조선 국내의 상인들이 이지역을 경원시했다고 한다.[16]

조선 정부가 개시를 어쩔 수 없이 승인했던 것은 정묘호란 때에 피로인 (被虜人)으로 후금에 끌려갔던 조선인의 속환(贖還)이 개시를 통해 이뤄지기를 기대했기 때문이기도 했다.[17]

3) 후금 사절에 의한 무역

후금이 개시장으로 지정했던 의주와 회령에 조선의 상인과 물자가 모이지 않자 후금은 조선 국경보다 내륙으로 사절을 들여보내 무역을 하게 했다. 예컨대 인조 6년(1628) 11월에 후금 사절인 잉굴다이는 한성을 방문해[18] 조선으로부터 은자 85냥으로 홍시나 배 등을 사고자 했다.[19] 17세기 이후 조선에서 사실상 국방과 외교에 관한 최고기관이었던 비변사(備邊司)는 개시장 이외의 지역에서 이루어지는 후금 사절에 의한 무역에 대해 다음과 같은 견해를 밝혔다.

> 비변사에서 回啓하기를, "의주의 개시는 원래 약조한 바가 있으니, 그 기한은 이에 의해 시행해야 합니다. 다만 오늘날의 사세가 전일과는 판연히 다르니, 모문룡이 진영을 세우고 틈을 엿보다가 갑자기 약탈할까 실로 두

---

15 『仁祖實錄』卷19, 6년 9월 甲申조.

16 『舊滿洲檔』閏字檔, 天聰 2년 8월 27일조.

17 森岡康,「丁卯の亂後における贖還問題」,『朝鮮學報』32, 1964, pp. 94~96.

18 『仁祖實錄』卷19, 6년 12월 戊子조.

19 『仁祖實錄』卷19, 6년 12월 辛卯조.

렵습니다"라고 했다.[20]

이 사료에 의하면 비변사는 개시의 시기는 조약에 따라 행해야 할 것이
되 모문룡이 약탈할 우려가 있다고 하며, 의주 이외의 장소에서 개시하는
데 신중한 의견을 제시했다. 인조 8년에도 비변사는 개시장 이외에서의
후금에 의한 무역에 대해 걱정을 표했다.[21] 원래 후금이 매년 4회의 개시
를 실시할 것을 조선에 요구했으나 조선은 연 2회로 축소해 개시를 승인
한 바 있다.[22] 그 때문에 후금 사절은 개시의 실시 횟수를 늘리자고 조선
에 요구했을 가능성이 있다.

그런데 인조 6년 12월의 방문 때 잉굴다이 등은 조선 측에 약용 인삼
의 구입을 강제하며 청포(靑布)를 사고자 했다. 그때의 상황이 다음의 사
료에 보인다.

> 후금 사절이 인삼 480여 근을 내놓으며 청포 1만 9,000여 필과 교환할
> 것을 요구했다. 시전 상인들이 힘을 다해 마련했으나 수량을 채우지 못하
> 자 마구 매질을 했다. 시전 상인들이 가슴을 치며 호소했다.[23]

여기서는 잉굴다이가 인삼을 대가로 조선에서 청포를 사고자 했다는
점을 서술하고 있다. 그 청포의 조달을 한성의 시전 상인이 담당했으나 지
정량을 채우지 못했다고 한다. 그런데 '청포'(靑布)라는 것은 명에서 생산
되는 면포의 이름으로,[24] 조선에서는 군수용으로 쓰이고 있었다.[25] 다량

---

20 『仁祖實錄』卷19, 6년 12월 辛卯조: "備局回啓曰. 彎上開市自有約條, 季朔之限自當
依此行之, 而但今日事勢, 與前頓異, 毛營設伏日俟釁隙, 意外搶掠之患, 實深可畏."
21 『仁祖實錄』卷22, 8년 2월 丁丑조.
22 『承政院日記』제21책, 崇禎 원년 5월 17일조.
23 『仁祖實錄』卷19, 6년 12월 丙申조: "胡差出給人參四百八十餘斤, 責換靑布一萬
九千餘匹. 市民等竭力湊合, 猶未準數, 鞭笞狼藉, 市民叩心號訴."

이 필요한 경우 조선은 명의 장수 모문룡이 점거하고 있던 가도에서 청포를 수입하고 있었다.[26] 따라서 후금의 갑작스러운 요구에 대한 대응할 만큼의 수량을 조선 정부가 비축하고 있지는 않았던 것으로 보인다. 반면에 인삼은 후금이 자신의 영내에 그 생산지를 가지고 있었으며, 17세기 초부터 인삼 조달에 고심하고 있었던 조선에 후금 인삼은 크게 매력적이었던 것으로 보인다.[27]

그 후 잉굴다이 등은 한성에서 돌아가는 길에 평양에 이르러 은 100여 냥을 주고 말 열 마리와 바꿀 것을 조선 측에 요구했다. 조선 측은 하루 아침에 말 열 마리를 구입하기 어려워 평안도 관찰사였던 김기종(金起宗)은 자신의 말을 잉굴다이에게 주었다.[28]

다른 후금 사절도 조선에 무역을 요구했다. 인조 12년(1634) 12월에 한성을 방문했던 후금의 마푸타(mafuta, 馬夫達)는 지참한 은자 900여 냥으로 여러 종류의 단자(緞子)·서피(黍皮, 담비 모피)와 종이, 각종 채색(彩色, 안료(顏料)), 약물과 단자를 구했다.[29] 또한 인조 13년(1635) 4월에 한성을 방문했던 마푸타는 한성에서 전액을 거래하지 못하고 돌아가는 길에 평양에서 무역을 했다.[30]

이상과 같이 조선 정부는 후금의 임시 사절이 개시장 이외의 곳에서 무역하는 데 대해 소극적으로 대처했다. 후금 칸(汗)에게 보내는 국서에서 조선국왕은 다음과 같이 말했다.

---

24 鮎貝房之進,「市塵攷(三)」,『朝鮮』334, 1943.

25 『承政院日記』제221책, 康熙 9년 10월 8일조.

26 『承政院日記』제26책, 崇禎 2년 윤4월 9일조.

27 辻大和,「一七世紀初頭朝鮮における人蔘政策の定立とその意義」,『朝鮮學報』210, 2009, p. 69.

28 『仁祖實錄』卷19, 6년 12월 丁未조.

29 『仁祖實錄』卷30, 12년 12월 辛亥조.

30 『舊滿洲檔』滿附三, 天聰 9년 5월 26일조.

조선국왕이 金國 汗에게 문서를 보냅니다. …… 지난해 약조를 정했을 때에는 다만 敝邦의 사신이 갈 때에 으레 상인을 대동하여 양국의 무역에 보탬이 되게 했을 뿐입니다. 그런데 귀국의 사신도 또한 상품을 소지하여 변경에서 무역할 것을 독촉하고 있습니다. 나는 처음에는 이전의 약조를 어기는 것을 의아하게 여겼으나, 이어서 생각해보니 이 또한 도리를 손상시키는 것에는 이르지 않습니다. 다만 봄과 가을의 사신 외에는 귀국의 사신이 재화를 가지고 오는 일이 자못 절제와 제한이 없어 내놓을 재화를 얻을 수 없습니다. 폐방의 물력이 진실로 여기에 응할 수 없습니다.[31]

조선국왕의 말에 따르면, 원래 조선 사절만이 상인을 대동해 무역을 행할 수 있도록 약조했음에도 후금 사절이 무역을 행하고자 하고 있으며, 또한 봄과 가을의 사신 이외에 후금의 사자(使者)가 무역하는 것에 대해서는 조선의 물자가 부족하다고 하고 있다. 이처럼 조선국왕은 후금 사절에 의한 규정 외의 무역활동에 부정적이었다. 후금이 바라는 물자를 조선측에서는 조달할 수 없는 상황이었기 때문인 것으로 생각된다.

4) 조선 사절에 의한 무역

앞에 제시한 조선국왕의 서한에서 언급했듯이 조선 사절이 후금에 갈 때에 그들이 상인을 대동하는 것은 허락되고 있었다. 인조 8년(1630) 조선 사절이 대동했던 속리(屬吏)는 청포와 남초(南草, 담배)를 가지고 갔다.[32]

---

31 『朝鮮國來書簿』天聰 8년 11월 2일 到來: "朝鮮國王致書金國汗. … 上年定約時, 只敝邦使臣之行, 例帶商賈, 以資兩國通貨而已. 乃者貴國使臣, 亦有所持物貨. 責貿於邊上, 不穀初以有違前約爲訝, 繼以思之, 此亦不至害理. 但春秋使臣外, 亦有貴國差人持貨出來, 頗無限節, 勿得齎貨. 敝邦物力誠無以應."

32 『亂中雜錄』崇禎 3년 2월 2일조. 『난중잡록』(亂中雜錄)은 임진왜란과 정묘호란에 참전했던 남원의 조경남(趙慶男)이 쓴 야사로, 『대동야승』(大東野乘)에 수록되어

담배는 일본에서 조선으로 유입되어 광해군 14년(1622) 무렵까지 조선 남부를 중심으로 재배가 폭발적으로 증가하고 있었다.[33] 그러나 조선 사절이 후금에서 인정된 무역만을 행했던 것도 아니다. 인조 13년(1635), 조선 정부 안에서의 관료를 규찰하는 임무를 맡고 있었던 사헌부는 다음과 같이 조선 사절이 행한 밀수사건을 보고했다.

사헌부에서 아뢰기를, "조종의 법제에 강역에 구분이 있어, 비록 사대하고 교린함에 사자가 왕래하더라도 한 사람도 사사로이 국경 밖으로 나가지 못하게 했으니, 이는 대개 환난을 깊이 걱정했기 때문입니다. 지금 朴簹의 사행에 조정에서 이미 데리고 갈 상인의 숫자를 정해주었는데, 의주부윤 林慶業이 감히 박로가 강을 건넌 후에 몰래 상인을 보내 심양에 깊이 들어갔습니다.[34]

이 사료에 따르면 후금으로 갔던 박로 일행의 경우는 약조에서 승인한 상인의 숫자를 무시하고 의주부윤 임경업(1594~1646, 후에 명에 망명했으나 청에 체포되어 살해되었음)이 일행 가운데 상인과 상품을 끼워넣었다고 한다. 이렇게 보면 조선이 후금과의 무역에서 일방적으로 피해를 입기만 한 것도 아님을 알 수 있다. 사절이 양국을 오가는 기회를 이용해 무역에 관여한 관원이 있었던 것이다.

이상과 같이 인조 5년의 강화체결에 즈음해 조선은 후금으로부터 예물을 요구받았고 강화 후에 예물을 후금에 보냈다. 이어서 조선은 후금으로부터 개시할 것을 요구받아 양국의 국경에 위치한 평안도 의주와 함경도

있다.

33 『亂中雜錄』 天啓 2년 정월조.

34 『仁祖實錄』 卷31, 13년 11월 癸亥조: "憲府啓曰, 祖宗法制疆域有截, 雖事大交隣冠蓋往來, 而不許一人私出境外, 蓋慮患之深也. 今者朴簹之行, 朝廷旣定商賈帶往之數, 而義州府尹林慶業, 乃敢於朴簹渡江之後, 潛送商貨, 深入瀋陽."

회령에서 개시를 행하게 되었다. 그러나 개시에는 조선의 상인과 상품이 모이기 어려웠기에 후금 사절은 한성이나 평양 등 조선 내지에 들어왔을 때에 무역을 행했다. 조선은 후금과의 상거래에 소극적이었으나 자국 사절이 후금에 들어갈 경우에는 상인을 대동시켜 무역을 행하는 관원도 있었다.

2. 조선 정부의 대(對)후금 무역정책

1) 예물 시책

조선이 후금에 보내는 예물에 대해 어떠한 시책을 취했는지를 검토해보겠다.

우선 후금의 대조선 무역 목적을 파악해두고자 한다. 후금은 조선과의 무역을 통해 명과의 전투에 대비하고자 했던 것으로 생각된다. 후금은 광해군 8년(1616)부터 명과의 전투를 이어오고 있었으며, 따라서 명과의 무역은 중단되었다. 인조 9년(천총 원년, 1631) 단계에서는 명으로부터의 전리품이나 조선과의 무역에서 얻은 재화를 사용해서 몽골에서 말을 구입해 명과의 전투를 준비했다고 후금의 칸(汗) 홍타이지는 인식하고 있었다.[35] 실제 조선과의 무역은 후금의 국가적 사업으로 행해지고 있었다. 예컨대 후금에서 조선과의 무역을 담당했던 잉굴다이는 재정을 관장하는 호부(戶部)의 장관(承政)이었고,[36] 마푸타는 호부의 차관(參政)을 맡고 있었다.[37] 이러한 후금의 무역 목적에 대해 조선의 비변사가 어떻게 이해하고

---

35 『滿文老檔』太宗 제39책, 天聰 5년 7월 28일조.
36 잉굴다이는 『欽定八旗通志』卷156, 人物志 36, 英俄爾岱條에 의하면 천총 5년 (1631)에 호부승정(戶部承政)에 취임했다.

있었는지는 인조 11년(1633)의 사료에 다음과 같은 기록이 있다.

> 비변사가 아뢰기를, "금국 汗의 答書를 보니 그 목적은 폐물을 늘리는
> 데 있지 맹약을 깨자는 데에는 있지 않은 것 같습니다."[38]

이 사료에서는 후금의 목적이 폐물을 늘리는 데 있다고 비변사는 분석하고 있다. 즉 비변사는 후금의 대조선 무역 목적이 국부를 축적하는 데에 있다고 파악하고 있었던 것 같다.

후금을 이처럼 인식하고 있었던 조선이 예물에 대해 실제로 어떻게 대응했는지 검토해보자. 구체적으로는 후금에서의 불교 사원 수복에 관해 인조 13년(1635)에 조선에서 보냈던 예물의 사례를 살펴볼 것이다. 인조 13년 8월, 후금은 옛 수도였던 에덴성(흥경성[興京城], 허투알라)의 불사를 보수하고 차하르부에서 가져온 불상을 안치하기 위해 사찰을 새로 건설하기 위해 조선에 자재를 요구했다. 이 사안에 대해서『인조실록』은 "敝邦(後金)의 사찰은 이미 건설하고 있으나, 채색할 물감이 부족하여 곤란합니다. 이는 부처를 공경하는 일이니 바라건대 지체하여 일을 그르치지 않아야 할 것입니다"[39]라고 했다. 후금 측의 사료에 의하면 에덴성에서의 불사 보수와 대원(大元) 쿠빌라이 때에 파스파 라마가 제작했던 불상을 린단 칸 휘하의 차하르부에서 가지고 와서 이를 안치할 불사 건설을 위해 조선에 안료와 전화(靛花)·등황(藤黃)·석황(石黃)·석청(石靑)·홍(紅)·대비금(大飛金)·백랍(白蠟)·송향(松香)을 요구했던 것이다.[40]

---

37 마푸타는『欽定八旗通志』卷148, 人物志 28, 馬福塔條에 의하면 천총 5년(1631)에 호부참정(戶部參政)에 취임했고, 천총 8년(1634)에 호부승정이 되었다.

38 『仁祖實錄』卷28, 11년 3월 戊戌조: "備局啓曰, 卽見金汗答書, 其意似在增幣, 而不在渝盟."

39 『仁祖實錄』卷31, 13년 8월 乙酉조: "弊邦寺已處, 造苦乏彩畫, 此係敬佛, 幸勿稽誤云."

린단 칸은 1593년에 차하르부에서 태어나 1603년에 칸에 즉위했고, 1617년에 티베트에서 고승 닥첸 세르파 후툭투를 초빙해 관정(灌頂)을 받았으며, 그때 전술한 팍파(파스파 라마)가 주조한 불상을 차하르에서 가지고 왔다.[41] 몽골족은 티베트 불교를 신앙하고 있었으며, 1578년에는 알탄 칸이 티베트의 고승 예남가쵸를 청해(靑海)로 불러 불교를 부흥시키고 있었다.[42] 따라서 건국한 지 얼마 되지 않은 후금에 있어서 불사를 건설하는 일은 몽골·만주·한(漢)의 민족을 통합하기 위해 필요했다고 볼 수 있다.

이러한 후금의 요구에 대해 같은 해 10월에 조선은 후금 사절이 부탁한 안료를 보냈다. 아래에 인용한 조선국왕의 서한은 현재 타이완의 중앙연구원 역사어언연구소(歷史語言研究所)에 소장된, 안료를 보낸다는 내용의 문서다.[43]

조선국왕이 금국 汗에 答書를 보냅니다. 귀국의 差使가 평양에 이르러 國書를 전달했기에 귀국에서 佛寺를 건설하고 있으며 또한 大元의 佛尊을 획득했음을 알게 되었습니다. 이는 하늘이 자비로운 가르침을 귀국 사람들에게 준 것입니다. 요구하신 안료는 별지에 기재하여 올립니다. 그 가운데 大綠과 石靑 두 종은 시장에서 구해보았으나 얻지 못하여 이번에는 보내지 못하니, 양해해주셨으면 다행이겠습니다.

天聰 9년 9월 9일, 董得貴가 가지고 감.[44]

---

40 『舊滿洲檔』天聰 9년 7월 25일조.

41 石濱裕美子, 『淸朝とチベット佛敎 ― 菩薩王となった乾隆帝』, 早稻田大學出版部, 2011, p. 14.

42 같은 책, p. 5.

43 「朝鮮國王答金國汗書」, 中央研究院 歷史語言研究所內閣大庫所藏(臺北市), 등록번호 038136. 한문 부분의 번각문이 『明淸史料』丙編 1에 수록되어 있고(滿文은 탈락), 도판이 『明淸檔案存眞選輯初集』, 中央研究院 歷史語言研究所, 1959, 瀋陽舊檔, pp. 49, 97에 수록되어 있다.

이 사료에서 조선이 후금의 요청에 응해 실제로 안료를 보냈음을 알려준다. 그 가운데 보낸 안료와 보내지 않은 안료 두 종류가 있었던 것도 알 수 있다. 그 가운데 대록(大綠)과 석청(石靑) 두 종류는 조선 정부가 안료를 시전에서 구했으나 조달이 불가능했다고 서술하고 있다. 조선이 후금의 요구에 항상 응했던 것은 아님을 보여주는 한 사례라고 할 수 있다.

이상과 같이 후금에서 조선에 무역을 위해 파견한 관원은 재정 담당인 호부의 상급직이 맡고 있었다. 조선의 비변사는 후금이 무역을 하고자 하는 것이 재정상의 필요 때문이었다고 파악하고 있었다. 후금에 공헌하는 조선의 대응을 보면 후금에서 불사 건축을 위해 요구한 안료를 제공하기도 하고 제공하지 않기도 했다.

2) 개시에 대한 시책

다음으로 조선 정부의 개시에 대한 시책을 분석해보겠다. 조선 정부가 후금과의 사이에서 승인했던 연 2회의 개시에서 후금과 분쟁이 발생했던 일이 있었다. 그 가운데 아래에서는 가격 결정을 둘러싼 분쟁과 상인의 부정에 대한 시책에 대해 검토하겠다.

(1) 가격결정을 둘러싼 분쟁

조선과 후금이 개시장에서 거래한 가격에 대해 조선 측은 불만을 가지고 있었는데, 특히 인조 9년(1631)부터 12년(1634)에 걸쳐 큰 문제가 발생했다. 발단은 인조 9년 4월에 후금의 잉굴다이 일행이 의주의 개시장에서 조선 상인으로부터 너무 싸게 상품을 구입한 일이었다. 그에 관한 의주부

---

44 "朝鮮國王答書金國汗. 貴差至平壤, 傳致國書, 承貴國修建佛寺, 又得大元佛龕. 此天以慈悲之教授貴國之人也. 所要彩畵別錄以呈. 其中大綠石靑貳種, 求諸市上而不得, 玆未送副, 幸惟恕亮. 天聰九年九月初九日董得貴齎 □□附 sure han i uyuci aniya i uyun biyai ice uyun de dongdukui gajiha bithe."

윤과 선유사(宣諭使)의 보고는 다음과 같다.

　의주부윤 申景珍과 선유사 朴蘭英이 치계하기를, "개시했을 때 龍骨大가 상품의 가격을 싸게 책정한 것은 약탈해 가는 것과 다름이 없습니다. 그러고도 성을 내어 말하기를, '우리가 소와 말을 매매하고자 했는데, 소는 겨우 50마리밖에 안 되고 말은 한 마리도 시장에 내놓지 않았다. 우리가 바라는 것은 물건을 실어 나를 정도의 수량에 불과하다. 만약 끝까지 이를 허락하지 않는다면 물건을 강가에 쌓아둔 채 수백 명을 安州나 평양 등지로 곧장 들여보내 기어코 말을 끌어오도록 하겠다'라고 했습니다."[45]

　여기서는 의주부윤이 잉굴다이가 상품을 싸게 구입해갔다고 보고하며, 또한 잉굴다이가 시장에 나온 소의 수가 50마리에 지나지 않고 말은 전혀 나오지 않은 데 대해 화를 냈다고 보고했음을 알 수 있다. 이에 조선은 같은 해(천총 5년) 8월에 가격 문제에 대해 후금에 항의했다. 이 항의의 내용이 담긴 국서는 후금 측의 사료인 『조선국내서부』에 수록되어 있으며, 그 내용은 다음과 같다.

　시장을 열어 재화를 유통시킴에는 반드시 가격을 공평하게 하고서 교역을 하여 이익이 편중되거나 손해가 편중되는 일이 없는 연후에야 비로소 오래 행해지며 폐단이 없습니다. 근래에 의주에서 개시했을 때 귀국 差人이 강함을 믿고 기세를 부리면서 여러 가지로 비리를 저질러, 혹은 싼 가격으로 억지구매하고 혹은 말과 가축을 약탈했습니다. 青布와 같은 상품은 우리 상인이 瀋陽에 이르면 가격이 매우 비싸고, 귀국의 상인이 폐방의

45　『仁祖實錄』卷24, 9년 4월 丙辰조: "義州府尹申景珍·宣諭使朴蘭英馳啓曰. 開市時, 龍胡勒定物貨之價, 無異奪掠. 且怒曰, 我等先言牛馬買賣事, 而牛則僅五十首, 馬則全不出於市. 我等所望, 不過載運物貨. 若終始不許, 則留置物貨于江邊, 當以數百人, 直入安州·平壤等地, 期得馬匹而來云矣."

서울에 오면 가격이 매우 쌉니다. 만약 국경에서 互市하면 그 중간값을 취하여 그 반을 얻을 수 있습니다. 지금은 상인을 위협하여 가격을 매우 가볍게 정하니 상인들은 원한을 호소하며 어찌할 바를 알지 못합니다.[46]

이에 의하면 조선국왕은 개시에서의 거래가 가격을 공평하게 해야 하는 것이라며, 의주 개시에서 후금의 사자가 싼 가격으로 거래하고 말과 가축을 약탈한 일을 비난했다. 그리고 청포의 가격은 심양이 가장 비싸고 한성이 가장 싸서 국경(의주)에서 거래하는 것이라면 그 중간의 가격으로 해야 한다고 했다. 전술했듯이 청포는 명에서 생산되는 면포로, 가도(椵島)를 통해 명에서 조선으로 유입되고 있었다. 그 때문에 심양보다 한성의 가격이 쌌을 것이다. 이러한 조선에서의 항의에 대해 후금은 같은 해 윤11월에 회답을 보냈다. 이 회답은 조선의 『인조실록』에 다음과 같이 남아 있다.

金國 汗이 朝鮮國王에게 致書합니다. …… 또한 의주에서 억지가격을 매긴 것과 회령에서 무리하게 요구한 것에 대해 말했습니다. 이는 나의 사람 가운데 나를 속이는 자가 있거나 왕의 사람 가운데 왕을 속이는 자가 있는 것이니, 엄격히 구명하지 않을 수 없습니다. 과연 이러한 일이 있다면 이는 우리 양국의 우호를 해치는 것이니, 왕은 마땅히 의주의 해당 관원에게 문서를 보내 억지가격을 매긴 자의 성명과 빼앗긴 말의 털 색깔을 조사하여 상세하게 적어 보내십시오.[47]

---

46 『朝鮮國來書簿』天聰 5년 8월 到來: "開市通貨, 必須平價交易, 無偏利偏害事, 然後方可久行而無弊. 頃日彎上開市時, 貴國差人, 恃强負氣, 多作非理, 或抑勒價値, 或攘奪馬畜. 如靑布爲貨, 我商到瀋陽, 則價甚重, 貴商到敝京, 則價甚輕. 若境上互市, 則當酌取其中, 方得其半. 今則劫制商人, 定價甚輕, 商賈號冤, 罔有紀極."

47 『仁祖實錄』卷25, 9년 윤11월 辛酉조: "金國汗致書朝鮮國王. … 又言, 灣上勒價, 會寧徵責要索. 我人欺我者有之, 王人欺王者有之, 是不可不嚴究也. 果有此事, 是敗

위의 회답에 의하면 후금 칸은 조선국왕에게 의주에서의 가격책정과 말 약탈에 관한 상세한 상황 보고를 요구했다. 문제는 아직 해결되지 않았다.

이후에도 조선은 계속 후금에 가격 문제를 제기했다. 인조 8년(천총 5년, 1630) 12월에 후금 칸에게 보낸 국서에서 조선국왕은, 조선에 거짓말을 하는 자가 없다고는 할 수 없다고 하면서도 후금이 조선보다 강국이므로 강자가 약자에게 강한 행동을 할 수 있는 것이라고 하며, 후금의 가격부정과 약탈행위를 은근히 비난했다.[48] 결국 가격결정을 둘러싼 이 문제는 어떻게 해결되었는지 확인되지 않지만, 조선은 후금과의 개시에서 조선 상인의 이익을 보호하고자 후금에 지속적으로 요구했음을 알 수 있다.

(2) 개시에서 조선 상인의 부정에 대한 시책

한편 조선 상인이 후금과의 무역에서 일방적으로 피해를 받은 것도 아니었다. 이 경우 조선 정부는 어떤 대책을 시행했는지 살펴보자.

인조 12년(천총 8년, 1634), 조선 상인이 후금에 인도하는 물품이 부정하게 변경되는 사건이 발생했다. 같은 해에 후금 칸이 조선국왕에게 보낸 국서가 『내국사원당』(內國史院檔)에 남아 있어 사건의 내용을 알 수 있다. 이에 따르면 후금 칸은 조선 상인이 후금에 판매한 조선산 단자(緞子)나 포(布)의 품질이 낮고 종이의 수량이 부족하다고 지적하면서 '한'(漢)의 상품인 모친(毛靑,[49] 靑布)이 부족하다는 것을 평계 삼지 말라고 조선국왕에게 항의하고 있다.[50]

我兩國和好, 王當行義州該管官員, 査勒價者姓名, 竝攘奪馬匹毛色, 詳細開來."
48 『朝鮮國來書簿』天聰 5년 12월 26일 到來.
49 사료 가운데의 'mocin'은 '모청'(毛靑)을 가리키고(『大淸全書』 卷10), '모청'은 송강(松江)의 상등 품질의 면포를 표항(標缸)이라는 쪽을 써서 깊은 청색으로 염색한 것으로, 명말에 기술이 완성되었다(『天工開物』 卷上, 彰施 第3卷, 諸色質料).
50 『內國史院檔』天聰八年檔, 天聰 8년 3월 2일조.

이에 대해 조선국왕은 후금 칸에게 사죄의 국서를 보냈다. 조선은 후금에 사죄했으나, 조선 상인의 활동은 유동적이고 이익추구 측면이 강하다고 하면서 상인을 단속함에 한계가 있다고 호소했다. 물론 단속 자체는 하겠다고 했다.[51]

이런 점에서 조선 상인이 후금과의 무역에서 부정행위를 할 경우 조선 정부는 후금에 사죄하되 상인의 단속을 엄격히 하겠다고까지는 후금에 약속하지 않았음을 알 수 있다.

3) 월경 채삼(採蔘)에 대한 시책

이상과 같은 공헌이나 개시 등의 무역 외에 후금과 조선 사이에서 문제가 되었던 것은 조선인이 국경을 불법으로 넘어가서 후금산 인삼을 채취하는 행위(월경 채삼)였다. 원래대로라면 후금과의 무역으로 조선 상인이 후금산 인삼을 수입해야 했으므로 조선인이 월경해 채삼하는 행위는 후금산 인삼을 불법으로 획득하는 방편이 되었다. 아래에서는 월경 채삼에 대한 조선 정부의 조치를 검토한다.

조선과 후금 사이의 국경은 압록강과 두만강이었다. 그 국경을 민간인이 무허가로 넘는 일에 대해 인조 6년(천총 2년, 1628)에 양국은 엄벌에 처하기로 약속했다. 그 합의에서 후금 칸은 조선에 대해 조선인의 무단월경을 금지하고, 조선에서 국경감시를 제안했음을 언급했다.[52]

그러나 그 후에도 국경 침범사례는 자주 발생해 인조 7년에는 조선인이 후금으로 월경해 채삼하는 일이 발생했다.[53] 후금은 인조 11년(천총 7년, 1633)에는 조선의 월경 채삼자를 체포하기도 했다.[54]

---

51 『内國史院檔』天聰八年檔, 天聰 8년 4월 27일조.
52 『滿文老檔』太宗 제10책, 天聰 2년 5월 23일조.
53 『朝鮮國來書簿』天聰 3년 6월 19일 到來.

표 2 천총 9년(1635)에 일어난 월경 채삼사건 목록

보고 날짜	사건의 개요
천총 9년 7월 12일	툴라이 니루의 가이나가 인삼을 캐러 갔다가 인삼을 찾으러 온 조선인 4명을 붙잡아둠.
천총 9년 7월 18일	피양구 니루의 부산타이가 인삼을 캐러 갔다가 인삼을 찾으러 온 조선인 18명 중 2명을 붙잡아둠.
천총 9년 8월 1일	장시하 안타누, 사할리얀 오통고가 조선에서 인삼 캐러 온 것을 획득해 되돌려보냄.
천총 9년 9월 10일	강계백(江界白)의 니오 야 가기가 15명을 꾸려 인삼을 채취하러 갔는데, 11명은 도망갔지만 4명을 라파의 다이두 비테시가 붙잡아둠.

* 『구만주당』(舊滿洲檔)의 해당조목에 기초해 작성

　　그 후 인조 13년(천총 9년, 1635)에는 월경 채삼사건이 많이 발생했다. 이 해의 『구만주당』 기사에서 확인되는 사례를 정리하면 〈표 2〉와 같다. 이에 따르면 이해 4월부터 9월까지 다섯 차례, 조선인이 월경 채삼을 시도하다가 후금에 적발되었음을 알 수 있다.

　　이처럼 사건이 잇따르자 같은 해 9월 후금은 조선에 항의를 했고, 이에 11월에는 조선국왕이 후금 칸에게 보내는 국서에서 월경 채삼을 반성하는 뜻을 표시했는데, 이는 조선 유민(流民)의 행동이라고 해 그 배경을 언급하는 가운데 어느 정도 월경 채삼에 이해를 표시했다.[55]

　　다음으로 조선의 북부 지방에서 월경 채삼이 많이 발생한 원인을 검토해보겠다. 인조 13년(1635)에 함경도 관찰사가 올린 보고에서는 그 원인을 다음과 같이 언급했다.

54　『内國史院檔』 天聰七年檔, 天聰 7년 11월조.
55　『滿文老檔』 崇德 제1책, 天聰 10년 정월 16일조.

함경도 관찰사 閔聖徽가 馳啟했다. "碧潼鎭 등의 주민 30여 명이 국경을 넘어 삼을 캐다가 끝내 모두 사로잡혔습니다. 이는 대개 禁法이 엄하지만 중앙과 지방의 상부기관이 物貨를 보내고서 인삼을 구입해 바치게 하면서 여러 곳에서 추궁하는 까닭에, 수령들이 어쩔 수 없이 민간에 나누어 주고 인삼으로 교환해 바치게 하기 때문입니다. 이에 형세상 부득이하게 법을 무릅쓰고 죽음도 잊은 채 삼을 캐다가 포로로 잡히기까지 한다고 합니다."[56]

이 사료에 따르면 조선의 중앙과 지방의 정부기관이 대가(代價)를 변경의 고을로 보내서 인삼을 구입하고자 하며, 수령이 그 부담을 민간에 전가하고 있는 까닭에 백성들이 국경을 넘어가 인삼을 캐도록 내몰리고 있다고 한다. 조선 정부기관의 움직임이 민간의 월경 채삼을 촉진하고 있다는 것이다.

위법한 인삼 거래의 이익은 매우 컸던 것으로 보여 이러한 인삼 거래 통제를 조선 국내에서 주장하기에 이르렀다. 위법한 인삼 거래에 대한 비변사의 인식은 다음의 사료를 통해 알 수 있다.

비변사에서 아뢰기를, "근래에 인삼 상인들이 세금은 적게 내면서 이익은 많이 보기 때문에 內地의 사람들이 앞다투어 들어가고 있어, 몰래 국경을 넘는 폐단을 끝내 막을 수 없습니다. 청하건대 세금을 더 거두어 상업 이익을 조금 빼앗아 금령에 일조가 되게 하십시오"라고 했다.[57]

---

56 『仁祖實錄』卷31, 인조 13년 10월 壬辰: "咸鏡監司閔聖徽馳啓曰. 碧潼等鎭居民三十餘人, 越境採參, 竟皆被擄. 蓋禁法雖嚴, 而京外上司, 入送貨物, 使之貿參, 取責多門, 守令不得已分給民間, 責令質納. 故其勢不得不冒法忘死, 至於被擄云."
57 『仁祖實錄』卷31, 인조 13년 11월 丙辰: "備局啓曰, '近來蔘商, 納稅少而取利多, 故內地之人, 爭相入往, 潛越之弊, 終不可禁. 請量加收稅, 稍奪商利, 以爲禁令一助."

이 사료에 의하면 비변사는 인삼 상인의 세금이 적어 이익이 크기 때문에 후금으로 밀입국하고 있다는 인식을 보이고 있다. 이에 비변사는 인삼 거래에 대한 과세를 높임으로써 금령에 일조하자고 건의한 것이다.

이상과 같이 예물에 대해서는 조선 정부가 후금의 요청에 응하는 경우와 응하지 않는 경우가 있었다. 개시장에서의 거래는 조선 정부가 가격 면에서 불리한 위치에 놓여 있었던 조선 상인을 보호하기 위해 후금과 교섭하기도 했다. 한편으로 조선 상인 가운데 후금 사절을 속여 이익을 취한 자가 발각되었을 경우에는 엄히 단속하지 않고, 월경 채삼 문제에 대해서는 정부기관이 이를 촉진하기도 했다. 다만 폐해가 많아도 조선 정부는 후금과의 무역을 중지하지는 않았다.

3. 조선의 대후금 무역정책의 배경

조선 정부는 후금과의 무역에서 조선 상인의 이익을 보호하기 위해 교섭을 벌였다. 그렇다면 조선 상인이 불이익을 당하는 일이 있었음에도 후금과의 무역을 중단하지 않았던 것은 어째서일까. 여기서는 후금과의 무역에 조선이 어느 정도 응했던 배경에 대해 살펴본다.

조선은 평안도 앞바다의 가도(椵島)를 통해 청포와 단자를 비롯한 명의 물자를 수입하고 있었다. 나아가 광해군 원년(1609)에 조선은 대마도에 통교를 허용했고, 광해군 3년부터 대마도에서 파견되는 세견선(歲遣船)이 재개됨으로써 일본 대마도와의 무역이 다시 열리게 되었다. 이로써 조선에는 일본이나 동남아시아의 상품을 수입하는 루트가 형성되었다.

조선에서 후금에 보내는 예물 목록에 들어 있던 후추와 소목(蘇木)은 조선에서는 산출되지 않는 것으로, 이들은 대마도를 통해 입수했다. 대마도가 기유약조(己酉約條) 이후 조선에 진상한 후추와 소목은 세견선 17척과 특송사선(特送使船) 3척에 포함된 것으로 각각 합계 2,000냥, 3,280냥이었다.[58] 또한 동래(東萊) 왜관에서의 공무역에서도 후추와 소목은 수우각(水牛角)과 함께 대마도를 통해 수입되었다.[59] 동남아시아의 상품은 16세기 이전 대마도에는 하카타 상인의 손을 매개로 수입되고 있었지만,[60] 17세기 이후로는 하카타 상인뿐만 아니라 네덜란드나 영국 상관(商館)으로부터 입수되었던 것으로 생각된다. 예컨대 1614년 대마도를 방문한 영국 동인도회사 평호상관(平戶商館)의 리처드 콕스(Richard Cocks)는 일본에 수입되는 후추가 거의 전량 조선에 수출되고 있으며 그가 대마도에 들여온 후추는 비싼 값에 팔렸다고 본국에 보고했다.[61] 또 소목은 네덜란드의 동인도회사가 샴에서 평호(平戶)로 들여왔다는 기록이 있다.[62] 후금은 조선이 일본으로부터 물품을 수입할 수 있음을 숙지하고 있었다.[63]

한편 후금은 조선이 자신과 명을 중계하는 무역상황을 파악하고 있었다. 예를 들어 인조 13년(1635)에 금국 칸이 조선국왕에게 보낸 서한에는 조선이 후금과 명 사이에서 행하는 중계무역에 대한 언급이 보인다. 그에 따르면 후금 칸은 조선 상인이, 본래는 1근당 16냥으로 거래해야 할 인삼을, 거짓 이유를 내세워 후금으로부터 1근당 9냥으로 구입한 후 가도의 한인(漢人)에게는 1근당 200냥으로 판매했음을 문제로 지적했다.[64] 그 이

---

58 『通文館志』 卷5, 交隣, 年例送使에 의해 집계. 연례송사에 의한 세견선의 진상 물품 통계는 田代和生, 『近世日朝通交貿易史の研究』, 創文社, 1981, p. 61에 있다.

59 『變例集要』 卷8, 公貿易, 己酉年(1609) 10월조.

60 森克己,「中世末·近世初頭における對馬宗氏の朝鮮貿易」,『九州文化史研究所紀要』 1, 1951, pp. 8~9.

61 리처드 콕스가 영국 동인도회사 본점에 보낸 서한(1614년 5월)(『大日本史料』 12篇 17, 東京帝國大學 文科大學 史料編纂掛, 1914, pp. 464~68).

62 엘베르트 우테르센(Elbert Woutersen)이 네덜란드 동인도회사 평호상관에 보낸 서한(1614년 9월)(『大日本史料』 12篇 17, 東京帝國大學 文科大學 史料編纂掛, 1914, p. 499).

63 浦廉一,「明末淸初に於ける日本の地位」(一),『史林』 19-2, 1934, pp. 258~59.

64 『舊滿洲檔』滿附三, 天聰 9년 12월 20일조.

전부터 조선 상인은 가도에 인삼을 판매하고 있었다. 호조(戶曹)가 인조 6년에 올린 보고에는 가도에 조선 상인들이 모여 인삼을 팔고 있다고 언급되어 있다.[65] 동래 왜관에서 대마도로의 인삼 수출이 증가하는 1640년대까지는 조선은 청과의 무역을 통해 인삼을 입수할 수 있었다.[66]

이와 같이 조선은 일본·명·후금 삼자와의 무역창구를 모두 가지고 있었다. 당시 동아시아에서 명과 후금은 전쟁상태였고 후금과 일본은 단절되어 있었다. 조선만이 모든 주변국과 무역을 할 수 있었던 것이다. 이러한 국제환경 속에서 조선은 후금으로부터 특산물을 입수해 명 및 일본과 중계무역을 시행했던 것이다.

맺는말

이 글에서는 인조 6년(1628) 이후 조선의 대후금 무역정책에 대해 논했다. 그 결과 다음과 같은 사항을 확인할 수 있었다.

인조 5년(1627) 정묘호란 이후 조선은 후금과 사절을 주고받으며 예물을 보내게 되었다. 이어서 조선은 후금으로부터 개시를 요구받아 국경인 평안도 의주와 함흥도 회령에 시장을 개설했다. 그러나 개시에는 조선의 상인과 상품이 모이기 어려웠기에 후금 사절은 한성이나 평양 등 조선 내지로 들어가는 기회에 상거래를 하게 되었다. 조선은 후금과의 상거래에 소극적이었지만 자국 사절이 후금에 들어갈 경우 상인을 대동하고 있었다.

예물에 대해서는 조선 정부가 후금 요청에 응하는 경우와 응하지 않는 경우가 있었다. 개시장에서의 거래에서는 조선 상인이 가격 면에서 불

---

65 『仁祖實錄』卷19, 6년 12월 丁未조.
66 篠田治策, 『白頭山定界碑』, 樂浪書院, 1938, p. 53.

리한 상황에 처할 경우 상인을 보호하기 위해 외교교섭을 벌이기도 했다. 한편 조선 상인 가운데 후금 사절에 대해 부정행위를 한 자가 발각되었을 때에는 엄히 단속을 하지 않았으며, 조선 정부기관의 행위가 민간의 월경 채삼을 촉진하기도 했다. 조선 정부는 후금과의 무역에서 폐해가 많다고 하면서도 이를 중단하지는 않았다.

조선 정부가 소극적이기는 하나 후금과의 무역을 지속한 배경에는 당시의 국제정세가 있다고 볼 수 있다. 조선은 명, 후금, 일본과의 사이에 무역 창구를 갖고 있었다. 당시 동아시아 국가 가운데 가장 많은 창구를 가지고 있었던 것이다. 조선 입장에서 보면 후금은 명의 상품, 동남아시아 상품, 그리고 공예품을 수출할 수 있는 좋은 상대였으며, 명과 일본으로의 중요한 수출품인 인삼을 수입할 수 있는 존재이기도 했다. 조선이 후금과 무역을 지속한 동기는 여기에 있었다고 볼 수 있다.

이렇게 보면 조선은 후금과의 무역을 활용해 동아시아 국제무역의 중개자로서 활약했다고 할 수 있을 것이다. 특히 후금이 일본이나 동남아시아 등의 해역에 접근하지 못한 상황, 명과 전쟁 중이었다는 상황 속에서 조선은 후금에 불가결한 중계무역의 담당자로 존재하고 있었다. 그렇기 때문에 조선은 후금과의 상품 거래에서 가격을 두고 몇 번이고 교섭을 하거나 조선 상인의 부정행위를 그다지 엄격히 따지지 않는 등의 대응을 했던 것으로 보인다.

병자호란(인조 15년)에서 조선이 청에 패배하고 복속하게 되자 위에서 서술했던 조선의 중계무역은 크게 변모했으나, 이 글에서는 모두 논하지 못했다. 병자호란 이후 조선의 대청무역에 대해서는 별도의 글을 통해 논하고자 한다.

[번역: 정동훈, 서울교대 사회과교육과 교수]

9

감추는 외교

── 청에 대한 류큐·일본 관계 은폐정책

와타나베 미키(渡邊美季)

머리말

1832년 에도시대 말기 일본에서 『류큐 연대기』(琉球年代記)라는 책이 출간되었다. 이 책에는 「후루고리 하치로(古郡八郞)의 표류 이야기와 그림」이라는 제목의 단편이 한 장의 삽화와 함께 수록되었다. 삽화(그림 1)에는 해상을 달리는 범선과 그 배를 탄 사람들, 먼 배경의 육지 등이 묘사되어 있다. 그리고 그 구석에는 "후루고리 하치로가 류큐인의 사카야키(月代)를 깎는 그림"이라는 설명이 쓰여 있다. 사카야키란 이마부터 정수리 부분까지 두발을 반월형태로 깎는, 전근대 일본인 남성의 일반적인 머리형태를 말한다. 삽화의 제목으로 추측해보건대 존마게(丁髷, 일본식 상투)를 한 인물이 후루고리 하치로이고, 둥근 상투에 비녀를 꽂은 쪽이 류큐인일 것이다. 류큐인은 어딘지 모르게 기뻐하는 표정으로 강제로 머리를 깎고 있는 모습은 아니다.

단편의 내용은 다음과 같이 요약할 수 있다. 즉 어느 날 일본인 하치로라는 인물이 해난사고로 류큐(琉球)에 표착했다. 류큐국왕의 명령에 따

그림 1 『류큐 연대기』 삽화(국립국회도서관 디지털 라이브러리)

라 4명의 류큐인이 하치로 일행을 일본으로 송환하려 했으나, 도중에 다시 조난을 당해 함께 '명나라'에 표착하고 말았다. 그러자 류큐인이 슬픈 얼굴로 말했다. "소국의 한심한 지위로 인해 귀국(일본)에는 저 나라(중국)와 왕래하는 것을 드러내지 않고, 또 저 나라에는 귀국에 따르고 있음을 숨기고 있습니다. 만약 지금 우리가 발각된다면, 류큐가 일본에 종속되어 왕래하고 있음을 중국인이 알게 되어 우리는 처형되고 필시 국가의 우환을 야기하게 될 것입니다." 이에 하치로는 꾀를 냈다. 류큐인들이 일본식 상투에 일본 옷을 입고 일본풍의 이름을 써서 일본인인 것처럼 행동한다면 해결될 수 있다는 것이다. 류큐인은 희대의 양책이라며 덩실덩실 기쁨을 감추지 못했다. 그러고는 머리를 자르고, 이름을 각기 효귀(孝貴)는 고하치(孝八), 이구마(伊久麻)는 이노스케(伊之助), 미리이(美里二)는 미치쓰구(道次), 나고칭(那古稱)은 고스케(古助)로 바꿨다. 결과적으로 일행은 '일본인'으로서 구조되어 별 어려움 없이 귀국할 수 있었다고 한다. 단편에 들어간 삽화는 다름 아니라 류큐인들이 중국 상륙에 앞서 일본인으로 변장하기 위해 머리를 깎고 있는 장면을 묘사한 것이다.

이 단편의 작자는 오타 난포(大田南畝, 1749~1823)다. 촉산인(蜀山人)이라는 펜네임으로 알려진 에도시대 후기의 저명한 문인이다. 그는 막신(幕臣)으로서 나가사키부교쇼(長崎奉行所)에서 일한 적도 있는 까닭에 일본의 대외사정에도 밝은 인물이었다. 이야기 말미에는 "이 표류기는 …… 단지 류큐인이 머리를 잘라 명나라 사람의 눈을 속인 우스꽝스러움을 포착해 여기에 실은 것이다"라고 난포 자신의 코멘트가 덧붙여져 있다. 이 코멘트와 삽화를 볼 때 류큐인이 머리를 잘라 일본인으로 변장하는 장면이 이 단편의 하이라이트임을 알 수 있다. 어쩌면 이를 읽은 당시의 일본인들에게도 진귀하고 흥미로운 이야기로 받아들였을 것이다.

그런데 이 단편은 단순한 우스갯소리가 아니라 실화에 근거한 것이었다. 류큐에 관한 당시 기록을 찾아보면, 『류큐 연대기』의 '사실'들을 여러 곳에서 발견할 수 있다.[1] 예를 들어 1714년에는 일본 사쓰마(薩摩) 번의 배가 류큐로 갔다가 돌아오는 길에 청나라에 표착한 사건이 있었다.[2] 이 배에는 류큐 최대의 항시(港町)인 나하(那覇)에서 고용된 금성(金城)과 오옥(吳屋)이라는 두 명의 류큐인이 뱃사공으로 동승하고 있었는데, 그들은 중국 상륙 전에 식칼로 머리를 잘라 일본인으로 변장하고, 또 금성은 긴에몬(金右衛門)으로, 오옥은 고에몬(五右衛門)으로 바꾸었다. 뿐만 아니라 청의 심문을 받게 된 사쓰마인 선장은 류큐가 아니라 사쓰마의 야마가와(山川)항에서 가고시마(鹿兒島)로 가던 중 조난당한 것이라고 거짓 진술함으로써 류큐와 일본 사이의 관계를 감추었다.

또한 1815년에 아마미오시마(奄美大島)에서 가고시마를 향하던 사쓰

---

1 渡邊美季, 「清に對する琉日關係の隱蔽と漂着問題」, 『近世琉球と中日關係』, 吉川弘文館, 2012(原載 『史學雜誌』 114-11, 2005).

2 鹿兒島縣維新史料編纂所 編, 『舊記雜錄追錄』 4, 鹿兒島縣, 1974, p. 701(1810호 문서).

마 배가 청에 표착하게 되었을 때에도 배에 타고 있던 오시마인 두 명은 마찬가지로 이름을 바꾸고 머리를 잘라 일본인 모습으로 변장했다.[3] 당시 아마미오시마는 사쓰마 번의 직할령이었지만 이전에는 류큐령이었던 까닭에 도민들은 류큐풍의 머리나 이름을 유지하고 있었다. 게다가 이 배에는 후루와타리 시치로(古渡七郎)라는 사쓰마 번사(藩士)가 타고 있었다. 이 이름은『류큐 연대기』단편에 등장하는 후루고리 하치로와 매우 유사하다. 이를 볼 때 오타 난포는 1815년의 이 사건을 모델로 단편을 집필한 것으로 추정된다.

1. 류큐의 역사와 중국·일본과의 관계

그렇다면 대체 어떤 이유로 당시 류큐·아마미·사쓰마 사람들은 중국에 대해 사쓰마(곧 일본)와 류큐의 관계를 감추었던 것일까. 이를 설명하기위해 우선은 류큐의 역사와 중국·일본과의 관계에 대해 개관해두자.[4]

류큐는 12세기를 전후한 시점부터 국가형성의 움직임이 시작되어 14세기 후반에는 중국의 신 왕조인 명(1368년 성립)과 조공관계를 맺었다. 이 관계는 류큐국왕이 명 황제의 신하로서 정기적으로 견사(遣使)·공납(貢納)을 행하는 조공과, 황제가 국왕에게 왕호를 부여하는 책봉을 주된 요소로 했다. 그리고 류큐에는 은전으로서 조공 때 명에서의 무역(조공무역)이 허락되었다. 이러한 관계의 성립을 배경으로, 류큐는 조공무역을 통해

---

3 「文化十三丙子 薩州漂客見聞錄」, 石井研堂校訂·石井民司 編, 『校訂漂流奇談全集』, 博文館, 1900.

4 보다 상세하게는 渡邊美季, 「東アジア世界のなかの琉球」, 藤井讓治 外 編, 『岩波講座 日本歷史』12, 岩波書店, 2014; 豊見山和行 編, 『日本の時代史 18 琉球·沖縄史の世界』, 吉川弘文館, 2003; 財團法人沖縄文化振興會公文書管理部史料編集室 編, 『沖縄縣史』各論編 4·近世, 沖縄縣教育委員會, 2005 등 참조.

입수한 대량의 중국제품을 밑천으로 삼아 명·일본·조선과 동남아시아의 각 지역을 결합하는 국영의 중계무역을 활발히 전개했다. 명의 지배가 상대적으로 안정되어 있던 15세기 중반부터 약 1세기 동안 류큐는 동아시아·동남아시아를 연결하는 물류의 담당자로서 상업적인 번영을 구가했다.

그러나 16세기 후반에 들어 명의 약체화가 현저해지는 한편, 일본에서는 국내통일을 둘러싼 움직임이 활발해졌는데, 그러한 정치적·군사적 파급이 류큐까지 미치기 시작했다. 결국 류큐는 에도시대 개창 직후인 1609년에 도쿠가와(德川) 막부의 인가를 받고 출병한 사쓰마의 다이묘(大名) 시마즈 씨 군세의 침략을 받았다. 이 전쟁의 패배로 인해 류큐는 일본, 보다 정확히는 도쿠가와 막부와 사쓰마 번의 정치적 통제를 받게 되었다. 다만 막부는 명과 군신관계에 있는 류큐 왕권의 존재를 전제로 한 지배방침을 취했기 때문에[5] 이후에도 '왕국의 형태'와 '중국과의 관계'는 계속 유지되었다.

이와 같은 경위로 류큐는 시마즈 씨와의 전쟁에서 패한 1609년부터 메이지 정부가 오키나와(沖繩) 현으로 병합한 1879년까지 270년 동안 "중국·일본에 이중으로 복속하는 왕국"이 되었다. 이 기간을 연구자들은 일반적으로 '근세(近世) 류큐'라고 칭해 그 이전의 '고(古) 류큐'와 구별하고 있다(그림 2). 고 류큐와 달리 근세 류큐의 외교상대는 중국(명·청)과 일본 두 나라에 한정되었다. 중국과는 외교사절만 왕래할 뿐이었으나, 일본과는 사쓰마 번의 통제 아래서 류큐로부터 빈번하게 공납·운반 등의 공적인 용무로 사쓰마에 인원(모두 남성)이 파견되었다. 그 외에도 총 횟수는 19회로 많지 않지만 쇼군(將軍)과 국왕의 교체 시기에 에도까지 사절

---

5 이즈음 막부는 16세기 말 도요토미 히데요시(豊臣秀吉)의 조선침략으로 인해 악화된 명과의 관계를 개선하고 명과의 공무역을 개시하기 위해 명의 조공국인 류큐에 중개역할을 담당케 하고자 했다(渡邊美季, 「琉球侵攻と日明關係」, 『近世琉球と中日關係』, 吉川弘文館, 2012).

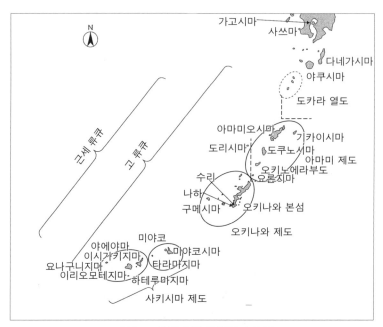

그림 2 고 류큐와 근세 류큐의 영역

이 파견되기도 했다. 한편 류큐에 출입할 수 있는 일본인은 번의 허가를 받은 사쓰마인 남성으로 제한되었으며 그들의 류큐 이주(정주)는 금지되었다. 결과적으로 일본의 지배 아래에 들어간 근세 류큐는 사쓰마 이외의 일본인에게는 오히려 '먼' 존재가 되었다. 또한 근세 류큐의 대부분의 시기에 일본과 중국 사이에는 정식의 국교가 없었다. 나가사키에 오는 중국의 민간 상선을 통한 통상관계만이 존재했을 뿐이다. 따라서 군신관계라는 형태로 중국 및 일본과 정식의 외교(국가 간 관계)를 행하고 있던 근세 류큐는 중일 양국을 연결하는 존재였다고도 말할 수 있다.

2. 은폐정책의 개시와 전개

1644년, 쇠퇴의 길을 걷고 있던 한민족 왕조 명(明)이 농민반란에 의해 멸망하고, 대신 만주족 왕조인 청이 중국을 정복했다. 이를 알게 된 류큐는 당초에는 명의 잔존세력에게 조공을 바쳤으나, 청(淸)이 1649년과 1652년에 사자를 파견해 류큐의 귀순을 요구하자 명청 어느 쪽에도 대처할 수 있는 이중외교를 전개했으며,[6] 최종적으로는 1663년에 청의 책봉을 받았다. 이 과정에서 1655년에 시마즈 씨는 청의 책봉사가 류큐에 대해 변발이나 청의 복색 등 청속(淸俗, 청의 풍속)을 강제할 경우 어떻게 대응할지 막부에 문의했다. 시마즈 씨는 청속이 '일본의 허물〔瑕〕'이므로 일단 거절한 뒤 책봉사를 돌려보낼지 아니면 목을 벨지를 물었던 것인데, 막부는 책봉사로부터 청속을 강요받으면 그에 따라야 한다고 회답했다. 류큐 지배자로서의 자신 체면보다도 청과 류큐의 군신관계를 우선시해 청과의 마찰을 회피하려는 자세를 취했던 것이다.[7] 이러한 보수적인 자세에는 당시 막부가 약관 15세의 4대 쇼군 도쿠가와 이에쓰구(德川家綱)를 받드는 후다이 다이묘(譜代大名) 등의 합의체제로 운영되고 있던 사실도 크게 영향을 끼쳤던 것으로 보인다.[8] 어쨌든 이러한 막부의 자세로 인해 류큐에 병존하는 두 개의 군신관계, 즉 청·류큐 관계와 일본·류큐 관계 사이에 우선순위가 결정되었고, 이에 따라 류큐는 이중의 신종(臣從)이라는 모순 상태를 비교적 용이하고도 안정적으로 유지하게 되었다. 1663년에 류큐

6 高瀨恭子, 「明淸交替時における琉球國の對中國姿勢について」, 『お茶の水史學』 22, 1978.

7 藩法硏究會 編, 『藩法集』 VIII(薩摩藩·下), 創文社, 1969, 1228호 문서; 紙屋敦之, 「七島郡司考 ── 琉日關係の隱蔽」, 『幕藩制國家の琉球支配』, 校倉書房, 1990a(初出 1985), p. 225.

8 高埜利彦, 「元祿の社會と文化」, 同編, 『日本の時代史 15 元祿の社會と文化』, 吉川弘文館, 2003, p. 14.

에 파견된 책봉사 또한 결국에는 청속을 강제하지 않았다(이는 다른 조공국에 대해서도 마찬가지였다).

청과의 관계가 형성되고 우여곡절을 거쳐 안정되어 가는 속에서 류큐는 서서히 청 및 청과 관계하는 나라들에 대해 일본과의 관계를 감추는 특별한 정책을 취했다.[9] 즉 청을 중심으로 한 국제사회에서 류큐는 어디까지나 청의 조공국으로 행세했으며, 일본과의 관계는 수면 아래서 말하자면 일종의 '마법거울' 안쪽에서만 유지되었다.

은폐정책의 개시 이유는 불명확하다. 그러나 1649년에 사쓰마가 류큐에 대해 "타타르(韃靼, 淸)인 앞에서 류큐인과 일본인이 서로 아는 듯한 모습을 보이는 것은 좋지 않다"고 지적하거나 1664년에 청으로 가는 류큐의 조공사절에 대해 "류큐가 사쓰마의 지배 아래 들어간 것을 중국에서 입에 올리면 안 된다"고 지시한 사실 등을 볼 때 사쓰마의 지시로 시작되었을 가능성이 높다.[10] 또한 은폐정책에 대한 사쓰마의 지도적·협력적 태

---

9 은폐에 관한 주된 연구로는 渡邊美季, 앞의 책, 2012와 紙屋敦之, 앞의 글, 1990a 외에 다음과 같은 것들이 있다. 喜舍場一隆, 「近世期琉球の對外隱蔽主義政策」, 『近世薩琉關係史の研究』, 國書刊行會, 1993(初出 1971); 紙屋敦之, 「幕藩體制下における琉球の位置 ─ 幕·薩·琉三者の權力關係」, 『幕藩制國家の琉球支配』, 校倉書房, 1990b(初出 1978); 同, 「琉球の中國への進貢と對日關係の隱蔽」, 『東アジアのなかの琉球と薩摩藩』, 校倉書房, 2013(初出 2006); 德永和喜, 「冠船奉行の設置と展開」, 『薩摩藩對外交涉史の研究』, 九州大學出版會, 2005a; 同, 「藩廳と首里王府の漂着大冊」, 『薩摩藩對外交涉史の研究』, 九州大學出版會, 2005b; 上原兼善, 「中國に對する琉日關係の隱蔽政策と'道之島'」, 菊池勇夫·眞榮平房昭 編, 『近世地域史フォーラム 1 列島史の南と北』, 吉川弘文館, 2006; Watanabe Miki, "The Elements of Concealment in Ryukyuan Diplomacy between Japan and China in Early Modern Times," *Memoirs of the Research Department of the Toyo Bunko* 75, February 2018. 키샤바(喜舍場)는 은폐정책의 개요와 수리 왕부에 의한 강화책의 전개를 보여주고, 가미야(紙屋)는 명·청 교체를 중심으로 한 동아시아의 변동 속에서 은폐정책을 검토한 위에 이 정책이 청대에 시작된 것이나 '다카라지마의 레토릭'(후술)의 형성을 지적했다. 이러한 연구성과 위에 와타나베는 주로 표착·표류 문제로부터 은폐의 실태나 이 정책의 국내적 의의를 밝혔다. 또한 도쿠나가(德永)는 책봉사의 도래와 표착 문제에 관한 왕부의 은폐정책을 상술했고, 우에하라(上原)는 사쓰마·류큐의 아마미 제도의 지배를 둘러싼 은폐정책의 의미를 논했다.

도에는 명청 교체기에 막부가 보인 자세, 즉 청과의 마찰을 피하고 류큐·청 관계를 우선시하는 자세가 적지 않은 영향을 끼쳤을 것이라고 생각한다.

다만 사쓰마의 지시와 협력이 있었다고 하더라도 은폐정책의 주체는 어디까지나 류큐의 수리(首里) 왕부였다. 왕부는 청·일에 대한 이중의 신종이 청으로부터 질책당할 것을 우려해 1680년대 후반 이후 자발적, 적극적으로 은폐정책을 강화했다. 그 정책의 특징은 ① 청에 대해 일본과의 관계를 감출 것, ② 1609년 시마즈 씨의 침공을 계기로 류큐가 사쓰마에게 할양한 미치노시마(道之島, 아마미 제도)도 청에 대해서는 표면적으로 '류큐령'임을 관철할 것, ③ 어쩔 수 없는 경우 일본을 '다카라지마'(寶島)라고 사칭할 것 등의 세 가지로 요약할 수 있다.

이중 ③이 가장 특이한 점일 것이다. 다카라지마(시치토〔七島〕·도카라〔トカラ〕 열도)는 사쓰마 반도와 아마미 제도 사이에 위치한 군도로서 고 류큐 시기에는 시마즈 씨와 류큐 왕부의 지배를 중층적으로 받고 있었다.[11] 이 시기에 명에서 류큐로 책봉사가 파견되면, 시마즈 씨가 임명한 시치토의 장관 대리인이 류큐의 속도(屬島)인 시치토의 대표로서 나하에 파견된 책봉사와 대면하는 관례가 있었다.[12] 이 관례를 이용해 1683년에 내항한 청의 두 번째 책봉사에 대해 사쓰마의 관리와 선장이 시치토의 장관 대리인으로 위장해 존마게 등의 일본 풍속 그대로 대면한 적이 있는데, 책봉사는 그들의 진상물을 거절했다.[13] 정사 왕즙(汪楫)은 "그 모습은 추악해

---

10 鹿兒島縣維新史料編纂所 編, 『鹿兒島縣史料』, 舊記雜錄追錄 1(鹿兒島縣, 284號), 1971; 小野まさ子 外, 「「内務省文書」とその紹介」, 『史料編集室紀要』 12(98號), 1987; 紙屋敦之, 앞의 글, 1990b, pp. 261~62.

11 紙屋敦之, 앞의 글, 1990a, pp. 228~36; 深瀬公一郎, 「環シナ海域圏におけるトカラ列島 ―'七島'から'寶島'へ」, 高良倉吉代表科研成果報告書, 『琉球と日本本土の遷移地域としてのトカラ列島の歴史的位置づけをめぐる總合的研究』, 琉球大學法文學部, 2004, pp. 89~92.

12 紙屋敦之, 앞의 글, 1990a, p. 232.

결코 류큐인이라 할 수 없다. …… 왜인이라고 하는 사람도 있다"[14]고 기록했다. 분명히 밝히지는 않았지만 저들이 일본인임을 간파하고 있었을 것이다.

그로부터 얼마 지나지 않아 왕부는 은폐정책을 주도적으로 실행했고, 결국에는 다음과 같이 다카라지마(시치토)를 사칭하는 논리 — 이를 이 글에서는 '다카라지마 레토릭'이라고 부를 것이다 — 를 고안해냈다. 이는 "토지가 메마르고 산물이 부족한 까닭에 류큐는 국용(國用)조차 다 조달하지 못하여, 과거에는 조선·일본·시암·자바 등과의 무역을 통해 보충했다. …… 그 후(곧 시마즈 씨의 침공 후) 여러 외국과의 통교가 끊겨 다시 국용에도 모자람이 있었으나, 다행히 일본의 속도(屬島)인 도카라의 상인이 류큐와 무역을 행해 국용을 조달했고, 이에 따라 나라는 다시 걱정 없는 상태가 되었다. 그 때문에 류큐인은 도카라를 다카라지마(보물섬)라고 부르는 것이다"라고 하는 논리로, 정사(正史) 중 하나인 『중산세보』(中山世譜) 개정판(1725년)에 기재되어 있다.[15] 덧붙이자면 개정 전인 1701년판에는 이 내용이 빠져 있다.

책봉사와의 대면 트러블은 사쓰마 번 쪽에도 방침의 변경을 촉구했다. 청으로부터 세 번째 책봉사가 내항한 1719년에 사쓰마 번은 아예 일본인(사쓰마인)과 책봉사의 대면을 금지했다.[16] 이에 따라 사쓰마인·배는 책봉사로부터 완전히 모습을 감추기 시작했다.[17] 예컨대 나하에는 류큐 감시

13 汪楫, 『使琉球雜錄』 卷二, 「疆域」; 伊地知季安, 「琉球御掛衆愚按之覚」. 所収 「天和三年(1683)日帳抜書」, 鹿兒島縣歷史史料センター黎明館 編, 『鹿兒島縣史料』, 舊記雜錄拾遺伊地知季安著作史料集 二(鹿兒島縣), 1999, p. 639.

14 汪楫, 앞의 글.

15 紙屋敦之, 앞의 글, 1990a, pp. 234~35; 同, 앞의 글, 2013, pp. 273~74.

16 가미야(紙屋)는 사쓰마 번이 구례(舊禮, '다카라지마'라고 사칭한 일본인과 책봉사의 대면)를 인정하지 않은 것으로부터 류큐가 '다카라지마의 레토릭'을 발안했다고 보았다(紙屋, 앞의 글, 2013, pp. 273~74).

17 德永和喜, 앞의 글, 2005a, p. 89.

를 위해 20명에 못 미치는 사쓰마 관리들이 주재하고 있었는데, 이들은 청의 책봉사가 오면 그에게 들키지 않도록 체재 기간 중에는 조금 떨어진 구스쿠마(城間)라는 농촌으로 이동해 거주했다.

3. 은폐정책과 표착사건

더욱이 18세기 중반을 전후해 왕부는 은폐에 관한 규정들을 연달아 발포했다.[18] 그 내용으로부터 엿볼 수 있는 것은 표착사건 — 류큐인의 중국(청) 표착사건과 중국인(및 중국 경유로 송환된 조선인)의 류큐 표착사건 — 에 대한 왕부의 강한 우려다. 사정을 숙지하고 있는 관리가 담당하는 통상의 외교와 달리 표류·표착은 언제 누가 관련될지 알 수 없는 돌발적인 국제사건이었다. 따라서 외교사정에 정통하지 않은 자에 의해 손쉽게 '진실'이 발각될 가능성이 있었다. 그리하여 왕부는 "만약 중국에 표착하면 일본과의 관계를 누설해서는 안 된다. 일본전(日本錢) 등 일본과의 관계를 보여주는 물품은 속히 소각 또는 바닷물에 투기하라. (한자·가나를 혼용한) 일본어 문서·일본 연호·일본인 이름 등은 서둘러 가나로 바꿔 써라"고 하는 각종 규정에 따라 국내에서 사전에 은폐방법을 상세하게 지도했다. 여기서 가나(히라가나)로 바꿔 쓰라고 한 이유는 중국인이 그를 해독할 수 없었기 때문이다.

청에 표착한 류큐인은 실제로 왕부의 규정에 따라 류큐·일본 관계의 은폐에 힘썼다. 나는 사쓰마·류큐를 왕래하다가 청에 표착한 사례들을 자세히 조사했는데, 청에서의 사정 청취 때 목적지나 출발지를 사쓰

---

18 「旅行心得之條條」(1759), 「唐漂着船心得」(1762년, 1721년과 같은 규정을 재발포한 것), 「冠船渡來に付締方書渡候覺」(1765) 등이 있다(喜舍場一隆, 앞의 글, 1993).

마(즉 일본)라고 정직하게 대답한 사례는 발견되지 않았다. 모든 사례에서 사쓰마를 아마미 제도나 '다카라지마' 등으로 바꾸어 말하고 있다. 또한 1761년의 류큐인 표착민에 대한 청의 사정 청취 기록에 따르면, 표착민의 적하물 중에는 "류큐국의 토어(土語)로 쓰여 있고 초서인 까닭에 번역할 수 없다"고 하는 장부 3책과 『자림강감』(字林綱鑑)[19]이라는 일본 책, "과실로 태우고 남은" 주문이나 서신 등이 있었다고 한다.[20] 표착이라는 긴급사태 속에서도 류큐인은 "일본과의 관계를 보여주는 물품은 소각하라"고 했던 왕부의 은폐규정을 필사적으로 따르고자 했던 것으로 보인다. 안타깝게도 다 소각되지는 못했지만, 류큐의 기록에 따르면 이때 청의 지방관으로부터 강도 높은 심문을 받아 고생은 했어도 현지에 주재하는 류큐 관리가 의심을 해소해주었기 때문에 큰 사건은 되지 않았다고 한다. 실제로 청의 기록에서도 이 서류들이 문제가 된 형적은 찾을 수 없다.

왕부의 규정 중에는 "만약 일본 배에 약간 명의 류큐인이 동승한 채 중국에 표착했을 경우에는 모두 일본인으로 변장해야 한다"는 지시도 포함되어 있었다. 즉 『류큐 연대기』에 묘사되었고 또 사실(史實)로서도 확인할 수 있는 이러한 일련의 변신행위는 수리 왕부의 지시, 곧 국가정책에 충실하게 따른 결과였다고 할 수 있다.

그렇다면 역으로 류큐에 중국인(청인)이 표착하는 경우는 어떻게 처리했을까. 당연한 일이지만 류큐는 군주인 청의 백성을 구조·보호하고, 그들이 자기 배로 귀국할 수 없을 때에는 청까지 송환해주었다. 청뿐만 아니라 류큐와 마찬가지로 청과 군신관계를 맺고 있던 조선인 표착민에 대해서도 똑같은 조치를 취했다. 근세 초기의 극히 짧은 기간 동안에는 표착

---

19 에도시대에 일본에서 간행된 왕래물(往來物)인 『만보자림문법강감』(萬寶字林文法綱鑑, 다른 이름은 『문림절용필해왕래』(文林節用筆海往來))를 지칭하는 것으로 보인다. 1717년 초간 이래 몇 번이나 재간행되었다.
20 渡邊美季, 앞의 책, 2012, p. 220.

민을 일본에 전송해 일본으로 하여금 중국·조선으로 송환하도록 위탁한 일도 있었지만, 이 방법은 은폐정책의 전개와 함께 사라졌다.[21]

청·조선의 표착민은 류큐에서 임시로 지은 작은 가옥에 격리 수용되어 출입을 감시받았다. 또 표착민을 돌보는 담당자나 수용지 주변의 주민들에게는 왕부로부터 "야마토(大和)의 연호·이름·돈을 중국인에게 보이거나 야마토의 노래를 부르거나 해서는 안 된다"고 하는 은폐를 위한 상세한 지시가 내려졌다. 또한 전술한 바와 같이 류큐에 체재 중인 일본인(사쓰마인)은 표착민으로부터 모습을 감추도록 되어 있었다.

그러나 류큐에 중국인이나 조선인이 표착했을 때 일본인이 전혀 관여하지 않았던 것도 아니다. 류큐 감시를 위해 나하에 주재하던 사쓰마 번사(藩士)의 임무 중 하나가 "류큐의 외국인 출입 감시"였으며, 이를 위해 그들은 외국인 표착민을 "직접 보고 문제가 없는 인물인지 아닌지를 확인"하는 업무 ── 사료상에는 '미토도케'(見届) 또는 '미와케'(見分)라고 표기되어 있다 ── 를 수행할 필요가 있었다. '미토도케'의 상세한 내용을 적은 기록은 내 관점에서는 네 사례밖에 없는데, 이 사례들로부터 '미토도케'의 실상을 살펴보도록 하자.

1742년 3월 19일(태음력), 오키나와 북부의 운텐(運天) 촌에서는 아마미 오시마로부터 전송되어 온 중국인 표착민을 "양생을 위한 보행"을 구실로 데려나갔다.[22] 그 부근의 작은 집 안에는 나하로부터 파견된 사쓰마 관리 두 명이 류큐 복장을 하고 대기하면서 문에 드리운 발 사이로 바깥을 내다보고 있었다. 드디어 발 저편에서 산책을 하는 중국인의 모습이 나타나자 두 사람은 그들의 모습을 몰래 관찰했다. 이것이 곧 '미토도케'다. 이로

---

21 豊見山和行, 「冊封關係からみた近世琉球の外交と社會」, 『琉球王國の外交と王權』, 吉川弘文館, 2004, pp. 81~84(初出 1988).

22 琉球王國評定所文書編集委員會 編, 『琉球王國評定所文書』 1, 浦添市敎育委員會, 1988, pp. 71~72.

보건대 이때의 '미토도케'가 감시 자체를 목적으로 매우 간소한 형태로 이루어지고 있었음을 알 수 있다.

그러나 약 반세기 후의 '미토도케'는 "대규모로 잘 짜인 연극"과 같은 양상을 띠게 된다. 1794년에 류큐에 표착해 나하항에 인접한 도마리(泊) 촌에 수용된 조선인의 사례에서는 5월 1일(태음력)에 도마리 촌의 이하페친(伊波親雲上)이라는 관인의 거소에서 사쓰마 관리에 의해 '미토도케'가 행해졌다.[23] 당일 사쓰마 관리는 주재소를 나와 표착민의 눈에 띌 수 있는 최단 루트 대신 크게 우회하는 길을 택해 이하페친에 들어갔다(그림 3). 그들이 발 뒤에 자리를 잡고 앉자 곧이어 "양생을 위한 보행"을 구실로 조선인이 수용소에서 끌려 나왔다. 그들이 이하(伊波) 가(家) 앞을 통과할 때 한 류큐 관리가 나와 "나는 이 집의 주인이다. 친척 여인들이 조선인이 산책한다는 얘길 들어 집에 와 있으니 저들을 초대해 차와 담배를 대접하고 싶다"고 사전에 정해진 대사를 읊었다. 결국 조선인은 이하 가 마당에서 잠시 휴식을 취했고, 발 뒤의 사쓰마 관리가 '친척 여인들'이 되어 표착민에 대한 '미토도케'를 행했다.

위의 대사 중 사쓰마 관리가 '친척 여인들'로 소개된 점에 주의하자. 당시 동아시아에서는 고귀한 여성이 일가 이외의 남성과 직접 대면하기를 꺼려하는 공통의 의례적 관습이 있었다.[24] 이것은 류큐의 사회지배층인 사족 신분[25] 여성에게도 해당되는 행동규범이었다. 왕부도 그녀들의 '기누카부리'(衣被り, 얼굴을 감추는 것)를 장려했다.[26] 다시 말해서 왕부는 스스

---

23 같은 책, pp. 351~55.
24 역으로 남성이라면 손님에게 인사 등을 할 필요가 있었을 것이다.
25 근세 류큐에는 지배계층인 사(士, 왕부에 출사하는 관리 및 그 예비군으로 모두 문관이다)와 피지배계층인 농(農, 농민과 직인, 상인 등 사 이외의 자)의 두 가지 신분이 존재했다.
26 豊見山和行,「商行爲·裁判からみた首里王府と女性」, 那覇市總務部女性室 編, 『なは·女のあしあと那覇女性史(前近代編)』, 琉球新報事業局出版部, 2001, pp. 69~70.

그림 3 '미토도케'에서의 사쓰마 관리 이동 루트

로가 지향·강화하고 있는 여성상(≒동아시아 공통의 여성상)을 이용해 사쓰마인을 손님과 직접 대면시키지 않더라도 자연스러운 존재, 곧 여성으로 날조했던 것이다. 실제로 1802년에 나하에서 '미토도케'의 대상이 되었던 조선인 표착민은 귀국 후 "어느 날 통역이 (우리를) 어딘가로 데려갔다. 한 채의 집이 있었는데 발을 내린 채 차와 담배로 접대해주었다. 남녀 모두 훌륭한 차림새였다. 이유를 묻자 대상관(大上官, 높은 관리)의 처가 우리를 보고 싶다는 것이었다"고 기록하고 있다. 이를 볼 때 '얼굴을 감추는 여성상'을 이용한 왕부의 은폐정책은 어느 정도 성과를 올리고 있었음을 알 수 있다.[27]

'미토도케'는 1856년의 조선인 표착민 사례에서도 세부까지 완전히 똑같은 형식과 대사로 실시되었다. 뿐만 아니라 1844년의 중국인 표착민 사례에서는 표착민에게 특히 의심 가는 점이 없다는 이유로 왕부와 나하 주재 사쓰마 번사가 상담해 '미토도케'를 생략했다. 그러나 사쓰마 번에는

---

27 多和田眞一郎, 『『琉球・呂宋漂海録』の研究 ―200年前の琉球・呂宋の民俗・言語』, 武蔵野書院, 1994, pp. 49, 106, 129.

'미토도케'를 행했다고 보고하기로 했다. 즉 "사쓰마에 의한 류큐 감시"라는 표면적 명분은 견지되고 있었으나, 실제 감시는 형해화(形骸化)되어 가는 경향을 보이고 있던 것이다.

표착민과 일본인(사쓰마인)이 조우하는 일은 없었을까. 오키나와학[28]의 선구자인 이하 후유(伊波普猷, 1876~1947)는 『오키나와 역사 이야기』(沖繩 歷史物語)[29]에서 다음과 같은 사건을 소개했다.

> 18세기 중엽에 중국 배가 표착해서 승선원을 나하의 도마리 촌에 수용하고 일본인에게는 주변의 통행을 금지했다. 그러나 어느 날 마쓰모토 히코에몬(松元彦右衛門)[30]이라는 사쓰마 번사가 경솔하게도 삿갓에 가리기누(狩衣)라는 일본 복장을 한 채로 지나가다 중국인 눈에 띄고 말았다. 일대 사건이라며 경악한 왕부는 대책을 협의한 끝에 마쓰모토와 똑같은 차림새를 한 류큐인 몇 명에게 중국인 수용소를 들르게 하여 "우리는 이제부터 멧돼지사냥을 가려 하는데, 이분은 태어나서 아직 중국인을 본 적이 없다기에 들러보았다. 어제 동료 중 한 명이 먼저 나섰다"고 연극을 시켜 속이도록 했다고 한다.

현대적인 감각으로 보면 우스꽝스러운 이야기에 지나지 않지만, 당시 류큐인이나 류큐와 관련된 사쓰마인이 이에 대해 특히 의문을 품었던 형적은 확인되지 않는다. 다시 말해서 은폐의 실시는 중국과 일본 사이에서

---

28 오키나와를 대상으로 한 학술적 연구의 총칭으로, 일본에 의한 류큐병합(1879) 이후의 연구를 가리킨다.

29 『伊波普猷選集』 中卷, 沖繩タイムス社, 1962. 이하(伊波)는 고문서에 근거해 이 사례를 소개하고 있지만 그 고문서는 현존하지 않는다.

30 1750년 2월부터 1752년 6월까지 나하에 부임한 4명의 부역(付役) 중 한 사람이다(德永和喜, 「琉球在番奉行の設置と展開」, 『薩摩藩對外交涉史の研究』, 九州大學出版會, 2005).

살아가는 이들에게는 일종의 '상식' 혹은 당연한 국제감각이었을 것이다. 그런데 이 '상식'은 당시의 일반적인 일본인의 상식과는 또한 크게 차이가 있었다. 서두에서 든 오타 난포의 단편에서 류큐의 은폐정책을 '취급한 방법'을 보더라도 에도시대의 일본인에게 그것은 진귀한/놀라운 일이었다.

사쓰마 번 이외의 에도시대 일본인이 류큐에 관해 기록한 문장은 많이 남아 있는데, 이때 류큐가 일본과의 관계를 중국에 감추고 있던 것이 기록자의 새로운 지식으로서, 어쩌면 다소의 놀라움까지 동반하며 기술되어 있는 점이 주목된다.[31] 그리고 오타의 단편에서는 "류큐가 일본에 대해서는 중국과의 관계를, 중국에 대해서는 일본과의 관계를 이중으로 감추고 있다"고 했지만, 대부분의 기록에서는 류큐가 청에 대해서만 류큐·일본 관계를 은폐하고 있었음을 올바르게 기록하면서도 청과의 관계를 일본에 대해서는 감추지 않은 사실에 대해서는 거의 주의를 기울이고 있지 않다. 즉 류큐에 병존하는 두 개의 군신관계 사이의 비대칭성까지는 생각이 미치지 못한 것이다. 당시 일본인 일반의 국제감각이란 대체로 이와 같은 수준이었을 것이다.

4. 은폐정책과 청조(淸朝)

다른 한편, 류큐나 사쓰마의 많은 노력에도 불구하고 청은 일찍부터 사실을 감지하고 있었다. 예를 들어 1683년에 류큐에 파견된 책봉정사 왕즙은 그 전년에 황제(강희제)를 알현해 "류큐가 일본 등의 나라들과 왕래하고 있고, 또 지금 그 나라들은 청의 덕이 미치기를 바라고 있는데, 이 나라들이 류큐를 통해 청에 대한 조공을 희망해오는 경우 어떻게 대응해

---

31 渡邊美季, 앞의 책, 2012, pp. 228~29.

야 하겠습니까?"라고 묻자 황제는 "그런 요청이 있을 경우에는 예부에 보고해 대응책을 검토하도록 하라"고 답했다.[32] 적어도 이때 청국 황제와 책봉사는 류큐·일본 관계를 전제로 이에 어떤 형식으로든 대응할 가능성을 고려하고 있던 것이다.

전술한 바와 같이 왕즙은 류큐에서 시치토(도카라)인을 가장한 사쓰마인과 대면했을 때 그 진상물을 거절한 바 있다. 그는 "(그들을) 왜인이라고 하는 사람도 있다"고만 기록했지만, 강희제와의 회담까지 고려한다면 틀림없이 '사실'을 간파하고 있던 것으로 보인다. 수리 왕부도 그것을 깨달았고, 바로 그런 까닭에 곧 은폐정책을 본격화했을 것이다. 흥미롭게도 왕즙은 또한 류큐에서 과거 등 중국적인 제도의 수용이 불충분하다고 반복해서 지적했는데, 이는 왕부가 18세기 전후부터 국가제도·의례 면에서 '중국화'(중국을 규범으로 한 제도개혁)를 추진하는 원인 중 하나가 되었다는 것이다.[33] 이를 볼 때 적어도 왕즙이나 강희제에게는 류큐에 대한 일본의 영향을 간접적으로 억제하면서 중국의 영향력을 강화하려는 정치적인 의도 내지는 전략이 있었던 것은 아닐까.[34]

그러나 왕즙의 기록에서도 엿볼 수 있는 것처럼 청은 류큐와 일본의 관계를 알면서도[35] 이를 크게 문제삼지 않으려는 자세를 취했다. 1800년에 류큐를 방문한 책봉부사 이정원(李鼎元)의 기록을 보면, 그의 종자가 류큐

---

32 『康熙起居注』, 康熙 21年 8月 25日條.

33 왕부가 중국적 지향을 강화하는 시책을 전개한 일이나 이에 관한 왕즙의 영향에 대해서는 豊見山和行, 「祭天儀禮と宗廟祭祀からみた琉球の王權儀禮」, 『琉球王國の外交と王權』, 吉川弘文館, 2004 참조.

34 渡邊美季, 「近世琉球と隱蔽政策」(假題), 『琉大史學』20, 2018年 10月 간행 예정.

35 예를 들어 1730년에 청에서 간행된 지리서 『해국견문록』(海國見聞錄, 동남 연해의 총병관(總兵官)을 역임한 진륜형(陳倫炯)의 저작)도 "남쪽의 사쓰마는 류큐와 접하여 류큐는 사쓰마에 조공하고, 사쓰마는 일본에 조공하고 있다"라고 류큐·일본 관계를 대체로 정확하게 설명하고 있다(陳倫炯, 『海國見聞錄』, 「東洋記」; 彭浩, 「補論 淸朝から見た近世日本の對外關係」, 『近世日淸通商關係史』, 東京大學出版會, 2015, p. 167).

에서 '원화 2년'(元和二年)이라고 쓴 깃발을 발견하고는 "이것은 당대(唐代)의 연호입니까?"라고 묻자 이정원은 일본의 연호라고 가르치면서 "류큐가 일찍이 일본에 신속(臣屬)하고 있었음을 알 수 있다. 지금 이에 대해 언급하는 것을 피하고 있는 것이다"라고 답한 에피소드가 수록되어 있다.[36] 여기서 이정원은 류큐·일본 관계를 어디까지나 과거의 일로 치부하면서 그 이상은 따지지 않았다. 왕즙과 마찬가지로 이정원 또한 사실을 알고 있으면서도 굳이 언명하지 않으려 노력했던 것이다.[37]

이와 같은 청의 자세는 중국의 전통적인 국제질서의 존재양태와도 깊은 관계가 있다. 이 질서 아래서는 정해진 외교 의례(조공·책봉)의 수순을 따르고, 또 중국에 위협을 가하지 않는 한 조공국의 '양속'(兩屬)은 용인되고 있었다.[38] 이와 같은 상황이라면 책봉사가 류큐에서 일본과의 관계를 눈치챘다고 하더라도 이를 필요 이상으로 따지고 들 이유는 어디에도 없었다. 중국 황제의 체면을 유지하고 쓸데없는 충돌을 피하기 위해서는 중국의 안정에 불필요하거나 유해한 '사실'을 과도하게 파고들지 않는 책봉사들의 '감추어진' 노력이야말로 중요했다.[39] 바꾸어 말하면 류큐의 은폐 정책의 순조로운 시행은 이러한 청의 자세가 있고서야 비로소 가능한 것이었다.

17세기 후반부터 약 2세기에 걸쳐 '중국(청)-류큐-일본'은 오랫동안 '아무 탈 없음'을 유지할 수 있었다. 이는 다름 아니라 류큐의 '감추는' 노력과 사쓰마의 은폐에 대한 협력, 그리고 중국에 의한 '감추어진' 노력이

---

36 李鼎元, 『使琉球記』 卷五, 8月 25日條. 원화는 에도시대의 일본 원호 중 하나다 (1615~24년). 중국 당대에도 같은 연호가 있었지만(806~20년), 당시 류큐 왕국은 존재하지 않았다.

37 夫馬進, 「增訂版によせて」, 夫馬進 編, 『增訂使琉球録解題及び研究』, 榕樹書林, 1999, pp. vii~viii.

38 茂木敏夫, 『變容する近代東アジアの國際秩序』, 山川出版社, 1997, pp. 11~12.

39 夫馬進, 앞의 글, 2015, pp. ix~x.

라는 복잡한 구조로 유지되고 있었다. 그리고 그것은 국가 간의 정식관계가 없었던 일본과 청 사이에 오랫동안 '아무 탈 없음'도 간접적으로 떠받치고 있었다고 생각한다.

물론 은폐의 당사자들이 '국제적인 평화유지'라는 장대한 목적의식을 가지고 은폐활동을 했을 리는 결코 없다. 스스로의 생명을 지키기 위해, 혹은 국가의 명령에 따르기 위해, 혹은 입신출세를 위해서라는 은폐를 담당한 개개인의 동기야말로 실제 은폐활동의 가장 강력한 추진력이었을 것이다. 그렇다면 이러한 동기들에 근거한 개개인의 필사적인 노력들의 '총합'이 결국 이 시대의 류큐·청·일본 간 국제관계의 한 요소로서 기능하고, 또 세 나라 역사의 '장기간 아무 탈 없음'에 조금이나마 공헌했다고 말할 수는 없을까.

5. 은폐정책과 근대국가의 외교

이처럼 류큐·청·일본의 3국 관계를 지지하고 있던 류큐·일본 관계의 은폐정책에는 또 다른 중요한 기능이 있었다. 그것은 류큐에 어느 정도의 자율성, 근대국가에서 외교권이라고 부를 수 있는 것의 일부를 구조적으로 보전하는 기능이다. 이는 구미 열강의 동아시아 진출이 본격화되어 전근대 동아시아의 국제관계와 함께 은폐정책이 와해되는 과정에서 오히려 현재화되어 갔다.

구미의 배는 18세기 후반부터 조사·검색·물자보급 등을 목적으로 류큐에 자주 모습을 나타냈고, 아편전쟁(1840~42년) 전후부터는 개국·통상·포교 등을 요구하며 내항하기 시작했다. 특히 영국과 프랑스 배가 빈번하게 내항했다. 구미 제국은 청과 어떤 형태로든 관계·접촉하고 있었기 때문에 류큐는 수면 아래로는 일본의 지시를 구하면서도 구미 제국에 대해서는 일본과의 관계를 은닉하고 청의 조공국으로서 행동했다. 이러한 류큐의 대응은 종래 류큐를 '이국(異國)/역외(域外)'로 구분해 막번제국가(幕藩制國家)에는 일종의 '안전판'으로 삼고자 했던 막부나 사쓰마의 의향과도 부합하는 것이었다.[40] 1850년대에는 막부의 묵인 아래 류큐와 미국·프랑스·네덜란드 사이에 조약이 체결되었다.[41] 이 일은 일본과의 관계를 감추고 있는 상황에서 바라든 바라지 않은 간에 류큐는 구미 제국과 조약체결의 주체가 될 만큼의 '외교권'을 보유하고 있었음을 보여준다. 다만 미국 전권대사 페리 제독의 통역관 윌리엄스(S. Wells Williams)가 조약체결 당시 "그들(류큐인)은 사쓰마와의 무역에 대해서는 아무것도 말하려하지 않았고, 내가 가고시마에 진공하고 있는가를 물어도 답하지 않았다. …… 아무래도 그들의 사쓰마에 대한 충성의무의 실태는 심한 예속상태에 있고 또 무거운 부담임이 틀림없다"고 기록하고 있는 것처럼[42] 구미 제국은 이미 일본과 류큐 사이의 군신관계를 감지하고 있었다.

한편 막부도 페리의 내항을 계기로 미국에 의한 류큐 점령의 가능성을 의식하게 되어 은폐에 관한 종래의 자세도 재고하기 시작했다.[43] 그 결과, 1860년대에 들어서서는 구미 제국에 대해 "류큐는 청에 조공하는 국가인 동시에 일본에도 신종(臣從)하는 국가임"을 언명하고,[44] 간행일본도(刊行日本圖)의 류큐 부분에 '양속의 부호'를 넣자고 요구하는 개성소(開成所,

---

40 橫山伊德, 「日本の開國と琉球」, 曾根勇二·木村直也 編, 『新しい近世史 2 國家と對外關係』, 新創社, 1996, p. 402; 西里喜行, 「アヘン戰爭後の外壓と琉球問題 ── 道光·咸豊の琉球所屬問題を中心に」, 『琉球大學敎育學部紀要』 57, 2000, p. 49. 이러한 막부의 자세는 명·청 교체 때에도 확인할 수 있다(渡邊美季, 「近世琉球と明淸交替」, 『近世琉球と中日關係』, 吉川弘文館, 2012, pp. 111~12).

41 1854년 7월 11일에 류미수호조약(琉美修好條約), 1855년 11월 24일에 류불조약(琉佛條約), 1859년 7월 6일에 류란조약(琉蘭條約)이 체결되었다. 다만 류불조약·류란조약은 비준되지 않았다.

42 洞富雄 譯, 『ペリー日本遠征隨行記』, 雄松堂出版, 1970, pp. 397~98.

43 マルコ·ティネッロ, 「琉球に對する幕府の關心の深まり」, 『世界史からみた'琉球處分'』, 榕樹書林, 2017, 第2節·第3節.

44 橫山伊德, 앞의 글, 1996, p. 408.

막부 설립의 양학교)의 상신(上申)을 승낙하는 등[45] 류큐에 일본의 지배 또한 미치고 있음을 국외에 적극적으로 알리게 되었다.

그러던 중 1868년에 일본에서 정권교체가 이루어졌다. 신 정권인 메이지 정부는 근대국가로서 류큐에 대한 배타적 영유를 지향했다. 그리하여 1872년 10월에는 우선 류큐를 왕국에서 번으로 변경해 정부의 직할로 삼았다. 다만 관할 부서는 여전히 외무성이었고, 이 시점에서 류큐는 아직 외국이었다. 실제로 그 다음 달에 왕부는 류큐 북부에 좌초한 영국 배의 생존자가 쓴 서간을 조공사절을 통해 직접 청으로 보내 그로 하여금 재청영국공관에 전송토록 했는데(이후 중국에서 마중하러 영국 배가 내항했다),[46] 이는 왕부가 메이지 정부의 외교권으로부터 상대적으로 자율적인 위치에 있었기 때문에 가능한 일이었다.

그러나 메이지 정부는 곧 청과 류큐의 관계를 종래대로 인정하는 한편, 구미 제국에 대한 류큐의 외교권을 외무성으로 이관하고자 했다. 그 과정에서 1873년에 류큐 측량을 위해 나하를 경유하여 야에야마(八重山)를 향하던 일본 해군선이 현지에 표착한 필리핀인 4명을 나하로 데리고 간 사건이 발생했다.[47] 종래 동남아시아 ─ 중국 상선이 활발하게 진출한 지역이었다 ─ 의 표착민은 류큐에서 청으로 송환하여 청을 통해 모국으로 귀국하게 되어 있었는데, 이때 류큐에 파견된 외무성 관리는 "외국인 교제 부분'은 외무성 관할"이라면서 왕부의 반대를 무릅쓰고 표착민을 일본으로 전송해버린 것이다.[48] 왕부는 이 사건이 일본에 머물고 있던 청국인

45 杉本史子,「地圖·繪圖の出版と政治文化の變容」, 横田多彦 編, 『本の文化史 4 出版と流通』, 平凡社, 2016, pp. 218~20. '양속의 부호'(兩屬の符號)가 구체적으로 어떤 것인지는 불명확하다(스기모토(杉本)의 교시에 따름).

46 渡邊美季,「1872~73年の那覇 ─ イギリス船ベナレス號の遭難事件から見た'世界'」, 羽田正 責任編集, 『地域史と世界史』, ミネルヴァ書房, 2016.

47 『球陽』附巻四(234號), JACAR(アジア歴史資料センター)Ref.B03041138800, 琉球關係雜件/琉球藩在勤來往翰(B-1-4-1-018)(外務省外交史料館) 등.

48 明治文化資料叢書刊行會 編, 『明治文化資料叢書』 4(外交編), 風間書房, 1962,

에게 알려져 청에 류큐·일본 관계가 발각될 것을 우려해 "지금까지와 마찬가지로 스스로가 외교의 중임을 맡고자 했"지만 받아들여지지 않았다고 한다.[49]

류큐·일본 관계의 은폐를 위해 직접 청과 외교교섭을 행하려 한 왕부의 자세와 관련해 주목해둘 것은 근세 시기 중국인 표착민의 화물과 선체에 대한 왕부의 자세다.[50] 외국 무역에 대한 막부의 엄격한 통제는 류큐에도 미쳐 청과의 조공무역이 인정되었지만 외국인 표착민과의 매매행위는 전면 금지되어 있었다. 그러나 청에서는 외국인 표착민에 대한 공적인 무휼정책의 일환으로 가지고 돌아갈 수 없는 화물이나 파괴된 선체를 팔아 돈으로 바꾸는 일이 제도화되어 있었다. 이와 관련해 청의 특별한 지도는 없었지만, 청의 조공국인 류큐에 대해 청의 표착민이 자국에서와 마찬가지로 화물이나 선체의 환금을 요청할 가능성은 항상 존재했다. 은폐정책을 취하고 있던 류큐가 일본의 금령을 내세워 환금 요구를 거절할 수는 없었다. 따라서 왕부는 '소국의 가난함'을 구실로 환금을 거절하기로 했다.

그렇다면 표착민이 납득하지 못했던 것일까. 1749년에 왕부는 중국인 표착민의 선체를 은 350냥으로 사들이고 이를 청에 보고했다. 그런데 후일 사쓰마에 제출한 외교문서 사본 ─그 제출이 의무로 되어 있었다─ 에는 선체 환금의 사실이 삭제되어 있다. 말하자면 류큐는 일본의 금령을 명확하게 어겼을 뿐만 아니라 그 일을 사쓰마에는 은닉했던 것이다. 이런

---

p. 65.

49 東恩納寬惇, 「尙泰侯實錄」, 『東恩納寬惇全集』 二, 第一書房, 1978(初出 1924), p. 344; 西里喜行, 「明治初期在日琉球使節の任務と動向 I」, 豊見山和行 編, 『琉球國王家·尙家文書之總合的研究』, 科硏成果報告書, 琉球大學教育學部, 2008, pp. 295~97.

50 渡邊美季, 「近世琉球における漂着民の船隻·積荷の處置の實態 ─日本と中國の狹間で」, 『近世琉球と中日關係』, 吉川弘文館, 2012.

일이 가능했던 것은 역시 은폐정책이 존재했기 때문일 것이다. 전술한 바와 같이 류큐 주재 사쓰마 번사는 "외국인의 출입을 감시하는" 임무를 수행할 때에도 외국인 표착민과 자신 사이에 설치된 발(御簾)을 넘어설 수는 없었다. 표착민과의, 청이나 다른 나라들과의 교섭은 최종적으로는 류큐의 '독무대'였다.

위의 발이 상징하는 것처럼 은폐정책은 일본의 협력 아래서 청에 대한 '벽'을 형성했을 뿐만 아니라 일본(주로 사쓰마)에 대해서도 일종의 '벽'을 형성했다. 이는 청 및 청과 관련된 국가들과의 외교에 직접적인 감시·개입을 가로막는 '벽'이었다. 류큐도 그리고 일본도 특히 의식하고 있지는 않았을지 모르지만, 이 '벽' 안쪽에서는 류큐가 독자적인 재량을 발휘할 수 있는 공간(자율성)이 구조적으로 출현하고 또 보전될 수 있었다. 동아시아의 전통적인 국제관계 속에서는 문제시되지 않았으나, 근대국가와는 분명 병존할 수 없는 이 자율성을 메이지 정부는 박탈했고 더 나아가 왕국 자체를 소멸시켰다.

[번역: 박준형, 서울시립대 국사학과 교수]

V

서학에 대한 대응

메이지 일본 계몽사상의 재검토

─『메이로쿠 잡지』(明六雜誌)를 소재로

고노 유리(河野有理)

머리말

프랑스 혁명과 같은 사례와 비교해 메이지 유신(明治維新)을 불철저한 혁명에 불과한 것으로 보는 시각은 여전히 뿌리 깊다. 물론 마르크스주의 역사 이해(특히 강좌파(講座派) 역사 이해)에 기대어 있는지와 상관없이 직관적으로 그렇게 생각할 수 있다. 실제로 메이지 유신에서 왕을 참수하지는 않았다. 또한 프랑스 혁명은 물론 러시아 혁명이나 미국의 남북전쟁과 비교해도 혁명의 혼란에 따른 사망자도 적다. 이 때문에 무혈혁명이라 불리곤 하는 것이다. 물론 왕의 목이 떨어지거나 많은 피가 흐른다고 바람직한 건 아니겠지만 대규모의 정치적·사회적 변화가 인명의 희생을 수반하는 것은 역사에 흔한 일이다.[1] 그렇다면 이상의 단순한 사실로 메이지 유신이 그야말로 불철저한 혁명이었다는 인상을 뒷받침할 수 있을까? 하지

---

1   메이지 유신으로 인한 '정치적 사망자'가 다른 여러 나라 혁명에 비해 소수인 점은 三谷博, 『愛國·民主·革命』, 筑摩書房, 2013, p. 20에서 지적한 바 있다.

만 확실히 이런 종류의 비교에서는 무엇과 무엇을 비교하느냐에 따라 이 야기가 완전히 달라진다. 예를 들어 1856년생인 고자키 히로미치(小崎弘道)는 메이지 유신으로부터 19년 후인 1886년에 어떤 의미에서 '프랑스 혁명'보다도 '오늘날 우리나라의 대개혁'(=메이지 유신)이 '중대하다'고 주장했다.

예로부터 세계 대개혁이라 하면 18세기 프랑스 혁명을 칭하지만, 유럽 여러 나라에 끼친 영향이야말로 광대하고, 국민 일반의 풍속, 관습, 종교, 공예, 그밖에도 일상의 사상을 변경시킨 정도로는 오늘날 우리나라의 대개혁에 비할 바가 아니다. 프랑스 혁명도 단지 정치개혁을 가져왔을 뿐만 아니라 어느 정도 사회조직을 변경하고 풍속·종교의 변천을 초래했지만, 이러한 변경·변천을 초래했다 해도 변경·변천을 초래한 새로운 사상이 외국으로부터 갑자기 침입해 들어온 것은 아니다. 또 프랑스 혁명은 단지 그 나라 고유의 진보가 일시에 격앙개발(激昻開發)한 것일 뿐, 문명의 원소(元素)가 더욱 새롭게 더해진 것이 아니다. 그러나 우리나라의 개혁은 비단 정치 대개혁만이 아니라 사회 일반, 풍속, 관습, 종교, 공예, 학술, 그 외 일상의 사상개혁을 가져왔다.[2]

고자키가 이렇게 주장하는 근거는 두 가지다. 첫째는 메이지 유신이 단순히 '정치개혁'에 그치지 않고, '사회조직'의, 즉 '인민 일반 풍속, 관습, 종교, 공예, 그 외 '일상의 사상 대개혁'을 동반한 점이다. 둘째는 그러한 변화를 가져온 '새로운 사상'이 '외국으로부터 침입'해 들어온 점이다. 확실히 프랑스 혁명은 대개혁이었을지 모른다. 왕의 목이 날아가고 많은 사람이 죽었을지 모른다. 그러나 그 결과는 어떠했던가? 먹을 것, 입을 것, 시

---

2 小崎弘道, 『政敎新論』, 警醒社, 1886, pp. 2~3.

간감각, 공간감각, 사용하는 말이나 생각 등에 동아시아 사람들이 겪은 것과 같은 큰 변화가 일어난 것일까? 프랑스에서도 혁명력(革命曆)이 만들어지고 교회가 파괴되었을지 모른다. 하지만 그것들은 결국 곧 원래대로 돌아갔다. 한편, 동아시아에서 일어난 변화의 대부분은 불가역적이었다. 게다가 그 변화는 '밖에서' 왔다. '내부에서' 온 것이 아니었다.

고자키의 주장에는 딱히 새로운 견해를 내세우겠다는 패기는 없다. 기독교인이었던 고자키가 이 저서에서 힘주어 논의하고자 했던 것은 기독교 도입의 필요성이며, 메이지 유신과 프랑스 혁명의 비교는 어디까지나 부수적인 논의에 불과했다. 자신이 경험한 변화의 크기에 비추어(고자키는 1868년 시점에 12세였다) 프랑스 혁명의 경험은 틀림없이 그렇게 '큰' 것은 아니었을 것이다. 그는 아마도 극히 평범하게 그렇게 생각했을 것이다. 이 글 역시 우선 고자키의 메이지 유신관(觀)에 동참해보려 한다. 게다가 메이지 시기 가장 초기에 발행된 잡지인 『메이로쿠 잡지』(明六雜誌)를 구체적인 사례로 삼아 메이지 유신의 정치사상이 어떻게 나타나는지 검토하겠다.

1. 계몽과 점진주의

메이지 초기의 이른바 '문명개화'(文明開化) 시대의 정치사상에 대해, 또한 여기서 다루려는 『메이로쿠 잡지』와 메이로쿠샤(明六社) 인물들에 대해 표준적인 이해를 제공하는 연구는 도야마 시게키(遠山茂樹)의 『메이지 유신』(明治維新, 1951)이 아닐까 한다. 장문이지만 중요한 내용이므로 인용하려 한다(특히 강조한 부분이 중요하다).

뛰어난 감각으로 문명개화의 추세를 추진하고 지도한 것은 메이로쿠샤 지식인들이었다. 니시 아마네(西周), 후쿠자와 유키치(福澤諭吉), 쓰다 마미치(津田眞道), 가토 히로유키(加藤弘之), 나카무라 게이우(中村敬宇, 마사나오(正直)), 니시무라 시게키(西村茂樹), 모리 아리노리(森有礼), 미쓰쿠리 린쇼(箕作麟祥), 미쓰쿠리 슈헤이(箕作秋坪), 스기 고지(杉亨二)였다. 그들 가운데 대부분은 개성소(開成所) 관계의 양학자로, 사쓰마(薩摩) 출신의 모리를 제외하면 거의 다 막부(幕府) 관계의 사람들이었다. 막말 양학(洋學)은 점차 의사에서 하급 무사로 주요 담당세력이 옮아감에 따라 특히 만사의 옥(蠻社の獄) 대탄압 이후에는 봉건제의 보강 내지 절대주의 형성 기술 관료의 독점물로 변해 갔다. 그들은 기술자로 자임한 만큼 별반 모순 없이 막부에서 조정까지 계속하여 관직에 있을 수 있었고, 후쿠자와와 나카무라를 제외하고는 모두 메이지 정부의 관직에 올랐다. 그러므로 메이로쿠샤 회원이 설파한 자유·자주·개명 또한 정부의 계몽 전제주의의 틀을 벗어나지 않았다. 순수 봉건주의 사상과 존왕양이(尊王攘夷)의 명분론을 상당히 철저하게 비판하고 그런 한에서는 근대사상의 기초를 만들어내는 역할을 했지만, 그들의 비판은 정부의 절대주의적인 진로를 지시(指示)[3]하고 또한 그것에 국민의 협력을 계몽하는 범위, 이른바 점진주의를 벗어나지 않았다. 그들 가운데 가장 지조 있는 재야의 입장을 견지하고 그만큼 봉건을 철저하게 비판했던 후쿠자와도 그의 본질은 근대 시민혁명적인 것이 아니라 어디까지나 계몽 전제주의적인 것이었다. 다만 서양사상을 뛰어나게 주체적으로 도입하여 원리원칙을 지키는 체계적인 사유로 만들고 이처럼 사상을 일본의 여러 현실에 밀착한 살아 있는 사상으로 만들어 메이지 국가의 전진을 안쪽에서 능동적으로 지원할 국민(서민)정신을 창출한 데에 독자적인 의의가 있었다. 후쿠자와가 이런 한계에 머물게 된 것은 인민의 혁명적인 힘을 결집할 근대 시민계급의 결여 탓이었다.[4]

---

3 일본어 동음이의어인 지지(支持)의 오타로 추정 ― 옮긴이.
4 遠山茂樹, 『明治維新』, 岩波書店, 1951, pp. 303~04.

메이로쿠샤 회원을 '절대주의 형성 기술관료'라 보고, 그들이 "설파한 자유·자주·개명 또한 정부의 계몽 전제주의의 틀을 벗어나지 않았다"고 한 도야마의 견해는 지금에 이르기까지 메이로쿠샤 연구의 방향을 규정하고 있다. 물론 도야마의 논의 배경에 있는 강좌파 역사이해가 타당한지를 둘러싼 논쟁은 당시부터(부언하자면 그전부터) 있었다. 또한 위 인용문에서는 분명히 규범적으로 높이 평가되고 있는 '근대사상' 또는 후쿠자와가 성공적으로 창출했다고 일컬어지는 '국민(서민)정신'도 '근대' 비판, '국민국가' 비판, 그리고 포스트모더니즘의 조류 속에서 무사할 수는 없었다. 그럼에도 불구하고 "그러한 비판은 정부의 절대주의적인 진로를 지시하고 또한 그것에 국민의 협력을 계몽하는 범위, 이른바 점진주의를 벗어나지 않았다"는 견해 자체는 막연하게나마 계승되고 있다고 할 수 있지 않을까?[5] 아래서 '계몽'과 '계몽전제' 그리고 '점진주의' 두 가지를 집중적으로 검토하려 한다.

1) 계몽과 계몽전제

(1) 『메이로쿠 잡지』는 계몽적인가

우선 '계몽'이다. 메이지 초기의 정치사상, 특히 메이로쿠샤의 정치사상이 계몽주의(啓蒙思想)라는 설명은 지금도 여전히 일반적이다. 예를 들어 『일본국어대사전』(日本國語大辭典) 최신판에 『메이로쿠 잡지』는 다음과 같이 소개된다.

메이로쿠샤의 기관지. 메이지 7년(1874) 3월부터 다음해 11월까지 통권

---

5 도야마의 이 연구가 이후 연구사에 끼친 영향의 크기에 대해서는 三谷博, 『明治維新を考える』, 有志舍, 2006, pp. 186~207 참조. 이 글은 미타니(三谷)의 지적을 수용해 그것을 정치사상사 관점에서 구체적으로 생각해보려는 시도다. 또한 青山忠正, 「明治維新の史學史」, 『歷史評論』 589, 1999年 5月 참조.

43호 간행. 한 달에 두세 권 발행. 정치·경제·사회·종교·교육·여성·공용문자(國字)·국어 등 각 분야의 문제를 논의했다. 계몽주의의 지침이 되었다.

그런데 『메이로쿠 잡지』는 계몽주의적일까? 애초에 '계몽주의'란 무엇일까? 일반적으로 "알려지지 않은 대상 A가 B의 성질을 갖는다"고 할 수 있으려면 관찰자 상호간에 'B의 성질'에 대해 널리 동의가 존재해야 한다. 즉 『메이로쿠 잡지』가 계몽주의적이라고 말할 수 있으려면 최소한 먼저 '계몽주의'란 무엇인지에 대한 일반의 합의가 존재해야 한다. 하지만 그러한 학술적인 합의가 존재한다고 단언하기는 어렵다. '계몽주의'에 대해서는 일본어·외국어를 불문하고 속속 연구서가 발간되고 있는데,[6] 이러한 사실 자체가 '계몽주의'가 여전히 그 자체로 해명대상이며, 또한 물음대상이라는 것을 보여주는 것은 아닐까? '계몽' 개념은 여전히 물음의 전제이며, 그 자체로 논쟁적인 것이다.[7]

물론 개념 이해를 두고 논란이 존재한다고 해서 해당 개념을 분석틀로 삼는 연구의 존재 의의를 부정할 수는 없을 것이다. 만약 그런 기준을 세우면 민주주의를 비롯한 정치학의 여러 개념은 일제히 실격일 것이기 때문이다(민주주의 개념에 일치점을 찾을 수 없다는 이유로 '민주주의 정치사상'을 서술할 수 없는 것은 아닐 것이다). 또한 물론 '계몽주의'에서 발생하는 논쟁은 그 정의 자체가 아니라 그 적용 지역과 시기를 둘러싼 것이 다수를 차지한다는 의견도 있을 수 있다. 북미와 유럽 세계의 역사 개념으로서의 '계몽주의'에 대해서는 그 외연을 정의하기는 어려워도 내포를 정의하는

6　예를 들어 Johnathan Israel, *Radical Enlightenment: Philosophy and the Making of Modernity 1650~1750*, Oxford University Press, 2002가 불러일으킨 다수의 비판을 상기할 것.

7　이 점에 대해서는 小野紀明 編, 『啓蒙·改革·革命』(岩波講座政治哲學·第二卷), 岩波書店, 2014에 이누즈카 하지메(犬塚元)가 쓴 서론 참조.

건 그다지 어렵지 않을 수 있다. 이 경우 '계몽주의'는 대개의 정치학 용어와 마찬가지로 그 적(敵)에 의해 정의되었다고 할 수 있다. 이런 의미의 '계몽', 즉 북미와 유럽 세계의 역사 개념으로서의 '계몽'의 경우 '적'은 명확하다. '계몽의 적'이란 결국 교회이며, '계몽'의 최대공약수에 해당하는 정의란 예를 들어 'ecclesiastical'(교회)한 세계에 대한 'civil'(시민) 세계 방어 프로젝트와 같이 표현할 수 있을 것이다. 그리고 이 정의는 분명히 역사분석에 사용할 수 있을 정도로는 확실히 명쾌한 것이리라.[8]

단, '계몽'을 이렇게 정의할 경우 확실히 '계몽' 개념을 일본열도의 정치사상사에 그대로 적용하기는 곤란하다. 예를 들어 에도시대 일본에는 위와 같은 의미의 '계몽의 적'이 존재하지 않았기 때문이다. 에도 사상사에서 주자학이 지적 권위인 동시에 정치권력과 결합해 정통성을 부여하는 기능을 담당하는 이른바 '체제교학'(體制教學) 따위가 아니었음은 이미 상식에 해당한다.[9]

에도는 'obscurantism'(반계몽주의)이 지배하는 주술적 공간도 아니었다. 에도는 세속적(secular)이고 그런 의미에서 이미 civil한(시민적) 사회였다. 『메이로쿠 잡지』는 교회나 미신과도 싸워야 할 필요가 없었던 것이다. 미신에 대해 이야기하면 이 잡지 안에는 「덴구설」(天狗說, 『메이로쿠 잡지』 제14호, 이하 호수만 표시)과 「여우설에 대한 의문」(狐說の疑, 제20호) 등 일견 미신을 배격하는 것으로 이해되는 논설이 존재한다(이런 논설의 존재 때문에 『메이로쿠 잡지』가 '계몽'의 증거라고 이해되는 경우도 많다). 하지만 실제로 이러한 논설을 읽으면 그것이 미신 자체를 공격하는 것이 아님을 이해할 수

---

8 'ecclesiastical'에 무엇이 포함되는지는 대부분의 경우 정도의 문제이며, 예를 들어 로마가톨릭에 속하지 않는 기독교가 '계몽사상'의 담당자가 될 수도 있을 것이다. J. G. A. Pocock, *Barbarism and Religion*, vol. 1, Cambridge Univ. Press, 1999, p. 7; 犬塚元, 「'啓蒙の物語叙述'の政治思想史 ──ポーコック『野蠻と宗教』とヒューム」, 『思想』, 2008年 3月號.
9 渡邊浩, 『近世日本社會と宋學』(新裝版), 東京大學出版會, 2010.

있을 것이다. 거기서 적으로 상정되는 것은 보다 구체적인 동시대 정치사
의 맥락인 것이다.

또한 주자학은 기독교의 기능적인 대체물이 아니고, 쇼헤이자카 학문
소(昌平坂學問所)도 교회는 아니었다. 그러므로 메이지 초기의 지식인들은
기독교를 일본에 수입하는 데 주저하지 않았다. 예를 들어 쓰다 마미치
가 "법교(法敎, 종교)의 목적은 개화하지 않은 백성을 인도해 선도하는 데
있다"(「개화를 진척시킬 방법을 논함」(開化を進る方法を論ず), 제3호)고 단언했
을 때 그 자신도 딱히 동시대의 맥락에 비추어 유별난 이야기를 할 생각
은 없었던 것이다. 그들에게 종교란 그 자체가 목적이 아니라 어디까지나
수단이었으므로 기능적으로 가장 뛰어난 종교를 채택하자는 주장은 지극
히 일반적이었다. 그리고 기능적으로 뛰어난 종교란 목하 '부강'을 실현하
고 있는 서양 여러 나라에서 채택하고 있는 종교라는 생각도 지극히 자연
스러웠다. 그렇기 때문에 쓰다는 기독교 가운데에서도 "가장 새롭고 가장
좋은, 가장 자유롭고, 가장 문명하다는 주장(文明の說)에 가장 가까운 것"
을 채택해 공개적으로 '우리 인민'을 '교도'(敎導)해야 한다고 주장했던 것
이다(「개화를 추진하는 방법을 논함」, 제3호). 열성적인 기독교 도입론과 그 배
후에 있는 종교에 대한 지극히 실용주의적인 태도, 이들을 과연 '계몽'의
특징이라 할 수 있을까? (열성적인 신앙인 입장에서는 실소를 금치 못할) 이러
한 실용주의적인 종교관이야말로 바로 '계몽'의 특징이라는 견해도 있을
수 있을 것이다. 그러나 지식인들의 태도는 기독교를 무언가 다른 것(예를
들어 주자학)으로 대체하기만 하면 종교적인 것이나 신비적인 것에 대해 보
여왔던 에도시대 이래의 흔해빠진 반응에 지나지 않는다. 만일 메이지 초
기 열심히 기독교를 도입하자고 주장하는 지식인들이 '계몽적'이라면, 에
도의 주자학자들이 이미 '계몽적'이었다고 볼 수는 없을까?[10] 그것은 그

---

10 에도의 '계몽'을 논한 연구 중 시기가 앞선 저작으로는 源了圓, 『德川合理思想の系
譜』, 中公叢書, 1972 참조. 최근의 저작으로는 西田耕三, 『啓蒙の江戶』, ぺりかん社,

나름대로 일리 있는 입장이라 여겨지지만 그럴 경우 일부러 '메이지 계몽'이라 주장할 필요가 있는지, 에도 계몽과 구별될 필요가 있다면 그 지표는 무엇인지가 별도로 논의되어야 할 것이다.

(2) 계몽전제

아니, 그렇지 않다. '계몽의 적'으로 교회가 있는지가 중요한 것이 아니다. 올바른 진리의 입장에서 '인민'을 지도하고 교도한다. 그런 것이 가능하다는 태도야말로 바로 계몽적이라 불리는 까닭이 아닌가? 이렇게 생각하는 분도 있을 것이다. 사실 『메이로쿠 잡지』나 메이로쿠샤의 '계몽성'을 운운하는 경우 실은 이런 의미의 '계몽', 즉 교화나 교육을 의미하는 경우가 많다. 그러나 첫째, 교화나 교육을 '계몽'의 의미 내용으로 삼을 경우 한자어를 이해하는 데에는 전혀 문제가 없다 해도 서양어의 enlightenment와 lumière 혹은 Aufklärung 본래 의미와 합치하는 것일까? '계몽'은 한자어인 것일까, 아니면 위에서 말한 여러 개념의 번역어인 것일까?[11]

둘째, 인민을 교화할 필요가 있다고 주장하는 것과 실제로 인민을 교화하려는 것은 별개가 아닐까? 『메이로쿠 잡지』를 읽어보면 알겠지만 문체는 한문을 일본말 어순으로 고쳐 읽은 요미쿠다시체(讀み下し體)라 불리는 것으로, 당시 일반 서민이 읽기 쉽지 않았다. 『메이로쿠 잡지』의 문체는 극히 '딱딱하다'. 또한 그 내용도 수준 높고 난해해 도저히 '우매한 민중'을 실제로 교화·계발하는 데 유용할 것으로 생각되지 않는다. 동시대에는 분명히 민중교화를 의도해 평이한 속문(俗文, 소로분[候文]이라 불림)으로 쓰인 일련의 책('개화물'이라고 불림)이 존재했다.[12] 그러한 것을 놔두고 주로

2018 참조. 다만 이들 저작에서 '계몽'의 내용은 일관되지 않으며, 이들의 논의에 이 글이 동의하는 것도 아니다.

11   柳父章, 『翻譯語成立事情』, 岩波新書, 1982.

한문 요미쿠다시로 쓰인, 당시 일반 서민에게 어렵기 그지없는 『메이로쿠 잡지』에 구태여 한자어 '계몽'이라는 이름을 붙일 필요가 있을까(말이 나온 김에 이야기하자면 난해한 문체로 쓰여 '인류의 지적 향상'을 명백히 지향하는 난해한 책도, 평이한 문체로 쓰여 일반인의 교화나 계발을 목표로 하는 소책자도 어느 정도 규모의 인류사회라면 어디에나 존재한다)? 이 글은 메이지 초기의 정치사상의 조류에는 '계몽' 개념 사용을 유보하고, 『메이로쿠 잡지』와 메이로쿠샤 사상의 특징에 '계몽' 개념을 사용하는 데에는 분명히 의문을 표하려 한다.

2) 점진주의

(1)『메이로쿠 잡지』는 점진주의적인가

'계몽' 개념이 도야마의 논의에서는 '점진주의'와 연결된다. 그것은 또한 '혁명'에 따른 '급진주의'의 부재로 정의된다. 즉 본래는 있어야 할 민중에 의한 '아래로부터'의 '혁명'이 실현되지 않고 정부에 의한 '위로부터'의 계몽'(명백히 교화의 의미일 것이다)이 그것을 대신했으며, 이러한 성질을 띤 계몽적 정책은 본질적으로 (급진적이고 혁명적인 것이 아니라) 온건하고 미온적인 개혁의 입장에 그쳤다는 설명이다.

그러나 『메이로쿠 잡지』에 게재된 논설을 읽으면 거기서 제안한 내용이 당시에 온건하지도 미온적이지도 않았음을 즉시 발견하게 된다. 니시 아마네는 「국어 서양글자 표기론」(洋字を以て國語を書くの論, 제1호)에서 일본어를 로마자화하자고 주장했다. 사카타니 시로시(阪谷素)는 「화장에 대한 의문」(火葬の疑, 제18호)에서 당시 금지되어 있던 화장의 부활을 외쳤다. 쓰다 마미치는 앞서 예로 든 것처럼 「개화를 추진하는 방법을 논함」(開化

---

12 池田勇太, 「明治初年の開化論と公論空間」, 鹽出浩之 編, 『公論と交際の東アジア近代』, 東京大學出版會, 2016.

を進る方法を論ず, 제3호)에서 기독교 도입을 제창했다. 이것은 이미 언급한 것처럼 동시대의 지식인 논의로서는 드문 것이 아니었으나, 정부가 기독교 금지 고찰(高札)을 철폐한 같은 해에 논의된 점은 확실히 주목할 만할 것이다. 또한 쓰다는 「출판 자유 희망론」(出版自由ならんことを望む論, 제6호)에서 출판의 자유에 대한 제한 철폐를, 「고문론」(拷問論, 제7호, 제10호)에서 고문 폐지를, 「사형론」(제41호)에서 사형 폐지를 옹호했다. 또한 『메이로쿠 잡지』에 다수의 논자가 정부 고관의 성추문에 대한 비난의 뜻을 담아 당시에 법적 존재였던 '첩'의 폐지와 예기·창기의 폐지를 주장했다(모리 아리노리, 「처첩론 1」(妻妾論の一), 제8호; 「첩설에 대한 의문」(妾說の疑), 제32호; 「폐창론」(廃娼論), 제42호). 이들 가운데 거의 모두가 당시 매우 급진적인 제안이며 일부는 현재까지도 여전히 그러할 것이다.

의심할 여지 없이 우수한 역사가였던 도야마 시게키가 『메이로쿠 잡지』에 수록된 논설의 이와 같은 경향에 무지했다고 보긴 어렵다. 그렇다면 도야마는 왜 그들의 언설을 '점진주의'로 규정했을까? 그것은 이 시기 정치사상을 분석하는 평가기준으로 메이지 7년(1874)에 제출된 국회개설론(「민선의원설립건백서」(民選議院設立建白書))을 대하는 태도가 채택된 탓이다. 물론 자유민권운동(自由民權運動)의 계기가 된 「민선의원설립건백서」가 불러일으킨 논란에 가토 히로유키를 비롯한 대다수 『메이로쿠 잡지』 기고자들은 틀림없이 신중한 태도를 취했다. 예를 들어 가토 히로유키는 정면에서 반대했다(「블룬칠리 씨 일반 국법론 적역 민선의원설립 불가론」(ブルンチュリ氏國法汎論適譯 民選議院設立不可立の論), 제4호). 결국 도야마는 「민선의원설립건백서」를 기초한 이들과 그에 호응해 민선의원 즉시개설을 요구한 자유민권운동을 '급진주의'로서 근대 시민혁명이라는 올바른 역사의 발전을 가져올 잠재력을 지닌 집단으로 파악해 의회개설에 회의적인 태도를 보인 지식인들의 논의를(다른 측면은 사상한 후) '점진주의'의 이름 아래 한데 묶은 셈이다.

도야마 시게키가 굳이 이렇게 단순화한 배경에는 서술의 틀을 규정한 강좌파 역사이해의 이론상 동기뿐만 아니라 아마도 한국전쟁을 계기로 한 이른바 '역코스' 정책과 무장투쟁의 방침을 채택한 일본공산당의 방침에 따라 양극으로 규정된 동시대 정치상황에서 느낀 위기의식, 이른바 이론을 초월한 동기가 있었을 것이다. 1875년(메이지 8년)의 언론단속 강화에 「메이로쿠 잡지」가 순종했고 그 후에 개명 입장에서 보수 입장으로 '전향'한 것으로 종종 기술되고, 그러한 보수화의 단서로 민선의원 논쟁에서 그들의 태도가 거론되는 것도 전후 민주주의의 '짧은 봄'을 맞닥뜨린 지식인의 태도 결정이 당시에 크게 문제가 되었음에 비추어 이해할 수 있다. 즉 도야마에게 '메이지 계몽'과 '전후 계몽'은 겹쳐 보였으며 '메이지 계몽'을 역사의 귀감으로 삼아 전철을 밟지 않는 것이 중요했다.

(2) 정부의 이상주의/지식인의 현실주의

그러나 이론을 초월한 동기가 타당한지는 차치하더라도 점진주의에 대한 도야마의 견해는 현재 연구수준에 비추어 도저히 유지될 수 없다. 우선 「민선의원설립건백서」의 주장 자체가 당시에 실제로 그렇게 '급진적'이라 할 수 없었다. 이미 도리우미 야스시(鳥海靖)가 지적했듯이 의회 개설 자체는 정부 내부에서 이미 정해진 노선이었다. "군주전제의 정체를 고쳐 의회를 열어 국민 참정권을 인정한다는 주장 자체는 그 당시의 정부 관계자에게 딱히 새로운 것"이 아니었다. 정부의 거센 반발은 그것이 정부정책에서 동떨어진 과격한 주장이었기 때문이 아니라 오히려 자신들의 정책노선에 지극히 가까운 탓이었다. "'공의여론' 사상에 뒷받침된 민선의원 설립 주장은 아무도 반대할 수 없는 '대의명분'"이었고, 그러므로 반대로 "정부는 '유사전제' 공격과 결합된 민선의원설립건백서에 강한 경계심을 품을 수밖에 없었다."[13] 정책 간의 거리가 가깝다고 해서 당파 간 싸움이 완화

---

13   鳥海靖, 『日本近代史講義』, 東京大學出版會, 1988, pp. 64~65.

될 리는 없다.

둘째, 「민선의원설립건백서」가 새롭게 보이지 않았던 건 『메이로쿠 잡지』 지식인들도 마찬가지였다. 아니, 오히려 새롭게 보이지 않은 정도가 더욱 강했다고 할 수 있다. 이 점을 상기시키는 인물이 그들의 다음 세대 정론가 구가 가쓰난(陸羯南)이다. 구가는 『근시정론고』(近時政論考)에서 "민선의원론은 국권론파(여기서는 가토 히로유키 등을 칭함)에서 나왔다고 할 수도 있지 않겠는가?"라고 한다. 「민선의원설립건백서」를 기초한 이들이 의거한 사상의 연원은 바로 그것에 정면으로 반대한 가토 히로유키였다는 것이다. 그 배경으로는 "당시의 정치가들은 특히 지식의 공급을 학자 무리에 의존"(『근시정론고』)했고,[14] 당시 입법자 자신이 '서생 출신 입법자'(『근시헌법고』(近時憲法考))였던[15] 사정이 존재한다고 구가는 말한다. 여기서 '서생'은 물론 이후 시대에서 그러하듯 한낱 식객을 칭하는 것이 아니라, 쇼헤이자카 학문소나 각 번교(藩校)의 교육과정 또는 이후 제국대학이나 사법성법학교(司法省法學校)에 재학 중인 학생처럼 극히 한정된 계층을 가리킨다.[16] 여기서 구가는 지식인과 정부중추 사이의 거리나 역관계가 나중에 도야마가 상정할 만큼 가깝거나 수동적이지 않았음을 지적하는 것이다. 오히려 정부중추도, 그에 반대해 국회개설론을 사회에 제기한 진영(바로 뒤에 논하듯이 그들도 그전까지 정부중추였다)도 의회에 관한 여러 지식을 그들 지식인에게 의존했다는 것이다. 또한 구가는 다음과 같이 말한다.

우리는 지금의 민선의원론을 학자의 논파로 삼지 않는다. 그러나 권력을 잃은 정치가가 지설(持說)로 창도해 크게 세도인심(世道人心)을 움직였으니

---

14 『陸羯南全集』, 第1卷, みすず書房, 1968, p. 41.

15 『陸羯南全集』, 第1卷, p. 10.

16 이러한 메이지 초기 '서생'의 의미에 대해서는 中野目徹, 『政教社の研究』, 思文閣, 1993, 第1章 第1節 참조.

하나의 논파로 간주해도 무방할 것이다. 이 급진론파는 의심할 여지 없이 여러 해 민권설에 일깨움의 실마리를 제공했다. 그러나 지금은 일단 그 스승과 벗이었던 국권론파의 반대로 단지 일시의 공론(空論)으로 여겨지는 데 지나지 않게 되었다(『근시정론고』).[17]

'민선의원론'은 '권력을 잃은 정치가'의 '지론'이며 '스승과 벗이었던 국권론파'의 지지조차 얻지 못한 '일시의 공론'에 불과하다. 여기서 지식인('사우'[師友])이 공급한 지식을 바탕으로 '권력을 잃은 정치가'가 시작한 권력투쟁이라 판단함을 알 수 있다. 그리고 그러한 권력투쟁에서 뜻밖에도 '권력을 잃은 정치가'들에게 사상의 무기를 제공하게 된 『메이로쿠 잡지』 지식인들의 반응은 대체로 침착하고 냉담했다.

구가의 평가는 도야마의 그것보다 아마도 옳을 것이다. 정보와 지식의 정부 편중이 심화된 약 20년 후의 청일전쟁을 바라보는 태도는, 어느 역사학자가 '정부의 현실주의' 대 '민간의 이상주의'라고 묘사한 것과는 정반대로(물론 군사나 외교 분야는 정부가 특히 정보를 독점하기 쉽다는 사정을 감안해야 하나) '정부의 이상주의' 대 '민간의 현실주의'라 부를 만한 것이었다.[18]

정부중추를 포함한 '정치가'들이 국회를 개설하는 방향에 기본적으로 동의한 후에 '대의명분'을 놓고 주도권 싸움을 벌이던 권력투쟁의 여러 양상('정부의 이상주의')을 그리려는 시도는 이후 연구사에서 나름대로 축적되었다고 할 수 있다.[19] 그러나 이에 비해 『메이로쿠 잡지』를 비롯한 지식인의 굴절된 반응의 여러 양상('민간의 현실주의')을 충실히 분석한 경우는

---

17 『陸羯南全集』, 第1卷, p. 42.

18 청일전쟁에서 '정부의 현실주의'와 '민간의 이상주의'를 대비한 연구로는 入江昭, 『日本の外交』, 中公新書, 1966 참조.

19 大久保利謙, 『明治政權の確立過程』, お茶の水書房, 1956; 坂野潤治, 『明治憲法體制の確立—富國强兵と民力休養』, 東京大學出版會, 1971.

상대적으로 적었다. 구가가 일단을 그려낸 것과 같이 지식인들을 현실주의로 이끈 구조적 요인까지 다룬 분석은 더욱 희소하다. 그러므로 아래에서는 『메이로쿠 잡지』 지식인의 '점진주의'가 아닌 '현실주의'를 지탱한 구조적 요인을 검토하고자 한다.

하나의 명확한 요인은 그들이 의회제 도입에 대해 검토하기 시작했지만, 건백서(建白書)가 나온 1874년 훨씬 이전부터였다는 단순한(그러나 종종 잊혀지기 쉬운) 사실이다. 대략 민선의원 논쟁이 일어나기 10년 전부터 그들 대부분은 의회제 도입에 대해 분석과 검토를 시작하고 있었다. 그리고 그 과정에서 의회제를 성립시키는 여러 전제에 대해 지식과 견문(知見)을 모으고 있었다. 그것이 구가가 그린 듯한 '정치가'에 대해 그들의 지식 면에서의 우월함을 가져온 것은 말할 것도 없다.

의회제를 운영해 나가는 여러 전제 중 '인민의 정도(程度)'가 있고, '정부의 이상주의'가 의회제의 이러한 전제를 무시해서 국회론을 진행할 수밖에 없다는 두려움과 걱정(危懼)이 그들이 냉담한 반응을 보인 하나의 유력한 원인이었다는 것은 의심의 여지가 없다. 다만 의회제를 운영해가기 위한 여러 전제는 '인민의 정도'에만 국한되는 것은 아니다. 지금으로부터 10년 전에 '인민의 정도' 이외의 여러 전제는 불가역적으로 크게 변화해왔다. 그런 것을 『메이로쿠 잡지』 지식인들은 깊이 인식하고 있었다는 것이다. 그들의 의론을 분석할 때는 이렇게 표면적으로 주장하는 심층의 콘텍스트를 이해할 필요가 있다. 그럼 그에 따른 여러 전제란 무엇인가. 예를 들면 그것은 정치권력의 담당자나 정치공간의 형식이다. 전자는 1861년의 시점에서 그들이 상정한 정치권력의 담당자와 1874년 시점에서의 그것이 달랐다는 것이다. 후자는 역시 1861년의 시점에서 그들이 상정했던 정치공간의 형식이 1874년의 그것과 달랐다고 하는 것이다. 전자는 도쿠가와 정부부터 메이지 정부로의 변화가 있었고, 그것은 1868년에 일어났다('왕정복고'). 후자는 '봉건'부터 '군현'으로의 변화가 있었는데, 그것은 1871년(메이지 4년)에 일어났다('폐번치현'). 다음 절에서는 이 '봉건'에서

'군현'으로의 변화라는 현상이 어떻게 해서 그들에게서 의회제를 운영하는 여러 전제의 변화로서 의식하게 되었는지 검토해보자.

2. 포스트 '봉건·군현론'의 시대: '봉건' 의회/'군현' 의회

그들이 『메이로쿠 잡지』에서 의회를 이야기할 때 의식했던 것은 '군현세계'라는 동시대 의식, 덧붙이면 포스트 '봉건·군현론'의 시대라는 동시대 인식이었다. 마르크스주의에서 말하는 feudalism 내지 feudal system의 번역어로서 '봉건'이 정착하기 이전에 '봉건'이란 물론 유학자들이 칭송하는 중국 상고시대 하(夏)·은(殷)·주(周) 왕조('고삼대'(古三代)) 시기 정치체제였고, '군현'이란 진시황이 창시한 것으로 간주되는 정치체제를 가리켰다. 서양의 충격에 대한 대응을 놓고 막말 에도 일본의 정치체제론은 무엇보다도 전통적인 '봉건' '군현' 우열론으로 논의되곤 했다.[20] '봉건·군현론'이란 어휘로 당시의 정치체제를 이야기하는 의미는 무엇이었을까? 이 질문에 후쿠자와 유키치가 적절한 설명을 제공해준다. 후쿠자와는 『문명론의 개략』(文明論之槪略) 초고에서 다음과 같이 말한다.

> 봉건이란 다이묘(大名)의 나라를 세워 제각기 정치를 행하는 것이고, 군현이란 전국에 하나의 정부를 두고 홀로 지배하는 것이며, 일본은 메이지 4년 이전에는 봉건이었는데 같은 해 폐번치현 이후 군현이 되었고, 봉건과 군현은 제도가 달라 세상 모든 사물에 영향을 끼치니 제도가 한 번 바뀌면 인간교제의 구조도 크게 변화할 수밖에 없고, 낱낱의 항목은 일일이 셀 수 없을 만큼 많으나, 일단 여기에 그 가운데 두드러지는 것을 거론하겠다

---

20 이에 대한 자세한 내용은 졸저 『明六雜誌の政治思想』, 東京大學出版會, 2011, 第2章 참조.

(제10장 도입부 초고).[21]

　과연 후쿠자와의 명성에 걸맞도록 훌륭하게 도식화했는데, 메이지 일본의 '봉건·군현론'이 송나라나 명나라 시대에는 문제가 됐을 종족을 둘러싼 제사 따위가 아니라 오로지 정치체제의 문제로 논의된 사실을 나타낸다. 부연하면 '봉건'은 세습 통치자(다이묘)에 의해 통치된 '번'(藩)을 기본적 단위로 하는 분권국가 제도이며, '군현'은 황제가 파견하는 관리(지사〔知事〕)에 의해 행정이 집행되는 '부현'(府縣)을 행정단위로 하는 집권국가 제도였다. 이러한 의미의 '봉건' '군현' 우열론은 왕정복고, 즉 정치권력의 주체가 바뀌더라도 여전히 해결되지 않은 문제로 계속 남아 있었다.

　군대와 세금 징수권한을 가진 각 지방정부의 병존을 허용할 것인가, 아니면 중앙집권을 단번에 진행할 것인가. 『메이로쿠 잡지』의 기고자들은 막말부터 이 당시까지 이러한 의미의 '봉건·군현론'에 주목했다. 후쿠자와의 표현을 빌리자면, 양자의 차이는 "세상 모든 사물에 영향을 끼치니 제도가 한 번 바뀌면 인간교제의 구조도 크게 변화할 수밖에" 없는 이상 당연한 관심이다. 게다가 그 문제는 의회제에 매우 중요한 전제이며, 이른바 의회제에 선결해야 하는 문제였다. 정치공간의 형식으로서 '봉건'을 취할 것인가, 아니면 '군현'을 취할 것인가? 의회제의 의미도, 의회 도입을 위한 논리도 그에 따라 바뀔 수밖에 없기 때문이다.

　그 점을 당시 가장 치열하게 의식하고 있었던 이가 1874년(메이지 7년) 국회 도입론에 반대하는 선봉장 역할을 한 가토 히로유키였음은 우연이 아니리라. 가토는 민선의원 논쟁으로부터 10년 이상 앞선 1861년(분큐〔文久〕 원년) 『도나리구사』(隣草)에서 '상하분권 정체'(당시는 의회를 이렇게 칭했다)를 논했다. 문답체 형식을 취해 겉으로는 이웃나라인 청나라 중국이

21　進藤咲子, 『『文明論之槪略』草稿の考察』, 福澤諭吉協會, 2000(非賣品), p. 232.

채택해야 할 정치체제에 대해 논하는 것처럼 가장했던 이 저작에서 가토는 다음과 같이 서술했다.

> 물어 이르길: 귀하의 설명이 실로 이치에 합당하다. 다만 서양 각국이 군현사회여서 이 정치체제를 채택한 것이라면 지금 군현사회인 청나라에서 이를 채용함은 적당할 수 있겠으나, 만약 삼대(三代)와 같은 봉건사회에서 이를 채용하면 이로움과 해로움이 어떠할 것인가?
>
> 답하여 이르길: 내 생각에는 가령 봉건사회든 군현사회든 이 정치체제를 잘 활용하는 법을 알면 결코 이로 인해 해가 발생할 일은 없을 것이다. 만약 봉건사회라면 각 주(州)의 제후보다 그 방령(邦領)의 크기, 인구수 등에 따라 공회관원(公會官員)의 수를 정하고, 중요하거나 심상치 않은 일, 혹은 만민의 고락(苦樂)에 관계되는 일 등이 일어날 때는 반드시 회중(會衆)이 그 일을 의논해야 한다. 그렇게 되면 제후도 어진 정치(仁政)에 익숙해져 틀림없이 조정을 우러르고 진심 어린 충성을 다하려 들 것이다. 그런데 제후의 권한을 될 수 있는 대로 빼앗으려 들고, 제후가 국사(國事)에 조금도 의견을 낼 수 없게 하면 조정의 대권(大權)이 잠시 강해지는 듯 보이더라도 실제로는 오히려 제후가 조정을 원망하는 원인이 되어, 유사시에는 제후로 인해 해를 입는 일이 적지 않을 것이다. 그러므로 만일 봉건사회라 해도 사람들 사이의 화합(人和)을 깨지 않으려면 반드시 상하분권 정체를 세워야 할 것이다(加藤弘之, 『隣草』).[22]

여기서 가토가 검토하는 문제는 '봉건' 정체에서 '의회'의 도입이 과연 가능한지다. 당시 일반의 인식으로 서양열강의 정치체제는 모두 '군현'이었다. 그렇다면 의회제를 도입할 때 실은 그 전제가 되는 필요조건으로

---

22 『加藤弘之文書』, 第一卷, 同朋舍, 1990, p. 31.

'군현'이 실현되었어야 하지 않는가? 즉 '군현' 정체 이외의 조건에서는 의회제를 도입해도 제대로 기능하지 않을 것 아니냐는(서양에 대한 지식으로부터 도출된 당연한) 의문이다('질문' 부분). 이에 대해 봉건사회라 해도 의회제를 도입할 수 있고 그럴 필요도 있다는 것이 '답' 부분의 주장이다. 이것은 물론 당시 봉건사회로 간주된 도쿠가와 일본에 의회제를 도입하자는 주장이었다. '상하분권 정체'(= 의회제)를 도입해야만 '제후'의 '조정'에 대한 충성('진심 어린 충성')이 확보되어 '어진 정치'가 실현되는 것이리라. 여기에서 가토가 '조정'이라 칭한 것은 물론 도쿠가와 정부다. 그리고 이는 또한 '군현화'를 반대하는 주장이기도 했다. "제후의 권한을 될 수 있는 대로 빼앗으려 들고, 제후가 국사(國事)에 조금도 의견을 낼 수 없게" 하면 "조정의 대권(大權)이 잠시 강해지는 듯 보이더라도 실제로는 오히려 제후가 조정을 원망하는 원인"이 되리라는 것이다. '군현'이 정부의 전제(tyranny)로 귀결되고, 그것은 내란(anarchy)을 가져올 것이라는 정치학적인 전망이다.

이때 가토가 (반박해야 할 주장으로) 염두에 둔 것은 의회제 도입 구실 중 하나였던 '군현화'를 목표로 하는 논의의 사조였다. 이러한 '군현론'의 사조는 막말 정치위기의 강도에 비례해 도쿠가와 '막부'가 결정적으로 권력을 상실하기 직전까지 고양되었다. 이를 대표하는 예는 후쿠자와 유키치다. 1866년(게이오〔慶応〕 2년) 후쿠자와는 분명히 '군현론자'였다.[23]

---

23 이 점에 대해서는 물론 다음 건백서도 참조해야 한다. "특히 근래에는 신문 등에 다이묘 동맹설을 주장하는 도당이 있는데, 이들은 지금까지 정부의 조치를 제대로 이해하지 못해 그저 지금의 조약을 폐지하고 여러 다이묘의 동맹을 결성해 게르만(German) 열국처럼 동맹한 제후와 새롭게 조약을 맺어야 한다는 뜻을 갖고 있습니다. 영국 공사 해리 스미스 파크스(Harry Smith Parkes)와 같은 이도 내심 그 주장에 심취해 있다고 합니다. 또한 사쓰마와 그밖의 제가(諸家)들도 유학생을 다수 해외에 파견하고 있습니다. 이들은 모두 다이묘 동맹설을 따르는데, 조슈 사람들도 자기 스스로 의존한 바도 있어 위의 서생들과 의논해 다방면으로 유세하고 또는 신문 등에 오로지 동맹의 주장을 논변하고 있으니, 일시 유럽의 인심을 기울게 하여 각 정부의 평의도 이로 인해 변동하지 않을 거라고 말하기 어렵습니다. 만

동맹의 주장을 실시하면, 나라는 가급적 꽤 자유로울 수 있겠으나, This freedom is, I know, the freedom to fight among Japanese. 어떻게 생각해도 대군 군주제(モナルキ)여야 하며, 그저 다이묘 동맹만으로는 한 나라의 문명개화는 진척되지 못한다.[24]

여기서 '동맹설'은 '다이묘 동맹', 즉 유력 다이묘의 합의제 구상이었고, 이것이야말로 가토가 적극 도입하려 했던 '봉건' 의회 구상이라 부를 만한 것이다. 후쿠자와는 이를 배제해 '대군'(大君, 도쿠가와 쇼군〔將軍〕)을 중심으로 한 '군현화'(='대군 군주제')를 구상했다. 후쿠자와는 의회 도입보다 정치공간을 '군현화'하는 것이 선결과제라고 보았던 것이다.[25]

이러한 '봉건' '군현' 논쟁은 1869년 왕정복고 이후에도 계속되었다. 1872년 폐번치현 직전까지 치열한 논쟁이 있었던 것이다.[26] 확실히 그리

일 이와 같이 된다면 도쿠가와가의 부침은 말할 것도 없거니와 일본 전국의 소란의 발단이 되어 사분오열하고 다시 만회할 수 없는 형세가 될 것입니다. …… 단연코 결정을 하시어 외국 군대로 조슈 번을 멸망시켜야 하고, 그래도 이견을 제기하는 다이묘에게도 병력을 파견하셔야 합니다. 이 거사로 전 일본국의 봉건제도를 일변시킬 정도의 위광을 발휘하시지 않고서는 안 될 것이라고 생각합니다(福澤諭吉, 「長州再征に關する建白書」, 게이오〔慶應〕 2년). 또한 같은 시기의 『히고노쿠니 사료』(肥後藩國事史料)에는 "간사한 무리(群姦)의 뜻은 일본 열번(列藩)을 무너뜨려 군현으로 삼고, 위로는 천자를 업신여겨 서양의 국체와 같이 하려는 계획에 있습니다. 이번의 조슈 정벌 역시 조슈를 타도하고 점차 열번을 멸하려는 취지"(『改訂 肥後藩國事史料』 卷6)라고 기술되어 있다.

24 『福澤諭吉書簡集』, 第1卷, 慶應 2年/1866年 11月 7日, 和田愼次郎宛.

25 다만 아마도 후쿠자와가 한결같은 '군현론자'였을 리는 없다. 죽음 직전에 쓴 자서전에서는 분큐(文久) 2년 당시의 '정치사상'을 아래와 같이 회고했다. "그래도 나에게 정치사상이 전혀 없는 것은 아니다. 예를 들어 분큐 2년 유럽행 배 안에서 마쓰키 고안(松木弘安)과 미쓰쿠리 슈헤이(箕作秋坪)와 나 3인이 각기 다른 입장에서 일본의 시세(時勢)를 논했는데 그때 내가 '어떠한가, 도저히 막부 혼자는 어려워. 우선 여러 다이묘를 모아 독일연방처럼 하면 어떻겠는가?'라고 물으니 마쓰키도 미쓰쿠리도 '뭐, 그런 것이 온당하겠지'라고 했다"(『福翁自傳』, 1899).

26 두 가지 예만 들겠다. 모리 아리노리는 메이지 2년에 공의소(公議所)에서 다음과 같이 물었다. "첫째, 지금 우리나라 국체가 봉건·군현 반반이나 다름없으니, 이런

피스(William Elliot Griffis)가 'political earthquake'(정치적 지각변동)이라 부른 '폐번치현'은[27] 역사학자 마스미 준노스케(升味準之輔)가 칭했듯이 '폐번 쿠데타'의 귀결이며,[28] 당시 활발하게 이루어졌던 '봉건' '군현'의 우열을 둘러싼 숙의와 공론의 결과물이 아니었다.[29] 이 '폐번 쿠데타'의 실현을 통해 '봉건·군현론'을 논의할 필요가 사라지자 그 어휘도 당시 언론공간 속에서 급속히 사라지게 되었다. 후쿠자와는 『문명론의 개략』 초고 인용 부분을 탈고 단계에서 삭제했는데, 이는 그가 '봉건·군현론'의 시의성

식이라면 장래의 국시는 과연 어떠할까? 둘째, 만약 이것을 고쳐 통일하려 하면 그 제도는 봉건으로 해야 할 것인가, 아니면 군현으로 해야 할 것인가, 그 이해득실은 과연 어떠할까?"(森有礼, 「御國體之儀に付問題四條」, 1869年 5月). 그리고 나루시마 류호쿠(成島柳北)가 야나기바시(柳橋)에서 노는 촌스러운 사무라이(士人)의 모습을 다음과 같이 묘사한 것은 메이지 4년의 일이었다. "사무라이 두 명이 비단 바지를 입고, 금도(金刀)를 차고 누각에 마주앉아 술을 마신다. 술 몇 줄기에 이야기가 천하의 형세에까지 이르러 마침내 군현·봉건의 득실을 논한다. 서로 논박하느라 시간이 지나도 결론이 나지 않는다. 입에서 불을 토하고, 혀끝으로 피를 토한다. 술이 차갑게 흩어지니 뒤돌아보지 않겠는가? …… 손님이 말하길, '우리들이 논하는 바는 천하의 정체, 군현·봉건의 이해득실인데, 경(卿)들은 어째서 묻지 않습니까?'라고 했다. 오쓰마(馬乙)가 술잔을 맡고 이르길, '공(公)들은 어째서 정도에서 벗어나십니까? 대저 군현·봉건의 득실은 진한(秦漢) 이래 선현들이 논하고 남은 것이 없습니다. 어째서 공들은 지금 다시 장황하게 이야기를 멈추지 않습니까?'라고 했다. 첩(妾)이 묻기를, '미국에 공화정이 있어 매우 공명정대하니 당우(唐虞, 요순(堯舜))의 치세도 이보다 나을 수 없습니다. 공들은 선현의 모방에 그칠 것이 아니라 양쪽 모두 군현·봉건의 주장을 버리고 공화의 장점을 따르십시오. 또한 대저 놀이란 무엇보다 함께 화합해 즐겨야 합니다. 지금 공들은 술집에 앉아 술과 고기를 두고 먹지 않고, 관현(管弦)을 내던져두고 연주하지 않습니다. 공론망언(空論妄言)하여 소첩들이 구석을 보고 졸음을 재촉하도록 합니다. 이를 두고 함께 화합하여 즐긴다 할 수 있겠습니까? 공들은 실로 놀 줄 모르니 소첩 진정으로 대통령이 되어 한 번 이 쇠퇴한 기운을 떨쳐보려 합니다. 청컨대 일단 이 죄로 술 한 잔 드십시오'라고 했다. 이에 두 손님이 크게 부끄러워하고 두 사람 모두 수긍하여 사죄하고 이르길, 삼가 여왕폐하의 명을 받들겠습니다'라고 했다(成島柳北, 『柳橋新誌』 第2篇, 1872).

27 W. E. Griffis, *Mikado's Empire*, Book 2, New York, 1887.

28 升味準之輔, 『日本政党史論』 第1卷, 東京大學出版會, 1965, p. 73.

29 勝田政治, 『廃藩置縣 ― 「明治國家」が生まれた日』, 講談社, 2000.

이 다했음을 민감하게 감지하고 있었음을 방증한다. 또한 가토에게도 메이지 4년(1871)의 폐번치현은 그때까지 있었던 논의의 모든 전제를 뒤집는 사건이었다. 수십 년에 걸친 논의 끝에 사태는 다시 원점으로 돌아간 것이다. 그들이 「민선의원설립건백서」에 쌍수를 들어 찬성하지 않은 것은 오히려 당연한 일이었다. 폐번치현 이후 불과 2년 만에 발발한 민선의원 논쟁에서 『메이로쿠 잡지』 기고자들이 직면한 문제는 '봉건' '군현'의 어휘를 사용하지 않고 그것이 제기했던 문제를 재고하는 일이었다.

맺는말

이 글에서는 다음의 간단한 논점을 제안하려 했다. 『메이로쿠 잡지』를 계몽적이라 부르는 것을 그만두면 어떨까? 그리고 그들의 의회론을 점진주의적이라 부르기를 멈추면 어떨까? 그들의 사상을 '계몽' '점진주의'로 규정하는 대신, 개별 학자들의 개별 논설을 신중하게 살펴보는 것은 물론, 주제별로 적절한 문맥을 설정해야 할 것이다. 예를 들어 의회라는 주제라면 라즐릿(Peter Laslett)식으로 '봉건' '군현'이라는 "political landscape we have lost"(우리가 잃어버린 정치지형)(David Mervart)를 인용하는 것이 유효하지 않을까? 그러면 지난 세기말부터 강조되는 데 비해 개별 연구성과는 부족한 듯 보이는 에도와 메이지의 연속성에 대해 더 뉘앙스가 풍부한 분석을 할 수 있지 않을까?

이러한 작업을 축적해야 마루야마 마사오(丸山眞男)가 '지(知)의 살롱' '지(知)의 공동체'라 부른 메이로쿠샤의 진정한 모습이 드러나는 것이 아닐까?[30] 이는 아마도 서양의 최신 이론을 모방·학습하는 데 급급한 사람

---

30 丸山眞男, 「近代日本の知識人」, 『丸山眞男集』 第10卷, 岩波書店, 1996, p. 238.

들의 모습이 아닐 것이다. 또한 주도면밀한 프로그램 아래 균질한 '국민'을
창출하려 도모한 사람들의 모습도 아니다. 에도의 경험과 지식, 서양의 경
험과 지식을 모두 주시하는 동시에 정치체제의 이상적인 모습(아렌트라면
forms of government[통치형태]라고 부를 법한)을 두고 의견을 주고받는 사람
들의 모습이다.[31] 그리고 이렇게 봤을 때 메이지 유신이라 불리는 일련의
변혁이 동아시아에 사는 우리에게 갖는 의미도 다르게 나타날 것이다.

[번역: 정지희, 서울대 일본연구소 부교수]

---

31 Hannah Arendt, *On Revolution*, The Viking Press, 1963, chapter 3.

근대 동아시아 지식변화의 한 장면

── 청말(1860~1905) 과거제도 개혁 중 주현(州縣)의 교사관(校士館)과 신학(新學) 과예(課藝)

쑨칭(孫青)

머리말

근래 이미 적지 않은 연구자가 현대지식의 시각으로 중국에서 근대 이래로 발생한 총체적 질서변화를 토론하기 시작했다. 그들은 신지식 체계가 전통권력의 정당화에 끼친 충격 외에도 이와 관련한 사회와 제도의 변천에 대해 주목했다. 청일전쟁 이후 청조(淸朝)에서 과거의 시험내용을 개혁하자는 목소리를 크게 내기 시작했고, 이를 반영해 1898년과 1900년 두 차례에 걸쳐 과거제도의 개혁이 이루어졌다. 청조에서는 각 성에 명을 내려 서원(書院)을 신식 학당(學堂)으로 바꾸도록 했고 또한 각지의 서원에서는 대량의 신학 과예를 서둘러 만들어냈다. 이 글에서는 우선 청말의 신학 과예의 세 발전 단계를 주목해 여러 작자의 출신, 서원 혹은 학당의 유형, 고과의 성격, 평론자의 신분과 시각 등 구체적인 문제를 논하고자 한다. 아울러 20세기 초 절강(浙江) 석문교사관(石門校士館)과 산동(山東) 임청교사분관(臨清校士分館)의 상황을 중심으로 분석할 것이다. 동시에 이를 기초로 하여 청말의 서원, 지방 '교사관'(校士館) 등 지식에 대한 국가 통제를 행하는 전통공간에 어떻게 근대로의 변화가 발생하게 되었는지 논하려고 한다.

1. 신학 도입의 과도형식: 서원에서의 '과예'시험

1919년 4월, 북경대학 학생 나가륜(羅家倫)은 학생 간행물인 『신조』(新潮)에 「오늘날 중국의 잡지계」라는 글을 발표하고 당시 유행하던 몇몇 간행물을 날카롭게 비판했다. 그는 당시 출판되고 있던 잡지를 관료파(官僚派), 과예파(課藝派), 잡란파(雜亂派), 학리파(學理派) 등 네 종류로 분류했다. 이른바 '과예파'는 재학 중인 학생들이 출간한 간행물이었다. 나가륜의 관찰에 따르면 이러한 잡지는 '현재 가장 유행하는' 것이며, 그가 가장 싫어했던 것 중 하나는 '책론식'(策論式)의 과예였다. 이러한 글은 진부하고 내용이 없었으나 신식 학교 당국에 의해 '성과의 표시'로 간주되었다. 설사 교통부 공업 전문학교의 『학생잡지』와 같은 전문학교 간행물에 실린 글이라고 하더라도 전문지식을 다루는 경우는 거의 없었다. 온통 『대학』 『중용』의 서(序)라든지, 혹은 "옛 사람에게 배우면 얻는 것이 있다"(學於古人乃有獲), "내가 싸운즉 이긴다"(我戰則克), "한 고조가 항백(項伯)을 봉(封)하고 정공(丁公)을 참(斬)한 것에 대한 논의"(漢高祖封項伯斬丁公論)와 같은 제목의 습작이었고, 사람들로 하여금 거의 이를 『국수학보』(國粹學報)라고 인식하게끔 했다. 나가륜은 이러한 '괴상한'(頭腦不淸) 작품을 쓰는 것보다 과학이나 상식과 관련한 서양의 논문 여러 편을 번역하는 것이 낫다고 생각했다.[1]

---

1 羅家倫, 「今日中國之雜志界」, 『新潮』 1-4, 1919年 4月 1日, pp. 624~25.

1919년에서 1920년 사이 전국에 약 400여 종의 학생 간행물이 있었다.[2] 그중 신지식을 서술하는 주류형식은 확실히 나가륜이 관찰한 과예체 논문(課藝體論文)이었다.[3] 가장 흔히 볼 수 있는 양식은 역사사건을 논거로 삼아 현재의 문제를 논하는 것이었으며, 간혹 새로운 개념, 새로운 어휘를 사용하기도 했다. 다만 그것들이 기본적으로 구체적인 전문영역의 신지식을 논하지 않았고 더욱이 서양의 학과분류에 맞게끔 서술하지 않았기 때문에 나가륜이 '괴상하다'라고 지적한 것도 이해할 만하다. 이는 확실히 서양의 '사이언스'(賽先生)를 스승으로 삼는 것에 뜻을 둔 과격한 청년들이 지향하는 '신지식'과 거리가 있었다.

상술한 '과예파' 논문이 5·4운동(五四運動) 초기에도 여전히 신지식을 표방하는 매체의 주류 가운데 하나였던 이유 중 가장 유력한 것은 아마 청말―19세기 70년대 이후―서양에서 발원한 '신학'(新學)이 중국 본토 서원의 고과전통에 뿌리내린 지식 서술형태인 '과예'와 이미 장기적으로 안정적인 관계를 형성하고 있었기 때문일 것이다.

가령 우리가 중국 현대지식의 흥기를 복잡한 지식들이 현지에서 재생산된 것으로 본다면, 19~20세기 중국 본토에서 '신학'을 다시 서술한 것을 바로 그 일환으로 볼 수 있을 것이다. 서학의 용어 번역, 저작 번역, 신학 서적의 목록, 사전, 청말 경세문(經世文), 과거 책문 및 간행물 내지 학당의 교과서 등에 대한 기존 학계의 논의는 모두 지식 재생산의 일환을 파악하는 데 효과적인 시각을 제공한다. 그중 또한 적지 않은 연구가 청말의 신학 과예를 다루고 있다. 그러나 한편으로 근대지식 재생산 문제를 의식하며 세밀하게 고찰하지 않고 소개하는 정도에 그치고 있는 기존의 교육사와 서원사(書院史)는 청말 10년 동안의 내용을 거의 다루고 있지 않다. 또한 과학사 영역에서 청말의 수학 과예를 체계적으로 논의한 것을

---

2 唐德剛 譯,『胡適口述自傳』, 北京: 華文出版社, 1989, p. 184.
3 劉蘭肖,『晚清報刊與近代史學』, 北京: 中國人民大學出版社, 2007, p. 130.

제외하고,[4] 서학의 전파에 대해 기존연구에서는 왕왕 19세기 60년대 이후 소수의 관립학당 혹은 연해도시에 위치한 신식 서원에만 국한해 논의를 진행하고 있으며, 특히 1895년 이전 자연과학 서원 과예에 대해서는 여전히 각지 보통 서원의 상황과 결부해 고찰하고 있지 않다.

중국 전통의 서원 과예가 청말 신학의 한 서술형식이 된 것은 결코 1886년 부란아(傅蘭雅)와 왕도(王韜)가 제안한 자연과학 서원 과예의 공모에서 시작한 것이 아니며, 또한 1894년 『자연과학 서원 과예』의 발행 중단에서 끝난 것도 아니다. 자연과학 서원 과예도 1909년까지 계속되다가 해당 서원에서 개정한 후에야 비로소 중단되었다. 그리고 자연과학 서원이 장학금을 걸고 모은 글 및 등급 평가, 공개 간행방식 역시 기존연구의 견해와 달리 창조적인 '구상'이었다.[5] 그것은 분명히 청대 서원의 고과에서 일관되었던 방식이었으며, 형식이 상당히 전통적이었다. 다만 내용상 비교적 큰 변화가 있었다.

청조는 일찍이 1898년과 1900년 두 차례에 걸쳐 과거의 시험내용 개혁을 논의했고 각 성(省)의 서원을 신식 학당으로 고치라는 명을 내렸다. 이에 각지의 서원에서 대량의 신학 과예를 서둘러 만들기 시작했다. 이러한 과예 중 뛰어난 것으로 청말에 계속해서 출간된 각종 경세문편, 그리고 당시에 유행했던 대량의 신학총집(新學總集)과 과거용 수험서 찬집이 있었으며, 이것들은 단기간에 전국의 독서인들을 신지식으로 이끄는 특수한 교량 역할을 했다. 청말 신학 과예의 일부 저자는 1901년 이후 몇 차례의 과거시험에서 명성을 얻었을 뿐만 아니라 후에 시험에 합격해 관비

4 李兆華, 「晚淸算學課藝考察」, 『自然科學史研究』 25-4, 2006, pp. 322~42; 聶馥玲, 「算學課藝的力學問題與京師同文館數學教育」, 『長沙理工大學學報(社會科學版)』 28-2, 2013, pp. 31~35.
5 艾爾曼, 「格致課藝與晚淸現代科學的提倡」, 李弘祺 編, 『中國與東亞的教育傳統(二) — 東亞的書院傳統與近代教育的轉折』, 財團法人喜馬拉雅研究發展基金會, 2006, pp. 271~311.

(官費)로 해외유학을 가기도 했다. 그중 어떤 사람은 귀국 후 신식 학당 교육영역에 투신했다. 신학 과예가 일종의 특수한 지식 서술형식으로서 과거가 폐지된 후인 민국 초기에도 지속되었던 것은 이와 관련이 있다. 이는 나가륜이 관찰한 상황의 원인이며 또한 '사이언스'가 중국에 들어올 때 직면한 지식계(知識界)의 맥락이기도 했다.

만약 이 일련의 상황이 지속되었던 것을 보지 않는다면, 확실히 청말 신지식이 전통적으로 본토의 지식을 서술해온 서원 과예와 상호 결합하는 구체적인 상황 및 그 역사변화를 파악할 수 없다. 이하에서는 청말 신학 과예 발전의 주요 세 단계를 검토하는 것으로부터 시작해 작자의 출신, 서원 혹은 학당의 유형, 고과의 성격, 평론자의 신분과 시각 등 구체적인 문제를 토론하려고 한다. 아울러 20세기 초 절강 석문교사관과 산동 임청교사분관의 상황을 주요 사례로 분석하려고 한다.

우리는 신학 과예가 전통형식으로서 최소한 신지식의 해석권한을 보유하고 있는 국가 및 주류의식을 형성하는 서원 산장(山長)과 지방관의 수중에 있었으며, 그 결과 오히려 날이 갈수록 그들이 구체적인 내용에 대해 전문적인 의견을 진술할 능력 없음을 알려준다. 그리고 과예 작자가 서원 산장 등 문제 출제자의 의도를 고려해야 하는 상황은 중국 본토에서 생겨난 '신지식'이 권위 있는 해석력을 가지는 것을 제한했다. 1905년 청조가 과거를 폐지함에 따라 서원과 교사관이 폐쇄되었고, 전국적인 교육 통제력을 점차 상실해갔다. 이러한 지식 서술형식은 비록 여전히 상당히 넓은 범위로 존재했지만 점차 권위를 갖춘 학당의 교과서로 대체되었고 결국 역사무대에서 사라졌다.

2. 청말 교육개혁과 신학 과예의 세 발전 단계

청말 이른바 '신학'은 비록 서구의 분과학문을 주요 논의대상으로 삼왔지만, 결코 '서학'과 똑같지 않았으며, 여전히 전통적인 '경세'(經世), '실학'(實學), '시무'(時務), '장고'(掌故), '여지'(輿地) 등에 연결되어 있었다. 중국의 19세기 중반 이후 역사언어의 환경에서 그 구체적인 표현형식은 꽤 다양했다. 자전, 역서, 서목, 사서, 유서 등의 부류 외에도 문답과 의론 형식의 과예 논문 역시 그 주요 형식이었다.

중국 서원의 고과전통은 송대 이래로 그 형태가 갖추어졌으며, 과예는 그중 가장 주요한 시험형식이었다. 역대 주요 서원에서는 모두 정기적으로 월마다 혹은 분기마다 고과를 시행했으며, 이때 시험에서 작성하는 논문이 바로 과예였던 것이다. 명말에 이르러 일부 지역의 사립서원은 독서인을 장기간 교육할 수 있는 능력이 없어서 정기적으로 독서인을 모아 시험형식으로 시문을 작성하도록 하고 그 성적에 따라 일종의 장학금을 지급해 장려하는 방식을 채택했다. 이러한 유연한 형식은 독서인의 과거응시를 위한 광범위한 수요에 부응했을 뿐만 아니라 사립서원 자체의 크고 작은 경제 문제를 해결하는 데 도움이 되어 유행하기 시작했다. 청대에 이르러 이러한 방식을 채택한 서원이 부단히 증가함에 따라 고과가 서원시험의 주류가 되었으며, "출제, 고과, 답안 검토부터 결과 발표와 상벌 등 각 절차가 엄밀하게 맞물리는 하나의 제도"가 형성되었다.[6]

청대 절대 다수의 서원은 관(官)과 사(私)의 사이에 위치했다. 그것이 자금을 모아 설립되는 형식이 대체로 민간이 주관하고 관방에서 지지하는 것이었기 때문이다. 고과 역시 대부분 관과(官課)와 사과(師課)가 병존해 왕왕 달마다 보는 시험은 산장이 주관하고 분기마다 보는 시험은 지방관이 주관했다. 그리고 어떤 전통서원에서는 경(經), 사(史)와 같은 정규과목 외에도 산과(散課), 소과(小課)를 개설하고 책문, 장고 등의 과제를 그중에 두어서 형식적으로 관학 혹은 과거시험과 비교해 상당히 융통성이 있었

---

6 청대 서원의 시험전통에 대해서는 陳穀嘉·鄧洪波 主編, 『中國書院制度硏究』, 浙江敎育出版社, 1997 참조.

다. 서원 고과가 이처럼 관(官)과 사(私) 사이에 위치하고 있었다는 특징은 곧 청말 변혁기 각 성에서 새로운 것을 추구하는 독무(督撫), 학정(學政) 및 지방 엘리트들에게 솜씨를 발휘할 무대를 제공했다. 실제로 청조의 몇 차례에 걸친 교육과 과거의 개혁도 우선 이러한 부분에서 시작되었다. 무릇 서원의 기존 고과를 이용해 내용의 확충 혹은 변혁을 진행하자는 제안은 일반적으로 비교적 쉽게 가장 높은 지지를 얻을 수 있었다.

이 때문에 청말 신학 과예의 발전에도 몇 가지 비교적 명확한 단계가 나타나게 되었다.

1) 1860~95년

1862년, 경사(京師) 동문관(同文館)이 설립되었다. 그 장정에 따르면, 아라사관(俄羅斯館)의 구례(舊例)를 본떠 월별 시험과 분기별 시험을 시행하고 성적을 매겼다.[7] 그러나 경사 동문관 설립 초기에는 단지 각국 조회문(照會文) 번역 문제로만 시험을 보았기 때문에 비록 고과가 있었지만 새로운 학문의 내용을 다루는 과예는 없었다.[8] 새로운 학문을 다루는 과예는 천문산학관(天文算學館)이 설립된 1872년 이후에야 비로소 나타났으며, 구체적으로 산학(算學), 화학(化學), 격물(格物), 의학(醫學) 등을 다루었다. 1878년에는 또한 공법학(公法學)이 추가되어서 비로소 자연과학 이외의 내용도 다루기 시작했다. 최초의 신학 과예는 1872년 주격인(朱格仁)

---

7 월고(月考)는 매월 1일에 시행했고, 계고(季考)는 2월, 5월, 8월, 11월 1일에 시행했다. 奕訢 等, 「遵議設立同文館折(附章程)」, 高時良·黃仁賢 編, 『中國近代教育史資料彙編 — 洋務運動時期教育』, 上海世紀出版股份有限公司 上海教育出版社, 2007, pp. 41~47.

8 奕訢 等, 「奏陳同文館學生考試情形折(同治四年十月初五日 1865年 12月 22日)」, 高時良·黃仁賢 編, 『中國近代教育史資料彙編 — 洋務運動時期教育』, 上海世紀出版股份有限公司 上海教育出版社, 2007, pp. 100~01.

의 자연과학 과제물이며, 일문일답의 문답체 형식으로 작성되었다.

1867년(동치 6년), 과거의 첫 번째 시험, 즉 원시(院試)를 보기 전에 치르는 일종의 테스트인 경고(經古)에 기존의 경해(經解), 사론(史論), 시부(詩賦, 부〔賦〕는 또한 고학〔古學〕이라고도 함), 성리(性理), 효경론(孝經論) 이외에 산술학(算術學)을 추가했다.[9] 이 때문에 이에 상응하는 산학(算學) 과예가 만들어졌지만, 그것은 그 전문적인 성격으로 인해 의론문의 형식을 채용할 수 없었다.

1868년, 상해 광방언관(廣方言館)[10]이 처음 설립되었을 때 초임 감원(監院) 풍계분(馮桂芬)이 제정한 「시판장정십이조」(試辦章程十二條)에서는 매월 1일과 15일에 서학을 시험 보고, 8일과 24일에 기타 과정을 시험 보도록 했다. 그리고 3개월마다 상해에 학생들을 보내 시험 보도록 하고 상벌을 주도록 했다. 그러나 시험이 "모두 읽은 바에서 골라 면전에서 질문하는" 면접방식이었기 때문에 신학 과예가 만들어지지 않았다.

1869년, 상해 광방언관이 강남제조국으로 이전했을 때의 총판(總辦) 풍준광(馮焌光), 정조여(鄭藻如)가 새로 제정한 「광방언관과정십조」(廣方言館課程十條)와 「개판학관사의장정십육조」(開辦學館事宜章程十六條)에서 시험방식을 다시 규정해 학생들이 7일마다 1편씩 작문하도록 했으며, 이를 교권(交卷)이라고 하고 여기서 일정한 성적을 올린 경우 책론(策論)으로 한 번 더 시험을 보도록 했다. 작문을 완성한 후 교원이 이를 해설하고 품평했다. 이 때문에 이때 작성된 논문이 바로 표준적인 신학 과예가 될 수 있었다.

---

9 청대 과거의 경고시(經古試)와 관련된 내용은 商衍鎏, 『淸代科擧考試述錄及其有關著作』, pp. 3~10, 29 참조.
10 설립 초의 명칭은 상해 '학습외국어언문자동문관'(學習外國語言文字同文館)이었으며, 줄여서 '상해 동문관'(上海同文館)이라고 불렀다. 4~5년 후에 '상해 광방언관'으로 개칭했다. 熊月之, 「上海廣方言館史略」, 上海市文史館·上海市人民政府參事室文史資料工作委員會 編, 『上海地方史資料(四)』, 上海人民出版社, 1986, p. 72 참조.

이후 1876년에는 상해에 구지서원(求志書院), 1879년에는 변지문회(辨志文會) 등 신식 서원이 설립되었다. 변지문회에 산학 과예가 있었던 것 외에 구지서원의 시험에는 경학, 사학, 장고, 산학, 여지, 사장(詞章) 등 6종류가 있었다. '장고학'(掌故學)의 경우 1876년 춘계 시험 문제로 "用銀利弊論" "水師船政議" "今之牧令要務策" 등 시무에 관한 것이 출제되어 확실히 당시의 '신학' 범주에 속했다는 것을 알 수 있다. '여지지학'(輿地之學)의 경우 "問漢時匈奴遊牧所在當今何地" "論今南洋各島國" "晉遷新田論" "問秦所置縣可考者有幾" "書賈誼請改封諸王疏後"[11] 등이 시험 문제로 출제되었고, 모두 역사사건을 토론하는 형식으로 '여지학'(輿地學)의 지식을 서술하도록 했다. 이는 40년 후 나가류이 관찰한 '과예파' 의론문과 형식상 완전히 같다.

2) 1896~98년

1896년에서 1898년 사이 청조에서 "서원을 정돈하자"라는 논의가 화제가 되었다. 1895년 순천부윤(順天府尹) 호율분(胡燏棻)이 「변법자강소」(變法自强疏)를 올려 성회(省會)의 서원들을 학당으로 바꾸자고 제안했으나[12] 정책 결정기관의 반응을 얻지 못했다. 1896년 형부 좌시랑 이단분(李端棻)이 「추광학교이려인재접」(推廣學校以勵人才摺)을 상주해 재차 이상의 안을 제안하고 지방의 경비로 국가교육을 운영하자고 주장했다. 광서제는 이 상주를 총리아문에 넘겨 의논하도록 했다. 총리아문은 비록 해당 제안에 대해 상당히 소극적이었지만 그대로 각 성에 통보해 의논하도록 했다.

1896년 4월, 섬서순무(陝西巡撫) 장여매(張汝梅), 학정(學政) 조유희(趙維熙)는 함께 「섬서창설격치실학서원접」(陝西創設格致實學書院摺)을 상주해

---

11 俞樾輯, 「上海求志書院課藝」(光緒3年刻本).
12 〔淸〕胡燏棻, 「變法自强疏」, 朱有瓛, 『中國近代學制史料』第一輯 下册, pp. 473~85.

신형 실학 서원을 증설하자는 개혁안을 제출했다.[13]

같은 해 6월 호빙지(胡聘之)가 「청변통서원장정접」(請變通書院章程摺)을 상주했고 8월에는 진수장(秦綬章)이 「정돈서원방안」(整頓書院方案)을 올려 전통서원을 철폐하지 않는다는 전제 아래 규정을 고쳐 정돈한다는 구체적인 방안을 상세하게 논의했으며, 그 내용은 커리큘럼, 교사, 경비 등 각 방면을 다루고 있었다. 관건적인 내용은 서원에서 시무(時務), 양무(洋務), 조약(條約), 세칙(稅則), 여지측량(輿地測量), 도회(圖繪), 산학(算學), 격치(格致), 제조(製造), 역학(譯學), 외국어 등의 '신학'을 가르치도록 한다는 것이었다.

결국 청조는 이러한 개혁안을 합해 각 성의 독무와 학정이 시행하도록 하되 각 지역의 구체적인 상황을 감안해 추진하도록 했다.

1898년 각 지역 서원에서 명을 받아 개혁을 추진하고 있을 때 광서제가 6월 「명정국시조」(明定國是詔)를 반포해 무술변법을 선포하고, 아울러 강유위(康有爲)가 제안한 「청식각성개서원음사위학당접」(請飭各省改書院淫祠爲學堂摺)에 따라 상유(上諭)를 내려 2개월 내에 전국의 크고 작은 서원을 중국 학문과 서양 학문을 동시에 배우는 학당으로 바꾸도록 했다.

1898년 9월 21일 자희태후(慈禧太后)가 다시 섭정을 시작해 무술변법이 막을 내렸다. 11월 13일(광서 24년 9월 30일), 자희태후가 명을 내려 옛 제도를 부활시켜 학당을 철폐하고 각 성의 서원을 예전처럼 운영하도록 했다.[14]

청조의 1898년 전후로 서원의 정돈과 관련한 우여곡절은 각지에서 대량으로 신학 과예가 만들어지는 계기가 되었다. 강서(江西)의 평향서원(萍

---

13 〔淸〕張汝梅 等, 「陝西創設格致實學書院摺」, 陳穀嘉·鄧洪波 主編, 『中國書院史資料』, pp. 2249~50.

14 「申明舊制懿旨」, 淸 光緖 24年(1898) 9月 30日, 陳穀嘉·鄧洪波 主編, 『中國書院史資料』, p. 2486.

鄕書院)과 같이 개혁 후에도 남은 전통서원이든, 호남시무학당(湖南時務學堂), 상해삼등학당(上海三等學堂), 소흥부학당(紹興府學堂), 광동시민학당(廣東時敏學堂)처럼 유신 기간에 설립된 신식 학당이든 모두 비교적 많은 과예를 세상에 남겼다. 그러나 신학 과예 탄생의 동인은 이러한 제도적 측면의 개혁안이 아니었다. 당시 인쇄된 여러 서원의 신학 과예 서문을 보면, 전통 과예 논문이 신학을 논의하는 형태로 바뀌게 된 것을 상징적으로 보여주는 두 주요 사건이 있다는 것을 알 수 있다. 하나는 1897년 경제특과를 설치하자는 논의이고, 다른 하나는 무술변법 시기 제출된 팔고문(八股文)을 폐지하고 책론으로 시험을 치르게 하자는 제안이다.[15]

3) 1900~05년

1900년 의화단사건 이후 청조는 신정개혁을 추진했다. 양강총독(兩江總督) 류쿤이(劉坤一)와 호광총독(湖廣總督) 장즈둥(張之洞)은 함께 그 구체적인 실시방안을 상주했다. 교육 방면에서 그들은 기본적으로 무술변법 시기 진보잠(陳寶箴)과 장즈둥이 함께 상주했던 내용을 계승해 과거시험에서 팔고문을 책론으로 대체하고 서양의 정치와 기술을 그 시험내용으로 넣자고 건의했으며 아울러 각 성의 서원을 학당으로 바꾸자고 주장했다.[16]

광서 27년 7월 16일(1901년 8월 29일), 청조에서 명을 내려 과거개혁을 시행했다.

> 내년부터 鄕試, 會試에서는, 첫 번째 시험에서는 중국 정치, 역사사건에 대해 5편으로 논하고, 두 번째 시험에서는 각국의 정치, 기술에 대한 5문

---

15 顧家相, 「萍鄕課士新藝序」, 『菁華報』, 1898, pp. 1~4.
16 劉坤一·張之洞, 「變通科擧人才爲先摺」.

제에 답하며, 세 번째 시험에서는 '四書'에 대해 2편, '五經'에 대해 1편으로 논하도록 한다. 시험관은 채점할 때 세 차례의 시험결과에 따라 합격 여부를 정하며 한 시험결과만 가지고 정해서는 안 된다. 生員과 童生은 歲試와 科試 두 차례 시험에서 그대로 先試로 經古를 보고, 專試로 중국 정치, 역사사건 및 각국 정치, 기술을 策論하며, 正場試로 '四書'에 대해 1편, '五經'에 대해 1편을 論한다. 考試試差, 庶吉士散館에서는 모두 義論 1편, 策論 1문제를 풀게 한다. 進士朝考論疏, 殿試策問에서는 모두 중국 정치, 역사사건 및 각국 정치, 기술을 가지고 문제를 출제한다. 이상 일체 시험에서 무릇 '四書', '五經'을 논할 때 모두 팔고문 형식을 사용해서는 안 되며 策論의 형식으로 모두 응당 적절하게 상세히 서술해 이전처럼 내용 없이 길게 쓰고 도용하지 않는다(著自明年爲始, 嗣後鄕, 會試, 頭場試中國政治, 史事論五篇, 二場試各國政治, 藝學策五道, 三場試四書義二篇, 五經義一篇. 考官評卷, 合校三場, 以定去取, 不得全重一場. 生, 童歲科兩考, 仍先試經古一場, 專試中國政治, 史事及各國政治, 藝學策論, 正場試四書義, 五經義各一篇. 考試試差, 庶吉士散館, 均用論一篇, 策一道. 進士朝考論疏, 殿試策問, 均以中國政治, 史事及各國政治, 藝學命題. 以上一切考試, 凡四書五經義均不准用八股文程式, 策論均應切實敷陳, 不得仍前空衍剽竊).[17]

청말 신정은 신학 과예가 새로운 단계로 발전해 나가는 계기가 되었다. 책론체(策論體)의 과예는 첫 번째 시험 '중국정치사사론'(中國政治史事論)과 두 번째 시험 '각국정치예학책'(各國政治藝學策)의 표준 답안지 형식이 되었다. 그리고 1902년에서 1905년 과거가 폐지되기 전까지 실제로 거의 매년 새로운 과거 규정에 따라 향시와 회시가 시행되었다.[18] 이 때문에 책

---

17 璩鑫圭·唐良炎 編, 『中國近代教育史資料彙編·學制演變』, 上海教育出版社, 2007, pp. 5~6.
18 그중 1902년에 한 차례 향시가 있었고 1903년에 은과향시와 회시가 있었으며,

론체의 과예가 수량적으로 크게 증가했다. 이는 이 당시 향시와 회시 답안지뿐만 아니라 각지 서원 및 신식 학당에서 이 시험을 준비하기 위해 작성한 것이 많았기 때문이다. 이러한 서원으로는 강소성의 자양(紫陽), 정의(正誼), 평강(平江), 중서(中西), 매화(梅花, 1902년에 교사관으로 바뀜), 복건성의 오봉(鼈峰, 1904년 교사관으로 바뀜), 동아, 절강성의 월산(越山) 및 치용(致用), 종산(鐘山), 치안학사(治安學社), 자강학사(自強學社) 등이 있었다. 신식 학당으로는 강남의 육사학당(陸師學堂), 무석(無錫)의 양계무실학당(梁溪務實學堂)과 사실학당(竢實學堂) 등이 있었다. 다만 이 부분은 지면의 제한으로 더 이상 자세히 다루지 않고 별고에서 상세히 서술할 것이다.

3. 경자년(1901) 과거개혁 후 지방 서원의 신학 과예: 산동 임청교사분관과 절강 석문교사관의 사례

청조는 경자년 7월 16일(1901년 8월 29일)에 과거개혁을 실시해 팔고문을 폐지하고 책론으로 시험을 보도록 했다. 더욱이 보름이 지난 후인 8월 2일(1901년 9월 14일)에 앞서 언급한 양강총독 류쿤이와 호광총독 장즈둥의 건의를 채용하고 서원제도의 개혁 상유가 내려졌다.

人才는 政事의 근본이다. 인재를 기름은 그 발단이 학술을 밝게 하는 데 있다. 역대로 學校가 흥륭함은 모두 道, 藝를 몸소 실천함을 중시하여 당시 體, 用이 겸비된 인재가 많았기 때문이다. 근래 士子는 혹 공허하고

1904년에 은과회시가 있었다. 두 차례의 회시는 광서계묘보행신추임인은정병과회시(光緖癸卯補行辛醜壬寅恩正並科會試, 1903), 광서갑진은과회시(光緖甲辰恩科會試, 1904)이고, 두 차례의 향시는 광서임인보행경자신추은정병과향시(光緖壬寅補行庚子辛醜恩正並科鄕試, 1902), 광서계묘은과향시(光緖癸卯恩科鄕試, 1903)다.

무용하며 혹 경박하고 겉만 번지르르하다. 이러한 폐단을 없애려고 한다면 교육을 중시하고 학문을 권함으로써 감동하여 일어나도록 해야 한다. 京師에 이미 大學堂을 설립하고 확실히 정돈해야 하는 외에 각 성의 모든 서원은, 省都에서는 대학당으로 바꾸고 각 府 및 直隸州에서는 중학당으로 바꾸며 각 州縣에서는 소학당으로 바꾸고 아울러 蒙養學堂(유아교육 시설)을 많이 설치하도록 한다. 그 敎學의 방법은 四書, 五經, 綱常의 大義를 주로 삼고 역대 史鑑과 中外의 政治, 藝學을 보조로 삼도록 하여, 반드시 마음이 순수하고 올바르게 되고 학문과 품행이 함께 정돈되며 시무에 박통하고 실학을 강구하여 기초를 심어 본을 세워 덕을 이루고 재능을 갖추게 되어 그 쓰임이 짐의 나라를 다스리고 인재를 양성하는 지극한 뜻에 부합하길 바란다. 각 해당 督撫, 學政은 확실히 두루 명하여 열심히 이 업무를 수행하도록 하라. 모든 교원 초빙, 학칙 제정 및 학생 졸업, 선발 장려에 대한 일체의 상세한 규정은 政務處에서 각 성에 咨文을 보내 마음을 다해 논의하고 禮部와 회동하여 다시 검토하고 보고하도록 한다. 이를 두루 전하여 알려라(人才爲政事之本, 作育人才, 端在修明學術. 歷代以來學校之隆, 皆以躬行道藝爲重, 故其時體用兼備, 人才衆多. 近日士子, 或空疏無用, 或浮薄不實, 如欲革除此弊, 自非敬教勸學, 無由感發興起. 除京師已設大學堂, 應行切實整頓外, 著各省所有書院, 於省城均改設大學堂, 各府及直隸州均改設中學堂, 各州縣均改設小學堂, 並多設蒙養學堂. 其教法當以四書五經綱常大義爲主, 以歷代史鑑及中外政治藝學爲輔, 務使心術純正, 文行交修, 博通時務, 講求實學, 庶幾植基立本, 成德達材, 用副朕圖治作人之至意. 著各該督撫學政, 切實通飭, 認眞興辦. 所有禮延師長, 安定教規, 及學生畢業, 應如何選擧鼓勵, 一切詳細章程, 著政務處咨行各省悉心酌議, 會同禮部複核具奏. 將此通諭知之).

이는 개혁의 중요한 장면으로, 각 독무와 학정은 해당 유지를 받은 후 곧 행동에 나섰다. 그러나 당시까지는 과거가 폐지되지 않았기 때문에 단지 시험 내용상의 개혁만 이루어졌다. 각지의 생원(生員), 동생(童生)에게 가장 큰 일은 사실 개혁 후에 치를 과거시험에 대한 대처였다. 신식 학당이 설립되는 데 시간과 비용이 들었을 뿐만 아니라 그곳에서 배우게 되는 신학이 꼭 과거시험 대비용이 아니기도 했으며, 더군다나 완전히 새로운 교학방식에 학생들이 단기간에 적응하기도 어려웠을 것이다. 신학 과목시험에 대비시키는 중요한 임무를 단기간 맡게 된 것은 결국 기층 독서인이 가장 익숙했던 서원이었다. 이 때문에 지방관은 이 실제 수요를 인식하고 절충방법을 택했던 것이다. 그들은 신식 학당 설립을 준비하는 동시에 각지의 기존 서원을 '교사관' 혹은 '교사분관'으로 개명하고 그 교학과 회과의 내용을 고쳐서 곧 있을 임인은과향시(壬寅恩科鄕試) 대비를 위한 학생들의 긴급한 수요에 부응했다.

그래서 1902년에서 1905년까지 이 짧은 시간 동안 이렇게 신속하게 간판만 바꾼 지방 서원이 새로운 과거 과목에 대비하는 훈련소가 되었다. 그 과정에서 만들어진 대량의 시험 대비용 신학 과예는 청말민초(淸末民初)의 신지식 창조와 전파의 역사를 논의함에 매우 중요하다. 그러나 이러한 교사관은 존재했던 기간이 매우 짧고 또한 기층에 산재했으며 주로 과거 대비 교육에 종사했기 때문에 여태껏 학계에 의해 경시되었다. 이 때문에 이에 대해 비교적 세밀하게 논의할 필요가 있다.

과거의 새로운 과목에 대비하는 훈련소로서 교사관에 대해 말하자면, 산동성의 임청교사분관과 절강성의 석문교사관이 유명하다. 이전의 과거 시험에서 이 두 곳은 모두 "과거 합격자를 거의 배출하지 못했다"(科名寂然). 그러나 임인년 가을 향시에서 해당 주, 현 합격자가 많이 나왔고 그들은 모두 개혁 후에 만들어진 이러한 교사관 출신이었다. 두 곳과 관련한 사료는 그 보존상태가 비교적 완벽하기 때문에 사례연구로 살펴보기 좋다.

1) 1902년 산동성 임청직예주(臨淸直隷州)에 설립한 임청교사분관[19]

(1) 설립

광서 임인년 2월(1902년 3월), 양호인(陽湖人) 장홍렬(莊洪烈)이 서리(署理) 산동 임청주(臨淸州) 지주(知州)가 되었다. 3월, 그는 임청에 원래 있었던 청원서원(淸源書院, 해당 서원은 1532년, 즉 명 가정[嘉靖] 11년에 설립되었음)의 운영을 중단하고 임청교사분관으로 바꾸었다. 광서 병자년(1876년) 강남향시(江南鄕試)에서 61등으로 합격한 거인(擧人)인 강음인(江陰人) 진명경(陳名經)을 초빙해 강사로 위촉했다. 그는 이때 50세였다. 해당 주의 훈도(訓導)로서 제남부(濟南府) 역성현(歷城縣)의 기축년 은과(恩科)의 부공생(副貢生) 공번공(孔繁堃)이 좌판(坐辦)이 되었다. 그는 이때 45세였다.

(2) 부지와 입지

청원서원은 위하(衛河) 주변 남사구가(南司口街)에 위치하며, 해당 지역 신사(紳士) 손(육기)(孫[毓璣]), 기(란)(冀[瀾]), 류(劉) 삼가(三家)의 사이에 있다. 부지는 총 1무 6푼 7리 7호다. 대문은 동쪽에 위치하고 서쪽을 마주한다. 대문에 '교사분관'이라고 쓰인 편액이 걸려 있다. 관에는 두 정원과 하나의 뜰이 있다. 가옥에는 모두 24칸이 있으며, 작은 건물이 1동 있고, 주방으로 쓰는 헛간 2칸과 화장실 2칸이 있다. 문으로 들어가면 문방(門房) 두 곳이 있으며, 그곳은 서원 잡역의 거처다. 첫 번째 정원의 세 칸짜리 정실은 강당이며, 지주 장홍렬이 '삼덕'(三德)이라고 쓴 편액이 걸려 있다. '삼덕'은 "마음을 다스리려면, 즉 知, 仁, 勇으로 하고, 일을 다스리려

---

19 〔淸〕 莊洪烈 鑒定, 陳名經·趙文運 評選, 「臨淸校士分館課藝」(光緒壬寅冬淸源署刻本); 趙文運, 「校士分館碑記」, 張樹梅 等 編, 『臨淸縣志(二, 三)』, 臺北: 成文出版社, pp. 1464~66; 臨淸市教育局史志辦公室, 『臨淸教育大事記(1840~1949)』.

면, 즉 正德, 利用, 厚生으로 한다는 뜻"(治心則知仁勇, 治事則正德利用厚生之意)에서 취한 것이다. 동쪽과 서쪽의 옆채는 모두 6칸의 가옥이며, 해당 서원에 거주하는 '내반'(內班) 학생 8명의 거처였다. 두 번째 정원 역시 3칸의 정실이 있으며, 장서실로 사용했다. 동쪽 곁방 두 방은 교원의 거처였다. 서원(西院)은 주방과 욕실로 썼다.

(3) 내반(內班)과 외반(外班)

부지와 입지를 보면 임청교사분관의 규모는 결코 크지 않았다. 강당과 장서실을 제외하고, 상주하는 사람은 겨우 생도 8명, 교원 2명, 잡역 2명뿐이었다. 이 때문에 그것은 청대의 지방 서원에서 유행하던 회과(會課)를 과거시험 대비방식으로 삼았다.

모든 주의 거인(擧人), 공생(貢生), 감생(監生), 생원(生員), 동생(童生) 중 수강을 원하는 자는 해당 서원 선발시험에 참가할 수 있었다. 그러나 우선 관학에 가서 신청을 해야 했다. 이때 생원, 감생 등은 과거시험 합격 연도, 연납(捐納)과 입학 및 보름(補廩) 연도, 나이와 용모, 가족관계 등을 관학의 기록과 대조해 검토 받아야 하며, 기록에 부합해야 비로소 수강할 수 있었다. 동생은 족린(族鄰)이 보증하도록 했다. 교사분관은 매년 2월의 첫 번째 시험(2월 2일)을 학생 선발시험으로 정해 합격한 자를 '외반'에 들였다. 정원은 없으며, 답안지 분량의 다과, 문장의 우열을 그 합격 기준으로 삼았다. 일단 외반에 들어간 자는 등록한 후 반드시 관내의 모든 시험에 참가해야 하며 멋대로 결시해서는 안 되었다. 만약 피치 못할 상황이 있으면 반드시 좌판에게 허락을 받아야 했다.

(4) 시험과 학비

교사관은 매년 2월에 수업을 시작하여 10월에 마쳤다. 매년 2월 12일의 학생 선발시험을 제외하고 매월 3차례의 시험이 있었다. 그 내용은 서로 다르며 매달 2일, 12일, 그리고 22일에 시험이 시행되었다. 첫 번째 시험은 중국 정치와 역사에 대해 각 1편씩 논하는 것이었다. 두 번째 시험은 각국의 정치와 기술에 대해 1문제씩 답하는 것이었다. 세 번째 시험은 사서, 오경에 대해 각 1편씩 논하는 것이었다. 제출한 답안지는 지주 장홍렬과 교원 진명경이 공정하게 채점해 우열을 정하고 매월 고시하며 이에 기초해 학비를 지급했다. 만약 1개월 내에 세 차례 시험을 마치지 못한 자가 있으면 공고문 말미에 해당자 이름을 적고 학비 지급을 취소했다. 매 시험마다 동틀 무렵에 출석을 부르고 해 질 무렵에 답안지를 걷어서 하루 안에 마무리하며 질질 끌지 않도록 했다. 교사관은 그 시험의 내용 및 순서와 새로운 규정에 따른 과거시험의 그것이 완전히 일치하고 있다는 점에서 확실히 새로운 과거시험에 대한 훈련의 장(場)으로서 설계되었다고 할 수 있다.

교사관에서는 매년 2월에 합격한 학생을 모두 외반에 등록시켰다. 외반의 학생 중 이후 몇 개월 동안 수업에서 계속 우수한 성과를 올린 자가 있으면 내반으로 들어갈 수 있게 해주었다. 내반에 들어가면 해당 관에 거주하게 되며 정원은 8명이고 월급을 받았다. 그리고 그중에서 1명을 학장(學長)으로 선발해 서적을 관리하고 교원을 보조하며 일체의 사무를 살피도록 했다. 월급은 경전(京錢) 8,000문이었다. 학장을 제외한 나머지 7명의 내반 학생은 월급으로 5,000문을 받았다. 이들은 매년 정월 16일 관에 입소하고 12월 16일에 출관해 한 달의 휴식 기간을 가졌다. 내반 학생이 만약 매월 있는 세 차례의 시험 중 첫 번째 시험에서 일등에 해당하는 성적을 올리지 못하면 월급이 중단되고 연속해서 두 번째 시험에서 그러면 내반 명단에서 제외되고 다른 사람이 그 자리를 채우도록 했다. 매월 8일, 18일, 28일에 내반 8명의 학생은 교원이 세 차례 추가적인 시험을 치르게 하고 월말에 결과를 공고했다. 외반의 경우 시험에서 초등(超等), 상중(上中)의 성적을 올린 학생 중 내반의 수업을 듣기 원하는 자가 있으면 허가했다.

(5) 관에 거주하는 학생의 생활과 공부

내반의 학생은 교사관에서 엄격한 서원생활을 했다. 매일 일기를 쓰고 공과표(功課表)를 작성해야 했다. 일기는 5일마다 교원에게 제출하고 고칠 부분을 지적 받았으며, 이를 모아 책으로 만들었다. 매월 2일에 치르는 시험에서 답안지를 제출할 때 공과표도 함께 제출했다. 매일 내부에서 두 끼를 먹으며 외부로 나가서 밥을 사먹어서는 안 되었다. 매월 휴가는 3일이었고 음주, 도박, 풍자와 욕설, 송사 보조는 금지되었다. 또한 소설 등의 심심풀이로 읽는 책을 보는 것도 허락되지 않았다. 무릇 학업과 무관한 서적은 가지고 들어오는 것이 금지되었다. 이러한 규정으로부터 알 수 있듯이 임청교사분관은 구식 서원의 엄격한 이학(理學)의 전통을 그대로 따르고 있었다.

내반 학생은 하루 공부가 간(看), 독(讀), 사(寫), 작(作) 네 가지로 나뉘었으며, 공부하고 쉬는 시간을 엄격하게 준수했다.

간: 매일 새벽부터 오전까지 "경전과 주석, 사서 및 제자백가의 문집, 각 국의 서적과 각 성의 일보 등 학문에 유익한 것"을 읽고, 반드시 "마음을 가라앉히고 세밀하게 읽으며, 마음으로 의심스러운 점이 생긴다면 수시로 기록하고, 일기를 작성하는 데 쓰도록 한다."

독: 매일 오시에 "좌전, 국어, 사기, 한서 이하 고문" 중에서 요지를 택하여 정독하고, 이를 숙지한 후 늘 복습해야 한다.

사: 매일 오후 대자(大字) 또는 소해(小楷)를 쓴다. 전고사실(典故事實)을 초서하거나 적록함은 각자 선택한다.

작: 매월 관과(官課), 사과(師課)에서 육예를 작성하는 것 외에 저녁에 하루 동안 공부한 것을 일기로 기록하고 읽은 책에 대해 자신의 견해를 쓰고 논문을 작성한다.

교사관 내반과정은 여전히 주로 과거시험 대비 훈련을 위해 설계된 것이었으며, 단지 내용상 역사서, 동서양 서적, 각 성의 일보 등 신학과 관련 있는 것들을 받아들이도록 강조하고 있다. 학생이 일상적으로 연습하는 작문은 과예 외에 바로 독후감 형식의 일기였다. 따라서 당연히 의론하는 것에 능하게 되었지만 실제를 세밀하게 궁구할 수는 없었다.

(6) 장서(藏書)

임청교사분관 장서의 일부분은 청원서원에서 온 것으로, 주로 전임 지주인 도석기(陶錫祺)와 두병인(杜秉寅)이 출자해 기증한 것이다. 나머지 부분은 현임 지주인 장홍렬이 목록을 작성해 특히 상해 혹은 성도(省都)인 제남(濟南)에서 구매해 과거시험 대비 수요에 부응한 것이다. 이러한 서적은 규정에 따르면 내반 학생이 관내에서 빌려서 볼 수는 있었지만 대출할 수 없었다.

임청교사분관의 이 장서목록(표 1)에서 1890년대에 지주였던 도석기와 그 후의 두 지주를 비교하면, 그들의 '신학'에 대한 이해에 약간씩 차이가 있음을 확인할 수 있다. 이는 당연히 각 시대의 과거시험 내용과 관련이 있다.

그러나 흥미로운 것은 과거시험 대비를 주요 목적으로 하는 해당 교사관이 일부 서원의 과예 및 경세문편(經世文編) 외에 의외로 과거시험 대비에 도움이 되는 『책론휘편』(策論彙編)을 구비하지 않고 있었다는 점이다. 그러나 이러한 일종의 수험서는 90년대 이후 유행하기 시작했다. 요컨대 교사관의 교육은 비록 과거시험을 목표로 하는 것이었으나 비공리주의(非功利主義)적인 신학을 받아들이고자 한 의식도 작용했던 것이다.

가장 주의해야 할 것은 아마도 관내의 과예 작자들, 즉 해당 교사관의 학생들이 그러한 당시 세상에 유행하던 수험서를 참고할 기회가 많지 않아서 오히려 우수함을 유지할 수 있었기 때문에 그들을 청말 과거개혁의 시대에 유행하던 과예체의 신학 논술의 실질적 창시자로 볼 수 있다는 점이다.

표 1 임청교사분관의 장서

서명(書名)	내원(來源)	서명(書名)	내원(來源)
『十三經注疏』	전임 지주 도석기가 광서 16년(1890) 기증	『聲學揭要』	현임 지주 장홍렬이 광서 28년(1902) 기증
『水經注集成』		『光學揭要』	
『十七史商榷』		『水學圖說』	
『六書舊義』		『熱學圖說』	
『駢體文鈔』		『百鳥圖說』	
『尊經書院課藝』		『百獸圖說』	
『秀山縣志』		『植物學歌』	
『說文定聲』		『植物圖說』	
『史通削繁』		『中西算學啟蒙易知』	
『張香濤輶軒語』		『山東貪賽錄』	
『史記』	전임 지주 두병인이 광서 27년(1901) 기증	『亞細亞東部圖』	
『漢書』		『紡織機器圖說』	
『後漢書』		『皇朝經世文新編』	
『三國志』		『中東戰紀本末』	
『禦批通鑒輯覽』		『史鑒節要便讀』	
『皇朝一統輿圖』		『醒華博議』	
『大淸會典』		『泰西十八周史攬要』	
『通商成案彙編』		『支那通史』	
『西學啟蒙十六種』		『俄國政俗考』	
『格致入門』		『曆代萬國史略』	
『先正事略』		『新政眞詮』	
『皇朝經世文編』		『萬國史記』	
『經世文續編』		『富國策』	
『校邠廬抗議』		『興華新義』	
『瀛寰志略』		『拳匪紀事』	
『續瀛寰志略』		『救華危言』	
『重學圖說』		『亞泉雜志』	
『聲學大成』		『薛福成出使公牘』	
『華氏學算全書』		『湘學報』	
『禦制數理精蘊』		『槍炮算法從新』	

서명(書名)	내원(來源)	서명(書名)	내원(來源)
『校邠廬抗議』		『山東商務章程』	
『政務處禮部會議變通科擧章程』		『鍾氏敎授新法』	
		『膠濟鐵路章程』	
『山東校士分館章程』		『種樹利益章程』	
『山東大學堂章程』		『歷代輿地沿革險要圖說』	

(7) 임인년 학생과 합격자

임청교사분관은 광서 임인년 3월 2일(1902년 4월 9일) 해당 주 시험장에서 처음으로 선발시험을 실시했다. 모두 296명의 생원과 동생이 응시했다. 지주 장홍렬과 교원 진명경, 좌판 공변곤이 자세하게 답안지를 평가하고 외반 학생을 선발했다. 아울러 같은 해 5월 18일(1902년 6월 23일) 내반 학생 8명을 선발하고 관내로 보내 학습하도록 했다. 그들의 연령과 신분은 아래와 같다.

廩生 鐘蘭喆 30歲 學長   附生 張樹梅 18歲

廩生 吳桂華 26歲   附生 沙明遠 20歲

附生 劉春嶺 16歲   童生 黑孔陽 23歲

童生 崔肇乾 19歲   童生 陳汝礪 21歲

교사분관의 외반에서 수업을 듣는 학생 중 장경승(張敬承), 이백기(李伯驥) 두 사람은 곧이어 경자년과 신축년에 실시된 산동 향시에 합격해 거인이 되었다. 같은 해 임청현의 산동 총교사관 출신의 왕지당(王芝堂)도 합격했다.

(8) 과예의 문제와 평론

해당 관의 1902년 각종 과예에 대한 평론을 보면, 그것들은 주로 해당 과예의 문장구조와 필체, 작자의 역사 및 현실 문제에 대한 종합 의견 또는 당시 정치상황에 대한 이해에 대해 간략하게 논평한 것이라고 할 수 있다. 기본적으로 과예 작자가 신지식을 얼마나 구체적이고 정확하게 이해하고 있는지에 대한 평론은 거의 보이지 않는다. 다만 수리(水利)와 같은 전통적인 '시무'(時務)를 논하는 경우 비교적 구체적인 의견을 쓰고 있다. 이렇게 된 원인은 여러 가지라고 할 수 있다. 예를 들어 첫째, 평론자와 작자가 여전히 과예를 예술로 보아 글 내용에 비해 구조의 미를 중시했던 것이다. 둘째, 평론자가 아마도 구체적으로 신학지식을 평론할 수 있는 능력을 갖추지 못했을 것이다. 셋째, 평론자가 아마도 자신의 경험에 기초해 과거시험 답안 채점방식을 본떠서 평론해 학생들이 앞으로 볼 과거시험 환경을 미리 경험할 수 있게 했던 것이다.

이상 제시된 원인들이 연구자들의 관심을 끌었다. 중국의 전통 과거시험은 국가가 지식해석에 대해 상당한 권위를 가질 수 있었다. 각 단계 과거시험의 평론은 묵권(墨卷)과 주권(朱卷)이라는 형식으로 천하에 공포되어 독서인들이 참고할 수 있었다. 이전 각 서원이 시행한 과예에 대해 관(官)과 사(師)의 평론 역시 이러한 형식으로 자신들의 심사권위를 확보한 것이라고 할 수 있다. 청말 신학 과예의 문말에 평론하는 것은 본디 계속해서 이처럼 권위 확보를 하기 위해서였으나 이는 계속될 수 없었다. 국가에서 선택한 고관(考官), 산장(山長), 교유(敎諭)들이 1901년 과거시험의 내용을 개혁한 후 기본적으로 신지식에 대해 이전만큼 권위 있는 평론을 할 수 없었기 때문이다.

덧붙이자면 관(官)과 사(師)의 전통서원 과예에 대한 간단한 평론은 일종의 지식 표현형식으로서 신지식에 권위 있는 해석을 제공하고 아울러 국가가 전국적 지식통제를 달성하는 데 협조하는 임무를 이미 계속해서 수행할 수 없었다. 그것을 대신한 것은 서구방식을 따라 편집된 학당 교

표 2 임청교사분관의 과예

성질	과제	작자 및 등제	평자와 평어 (1902년 해당 관의 고과 평자는 모두 1876년 거인인 강음인 진명경과 1893년 광서계사은과 거인 교주인 조문운)
生童 論題	鄕擧裏選論	生員 張樹德 三月甄別超 等生第一名	이폐(利弊)를 설명함이 적절하고 명쾌하다(指陳利弊, 剴切曉暢).
	『論語·爲命』一章深 得交涉之要論	生員 張敬承 三月甄別超 等生第二名	전후로 하나의 사항을 다룸에 명확하게 추리하며 주도면밀하고 상세하며, 이 문제의 요점을 잘 파악하고 있고, 운필 또한 깔끔하고 법도가 있다(前後就交涉一事推闡周詳, 已扼此題之要, 用筆亦淸疏有法).
	『論語·爲命』一章深 得交涉之要論	童生 陳汝礪 三月甄別上 取童第一名	'교섭'(交涉) 두 글자에 착안하여 말이 요약되어 장황하지 않다(著眼交涉二字, 要言不煩).
	張騫通西域論	生員 崔長楷 四月超等生第 二名	생각은 이전 사람들이 제기한 바와 같으나 필력이 뛰어나서 독창적이며 평범하지 않다(意亦前人所已發而筆力奇橫, 遂若獨辟蹊徑, 迥異凡庸).
	春秋尙盟聘戰國尙 縱橫論	生員 吳繼高 五月超等生第 一名	필력과 생각이 상당하고 거침없으며, 춘추전국시세를 잘 알고 있고, '명의'(名義) 두 글자를 중요시 여기는 식견이 특히 뛰어나다(筆意浩瀚縱橫, 於春秋戰國時勢了如指掌, 歸重名義二字識見特高).
	春秋尙盟聘戰國尙 縱橫論	生員 杜官雲 五月超等生第 三名	주제 결정과 운필이 모두 다른 사람과 비교하여 뛰어나고, 후로천삽(後路穿插)을 다룬 부분 또한 흥미롭다(命意用筆皆較他人高峻, 後路穿插處亦有思致).
	客卿蕃將論	生員 張敬承 六月超等生第 一名	용인(用人)에는 사(土)와 객(客)을 따지지 않아야 중외(中外)가 반드시 우리에게 있게 된다는 지론이 가장 마땅하며, 구성 역시 심히 엄밀하다(用人無論土客, 中外必視在我者何如, 持論最爲的, 當, 布局亦甚謹嚴).

성질	과제	작자 및 등제	평자와 평어 (1902년 해당 관의 고과 평자는 모두 1876년 거인인 강음인 진명경과 1893년 광서계사은과 거인 교주인 조문운)
	客卿蕃將論	童生 黑孔陽 六月上取童第 一名	식견이 자못 뛰어나고 이폐가 명료하다(識見頗超, 利弊洞然)
	客卿蕃將論	童生 孫樹梅 六月上取童第 三名	이폐를 상세하게 드러내고 선용(善用)에 주목한 것은 이미 이전에도 그러한 사례가 있으나 그것을 추론함에는 식견이 있다 (詳明利弊歸重善用就已然之跡推之尙有見地).
	因利而利論	生員 鍾蘭喆 九月超等生第 一名	의(意)와 서(緖)의 구분이 분명하며 말이 많으나 요점을 찌르고 있다(意緖分明語多扼要).
	範文正公爲秀才時 便以天下爲己任論	生員 鍾蘭喆 十月超等生第 一名	필력이 뛰어나고 구성이 엄밀하다(筆力挺拔格局謹嚴).
	五胡亂華論	生員 孫金銘 十月超等生第 三名	위진 이래의 역사를 잘 알고 있으며 생각이 정밀하고 글이 심오하며 지론이 도리에 통달하여 진실로 훌륭하다(熟於魏晉以来史事, 意精詞湛, 持論名通, 洵爲佳構).
	管仲晏子論	童生 崔肇乾 三月甄別上 取童第二名	명확하게 분별함이 끊임없이 돌아감은 있어도 막힘은 없고, 필전에 예리하니 또한 그 답지를 베껴서 내면 저절로 작품이 될 만하다(淸辨滔滔, 有轉無竭, 而筆仗犀利又足以副之自是合作).
生童 策題	問臨淸商務何者宜 興	生員 張樹德 三月甄別超 等生第一名	상업을 언급하나 요점을 농업에 두는 것은 마땅히 오늘날 주목해야 하는 것이며 주(州)의 사람으로서 해당 주의 사안을 꾀하는 것은 아무런 영향이 없는 말이라고 한 것으로부터 시정에 마음을 두고 있음을 볼 수 있다(言商務而歸重於農自是今日要著, 以州人策州事, 毫無影響之談, 由見留心時政).
	問臨淸水利	生員 崔長楷 三月甄別超 等生第三名	'축설'(蓄泄) 두 글자에 요점을 두어 이미 치수 비결을 얻었으며, 운필 또한 막힌 물을 터서 통하게 하여 물이 빠지는 것처럼 명확하다(扼重蓄泄二字, 已得治水要訣, 用筆亦如疏導淪鑿之分明).

성질	과제	작자 및 등제	평자와 평어 (1902년 해당 관의 고과 평자는 모두 1876년 거인인 강음인 진명경과 1893년 광서계사은과 거인 교주인 조문운)
	問蘇彝士河通於何 時其未通之先形勢 若何	生員 張敬承 四月超等生第 一名	상세함과 간략함의 적절함이 일반 서기와 판이하며, 글의 실마리가 이어지는 바에서 자못 능히 고문을 취하고 있다(詳略得宜迥異鈔胥, 而筋脈聯絡處頗能取徑古文).
	問西政多暗合周禮 試條舉以見其概	生員 張敬承 五月超等生第 二名	조목조목 열거함이 상세하고 분명하고 글을 깊이 이해하고 있으며, 운필 또한 깨끗하고 정리되어 있다(條舉詳明, 讀書得間, 用筆亦羅羅淸疏).
	問中西致治不外正 德利用厚生同異之 分後先之序能條舉 其說與	生員 張敬承 六月決科超等 生第一名	마지막 단락에서 후선지서(後先之序)를 언급한 것은 경전의 뜻에 부합하며 질박하다(末段言後先之序, 融會經義, 樸實渾淪).
	創設礦務學堂以興 礦利策	生員 鍾蘭喆 十月超等生第 一名	이권(利權)을 확대하자는 구절은 또한 간결하고 개괄적이다(擴充利權詞亦簡括).
	問泰西肥料與周禮 草人土化之法有無 相似	童生 陳汝礪 三月甄別上 取童第一名	여러 가지 도리와 사리에 정통하며, 물리를 통찰하고 있다(融會貫通, 洞悉物理).
	問種樹多則雨澤易 降其說然與	童生 鍾鏡蓉 四月上取童第 二名	취지가 간결하고 개괄적이며, 이치를 따짐이 또한 우수하다(筆意簡括, 說理亦透).
	問周禮保氏九數何 者與今西算相宜	童生 冀鴻勳 四月上取童第 三名	하나하나 사리에 들어맞고 상세함과 간략함이 적절하다(頭頭是道, 詳略得宜).
	問列國遣使共分幾 等遴選使才之法優 待使臣之例試縷析 言之	童生 孫樹梅 六月上取童第 三名	문제의 핵심에 있어서 능히 추론에 근거하여 서술하고 있고, 또한 간결하고 세련된 필적을 드러내 훌륭하다(於題之肯綮尚能按照推闡, 再出以簡練之筆方佳).
	君子思不出其位	生員 杜官雲 五月超等生第 三名	경으로 경을 증명해 질박하게 이치를 설명하고 있고 쓸데없이 중복해 허튼소리 하는 것과 다르다(以經證經, 樸實說理與泛砌浮詞不同).

성질	과제	작자 및 등제	평자와 평어 (1902년 해당 관의 고과 평자는 모두 1876년 거인인 강음인 진명경과 1893년 광서계사은과 거인 교주인 조문운)
生童 加課 題	作新民	生員 張敬承 六月決科超等 生第一名	중간 단락에서 새로운 글자가 그렇게 된 연유를 설명하는 부분은 자세하고 막힘이 없으며, 문리가 트였다(中段闡發新字之所以然, 曲折暢透, 書理洞明).
	有教無類	童生 崔肇乾 三月甄別上 取童第三名	도리를 설명함에 투철하고, 지론이 이치에 통한다(說理透澈, 持論名通).
	相彼鳥矣 四句	童生 李錫岱 十月上取童第二名	바르게 설명하고 서로 비교하여, 검증이 자연스럽다(正喻相較, 印合自然).
	胡安定教授經義治事分齋說	生員 沙明遠 九月加課生第一名	이치를 설명함이 정밀하고 타당하며, 운필이 간결하고 고아하다(說理精當, 用筆簡老).
	胡安定教授經義治事分齋說	童生 陳汝礪 九月加課童第一名	적절하고 말끔하나, 간략하고 타당함이 부족하다(穩順淸利, 簡當不支).
	申『大學』絜矩義	生員 沙明遠 九月加課生第一名	구성이 치밀하며, 글의 이치가 완전하다(結構緊湊, 詞理俱圓).
	爲臣不易論	生員 沙明遠 九月加課生第一名	생각이 심원함에 이르며 포부가 평범하지 않으니 온화한 유생의 말이다(思致深遠, 襟抱不凡, 藹然儒者之言).
	唐太宗命太常博士呂才刊定陰陽雜書論	生員 鍾蘭喆 十月加課生第一名	표제를 쓰는 법에 극히 이치가 있으며, 글의 뜻이 심히 완전함은 결론을 내리는 부분에 거듭 붓끝을 이리저리 대어 다시 생각함이 각 방면에 이르고 있기 때문이다(用壓題之法極有理致, 詞意以甚圓足, 收處仍複調轉筆尖, 更覺面面皆到).

성질	과제	작자 및 등제	평자와 평어 (1902년 해당 관의 고과 평자는 모두 1876년 거인인 강음인 진명경과 1893년 광서계사은과 거인 교주인 조문운)
	周鄭交質論	生員 鍾蘭喆 十月加課生第 一名	잘못을 정나라가 신하로서 도를 지키지 않은 것으로 돌려서 좌씨의 미의(微意)를 깨달았으며, 영원한 신하의 예절을 세웠으니, 그 식견이 특별히 대단하다 (歸咎鄭之不臣得左氏微意並立千古人臣之大防, 識見特高).
	行星恒星辨	童生 陳汝礪 九月加課童 第一名	깔끔하고 적절하니, 여러 답안지 중에 이것이 최고다(淸爽妥切, 在諸卷中此爲最佳).
	書『漢書·循吏傳』後	童生 李錫岱 十一月加課童 第二名	구임(久任)에 대해 요점을 찌르고 있어 이미 서한(西漢)의 관리 부리는 법을 알고 있으며, 운필 또한 간결하면서도 개괄적이다(扼重久任, 已得西漢馭吏之法, 用筆亦簡括).
	重整海軍策	童生 孫鑒藻 十月加課童第 二名	비록 계획 방안이 상세하지 않으나 이전의 심한 폐단을 통절하게 진술하여 즉 이후 재정비의 요지가 그중에 자연스럽게 있다(雖未詳擘畫之方而痛陳前此極弊, 則此後重整之要自在其中).
	說電	童生 孫鑒藻 十月加課童第 二名	장법(章法)이 조리 있고, 구성이 자연스럽다(章法井井, 結構自然).

과서였다. 그 편자는 대부분 서양인, 유학생 혹은 본토의 지방 신사였으며, 그들의 입장도 이미 국가로부터 벗어나 민간으로 향해 있었다. 청말의 학부는 교과서 검정과 편집 노력을 통해 이러한 문제를 해결하려고 했지만 아쉽게도 과거제도의 폐지 이후 국가가 전국적 교육 통제권을 장악하기는 상당히 어렵게 되었다.

2) 절강성 석문교사관[20]

절강성 석문현(石門縣, 현재 동향현(桐鄕縣))과 산동성 임청현의 상황은 상당히 유사해 해당 지역에 원래 있던 전이서원(傳貽書院)을 고쳐서 석문교사관을 설립했다. 설립 자금의 주요 출처는 해당 지역 신동(紳董)의 자금과 자산 기부였다. 1865년 후 산장 급여가 현 당국으로부터 지급되었다. 19세기 70년대 전후의 두 지현(知縣)인 진말(陳沫)과 여려원(餘麗元)이 모두 120만 문을 기부했는데, 이를 전당포에 맡겨 그 이자로 장려금 삼아 음력 초하루와 보름날에 시험을 치르는 생원과 동생에게 식비로 지급했다.[21] 서원의 동사(董事)는 해당 지역 신사인 여학전(徐學全), 채지선(蔡之宣), 두이창(竇爾昌), 위창욱(魏昌煜), 범율수(範聿修) 등이 맡았다. 주지인(主持人)은 그대로 전이서원의 원래 있던 장교(掌敎)가 맡았다. 석문현 교유(敎諭)는 절강 호주부(湖州府) 귀안현(歸安縣)의 거인인 주정섭(朱廷燮)이 맡았다. 그는 44세였다.

서원이 점유하는 토지 면적은 16무 남짓이었고 장문(牆門) 3칸, 강당 3칸, 뒤채 5칸이 있으며, 잠암선생(潛庵先生)의 위패를 그곳에 모셨다. 서쪽에는 객당, 거실, 주방 등 방 15칸이 있었다. 정원에는 돌이 높이 쌓여 있었고, 그 앞에는 못이 있었으며, 뒤에는 100여 년 된 은행나무 한 그루가 있었다. 매월 2일에 지현이 여기서 생원과 동생의 고과를 주관했다. 16일에는 원과(院課)가 있었으며 산장이 이를 주관했다. 운영환경에 대해 말하자면 석문교사관이 임청보다 더 좋았고, 운영자금 역시 상대적으로 충분했다.

임청교사분관과 다른 점은 석문교사관이 기본적으로 단지 전이서원을 개명해 운영한 것에 불과했으며 어떠한 새로운 규정도 없었고 선발시험

---

20 「石門校士館課藝」(光緖 乙巳年(1905) 春日傳貽堂石印本).
21 『桐鄕縣教育志·書院』.

도 없었다는 것이다. 그 일상적인 관(官)과 사(師)의 수업내용은 당시의 이른바 '신학' 각 방면을 다루고 있었으나, 결코 새로운 과거시험 커리큘럼을 반영해 특별히 설계된 것이 아니어서 사론, 시무, 서후(書後), 책(策), 설(說), 고(考), 경의(經義) 등의 각종 과목(구체적인 과예는 〈표 3〉 참조)을 계속해서 고수했다. 청원서원과 비교하면, 확실히 석문 전이서원의 커리큘럼은 전통 과예로 신학을 서술하는 것을 기초로 삼고 있었다.

과거시험 대비에 대해서 말하자면, 석문교사관의 성적은 마찬가지로 매우 좋았다. 장교 주정섭에 따르면, 석문현에서는 광서 기축년(1889) 이후 "과거 합격자를 거의 배출하지 못했다"(科第寂然). 그러나 전이서원이 석문교사관으로 명칭이 바뀌고 수업내용을 개정한 후 계묘년(1903) 은과향시에서만 무려 네 명이 합격했다. 그중 한 명은 순천향시에, 세 명은 절강향시에 합격해 거인이 되었다. 석문교사관의 학생 중 주소렴(朱紹濂)과 오내침(吳乃琛)이 절강향시에 합격했다. 오내침은 구시서원(求是書院)과 남양공학(南洋公學)을 선후로 수료했다. 후에 관비 유학시험에 합격해 미국 하버드 대학에 유학했고, 그곳에서 상과 학사, 법정과 석사, 그리고 정치경제과 박사학위를 취득했다. 일찍이 한림원편수(翰林院編修), 폐제국회판(幣制局會辦) 등을 역임했다. 민국 시기에는 재정부참사(財政部參事), 중국은행대리부총재(中國銀行代理副總裁), 중앙정치회의위원(中央政治會議委員), 재정부천폐사장(財政部泉幣司長), 재정부비서(財政部秘書) 등을 역임했다. 주소렴은 후에 관비 유학시험에 합격해 일본 와세다 대학에 유학했고, 법정과에서 공부했다. 그는 학부 고험(考驗)에서 중등(中等)에 들어서 법정과(法政科) 거인 자격을 받았다.

확실히 산동 임청에서 계묘년 은과향시에 합격한 왕지당과 장경승, 보결 합격자 이백기, 절강 석문에서 마찬가지로 계묘년 은과향시에 합격한 오내침과 주소렴은 모두 청말 과거제도 개혁으로 인해 신분 상승의 기회를 획득한 전형적인 지방 엘리트였다. 해당 지역의 이전 상황을 보건대 만약 과거시험 내용이 바뀌지 않았다면 이러한 사람들은 과거에 합격할 수

표 3 석문교사관의 과예

제류(題類)	과제(課題)
史論	周平王命秦襄公爲諸侯賜之岐豐之地論
	孟明增修國政論
	鄭商人弦高以乘韋先牛犒秦師論
	公孫僑諸葛亮和論
	申包胥乞師複楚論
	勾踐霸越論
	藺相如論
	商君變秦論
	吳起相楚請廢疏遠公族以養戰士論
	魯仲連義不帝秦論
	蘇秦合六國之縱以拒秦論
	孟子荀子異同論
	秦李斯奧梅特涅合論
	張良令力士狙擊秦皇誤中副車論
	樊噲請以十萬眾橫行匈奴中論
	陳平周勃論
	張良招四皓爲太子賓客論
	陸賈說南越王稱臣奉漢約論
	漢武帝求茂材異等可爲將相及使絕國者論
	漢武帝以蒲輪迎枚生論
	趙充國少學兵法通知夷事論
	漢開西域論
	鄭康成治經兼通九章算術論
	蔡邕荀彧論
	陸績論
	諸葛武侯北定中原先平南蠻論
	羊祜杜預論
	劉琨祖逖論

제류(題類)	과제(課題)
	狄梁公論
	李鄴侯論
	劉晏理財專用權鹽法充軍國之用論
	文翁治蜀昌黎治潮均能開通風氣論
	李德裕作籌邊樓圖蜀地形勢論
	宋太祖欲令武臣讀書論
	商鞅王安石變法優絀論
	宋高宗寬諸郡雜稅論
	韓郫王跨驢攜酒縱遊西湖論
	梁夫人親持桴鼓以拒金兵論
	孟珙練鎭北軍以備蒙古論
	三楊論
	張江陵論
	劉忠誠論
時務	平權論
	變新法宜先安舊黨論
	영일연맹의 관계를 논하라(論英日聯盟之關系).
	經濟特科와 博學鴻詞科의 異同을 논하라(論經濟特科與博學鴻詞科之異同)
	중국에서 동주(東周), 진한교체기에 인재가 성했고, 삼국시대에 이르러서는 더욱 성했다. 대개 세상이 어지러울 때 현인과 호걸의 무리가 나옴은 자고로 그러했다. 그러나 지금은 어째서 그러하지 않은가? 그 이치를 추론하라(中國人才盛於東周秦漢之際, 至蜀漢三國尤稱極盛, 蓋世局紛爭則賢豪輩出, 自古皆然, 今何靳焉?試推論其理).
書後	讀馬援「誡兄子嚴敦書」書後
策	浙西防海策
	치부는 농무(農務)가 가장 중요하며 자고로 전준(田畯), 보개(保介) 모두 농사를 권하는 관리로 하여 하루 종일 논에서 독솔하도록 했는데, 그 법이 오늘날에도 가능한가(問致富首重農務, 古者田畯, 保介均爲勸農之官, 日在田間督率, 其法可行於今否).

제류(題類)	과제(課題)
	치부는 종식(種植)을 우선해야 한다고 한다. 석읍(石邑)에는 여전히 개간되지 않은 땅이 많다. 개간을 이롭게 하려면 어떻게 해야 하는가(問致富以種植爲先石邑有未盡之地利其開墾當何如).
	서문표(西門豹)와 제오륜(第五倫)은 위정함에 가장 먼저 음사(淫祀)를 금지했다. 지금 민간의 신께 비는 모임이 그들의 재력을 가장 소모시킨다고 한다. 어떤 방법으로 이를 그치게 할 것인가(西門豹第五倫爲政首禁淫祀, 今之祈神賽會最耗民財, 何法以止之).
	워싱턴이 미국을 세우고, 표트르 대제가 러시아를 다스림은 그 정수가 어디에 있는가(問華盛頓之興美, 大彼得之治俄, 其政要安在).
	독일은 프랑스에 의해 멸망당했으나 끝내 발분하여 복수했다. 그 진흥의 계책은 어디에 있는가(德意志爲法殘滅, 卒能發憤複仇, 其振興之策安在).
	西學之先者試臚擧之
	和民教策
	拒俄策
說	大同小康說
	西曆無閏說
	科名無關學術說
	武備學堂利弊說
	物競說
	地球原始
考	西國哲學源流考
	진시황이 서시(徐市)를 파견하여 바다로 가서 신선을 찾게 했으나 그는 돌아오지 않았다. 지금 일본에 서시의 묘가 있으며 비문에 확실히 드러난다. 전하는 바에 의하면 일본 종족은 대부분 서시의 후예라고 하는데 동양고사로 그것을 고증할 수 있는가(秦始皇遣徐市入海求神仙不返, 今日本有徐市墓, 碑志顯然.相傳日本種族多徐市之後, 東洋古史可考證否).
	시베리아 철로가 중국의 어느 개항지로 연결되며 그 길이 몇 군데인지 상고하라(西伯裏亞鐵路接至中國何處口岸, 其道裏若幹, 試詳考之).

제류(題類)	과제(課題)
經義	務民之義敬鬼神而遠之義
	霸者之民驩虞如也, 王者之民皞皞如也義
	城門之軌兩馬之力與義
	地載神氣神氣風霆義
	厥民析鳥獸孳尾義
	詢謀僉同義
	季春行秋令則天多沉陰淫雨蚤降兵革並起義
	山林藪澤有能取蔬食田獵禽獸者野無虞教道之義
	天下爲公選賢與能義

없었을 것이고, 이후에 관비 유학시험에 합격할 수도 없었을 것이며, 이어서 전국적인 전문 엘리트가 될 수도 없었을 것이다. 이러한 상황은 청말의 신학과 지방사회와의 관계를 논의할 때 자세하게 살펴볼 필요가 있는 것이다.

맺는말

청말 조야에서 몇 차례 과거의 시험내용 개혁을 논의했을 때 교육제도 영역에서도 이에 상응해 서원개혁 논의가 있었다. 해당 논의는 비록 정국 변화로 인해 엎치락뒤치락했지만 근대 신지식의 본토화에 대해 실질적인 영향을 주었다. 전통서원의 과예는 점차 청말 '신학'과 관련되기 시작했다. 많은 생원과 동생이 기존의 익숙한 형식으로 새로운 지식을 서술한 것은 과거시험 개편에 대한 대응이기도 했을 뿐만 아니라 개혁 후 서원과 학당의 장려 아래 학비를 수령해 과거를 준비했던 것의 소산이었다. 이는 곧 전통형식의 과예가 점차 청말 신지식의 주요 서술형식 중 하나가 되도록 했다. 그리고 이러한 경향은 심지어 5·4운동 전야까지 계속되었다.

　그러나 지식의 서술형식으로서 관(官)과 사(師)가 간단하게 평론을 덧붙인 신학 과예는 실질적으로 많은 한계를 드러냈다. 예를 들면 형식을 중시하고 내용을 경시하는 서원 과예는 실질적으로 일종의 답안지에 불과했다. 그래서 서원 과예의 작성자는 첫째로 출제자의 의도에서 벗어나기 어려웠고, 둘째로 지면과 작성 시간의 제한(예를 들면 임청교사분관에서는 달마다 보는 시험에서 3편의 논문을 하루 안에 완성하도록 규정했고, 연장을 허락하지 않았다)이 있어 신지식에 대해 세밀하고 자유롭게 논의하거나 권위가 있으면서도 전복적인 결론을 내릴 수 없었다. 지식 전달체제로서 말하자면, 신학 과예의 정확성과 권위는 확실히 사람들을 만족시킬 정도는 아니었다. 우리가 계속해서 논의할 만한 것은 청말의 신학 과예가 20세기 초 신지식 영역의 해석권과 통제권을 둘러싼 국가와 민간 사이 경쟁의 장(場)에서 어떠한 역할을 수행했는가다. 이 같은 중국 근대지식 재생산 과정의 각종 뒤얽힌 갈등이 아직 충분히 논의되지 않았기 때문이다.

[번역: 이상훈, 한양대 사학과 조교수]

VI

국제관계
(근대편)

각종 미디어로 본 전쟁과 일본 민중의 중국관

가나야마 야스유키(金山泰志)

머리말

향후 보다 나은 중일관계를 모색하기 위해 역사학이 해야 할 역할은 무엇일까. 과거를 정확히 파악함으로써 더 나은 미래를 전망하는 것이야말로 역사학의 중요한 역할이다. 일본은 중일관계사를 바르게 이해하지 않고서는 중국과 보다 나은 우호관계를 구축할 수 없을 것이다.

중일관계사를 해명하려 할 때 중요한 초점이 되는 것이 일본인의 중국관이다. 일본인은 중국·중국인을 어떻게 바라보았을까. 일본인의 이러한 시선이 중국에 대한 일본의 행동을 이해하는 데 중요한 요인이 되는 것은 말할 필요도 없을 것이다. 중국관 연구는 타자 인식에 대한 연구인 동시에 중국과 일본의 상호이해를 위한 첫걸음이 되는 중요한 기초연구다.

현재 일본인의 중국관은 '좋다 / 싫다', '친밀감이 있다 / 없다'와 같은 간단한 감정 차원의 중국관을 여론조사 수치로 파악할 수 있는데, 일본의 지배적인 중국관이 부정적임은 잘 알려져 있다.[1] 그렇다면 현재와 같은 중국관이 형성된 까닭은 무엇인가. 현재의 중일관계에 커다란 화근을 남긴 근대 이후를 다시 되돌아보며 역사적으로 상대화하는 작업이 필요하다.

　일본의 중국관에 대한 기존연구는 도쿠토미 소호(德富蘇峰)나 후쿠자와 유키치(福澤諭吉) 등 특정 개인이나 지식인층에 검토대상이 국한되었고, 일본 민중의 일반적 중국관에 관한 실증연구는 적었다.[2] 사상사 연구에서는 일부 저명한 지식인의 언설이 당시 사회 전반을 대표한다고 암묵적으로 전제하는 경우가 많은데, 중국관에서도 예외는 아니다. 지식인층을 검토함으로써 분명해지는 것은 현실의 대중(對中)정책을 염두에 둔 그들의 체계적·이론적 중국론·중국 인식이지 현재의 여론조사에서 나타나는 것 같은 감정 차원의 중국관은 아니다. 일본의 중국 침략을 뒷받침한 일본 민중의 대중국 감정에 대해서는 실증적으로 검토되지 않은 것이다.

　감정이 가진 힘, 단순하고 알기 쉬운 것이야말로 많은 사람의 지지를 얻고, 그것이 다시 시대의 물결이라고도 할 만한 거대한 흐름이 됨을 우리는 현재 몸으로 실감하고 있다. 현재 일본의 인터넷에는 중국에 대한 저열한 말들이 횡행하는데, 일본 유식자들은 그것을 '반지성주의'라고 간단히 무시한다. 그러나 쇼와(昭和)의 저 불행한 전쟁에 이르는 과정을 생각해보아도 노골적인 감정표현이 사회에 만연하면서 시대를 움직였음을 잊어서

---

1 2014년 9월에 공표된 중일 공동 여론조사에 따르면, 일본인의 93퍼센트가 중국에 좋지 않은 인상을 갖고 있다. 자세한 것은 언론NPO(言論NPO), 2014, 「제10회 중일 공동 여론조사」(第10回日中共同世論調査, http://www.genron-npo.net/pdf/2014forum.pdf) 참조.

2　安藤彦太郎, 『日本人の中國觀』, 頸草書房, 1971; 小島晋治, 『近代日中關係史斷章』, 岩波書店, 2008; 並木賴壽, 『日本人のアジア認識』, 山川出版社, 2008; 松本三之介, 『近代日本の中國認識』, 以文社, 2011; 古屋哲夫 編, 『近代日本のアジア認識』, 京都大學人文科學硏究所, 1994; 王曉秋, 小島晋治 監譯, 『アヘン戰爭から辛亥革命──日本人の中國觀と中國人の日本觀』, 東方書店, 1991 등. 민중의 중국 인식에 대해서는 최근 아오키 젠(靑木然)의 「일본 민중의 서양문명 수용과 조선·중국 인식──오락에 투영된 자기상으로부터의 독해」(日本民衆の西洋文明受容と朝鮮·中國認識──娛樂に託された自己像から讀み解く)(『사학잡지』(史學雜誌) 123-11, 2014)가 나온 정도다.

는 안 된다. 1945년 패전 이전 시기 사람들의 감정에 착목하는 것은 현재를 생각하는 데도 중요한 의의를 갖는다.

이와 같은 문제의식에서 나는 근대 일본 민중의 중국관을 포괄적으로 검토해왔다.[3] 여기서 말하는 민중의 중국관이란 지식인층의 중국론이나 중국 인식과는 다르다. 일본 사회 일반에 막연하게 공유되었던 감정 차원의 중국관, 즉 일반적인 중국관을 말한다.

이 글에서는 일본인의 일반적인 중국관을 실증적으로 파악할 수 있는 방법을 제시하고, 실제로 그 방법을 활용해 청일전쟁 시기 일본인의 중국관을 분석하고자 한다. 청일전쟁은 근대 일본 초기의 전쟁인 동시에 일본인의 중국관을 크게 바꾼 중요한 사건이었다. 중일관계를 크게 뒤흔든 이 역사적 사건에 착목함으로써 당시의 일반적 중국관을 선명하게 그려낼 수 있다.

1. 신문 이외 미디어를 통한 민중의 중국관 연구

근대 일본의 일반적인 중국관을 어떻게 검토할 것인가? 주목할 만한 것은 근대 이후 현저히 발전한 '미디어'의 존재다. 여기서는 미디어를 대중매체(mass media)에 한정하지 않고, "사람과 사람 사이의 커뮤니케이션을 매개하는 작용과 실체"[4]라는 넓은 의미에서 파악한다. 일반적인 중국관이라는 막연하고도 광범위한 대상을 검토하는 데는 불특정 다수의 수용자를 상정한 미디어를 활용하는 편이 합리적이다.

청일전쟁 시기로 좁히면, '소학교 교육(교과서)', '소년 잡지', '고단'(講談),

---

3 졸저 『明治期日本における民衆の中國觀 ― 教科書·雜誌·地方新聞·講談·演劇に注目して』, 芙蓉書房, 2014.

4 有山輝雄·竹山昭子 編, 『メディア史を學ぶ人のために』, 世界思想社, 2004, p. 7.

'연극'이 이 글에서 다루어야 할 미디어가 된다. 신문도 당시를 대표하는 미디어의 하나이지만, 청일전쟁 시기에는 민중이 일상적으로 구독하는 단계에 이르지 못했고,[5] 지면에 나타나는 중국관도 반드시 일반적인 중국관이라고 보기는 어렵다. 노무라 고이치(野村浩一)는 『근대 일본의 중국 인식』(硏文出版, 1981)에서 신문기사에 나타난 것이 "논의로서 전개된 중국 인식"이지 "민중의 중국관"은 아니라고 지적했다. 시바하라 다쿠지(芝原拓自)도 「대외관과 내셔널리즘」(『일본근대사상체계 12: 대외관(對外觀)』, 岩波書店, 1988)에서 "신문이 당시의 최대 대중매체였다고는 하지만 아직 문맹률이 높았던 그 시기에 그것이 그대로 민중 일반의 의식이나 관념을 대표하고 표현했을 리는 없다"라고 어느 정도 평가를 유보했다.

분석할 미디어를 선택할 때는 정말로 그 미디어로부터 일반적인 중국관을 분명히 알 수 있는가를 신중히 검토해야 한다. 즉 "해당 미디어의 표상을 검토하는 것이 당시 일본 사회 일반의 관념을 검토하는 것과 같은 의미임"을 각종 미디어로부터 설득력 있게 입증할 필요가 있다.

우선 소학교 교육(교과서)부터 살펴보자. 소학교 교육은 국책 지도층부터 일반 민중에 이르기까지 원칙적으로 누구나 체험하는 것이다. 특히 민중에 초점을 맞출 경우 당시 소학교 졸업 후의 진학률이 낮았기 때문에[6] 소학교 교육에서 수용·형성된 중국관이 이후 그 인물의 중국관에도 다대한 영향을 끼쳤을 것이라고 생각된다. 또한 교육 이념상에서 생각해도 교과서에 게재된 중국에 관한 교육자료나 그를 활용한 교육현장의 중국 교육에는 당연히 일본 사회 일반에서 적절하다고 생각한 중국에 대한 관점이나 평가가 반영되었을 것이다.

5　檜山幸夫, 「日淸戰爭と日本」, 檜山幸夫 編, 『近代日本の形成と日淸戰爭 ─ 戰爭の社會史』, 雄山閣出版, 2001 등.

6　伊藤彌彦, 「日本近代中等前期敎育の形成と展開」, 望月幸男 編, 『國際比較·近代中等敎育の構造と機能』, 名古屋大學出版會, 1990, pp. 311~12. 메이지(明治) 말기에도 중등교육기관 진학률은 20퍼센트가 못 되었다.

소년 잡지는 소학교 교육을 보조하는 종합 학습잡지였다.[7] 오락적 요소 뿐만 아니라 교육적 요소를 겸비한 것이 1945년 이전 소년 잡지의 특징이다. 따라서 교육적 측면에서 소년 잡지의 중국 관련 기사는 소학교 교육(교과서)과 똑같이 평가할 수 있다. 나아가 어른(발신자)이 아이들(수용자)을 향해 제공한다는 점에서 소년 잡지에는 어른부터 아이까지 관통하는 최대공약수적인 중국관(=일반적인 중국관)이 나타난다고 볼 수 있다. 청일전쟁 시기를 대표하는 소년 잡지에는 『소국민』(學齡館)이나 『유년잡지』 『소년세계』(博文館) 등이 있다.

고단[8]이나 연극 등 오락 미디어에 관해서는 문학작품을 통해 당시 사회 관념의 일단을 도출해내려는 국문학적·사회학적 방법을 빌려 설득력 있게 입증할 수 있다. 이에 대해서는 유럽의 중국상(中國像) 변천을 검토한 오노 에지로(大野英二郎)의 지적이 설득력 있다. "문학작품은 작가의 상상력에 의해 만들어진 세계에 다름 아니지만, 작가는 시대에 의해 영향을 받거나 한정되면서, 혹은 독자를 상정하면서 창작한다. …… 그러한 의미에서 작품은 한편으로 작가의 개성을 표현하는 동시에, 다른 한편으로 시대상황을 여실히 반영한다. 따라서 문학작품에 중국이 어떻게 묘사되었는가를 관찰하는 것은 당시 유럽 사람들이 어떠한 중국상을 가졌는가를 아는 데 지극히 유효"하다는 것이다.[9] 앞서 언급한 소년 잡지는 교육적 요소뿐만 아니라 옛날이야기(お伽噺)나 소설 등의 오락적 요소를 겸비했으므로 마찬가지로 평가할 수 있다.

또한 오락 미디어에 관해서는 청일전쟁 이후 미디어가 급속히 상업화되었음도 고려할 필요가 있다. 미디어의 발신자는 수익성을 확보하기 위해

---

7 続橋達雄, 『児童文學の誕生 ── 明治の幼少年雑誌を中心に』, 櫻楓社, 1972, p. 231.
8 군기(軍記), 무용담 등을 부채(張り扇)로 대(釋臺)를 쳐가면서 이야기하는 예능(話藝). 원래는 사건·해프닝 등의 뉴스를 읽었다.
9 大野英次郎, 『停滯の帝國 ── 近代西洋における中國像の變遷』, 國書刊行會, 2011, pp. 585~86.

수용자의 자발적·계속적 구매행위를 목표로 수용자의 기호성을 고려하게 되었다(예정조화적 친화성).[10] 따라서 마케팅의 관점에서도 발신자와 수용자 쌍방을 관통하는 최대공약수적인 중국관이 미디어에 드러났다고 볼 수 있다.

이상과 같이 일반적인 중국관을 미디어를 통해 검토하려는 경우에 민중의식(＝일반적인 중국관)의 반영을 읽어낼 수 있는 미디어를 심사숙고해 선택할 필요가 있다. 역사연구에서 신문을 다룬 연구는 많다. 신문이 제2차 세계대전 이전을 대표하는 가장 중요한 미디어임은 틀림없지만, 별다른 이유 없이 안이하게 사용하는 것은 삼가야 한다. 사료를 다루는 연구자가 정성스럽게 사료 비판할 필요가 있는 것이다.

또한 민중의 중국관이라는 막연하고도 광범위한 대상이 특정 미디어를 검토하는 것만으로 실증적으로 완전히 밝혀질 리 없다. 이 글처럼 민중이 향유했다고 추정되는 미디어를 여럿 다루면서 그것들을 횡단적, 상호보완적으로 검토해야 한다. 각종 미디어에서 같은 중국관, 같은 경향이 확인되면 그것을 당시 일본 사회의 일반적인 중국관이었다고 결론내릴 수 있을 것이다.

시대에 따라 검토해야 할 미디어는 당연히 달라진다. 미디어에서 일반적인 중국관을 파악하기 위해서는 미디어의 유행과 쇠퇴도 고려해야 하며, 그 시대를 대표하는 대중 미디어에 계속 주목하지 않으면 안 된다. 다이쇼(大正)·쇼와(昭和) 시기가 되면, 오락의 왕자인 '영화'나 뉴스·오락·교육 등 각종 콘텐츠로 가득 찬 '라디오'라는 뉴미디어가 대두한다. 다이쇼·쇼와 시기의 일반적인 중국관을 검토하려 할 경우에는 이 미디어들도 반드시 검토해야만 한다.[11]

10　앞의 졸저에 대한 히라야마 노보루(平山昇)의 서평에 자세하다(『メディア史研究』 38, 2015).

11　졸고 「大正期の映畵受容に見る日本の中國觀 —— 映畵雜誌を素材に」, 『ヒストリア』

다음 절부터는 청일전쟁 시기의 '소학교 교육', '소년 잡지', '고단', '연극'에서 중국이 어떻게 다루어지고 또 이야기되었는지를 구체적으로 살펴본다. 중국이 취급되는 방식을 다양한 미디어를 통해 살펴봄으로써 당시 일본의 중국관이 분명히 드러날 것이다.

한편 이 글에서는 현재까지도 모멸적 어감이 강한 '지나'(支那)를 대신해 통사적(通史的)인 호칭으로서 '중국'을 사용한다. 이 글이 검토하는 대상이 동시대의 중국(= 청국)뿐만 아니라 고전세계의 중국(= 옛날 중국)에까지 미치기 때문이다.

2. 소학교 교육을 통해 본 일본의 중국관

메이지(明治) 시기 일본 소학교의 지리·국어·역사·수신(修身) 교과서를 보면, 지리 교과서에서 중국의 풍속이나 환경을 "지저분하고 더러운 곳이 많다", "기풍이 거만하다"라고 부정적으로 소개한 대목을 제외하면,[12] 노골적인 멸시 표현(후술할 소년 잡지가 상징적)을 수반한 교육자료는 보이지 않는다. 예컨대 청일전쟁의 한가운데서 출판된 국어 교과서 『심상소학독서교본』(今泉定介·須永和三郎, 普及舍, 1894)에는 '청 정벌 군가'(征淸軍歌), '성환전투의 나팔수'(成歡の役の喇叭卒), '현무문의 선두자'(玄武門の先登者), '지나와 조선'(支那ト朝鮮), '시마 해군대위의 편지'(志摩海軍大尉の手紙), '황해해전'(黃海の戰) 등 청일전쟁에 관한 교육자료가 많다. 그렇지만 이들 자료에서 중국을 부정적으로 묘사하는 과격한 표현은 보이지 않는다. 교과서라는 성격상 다른 나라를 필요 이상으로 야유하는 표현은 피한 것이다.

251, 2015; 졸고 「日中戰爭前後のラジオで放送された中國關係番組」, 『史叢』 94, 2016.

12 内田正雄 編, 『輿地誌略』, 1870~77; 『萬國地理初步』, 學海指針社, 1893 등.

교과서만 보면 언뜻 교육 차원에서는 중국에 대한 멸시나 모멸의식이 억제된 것처럼 보인다. 그러나 실태는 그렇지 않다. 예컨대 당시 도쿄(東京)의 소학교에 다니던 소설가 나카 간스케(中勘助)는 청일전쟁 당시 소학교의 모습을 다음과 같이 회고했다.

> 전쟁이 시작된 후 친구들의 이야기에서는 아침부터 밤까지 온통 야마토 다마시(大和魂)와 창창 보즈(ちゃんちゃん坊主)가 화두였다. 거기에 선생까지 하나가 되어서 마치 개한테 싸움을 부추기는 듯한 태도로 툭하면 야마토 다마시와 창창 보즈를 되풀이한다.[13]

'창창 보즈'는 청일전쟁 당시 유행한 청국인에 대한 멸칭이다.[14] 이 회고에 따르면 아이들뿐만 아니라 교원까지 하나같이 '창창 보즈'라는 과격한 멸칭을 사용하는 모습이 엿보인다. 청일전쟁이 발발하자 교육현장에서도 전쟁열이 극적으로 고조되기 시작한 것이다. 이를 뒷받침해주는 귀중한 사료가 교육 잡지에서도 발견된다. 당시에는 『교육시론』(開發社, 1885년 창간)을 필두로, 도도부현(都道府縣) 차원의 지방 교육 잡지를 포함해 수많은 교육 잡지가 간행되었다.

『교육시론』1894년 9월 25일호의 「요즈음 주의해야 할 것」(此際注意すべきこと)이라는 기사에서는 "어느 현(縣)의 소학교에서는 수신과(修身科) 시간을 모두 군대 이야기로 채웠다"라고, 덕육을 위한 수신과에서 "아동의

---

13 中勘助, 『銀の匙』, 岩波書店, 1935, p. 141.
14 19세기 후반이 되면, 에도(江戸)의 마을(町)에서는 '창창'이라는 말이 청국인의 변발이나 아이들의 가라코마게(唐子髷)를 가리키는 평범한 구어로 사용되었다. 중국인 엿장수가 치던 꽹과리 소리에서 나온 단어라고도 한다. 청일전쟁 전부터 청국인을 상징하는 부정적 이미지가 부여되었고, 청일전쟁 이후 멸칭으로 침투했다(福井純子, 「おなべをもってどこいくの — 日清戰爭期の漫畵が描いた淸國人」, 『立命館大學人文科學研究所紀要』 82, 2003 등 참조).

신경을 자극하는" 청일전쟁담을 이야기하는 모습을 소개했다. 청일전쟁이라는 근대 일본이 직면한 일대 시국에 즈음해 청일전쟁은 교육자료나 교과서의 틀을 넘어서 다루어진 것이다. 교과서만 검토해서는 이와 같은 실태를 읽어낼 수 없다.

당시 지방 교육 잡지에 실린 「청일사건을 소학 생도에게 이야기할 때 주의해야 할 요목」이라는 기사는 특히 주목할 만하다.[15] 소학생에게 청일전쟁을 이야기할 때의 주의사항으로서, "1. 청국 병사가 겁이 많고 약하다고 이야기해서 아동들을 교만하게 하지 말 것", "1. 적국을 비방 조롱하는 말을 쓰지 않도록 가르칠 것" 등 잘못에 빠지지 않도록 경계했다. 이 사료는 차별적인 교육이 실제로는 이루어졌음을 뒷받침한다. 모멸감을 갖게 하는 교육이 없었다면 이러한 경종은 필요하지 않았을 것이다.

그렇다면 모멸적인 교육은 왜 이루어졌을까? 전쟁의 발발로 적개심 고취가 국가적 급무가 되었음을 한 요인으로 생각할 수 있다. 상대를 증오하는 마음이 없으면 전쟁에서 상대를 죽이는 것을 정당화할 수 없기 때문이다. 아이들의 적개심을 고취하는 것은 교육자의 사명이었다.

격렬한 적개심은 강한 애국심의 증명이기도 했다. '창창 보즈' 등 과격한 멸칭을 사용하는 것이 자신의 강한 애국심을 증명하는 방법이었던 것이다. 그로 인해 교원과 학생이 똑같이 격렬한 멸시관을 노골적으로 드러냈고, 그것은 교육 잡지에서 경종을 울릴 정도로 과열되었다.

또 떠오르는 것은 '문명 대 야만'이라는 청일전쟁의 대의명분이다.[16] 이 대의명분을 아이들에게 가르치는 것도 교사의 중요한 역할이었다. 야만적인 중국을 강조하는 것은 당연히 적국에 대한 모멸감과 부정적인 시각을 수반한다. 야만적인 국가에 대해서는 '창창 보즈' 등의 과격한 멸칭을 사

---

15 『千葉教育雜誌』1895年 2月 18日號; 『長崎縣教育雜誌』1895年 3月 25日號.
16 山室信一, 「アジア認識の基軸」, 古屋哲夫 編, 『近代日本のアジア認識』, 綠蔭書房, 1996; 小林啓治, 『國際秩序の形成と近代日本』, 吉川弘文館, 2002 등.

용하는 것도 꺼리지 않게 되는 것이다.

그래도 소학교 교육에서는 적개심이 과도하게 증폭되는 것을 일정하게 억제하려 했다. 그러나 억제는 오락의 영역에서 아주 간단히 사라져버린다. 이 점을 다음의 소년 잡지나 고단과 연극 부분에서 확인하기로 하자.

3. 소년 잡지를 통해 본 일본의 중국관

청일전쟁 발발과 함께 소년 잡지에서는 「황해의 격전」(『유년잡지』 1894년 11월 15일호), 「풍도충해전」(『소국민』 1894년 11월 15일호) 등 청일전쟁의 전황을 전하는 기사가 다수 게재되었다.

이들 기사를 보면 전투가 시작되자 청국 병사가 바로 도주하는 모습을 애국심이나 충국정신이 결여된 것으로 소개하거나('불충', '비겁·나약'(怯懦)), 상을 받고자 일본 사상자를 발견하면 닥치는 대로 손목을 잘라가는 행위를 '잔혹·야만', 군기를 게양하지 않거나 기습을 시도하는 것을 '비열·비겁', 복장이나 풍모 등을 '불결'로 평가하면서 그러한 청국 병사를 '돼지꼬리(豚尾), 돼지군(豚軍)' 등 멸시하는 표현으로 호칭했다.[17] '돼지꼬리'라는 말은 변발을 돼지꼬리라고 업신여긴 것에서 유래한 청국인에 대한 멸칭인데, 이 신체적 특징은 청국인을 야유하는 데 딱 들어맞았다. '잔혹', '비열', '비겁', '불결' 등의 표현은 청국의 야만성을 강조한 것에 다름 아니다. 소년 잡지에서도 청일전쟁을 '문명 대 야만'의 구도에서 이야기한 것이다.

전기(戰記) 기사뿐만 아니라 아동용 소설이나 옛날이야기에서도 청국은 부정적으로 묘사된다. 예컨대 이와야 사자나미(巖谷小波)의 「다보라」

---

17 「征清畵談」, 『少年世界』 1895年 1月 15日~4月 1日號; 「鴨綠江と第一軍」, 『幼年雑誌』 1894年 11月 30日號; 「牛莊の市街戰」, 『小國民』 1895年 4月 15日號 등 이외 다수.

(『소년세계』 1895년 2월 15일호)라는 소설 기사에서는 "(일본을 모델로 한 랏빠〔喇叭〕 대장이라는 등장인물이 중국을 모델로 한 다보라라는 등장인물에 대해서) 보라, 저 다보라를! 쓸데없이 투실투실 살이 쪄서 진퇴가 느리고 둔하기 짝이 없는, 문명한 오늘날 도저히 우리와 어깨를 나란히 할 만한 자가 아니다. 그렇다면 이 의로운 전투를 기회로 야만 불결한 다보라를 한 번에 불어서 날려 버려라"라고 묘사한다. 당시의 소년 잡지에는 청일전쟁을 이용해 한목 벌려는 이와 같은 작품이 무수히 게재되었다.[18] 은연중에 드러나는 취지는 '일본의 강함과 청국의 약함'으로 일관되었고, '문명'과 '야만'을 대비하는 가운데 청국·청국인에 대한 '돼지꼬리놈'〔豚尾漢〕, '창창 보즈', '완고', '야만 불결', '느리고 둔함'〔遲鈍〕, '게으름'〔無精〕 등의 표현들이 문장 곳곳에 아로새겨졌다.

소설뿐만이 아니다. 〈그림 1〉, 〈그림 2〉와 같이 소년 잡지에는 아이들의 적개심을 교묘히 부추기는 읽을거리가 삽화와 함께 다수 게재되었다.[19]

소년 잡지들은 적개심의 표출을 호의적으로 받아들였다. 「청국인의 면목」(『소국민』 1894년 12월 1일호)이라는 기사에서는 일본 아이들이 순사·헌병의 제지에도 아랑곳 않고 일본에 잡혀온 청국 포로병을 향해 '창창 보'〔チャンチャン坊〕라고 외치는 모습을 "귀여운 적개심의 발현"이라고 칭찬하고, "우리나라 사람은 어른 아이 할 것 없이 일반적으로 이처럼 애국심이 강하니, 반대로 청국인을 볼 때는 실로 딱하지 않을 수 없다"라고 지적한다. 아이들이 사용하는 '창창 보' 같은 멸칭이 귀여운 적개심의 발로로, 또 강한 애국심의 일단으로 호의적으로 평가되었다.[20] 현재까지도 강한

---

18 巖谷小波, 「日の丸」「鳶ほりよ, りよ」「馱法螺」「降参龍」「あやまり小法師」, 『少年世界』 1895年 1月 1日號~4月 15日號; 鹵男, 「地獄の沙汰」, 『小國民』 1894年 10月 1日號 등.

19 각 아동 잡지에서 추출한 청일전쟁 중 중국 관계의 기사 171건(독자투고 109건) 가운데 부정적 평가가 드러나는 것은 156건(독자투고 109건).

20 청일전쟁극에도 "국위를 빛내고 사기를 고무할 목적으로 이번 청일전쟁을 활극으

그림 1 「말타기놀이」
(『소국민』1894년 7월 15일호)

선전포고 이전부터 멸시적인 삽화가 아동잡지에 게재되고 있다. 삽화에 달린 문장에는 "쨍꼴라를 이렇게 붙잡아 말타기놀이를 하면 재미있습니다"라고 써 있다.

그림 2 「소국민(小國民)의 전투력」
(『소국민』1894년 12월 1일호)

독자에게 근면과 건강 등의 중요성을 강조한 기사의 삽화. 청국 병사의 얼굴에 '비근면' '비굴' '게으름' 등 부정적 평가를 써놓았다. "절차탁마하지 않으면 '지나'(支那)처럼 될 것이다"라고도 써 있다.

애국심은 긍정적으로 이해되는 경우가 많은데, 이 사료는 그것이 자국 이외 국가에 대한 멸시관이나 경멸심과 떼려야 뗄 수 없는 관계임을 우리에게 알려준다. 소년 잡지의 특징에 '소학교 교육의 보조적 역할'이라는 측면이 있다고 했는데, 적개심의 증대라는 점에서는 '보조' 정도가 아니라 적극적인 역할을 수행했다고도 할 수 있다.

소년 잡지의 독자 투고문에도 중국에 대한 부정적 시선은 분명하다. 가즈사(上總) 지역 기하라 쇼사쿠(木原正作)가 『소국민』1895년 4월 1일호에 투고한 「개화」(開化)라는 우스갯소리를 보자.

두 명의 소국민이 열심히 청일전쟁 이야기를 하는 도중에 노파가 말을 걸기를, 너희들이 계속 '돈비, 돈비' 하는데, 대체 무엇을 말하는 게냐, 아

로 편성"(『都新聞』1894年 8月 19日字) 등과 같이 적개심 고취에 일조한다는 의미를 부여했다.

이들이 대답하기를, '돈비'(豚尾, 돼지꼬리)라는 것은 외국놈(毛唐人)을 말합니다. 노파가 놀라서, 개화하고 볼 일이구나. 짐승 같은 외국놈들이 새가 되었네.

이 투고문은 '솔개'(鳶, 돈비)와 '돼지꼬리'(豚尾, 돈비)라는 동음이의어를 활용한 말장난으로 소년 잡지의 독자(아이들)가 중국(청국)을 조소할 만한 존재로 취급함이 엿보인다. 일본의 압도적인 우세가 전해진 청일전쟁 말기에 야만적이고 약한 청국은 '조소'의 대상으로 바뀌었다.

4. 고단과 연극을 통해 본 일본의 중국관

적개심을 에둘러 표현하던 유보나 억제를 떨쳐버리고 단순한 형태로 분출시킨 것은 아동용 오락만이 아니다. 어른과 아이가 함께 즐기는 오락인 고단과 연극에서도 같은 경향이 보인다.

고단과 연극에서는 모두 청일전쟁 발발과 함께 청일전쟁에 관한 작품들이 유행했다.[21] 특히 글자를 모르는 사람들에게 고단과 연극은 청일전쟁을 알리는 중요한 수단이었다. 글자를 읽을 수 없어도 고단시(講談師)의 '청일전쟁담'을 듣고, 연기자의 '청일전쟁극' 연기를 봄으로써 청일전쟁에 대한 정보를 얻었다. 당시의 고단과 연극에는 보도 미디어의 측면도 있었던 것이다.

고단의 경우 실제 이야기를 속기해 정리한 속기본이 출판되었으므로

---

21 고단은 도미에테(富榮亭)의 「한·청·일 갈등의 전말」(日淸韓葛藤の顚末, 1894年 9月 13日)이나 이나즈미테(稻積亭)의 「청일전쟁 고단」(日淸戰爭の講談, 1894年 10月 30日) 등이, 연극은 도쿄 신세자(新盛座)의 '청일대전쟁'(日淸大戰爭, 1894年 9月 28日)이나 오사카 벤텐자(辨天座)의 「일본대승리」(日本大勝利, 1894年 10月 12日~11月 3日) 등이 상연되었음을 확인할 수 있다.

그것을 사료로 상세히 검토할 수 있다. 청일전쟁 고단 속기본의 일례로, 쇼린 하쿠엔(松林伯圓)이 강연하고 이마무라 지로(今村次郎)가 속기한 『통속지나정벌』(文事堂, 1894년 11월)을 보자. 청국 병사의 '잔혹성'에 대해 일본은 문명국이므로 포로에게 잔혹한 처사는 하지 않는다고 하는 한편, "도리어 청국에서는 항복한 사람뿐만 아니라 적국인이라고 추정될 때는 인민조차 참혹한 지경에 빠진다는 말도 들린다"(p. 105)고 언급한다. 중국 환경의 '불결함'에 대해서도 "지극히 불결한 거리에서 낮에는 온종일 파리 혹은 듣기조차 싫은 난징(南京) 독충들에게 고통받고, 밤에는 내내 진지 속의 모기군(蚊軍) 때문에 짧은 잠을 방해받는다"(pp. 119~20)는 등 부정적 묘사가 여기저기 보인다. 고단도 '문명-야만'이라는 이해방식에 입각해 중국을 부정적으로 이야기한 것이다.

연극도 마찬가지였다. 청일전쟁극에 대해서는 오치 하루오(越智治雄)의 「'웨이하이 함락'론 ─ 청일전쟁극을 보다」(『국어와 국문학』 42卷 11號, 1965年 11月) 등 많은 연구가 축적되었다. 이들 선행연구에서는 "청일전쟁극에서 고관부터 졸병에 이르기까지 청국인은 경박하고 탐욕스러우며 잔인하다"고 지적했다.

청일전쟁극을 실제로 본 관객의 감상에서도 부정적인 중국 감정이 두드러진다. 메이지·다이쇼 시기를 살았던 언론인 우부카타 도시로(生方敏郎)의 회상기 『메이지·다이쇼 견문사』(春秋社, 1926)에서는 "(청일) 전쟁 중 극장(芝居小屋)에서는 화제의 전쟁을 소재로 한 연극을 올려서 관객을 끌었다. …… 무수한 지나 병사와 적은 수의 일본 병사의 전투에서 반드시 지나 병사가 패하며, 사죄하거나 울거나, '일본인은 매우매우 강합니다'와 같은 말을 하고, 마지막에는 일본 병사의 주문에 응해 다양한 재주를 부리거나 해학적인 노래를 부르며 마무리해서 보는 사람을 박장대소하게 한다. 그것은 참으로 여유만만한 연극이었다"(p. 41)라고 회고했다. 연극에서도 청국 병사의 '약함'을 강조하고 '조소' 대상으로 삼았음을 알 수 있다.

5. 고전세계의 중국에 대한 긍정적 시선

지금까지 청일전쟁 중 각종 미디어에서 중국을 어떻게 다루고 이야기했는지 그 방식을 살펴보았다. 그러나 앞에서 살펴본 중국은 동시대의 중국, 즉 청국이었음에 주의할 필요가 있다. 청일전쟁 시기에는 당연하게도 적국인 청국이나 청국 병사에 관한 정보가 미디어를 석권했다.

하지만 일본인의 중국관을 생각할 때 동시대 청국에 대한 시선을 검토하는 것만으로는 충분하지 않다. 중국은 장구한 역사를 자랑하며, 일본과 중국의 역사적 관계 역시 깊고 길다. 따라서 일본인의 중국에 대한 시선은 '동시대'뿐만 아니라 '고전세계'(= 옛날)로도 향하게 된다.

예컨대 공자(孔子)나 맹자(孟子)로 대표되는 고전세계의 중국 위인에 대해 메이지 시기 일본인은 부정적 이미지를 갖지 않았다. 『논어』(論語) 등의 한문 서적을 포함해 중국 위인의 아름답고 착한 말과 행동이 아이들의 인격함양에 이바지하는 모범으로서 덕육적 가치를 인정받았기 때문이다. 중국 위인은 소학교의 수신이나 국어 교과서에서 교육자료로도 사용되었고, 소년 잡지에도 다수 등장한다. 근대 일본에서 유교가 독자적으로 발전해 그 문화적 영향을 강하게 받은 점도 무관하지 않다.

한편, 『삼국지』(三國志), 『수호전』(水滸傳) 등 중국 고전을 소재로 한 오락작품에 대한 긍정적 이미지도 고전세계 중국에 대한 긍정적인 시선으로 이해된다. 이들 작품은 에도(江戶)시대 이후 가부키(歌舞伎)나 고단에서 즐겨 활용되었고, 메이지 시기에도 일본 사회 일반에서 흥미로운 오락작품으로 받아들이며 향유했다. 이러한 고전세계의 중국 문화 자체에 대한 긍정적인 시선도 일본인의 중국관이 갖는 한 측면이었다. 메이지 시기 일본은 '한학애호'(漢學愛好)의 시대이기도 했고, 현재의 일본인보다 고전세계 중국에 대한 조예가 깊었다.

청일전쟁이 발발하자 앞서 살펴본 것처럼 청일전쟁(동시대의 청국·청국병사)에 관한 기사와 작품들이 각 미디어의 전면에 대두했다. 그로 인해 고전세계 중국에 관한 기사나 작품은 잘 드러나지 않게 되었다. 그러나 소년 잡지를 주의 깊게 보면 청일전쟁 시기에도 '성인' 공자의 교육법을 소개하는 기사, 또는 공자나 항우(項羽), 한신(韓信) 등 중국 위인의 사례를 인용하면서 문장의 공적을 논한 투고문 등을 적으나마 확인할 수 있다.[22]

청일전쟁으로 인한 부정적 시선의 대상은 어디까지나 동시대 중국 왕조인 청국·청국인이지, 고전세계의 중국 위인에게까지 부정적인 시선이 미치지는 않았다. 이를 여실히 보여주는 사료가 학습원·고등사범학교 교수 유모토 다케히코(湯本武比古)의 「공자의 교육」(『대일본교육회잡지』 1895년 5월 1일호)이라는 다음의 기사다.

> 공자는 우리가 오늘날 적으로 삼는 청 왕조의 신민이 아니다. 도리어 공자는 지금의 청 왕조 따위는 북적(北狄) 등으로 부르면서 경멸했다. 또한 실제 금일의 청 왕조는 그런 나라이다. 그러므로 금일 청 왕조의 신민이 우리의 적이라고 해서 그것을 공자에게 미칠 수는 없다. …… 금일의 지나는 경멸할 만하지만, 그 지나의 나라에서 태어났다는 이유로 공자를 경멸해서는 안 된다.

공자는 현재 전쟁에서 적대하는 청 왕조의 신민이 아니고 지금의 중국(청국)은 경멸할 만하지만 공자를 경멸해서는 안 된다며, 동시대(= 청국)와 고전세계(= 공자)를 의도적으로 구별했다.

이러한 경향은 소년 잡지에서도 마찬가지였다. 「교육환등회」(『소국민』 1894년 12월 1일호)에서도 "제갈공명(諸葛孔明)도, 안진경(顏眞卿)·안고경(顏

---

22 합 9건(독자투고 11건). 稲垣満次郎 演說, 「敎育談」(『少年園』 1894年 10月 3日號), 宮城縣 松岡新造, 「文章論」(『幼年雜誌』 1894年 9月 1日號 독자투고) 등. 청일전쟁 후에는 42건(독자투고 55건).

杲卿)도, 문천상(文天祥)도 먼 옛날이야기이고, 지금은 청국 4백여 주(州) 4억만 명을 눈에 불 켜고 찾아봐도 충용현명(忠勇賢明)한 장교는 한 사람도 없다'고 서술했다. 고전세계 중국 위인과 동시대 중국인을 대조하면서 "옛날에는 좋았지만 지금은 가망이 없다"고 하는 중국관이 엿보인다. '동시대 중국에 대한 부정적 시선'과 '고전세계 중국에 대한 긍정적 시선'이라는, 현재에 이르는 일본인의 양면적 중국관이 두드러진다. 일본인의 부정적 중국관을 지적하는 연구는 많지만, 부정적 측면만 중국관의 실태였던 것은 아니다.

고전세계 중국에 대한 이러한 긍정적 시선은 중국에 대한 일본의 행동을 이해하는 데 어떻게 작용했을까? 예컨대 메이지 시기의 국수주의자 다카하시 겐조(高橋健三)는 중국의 문화를 계승해온 일본이 '문화의 지나'를 회복하기 위한 전쟁으로서 '문명 대 야만'과는 다른 관점에서 청일전쟁을 정당화한다.[23] 다카하시는 중국을 윤리도덕의 '고국'으로 높게 평가한 인물이었다. 즉 고전세계 중국에 대한 조예가 깊었기 때문에 나온 발상이었다고 할 수 있다. 이미 지적한 바와 같이 메이지 시기 일본인은 고전세계 중국에 대한 이해가 상당했다. 다카하시와 같은 사고방식에 공감할 만한 여지가 당시 일본 사회 일반에 갖춰져 있었다고 생각할 수 있다.

청일전쟁 이후 고전세계 중국에 관한 교육자료·기사·작품이 다시 미디어에 모습을 드러냈다. 교과서에서는 「인상여」(『고등소학수신서』, 문부성, 1903) 「장량」(張良) 「한신」 「제갈공명」 「공자」 「맹자」(『심상소학독본』, 문부성, 1910) 등의 고전세계의 중국 위인들이 확인된다. 고단과 연극에서도 『수호전』 『삼국지』 『서유기』(西遊記) 등 중국 고전을 소재로 한 작품이 청일전쟁 이후에도 상연되어 호평을 얻었다.[24]

---

23 中川未來, 『明治日本の國粹主義思想とアジア』, 吉川弘文館, 2016, pp. 164~65.

24 오사카 호리에자(堀江座)의 「수호전 설중 전투」(水滸傳雪挑, 1902年 3月 12日), 도쿄자(東京座)의 「통속서유기」(通俗西遊記, 1900年 10月 1日) 등. 「통속서유기」

맺는말

"청일전쟁은 일본 사회 일반에 부정적 중국관을 침투시킨 전쟁이었음" 은 많은 선행연구에서 언급했다. 그러나 지금까지 이를 사료로 뒷받침한 연구는 없고, 당연한 사실로 지적된 데 지나지 않았다. 이 글에서는 각종 미디어에서 그를 실증적으로 파악할 수 있음을 제시하고, 일반적 중국관 의 실태까지 언급하고자 했다.

선행연구 중에는 청일전쟁을 계기로 중국에 대한 시선이 긍정에서 부정 으로 변했다고 지적한 연구도 있지만, 그것은 오류다.[25] '동시대 중국(청국) 에 대한 부정적 시선'과 '고전세계 중국에 대한 긍정적 시선'이라는 두 가 지 중국관의 병존이 일본 사회 일반이 가진 중국관의 실태로서, 청일전쟁 중에도 그 후에도 일관되었다. 당연하게도 중국관은 단순히 부정이나 긍 정 일변도였던 것이 아니다. 동시대 및 고전세계 중국 각각에 대해 부정적 평가와 긍정적 평가가 둘 다 있었다. 다만 소년 잡지, 교과서, 고단·연극에 서 추출한 기사·교육자료·작품의 수나 여러 미디어에 공통된 평가로부터 주된 흐름을 생각할 경우 '동시대 중국에 대한 부정적 시선'과 '고전세계 중국에 대한 긍정적 시선'이라는 두 가지 중국관이 병존했다고 결론 내릴 수 있다.

근대 일본이 처음 경험한 대규모 대외전쟁인 청일전쟁은 '일본 국민'을 형성하고 '일본인'이라는 의식을 널리 사회에 침투시킨 전쟁이었다고 한 다.[26] 이 문제를 중국관에서 재인식할 경우 '우리' 일본인이라는 의식은

는 입장권이 매진될 정도로 호평을 얻었다(『都新聞』 1900年 10月 11日字).

25　白井久也, 『明治國家と日淸戰爭』, 社會評論社, 1997; 山根幸夫, 『近代中國と日本』, 山川出版社, 1976 등.

26　佐谷眞木人, 『日淸戰爭—「國民」の誕生』, 講談社, 2009, pp. 7~13; 牧原憲夫, 『客 分と國民のあいだ—近代民衆の政治意識』, 吉川弘文館, 1998, pp. 143, 156. 국 민의 공동성(共同性)이나 내셔널리즘과의 관계에 대해서는 나리타 류이치(成田龍

'타자'인 적국 청국·청국인과의 차별화에서 생겨난다. 그 차별화는 당시의 국제적인 규범의식이었던 '문명-야만' 이해를 축으로 삼아 '타자'를 '우리'보다 아래(부정적)에 두는 것에서 도모되었다. 전쟁으로 청국이 '우리'와 가장 가까운 '타자'가 되었고, 각종 미디어가 '타자'의 야만성을 '불충' '잔학' '불결' '비겁' 등으로 모멸적으로 보도했다. 문명국으로서 '우리' 일본인의 우수성이 강조되는 한편, 청국에 대해서는 부정적 시선을 갖게 된 것이다. 격한 멸시표현과 멸칭 역시 전쟁에서 적개심을 고취하기 위한 수단, 나아가 강한 애국심의 증명이라는 시각에서 '우리' 일본인 의식을 강하게 하는 것으로 정당화되었다.

한편 이 글은 대외관계에서 긴장이 고조되면 상대국에 대한 부정적 정보가 다양한 미디어에서 연쇄적으로 유통되는 경향이 있음을 시사한다. 국가가 위로부터 강요하는 교육뿐만 아니라 수용자의 기호성을 고려하는 오락 미디어에서도 중국에 대한 부정적 정보가 계속 발신되었다. 전쟁 기간에는 소학교 교육, 오락 미디어, 신문·잡지 등 다양한 미디어가 연결되어 상승효과를 일으켰고, 결과적으로 일본 사회 일반에 부정적 중국관을 침투시켰다고 결론지을 수 있다.

이 미디어 연쇄는 기본적으로 그 후의 다이쇼·쇼와 시기에도 변함없었다. 현재의 일본에서도 SNS로 대표되는 다양한 네트워크 미디어를 통해 중국에 대한 부정적 감정이 형성·수용되고 있다. 네트워크 미디어의 무서운 점은 기존의 미디어와는 달리 정보의 발신자가 분명하지 않은 채로 책임은 지지 않으면서 제멋대로 평가를 내린다는 데 있다. 중국이나 한국에 대한 저열하고도 과격한 언설들은 이러한 네트워크 미디어의 성격에서 기인한 바도 크다.

———

　一)의 『근대 도시공간의 문화경험』(近代都市空間の文化経験)(岩波書店, 2003) 및 미타니 히로시(三谷博)의 『메이지 유신을 생각한다』(明治維新を考える)(岩波書店, 2003) 등 참조. 미타니는 '타자와의 차별'이 있다면 '공동성' 없이도 '국민'은 형성된다고 주장했다.

타자표상이 자기인식의 반영이라는 점은 분명하다. 따라서 네트워크 미디어의 전성기인 현재, 자신을 제대로 직시할 수 있게 해주는 타자인식 연구의 중요성은 더욱더 커져간다.

[번역: 이정선, 조선대 역사문화학과 부교수]

고노에 아쓰마로近衛篤麿와 19~20세기 중일관계

── 두 차례 중국행을 중심으로

다이하이빈(戴海斌)

머리말

역사와 현실을 막론하고, 중일관계는 언제나 매우 민감한 주제라고 할 수 있다. 혹 양국 사이에 오랫동안 형성된 전쟁의 원한으로 인해 국민들이 역사를 회고할 때마다 '침략', '제국주의', '군국주의' 등 비판적인 모습으로 쉽게 인식되었다. 정치외교사(政治外交史)를 연구하는 학자들은 만청(晩淸) 시기 중일관계를 고찰하면서 대체로 그것을 일본 제국주의가 중국을 침략했다는 맥락 속에서 인식했다. 그리고 문화사(文化史), 교육사(教育史), 유학사(留學史) 등의 연구에서는 중국과 인접국 사이에 지속된 '문화교류'(文化交流)에 치중해 '동문'(同文), '목의'(睦誼, 친교)의 측면에 집중했다. 만청 시기, 특히 19~20세기 교체 시기에 중일관계는 매우 특수한 시기에 처해 있었다. 이에 대해 일본학자(사네토 케이슈(實藤惠秀))는 "순수한 친일의 시대"라고 일컬었으며, 더하여 어느 외국학자는 "잊혀진 황금 10년"이라는 견해를 제시했다. 사실상 '황금 10년'이라는 주장은 아직까지 중국에서 정식으로 받아들여지지 않았으며, 논쟁적인 화두가 되어 지속적으로 질의를 받아왔다. 이렇듯 학자들마다 동일한 시기의 역사에 대해 각자의 역사적 판단을 내리고 있으며, 이 대립하는 관점들은 모두 충분한 근거를 가지고 논증할 수 있을 듯하다. 이러한 학술현상을 설명하자면, 이 시기의 중일역사는 매우 복잡하고 다양한 양상을 보이는데, 이를 정확하게 인식해야 하며 여전히 깊이 있는 연구가 필요하다.

갑오전쟁(甲午戰爭, 동학농민운동)은 이미 120년이나 지났으나 이 전투는 근대 중일관계의 형태를 만든 기점이라 할 수 있다. 청조(淸朝)는 전쟁에서 패하며 중국의 국세와 국제적 지위는 급격하게 하락했으며 중일관계 역시 불평등한 관계로 급속하게 변했다. 다른 한편으로 일본이 급부상해 중국을 침략하는 강국의 행렬에 들어서기 시작했다. 아울러 간과할 수 없는 것은 일본이 중국에서 풍부한 정치적 인맥자원을 구축했다는 점이며, 중국의 관료와 신사들은 보편적으로 그에 대해 호감을 가졌다. 이후 그들은 사회적·정치적 변혁과정에서 적극적으로 일본의 자원을 끌어오려고 했는데, 이러한 것들은 모두 분명 이례적인 것이었다. 이러한 상황은 갑오전쟁 이후 일본 국내 정치사조의 변화 및 정부와 민간 양측의 세력이 중국에서 경제 및 문화사업을 경영하는 것과 매우 밀접한 관련이 있었다. 정부 차원의 작업과 비교하면 일본 민간단체의 활동범위는 더 넓고 그 정도도 역시 매우 깊었다. 특히 동아동문회(東亞同文會)는 중국에 머무르던 구성원으로 이루어졌으며 그 행동책략과 실천양식이 매우 복잡하고 다양한 면모를 보여주었다.

오랫동안 만청사(晩淸史) 연구는 일반적으로 근대사(近代史)의 범주에 들어갔으며 현존하는 연구 대부분은 조야(朝野, 국가와 민간)의 '대립'을 강조하고 있어 주된 관심은 청 정부에 대한 대립적인 측면에 편향되어 있었다. 이와 관련해 만청 시기 중국을 여행한 일본인에 대한 관심 역시 대부분 혁명파 또는 개혁파와 관계가 밀접한 몇몇 '일본우인'(日本友人)에 집중되어 있었다. 그리고 같은 시기에 중국에 있던 다른 일본인 활약의 역사적 의의는 미야자키 도텐(宮崎滔天)과 같은 사람에 뒤떨어지지는 않았지만

'혁명성'이 두드러지지 않았기 때문에 크게 주목을 받지 못했다.[1]

이와 같이 일본이라는 요소는 만청사 연구에 있어 매우 중요하며, 따라서 갑오에서 신해에 이르는 시기의 역사를 연구할 때 중일 양측의 문헌을 종합적으로 이용하고, 양쪽의 시각을 상호 보완해 역사적 사실을 재건하고 해석한다면 좋은 성과를 얻을 수 있을 것이다. 이러한 측면에서 탕즈쥔(湯志鈞), 양톈스(楊天石), 리지쿠이(李吉奎), 쌍빙(桑兵), 마오하이젠(茅海建), 정쾅민(鄭匡民), 샤샤오홍(夏曉虹) 등 연구자들은 모두 매우 좋은 사례를 보여주고 있다. 근래 쿵샹지(孔祥吉)와 무라타 유지로(村田雄二郎)는 여러 편의 중일관계사 저작을 공동 집필했으며 매우 높은 수준을 보여주고 있다.[2] 그러나 일본어 문헌 가운데 중국근대사료(中國近代史料)의 총 수량을 비교하면 현재 연구는 여전히 보물창고의 일부만을 발굴한 것에 불과하다고 할 수 있다. 일본학계에서는 대화정책(對華政策, 대중국정책)·섭화(涉華, 중국과 관련 있는)단체와 관련 인물연구에 있어 매우 풍부한 성과를 쌓았으며, 충분히 참고할 만한 가치가 있다. 다만 이들 대부분은 일본사 혹은 중일관계사의 맥락 속에서 전개되었으며, 중국 측 사료를 함께 이용해 구체적인 문제를 다루고 있는 것은 비교적 적다.[3]

---

1 예를 들어 동아동문회편(東亞同文會編)의 『대지회고록』(對支回顧錄)은 매우 유용한 사료집인데, 특히 하권의 인물열전은 그 자료가 매우 생생해 중국어 문헌은 이에 미치지 못한다. 그 상권은 이미 번역되어 출판되었으나, 하권은 역자가 "모두 여러 종류의 중국 침략 분자 전기"라 하며 참고할 가치가 없다 하여 그것을 버리고 번역하지 않으니 매우 안타까운 일이다. 胡錫年 譯, 『對華回憶錄』, 商務印書館, 1959, 譯序, p. 11 참조.

2 孔祥吉·村田雄二郎, 『罕爲人知的中日結盟及其他 — 晚淸中日關係史新探』, 巴蜀書社, 2004; 『從東瀛皇居到紫禁城 — 晚淸中日關係史上的重要事件與人物』, 廣東人民出版社, 2011.

3 가와무라 가즈오(河村一夫), 곤도 야스쿠니(近藤康邦), 하자마 나오키(狹間直樹), 나가이 카즈미(永井算己), 후지오카 기쿠오(藤岡喜久男), 고바야시 카즈미(小林一美), 구보타 분지(久保田文次), 펑쩌저우(彭澤周), 스가노 타다시(菅野正), 나가시타 마사하루(中下正治), 타오더민(陶德民), 자이신(翟新), 오우라 히로아키(大裏浩秋) 등 학자의 저술은 그 연구영역이 매우 광범위하며, 인용된 자료가 매우 중요해 모두

전체적으로 현존하는 연구들은 근대 중국을 여행하는 일본인의 실제 영향을 이해하는 데 다소 부족한 점이 있다. 그리고 일본인들이 남긴 대량의 문헌은 그 사료적 가치의 인식과 실제 이용 정도에 있어 역시 부족한 점이 있다. 나는 선진 연구자의 발자취를 따르고자 하며, 이 영역에서의 연구를 계속 이어가고자 한다. 이 글에서는 일본인 고노에 아쓰마로의 두 차례 중국 여행을 중심으로 고노에와 청인(淸人) 간 교류의 구체적 정황과 만청 시기 중일관계의 의의에 대해 고찰하고자 한다.

1. 고노에 아쓰마로와 관련된 사료

고노에 아쓰마로의 호(號)는 하산(霞山)이며 고셋케(五攝家) 중 가장 격이 높은 호족 가문 출신이다. 1863년 교토(京都)에서 태어나 약관의 나이에 이미 공작(公爵)의 지위에 올랐다. 1885년 유럽으로 유학을 갔으며, 곧바로 독일 본 대학과 라이프치히 대학에서 공부했다. 1890년 귀국해 귀족원(貴族院) 의원을 역임하고 1895년 가쿠슈인(學習院) 원장에 취임했다. 이후 귀족원 의장, 제국교육회(帝國敎育會) 회장, 추밀고문관(樞密顧問官) 등을 역임했다. 1904년 병으로 사망했는데 향년 42세였다. 그의 아들 고노에 후미마로(近衛文麿, 1891~1945)는 1937~41년 사이 일찍이 세 번이나 일본 수상에 취임했다.

메이지 천황(明治天皇)으로부터 '명문위기'(名門偉器)의 칭송을 받은 고노에 아쓰마로는 일본근대사에 있어 상당히 중요한 지위를 가지고 있으

참고할 가치가 있다. 한편 사료 이용의 범위에서 보면, 대다수 연구는 외교문서를 이용하고 있으며, 서찰과 일기를 이용하고 있는 경우는 많지 않다. 馮正寶, 『評傳宗方小太郎: 大陸浪人の歷史的役割』, 亞季書房, 1997; 中村義 編, 『白岩龍平日記 ―アジア主義實業家の生涯』, 硏文出版, 1999; 李廷江 編, 『近衛篤麿と淸未要人 ― 近衛篤麿宛來簡集成』, 原書房, 2004가 대표적인 저술이라 할 수 있다.

며, 그 활동과 족적은 정치·외교·교육·문화 각 영역에 넓게 걸쳐 있다. 그는 동아시아 문제에 대해 끊임없이 관심을 가졌으며, 조선과 중국의 사무와 관련된 주장을 적극적으로 발표했다.[4] 1891년 동방협회(東邦協會) 부회장직을 담당했으며, 1898년에는 동아동문회를 조직해 초대회장을 역임했다. 1900년 국민동맹회(國民同盟會)를 제창해 설립했고, 1903년 대로동지회(對露同志會)로 개편해 메이지 30년대에는 일본의 '대외경운동'(對外硬運動, 대외 강경운동)으로 논쟁의 여지 없이 핵심인물로 공인받았다. 한편 고노에는 '일청동맹론'(日淸同盟論)과 '지나보전론'(支那保全論)의 제창자로서 다양한 배경을 가진 청조 사람들과 교류했으며 무시할 수 없는 영향력을 발휘했다.

　관련 사료에 대한 연구가 진행됨에 따라 앞서 언급한 문제 역시 끊임없이 명확해지고 있다. 고노에의 초기 전기는 주로 그의 일기를 이용했는데, '남청시찰'(南淸視察)의 행적을 추적하며, "劉坤一·張之洞과 회동하여 同文의 협력을 약속했다"는 의도에 주목했다.[5] 1950년대에는 일본학자 하타노 타로(波多野太郎)가 교토 양명문고(陽明文庫)에 소장되어 있는 고노에 가문의 사료 가운데 류쿤이(劉坤一), 장즈둥(張之洞), 위안스카이(袁世凱), 이쾅(奕劻), 천춘쉬안(岑春煊) 등 청말(淸末) 정계 주요 인사의 서찰에서 10여 건을 수집해 기록하고 이를 최초로 발표했다. 이 자료를 통해 저자는 당시 중일관계에 있어 중요한 측면을 발견했는데, 바로 "霞山公(고노에)은 일본의 두 번째 정부를 의미한다" "그 활동은 완전히 일본 대외정책의 연원지를 만들어냈으며, 그 이상과 식견은 국내외에서 추앙을 받았다"라고 한 것이다. 한편 해당 문장을 발표할 당시의 시대적 분위기를 주목할 필요가 있다. 제2차 세계대전 이후 일본 사학계는 마르크스주의 사조의 영향을 깊게 받았는데, 당시 하타노 타로는 고노에를 변호하려고 노력

4　山本茂樹, 『近衛篤麿──その明治國家觀とアジア觀』, ミネルヴァ書房, 2001.
5　工藤武重, 『近衛篤麿公』, 大空社, 1997, pp. 250~60.

했지만, 그와 교류했던 청조 관료에 대한 평가는 매우 낮았다.[6]

고노에 개인의 일기는 정리되고 나서 1968년 정식으로 출간되었다. 일기 본문 뒤에는 중국 사무와 관련된 상당한 양의 서찰·전문(電文)·보고서들이 덧붙어 있었으며, 이는 제6권 '부속문서'(附屬文書)에 왕래 문서로 수록되어 있다. 또한 적지 않은 청조 사람들의 서찰도 포함되어 있다.[7] 『고노에 아쓰마로 일기』(近衛篤麿日記)는 고노에 개인의 정치경력에 있어 그가 가장 활약했던 시기를 포함하고 있으며, 또한 중일관계사에 있어 '황금기'라고도 할 수 있을 것이다. 책이 출간되자마자 학계의 폭넓은 주목을 받았으며, 일련의 중요한 성과를 이루었다.[8] 그러나 그 책에 수록되어 있는 대량의 청조 사람들의 서신은 비교적 드물게 이용되었다. 그 이유 중 하나는 서찰이 곳곳에 분산되어 있어 검색이 쉽지 않기 때문이다. 더욱이 원문의 글자를 해독하기 어려워 정리할 때 오류를 피할 수가 없고, 글의 의미를 해석하는 데 어려움이 있다. 그중에서도 가장 큰 문제는 현재 서찰 중에는 오직 수신문만 있고 답장이 없다는 것이다. 따라서 사건의 전후관계를 해석하기 위해서는 일기와 같은 기타 자료를 반드시 참조해야만 한다. 중국 측의 문헌과 함께 서로 대조하지 않으면 그 배경을 파악하기가 쉽지 않고 진상을 정확히 이해할 수 없다.

2004년 리팅장(李廷江)은 양명문고에 소장되어 있는 고노에 관련 한문 서찰을 전부 수집해 한 권의 책으로 영인 출판했다. 이 책은 『고노에 아쓰마로 일기』에 수록되지 않은 서찰을 증보했으며 영인한 문건과 구두점을 정리한 문건이 함께 수록되어 있어 매우 유용하다. 전서(全書)는 총

---

6 波多野太郎, 「近衛霞山をめぐる日中交渉史料」, 『過去と現在 ── 近衛霞山公五十年祭記念論集』, 財團法人霞山倶樂部, 1955, p. 280.

7 近衛篤麿日記刊行會 編, 『近衛篤麿日記』(全六卷), 鹿島研究所出版會, 1968~69.

8 河村一夫, 「近衛篤麿日記を讀みて」, 『アジア研究』 17(1), 1970; 〔日〕坂井雄吉, 「近衛篤麿と明治30年代の對外硬派 ──『近衛篤麿日記』によせて」, 『國家學會雜誌』 83(3~4), 1970.

99통(通)의 서찰로 이루어져 있는데, 대부분 1898년에서 1903년에 청조 사람이 고노에에게 보낸 것들로 저자는 대략 (1) 청말 개량파(改良派), (2) 남방(南方) 유력자, (3) 청 정부의 주요인사와 외교관, (4) 체일 유학생 및 기타 인물 등 네 부류로 구분했다. 편집자가 말하는 바에 따르면, "이러한 서신은 고노에 아쓰마로를 둘러싼 중국인의 시각에서 출발하지만, 메이지 30년대의 중일관계에 대한 재검토를 진행하는 데 가장 좋은 자료를 제공하고 있다"고 한다.[9]

시간순서로 살펴보면 1899년과 1901년 고노에 아쓰마로의 두 차례 중국행은 각각 다른 방향으로 중국에서 인맥을 쌓으려 했다. 편지에 반영되어 있는 "고노에 아쓰마로를 둘러싼 중국인"의 범위도 기본적으로 이 두 차례 방중으로 정해졌다. 가장 먼저 교류를 맺은 중국인은 무술정변(戊戌政變) 이후 해외로 망명했던 변법당(變法黨) 지도자인 캉유웨이(康有爲)와 량치차오(梁啟超)였다. 1899년 가을 화중(華中) 지역과 강남(江南) 일대를 두루 돌아다니며, 호광총독(湖廣總督) 장즈둥, 양강총독(兩江總督) 류쿤이 등 동남 지역 지방관과 그 막료(幕僚), 친인척 및 지인과의 교류가 더욱 빈번해졌다. 1901년 화북(華北) 지역을 방문하면서부터 그 교제범위는 룽루(榮祿), 왕원사오(王文韶), 주훙지(瞿鴻機), 위안스카이, 나퉁(那桐) 등 중추 대관 및 경친왕(慶親王) 이쾅, 순친왕(醇親王) 자이펑(載灃), 숙친왕(肅親王) 산치(善耆), 패자(貝子, 패륵) 위랑(毓朗) 등 만주 권신에까지 확대되었다. 이러한 인적 교류와 배경을 밝히는 것은 무술(戊戌)정변에서 의화단 운동(庚子) 및 청말 친정(親政) 시기와 관련된 역사적 사실을 해석하는 데 매우 유용하다.

---

9 李廷江 編, 2004, 解題, p. 1. 이 책은 이미 중문판으로 출판되었다. 『近代中日關係 源流 — 晚淸中國名人致近衛篤麿書簡』, 社會科學文獻出版社, 2011.

2. 제1차 중국행(1899년 10~11월)

무술정변을 전후로 일본 정부는 중국에 대해 한동안 적극적으로 간섭하는 정책을 취했다. 공개적으로 유신파(維新派) 인사를 도왔으며 광서제 폐위를 저지하고, 아울러 여러 차례 청 정부가 온화주의적 태도를 취할 것을 권고했다.[10] 한편 일본 내각에서는 인사가 경질되었는데, 청조의 정국변화에 따라 일본의 대중국 정책기조 역시 전환되었다. 동아동문회의 사업 중점 역시 상응해 변화했다. 동아동문회는 먼저 민간단체라는 특수한 지위를 이용해 일본 정부와 캉유웨이·량치차오 간의 관계를 조율하는 역할을 했으며 캉유웨이를 설득해 일본을 떠나 『청의보』(淸議報) 등을 정리하는 일에도 영향을 끼쳤다.[11] 뒤이어 중국에서 경제적, 문화적으로 사업을 발전시키려는 계획을 세웠는데 동남부 장강 유역 일대에 그 중점을 두었다. 이곳은 일본의 경제적 이익이 가장 집중된 곳이었으며, 또한 양강총독 류쿤이와 호광총독 장즈둥이 관할하는 구역이기도 했다. 고노에 아쓰마로는 '남방 유력자'들과의 관계를 중시했으며, 매우 현실주의적인 사고를 기본으로 하고 있었다. 고노에는 "(중국에서) 사업경영을 편하게 하려면 수시로 중국 관리와 교류를 맺어야 한다"고 말했다.[12]

1899년 상반기 고노에 아쓰마로는 해외를 두루 돌아다녔으며, 구미 각국을 방문한 후 돌아오는 길에 중국을 순방했다. 10월 13일~11월 18일 홍콩(香港), 아오먼(澳門), 광저우(廣州), 상하이(上海), 난징(南京), 우창(武昌), 쑤저우(蘇州), 항저우(杭州) 등지를 방문했다(표 1).

10월 13일 고노에 아쓰마로는 홍콩에 도착했고, 곧이어 영사관과 동아

---

10 茅海建·鄭匡民,「日本政府對於戊戌變法的觀察與反應」,『歷史研究』第3期, 2004.

11 翟新,『近代以來日本民間涉外活動研究』, 中國社會科學出版社, 2006, pp. 51~81; 伊原澤周,『從'筆談外交'到'以史爲鑒' ─ 中日近代關係史探討』, 中華書局, 2003, pp. 171~204.

12 『近衛篤麿日記』第2卷, p. 497.

표 1 고노에 아쓰마로의 제1차 방화(訪華) 행정표
(1899년 10월 14일~11월 18일)

일기	행정	면회	수신
10月 13日	홍콩 도착, 영사 우에노 스에사부로(上野季三郞), 정금(正金)은행 (홍콩) 출장소 주임 나가호부로(長鋒郞), 동아동문회 광둥지부장 다카하시 켄(高橋謙), 지부원 하라구치 분이치(原口聞一), 구마자와 준노스케(熊澤純之介), 미야자키 도라조(宮崎寅藏) 등이 와서 영접, 오후 영사관으로 가서 보고 청취.	農商務省官吏西原某, 中林某, 郵船會社支店長三原繁吉	白岩龍平
10月 14日	아오먼 도착.		
10月 15日	학사(學舍, 유학생 학원) 및 아오먼 고적 시찰.	馮澤圻, 張玉濤, 『知新報』社人	何廷光
10月 16日	광저우 도착.		
10月 17日	총독아문으로 가서 양광총독 탄중린(譚鍾麟) 방문, 동아동문회 광둥지부에서 시민학당(時敏學堂) 시찰. 시민학당에서 신사 및 동사(董事), 신동(紳董)가 초청한 연회 참석.	梁肇敏, 陳芝昌, 陳兆煌, 譚頤年, 鄧家仁, 鄧純昌	
10月 18日	탄중린이 와서 답례, 관음산(觀音山) 유람.		
10月 19日	홍콩으로 돌아와 영사관 도착.		
10月 20日	홍콩 체류.		同文會本部
10月 21日	상하이로 출항.		
10月 25日	상하이 도착, 미쓰이물산회사 지점에 투숙.		
10月 26日	대동양행(大東洋行), 우선회사(郵船會社) 시찰, 서가회(徐家匯)에서 남양공학(南洋公學), 유우원(遊愚園), 장원(張園) 시찰, 동아양행(東亞洋行)에서 상하이에 거주하는 일본인 환영만찬 출석, 천보다원(天寶茶園) 유람.		
10月 27日	강남제조국(江南製造局) 시찰, 취풍원(聚豐園)에서 오찬, 상하이 영사관 만찬 참석.	文廷式, 陳明遠, 蔡鈞, 餘聯沅	

일기	행정	면회	수신
10月 28日	난징으로 가는데 무나가타 고타로(宗方小太郎), 오하라 센키치(小原詮吉), 오우치 쇼조(大內暢三), 이데 사부로(井手三郎), 사사키 코모츠(佐佐木四方志), 시라이와 류페이(白岩龍平), 기요후지 코시치로(淸藤幸七郎), 후지와라 긴지로(藤原銀次郎) 등 동행.		
10月 29日	난징 도착. 도대(道臺) 이하 관리들이 마중, 동본원사(東本願寺)에서 잠시 휴식, 금릉양무국(金陵洋務局)에서 총재 왕자탕(汪嘉棠)이 마중, 명효릉(明孝陵) 유람, 독서(督署, 총독아문)에 가서 류쿤이와 담화, 양무국에서 만찬.		
10月 30日	난징을 떠나 우후(蕪湖) 도착.		
11月 1日	광저우 도착, 호군영(護軍營, 금위군) 관대(管帶) 왕더성(王得勝)이 와서 영접, 한커우 도착, 세가와 아사노신(瀨川淺之進) 영사 및 청조 관원이 마중, 영사관에 들어감, 오후에 우창 독서(督署)에서 장즈둥과 면담, 방사국(紡紗局) 객사에서 휴식, 장즈둥이 관사로 와서 답례, 한커우로 돌아감.		
11月 2日	한양제철소(漢陽制鐵所), 한커우 창포국(槍炮局) 참관, 한보관(漢報館), 상선회사, 동비양행(東肥洋行) 방문.		張彪等
11月 3日	천장절(天長節) 참배, 우한의 일본 교민들 접견, 청조 관원 초대, 팡여우상(方友祥), 우위안카이(吳元愷), 장뱌오(張彪), 왕펑잉(汪鳳瀛) 등 참석.		
11月 4日	호군영, 무비학당(武備學堂), 양호서원(兩湖書院), 자강학당(自強學堂) 참관, 장즈둥과 면담, 황학루에서 연회, 장뱌오, 쉬자간(徐家幹), 우위안카이, 왕펑잉, 청쑹완(程頌萬), 왕더성, 펑차오쥔(馮啟鈞), 량둔옌(梁惇彥), 펑스자(馮錫嘉), 팡유에뤼(方悅魯) 등 참석, 그날 밤 출항해 상하이로 돌아감.		

일기	행정	면회	수신
11月 7日	상하이로 돌아옴.		
11月 8日	쑤저우로 출항.	袁子壯, 汪康年	
11月 9日	쑤저우 조계 도착.		
11月 10日	상하이로 귀환, 저녁에 위렌위안(餘聯沅)이 초청한 만찬 참석.		餘聯沅, 袁淦
11月 11日	원감(袁淦)에서 오찬회.		
11月 12日	상하이 체류.		姚文藻
11月 13日	상하이 체류.	劉學詢	
11月 14日	항저우 교외의 공신교(拱宸橋) 도착, 하야미 잇코(速水一孔) 영사 등이 와서 영접, 조계를 둘러봄.		
11月 17日	상하이로 돌아옴.		
11月 18日	귀국길에 오름, 류쉐쉰(劉學詢)이 와서 전송.	姚文藻	
11月 21日	시모노세키(馬關) 도착.		

* 출처: 近衛篤麿日記刊行會 編, 『近衛篤麿日記』 第2卷, 鹿島硏究所出版會, 1968, pp. 437~74; 東亞同文會 編, 『對支回憶錄』 下卷, 原書房, 1968, pp. 384~85.

동문회의 보고를 들었다. 그는 중국으로 간 목표를 명확히 설정했으며, 당지의 혁명파(革命派, 쑨원의 일파)와 개혁파(改革派, 캉유웨이의 일파)가 요청한 만남을 모두 거절했다.[13] 10월 25일 상하이에 도착했다. 26일 동아동문회 상하이 지부 회원이 주최한 환영 연회에 출석해 연설을 발표했다. 이튿날 강남(江南) 제조국(製造局)을 참관했고, 영사관이 베푼 만찬회에 가서 전임 상하이도(上海道) 차이쥔(蔡鈞)과 현임 상하이도 위렌위안(餘聯沅)을 처음 만났다. 『고노에 일기』에 따르면 "차이쥔은 그 아들이 가쿠슈인(學習院)에 들어가 유학하는 것을 부탁했고 나는 직접 승낙했다. 또한 기

---

13 『近衛篤麿日記』 第2卷, pp. 426~27.

타 제반 사항을 토론했는데 11시 반에 이르렀다"고 기록되어 있다.[14]

이번 남청지행(南淸之行)에서 고노에 아쓰마로는 연이어 3명의 청조 총독을 접촉했는데, 그중 양광총독 탄중린(譚鍾麟)에 대한 느낌이 좋지 않았다. 하지만 양강총독 류쿤이와 호광총독 장즈둥은 남청(南淸)사업을 경영하는 데 협동자로서 그 면담의 의의는 중요했다. 10월 28일 고노에 아쓰마로는 증기선을 타고 난징으로 향했는데, 동행자로 오하라 센키치(小原詮吉), 오우치 쇼조(大內暢三), 이데 사부로(井手三郎), 사사키 코모츠(佐佐木四方志), 시라이와 류페이(白岩龍平), 기요후지 코시치로(淸藤幸七郎), 후지와라 긴지로(藤原銀次郎), 무나가타 고타로(宗方小太郎) 등 9명이 있었다.[15] 29일 오후 양강총독 관아에 이르러 류쿤이와 대면했는데, 시라이와 류페이가 통역을 담당했다. 『고노에 일기』에 따르면, 류쿤이는 최근 몇 년간 일본이 중국을 돕기 위해 베푼 호의에 감사했으며, 아울러 "淸日의 협력은 일의 필연이며, 혹 日淸同盟論 역시 가능하다"고 표했다. 동아동문회가 성립된 후 고노에 아쓰마로는 이미 '동종인동맹'(同種人同盟)의 어조를 줄이고 일본 정부의 대중국 정책기조와의 일치를 추구했다. 또한 그는 본회 강령 목표를 교육진흥과 여론의 환기에 두었으며, 처음으로 착수한 것은 학교건설과 신문발행이었다. 류쿤이가 '일청동맹론'에 대해 발표할 때 고노에는 비교적 신중한 태도를 취했으며, 동문회 취지를 서술해 바로 '동맹'(同盟)에 찬반을 표명하는 것을 회피했다. 한편 류쿤이는 난징 동문서원(同文書院) 창설에 대해 강렬한 흥미를 표했으며 지지를 약속했다.[16]

난징에서의 첫 만남으로 류쿤이는 자못 고노에의 호감을 얻었다. 이에 대해 시라이와 류페이는 다음과 같이 언급했다. "霞山公(고노에)과 劉

---

14 『近衛篤麿日記』第2卷, p. 442. 위렌위안의 두 아들 위주쿼(餘祖鈞)과 위쿠이(餘逵)가 후에 일본으로 건너가 유학했으며, 차이쿼은 후에 출사일본대신(出使日本大臣)으로 봉지(奉旨)되어 그들 모두 고노에와 긴밀한 연락을 유지했다.

15 『宗方小太郎日記』, 明治31年10月27日, 上海社會科學院歷史研究 所藏.

16 『近衛篤麿日記』第2卷, pp. 447~49.

총독의 면담은 위의당당하고 광채가 매우 빛나 춘추전국시대 雄邦會盟의 형태를 연상케 했다."[17] 고노에 아쓰마로는 귀국 후에 동아동문회 강령, 주의서 및 난징 동문서원 장정(章程)을 류쿤이에게 우편으로 증정하고, 아울러 선물과 사진을 보냈다. 류쿤이 역시 답례로 선물했으며, 또한 『동문회주의서서후』(同文會主意書書後)를 지어 고노에를 '아동위인'(亞東偉人)이라 칭송하고, '집편이종'(執鞭以從, 기꺼이 뒤따를 것)의 뜻을 제안했다.[18] 현존하는 고노에 사료에서 청조 사람의 서찰을 보면 류쿤이의 서찰 수량이 가장 많다.[19] 의화단 운동 발생 후 참모본부는 고노에라는 경로를 통해 류쿤이와의 접근을 시도했다. 1900년 6월 동아동문회 평의원 회의에서 고노에는 "(참모본부는) 劉坤一에 대해 지금까지 어떠한 관계도 수립하지 않아 손쓰기 어렵지만 劉坤一와 나 개인의 교류가 두터운 것에 비추어 동문회 경로를 이용해 그와 연락하는 것은 의의가 있다"라고 발표했다.[20]

한편 고노에 아쓰마로와 장즈둥의 만남은 매우 대조적이었다. 11월 1일 고노에 아쓰마로 일행은 우창에 도착해 총독 관아로 향했으며, 이때 주한커우(駐漢口) 영사 세가와 아사노신(瀨川淺之進)이 통역을 담당했다. 면담은 단지 인사를 주고받았을 뿐 "時事를 논의하지 않고, 곧 헤어졌다". 조금 늦게 장즈둥이 영사관에 와서 답례했으며 "곧 사랑하는 손자인 張厚琨 求學의 일을 돌봐주기를 간청했다". 한편 고노에는 교토 가모히가시(鴨東)에 있는 별장의 당호(堂號) 제명(題名)을 요청했고, 장즈둥은 흔쾌히 응낙해 '산의당'(山儀堂)이라 했다.[21]

---

17 工藤武重, 『近衛篤麿公』, 大日社, 1938, p. 252.
18 李廷江 編, 2004, p. 404.
19 같은 책에는 류쿤이가 보내온 편지 13통, 장즈둥이 보내온 편지 4통을 기록해 남겼다.
20 『近衛篤麿日記』 第3卷, p. 201.
21 「山儀堂命名由來書」, 『近衛篤麿日記』 第2卷, p. 458.

이틀 후 고노에는 계속해서 호군영(護軍營) 및 양호서원(兩湖書院), 자강학당(自強學堂), 무비학당(武備學堂), 철정국(鐵政局), 창포(槍炮), 직포(織布), 소사창(繅絲廠)을 참관했다. 11월 4일에는 장즈둥과 재차 면담했다. 이때 장즈둥은 일본 측에 량치차오의 축출과 『청의보』의 금지를 집요하게 요구했으나 호응을 얻지 못하고 오히려 반감을 불러일으켰다. 고노에 아쓰마로는 일본 정부가 국제법에 구애되어 외국 정치범을 추방할 수 없다고 했다. 또한 "梁啟超로 하여금 일본을 떠나게 하는 것은 결코 쉽지 않으며, 만일 梁啟超가 떠나면 『淸議報』는 停刊하게 되니 역시 大誤에 속한다"고 했다. 당시 그곳에 있던 정샤오쒸(鄭孝胥) 역시 마음속으로 장즈둥에 대해 불만족스러워하며 일기에 "廣雅에서는 康有爲와 梁啓超에 대해 많은 말을 하여 일본에서의 우의를 방해하려 하지만, 그 말은 너무도 번잡하다"고 했다.[22]

이때의 교제를 통해 고노에 아쓰마로는 장즈둥에 대해 호감과 반감을 동시에 가지게 되었으며 추후 이에 대해 평론하길 "여하간 劉坤一와 비교하자면 張之洞의 식견은 졸렬한 것이 분명하다"라고 했다.[23] 동행한 무나가타 고타로 역시 유사한 관점을 가졌으며 그는 장즈둥이 "비록 식견은 세속을 뛰어넘지만, 단 그릇됨이 편협하여 大臣의 재목은 아니다" "고노에는 멀리서부터 찾아오는 수고를 마다하지 않고, 南京과 武昌 등 지역을 두루 방문했으며, 그 성과는 말할 필요가 없다. 다만 張之洞과 회담을 하면서 그의 태도는 공(고노에)의 예상과 서로 맞지 않았으며, 공은 이에 대해 상당히 실망했다"라고 인식했다.[24]

고노에 아쓰마로와 장즈둥의 첫 대면은 견해가 서로 일치하지는 않았지만, 장즈둥은 여전히 중국에서 사업을 전개하는 데 중요한 협력자로 자

22　勞祖德 整理, 『鄭孝胥日記』 第2冊, 中華書局, 1993, p. 740.

23　『近衛篤麿日記』 第2卷, p. 456.

24　『宗方小太郎日記』, 明治32年11月1, 4日, 上海社科院歷史硏究 所藏.

리매김했다. 이는 고노에의 중국에 대한 정책 가운에 현실적인 측면을 나타내고 있다. 두 사람 사이의 교제에서 가장 직접적인 성과는 바로 장즈둥의 장손인 장허우쿤(張厚琨)의 일본유학을 실현한 것이며, 고노에 자신은 유학처인 가쿠슈인의 원장일 뿐만 아니라 후견자로서의 역할을 담당했다. 이외에도 후베이성으로 계속해 파견된 유학생과 여러 고찰인원은 고노에의 연고를 찾아 호북 관원 저우링한(鄒凌翰), 장쑤쉰(張斯栒), 쳰쉰(錢恂) 등과 친분을 맺었다. 1900년 6월 『고노에 일기』는 "張之洞 측의 일거수일투족은 우리 참모본부의 기본 방침을 완전히 따르고 있다"고 언급했다.[25]

의화단 운동이 발발한 후 장즈둥과 류쿤이는 각종 경로를 이용해 동남호보(東南互保), 전시교섭 등 중요한 부분에 적극적으로 일본의 힘을 빌렸으며 정병(停兵), 의화(議和), 거아(拒俄) 각 방면에서 서로 협력했다. 특히 동삼성(東三省) 철수교섭 무렵 류쿤이와 장즈둥은 아약(俄約) 체결 반대와 동삼성 개방을 주장하는 문제에서 거아정책의 대변인 역할을 맡았는데, 반대자(리훙장)들은 그들의 발표에 대해 "위일소우"(爲日所愚, 일본 정부에 속아 우롱당한 것)라 비난했다.

3. 제2차 중국행(1901년 7~8월)

경자사변(庚子事變, 의화단 운동) 후 이듬해, 즉 1901년 7월 고노에는 두 번째로 중국에 갔는데, 청조는 탕구차참(塘沽車站)에 열차를 특파해 영접했다. 고노에는 계속해 톈진(天津)과 베이징 두 지역을 방문했다(표 2).

1901년 초 동삼성 반환 문제를 둘러싸고 중국과 러시아 양국 간 교섭

---

25 『近衛篤麿日記』第3卷, pp. 201~02.

표 2 고노에 아쓰마로의 제2차 방화(訪華) 행정표
(1901년 7월 15일~8월 14일)

일기	행정	회견	수신
7月15日	모지항(門司港)에서 출항.		
7月18日	텐진 도착, 이쥬인 히코키치(伊集院彦吉) 영사가 마중, 영사관에 들어감.		
7月19日	주둔군 사령부로 가서 대대본부와 병영병원(兵營兵院) 시찰.	方若夫婦, 王照, 秋山大佐	
7月20日	일출학관(日出學館), 도독부(監督部), 야전병원 분원(옛 해관도 아오먼), 수사영(水師營), 도통아문(都統衙門), 제2대대본부, 제3대대본부, 신전관조계(新專管租界) 시찰		
7月21日	텐진에서 출발해 베이징 천단(天壇) 기차역에 도착, 공사관에 들어감.	小村壽太郎公使	
7月22日	경무아문(警務衙門)에 이르러 원경학교(員警學校) 시찰, 순천부(順天府), 문묘(文廟), 황사(黃寺), 옹화궁(雍和宮) 유람, 승정(僧正) 린친니마(林欽呢瑪)가 마중 나옴, 주둔군사령부 오찬 참석.	森井國雄, 賈仁仁, 劉鶚, 澤村繁太郎	
7月23日	궁성 참관.	森井國雄, 劉鶚[26]	王儀鄭
7月24日	공사관 안 구 숙친왕부(肅親王府) 전지(戰址) 참관, 리훙장(李鴻章)과 경친왕(慶親王) 방문, 오무라 공사와 정 통역관 동행, 주둔군사령부에서 연회.		
7月25日	만수산(萬壽山), 이화원(頤和園), 원명원(圓明園), 만수사(萬壽寺) 유람.		那桐, 朱錫麟
7月26日	공묘(孔廟)에서 동문회(同文會) 회원과 연회, 30여 명이 참석.	慶親王, 那桐, 胡燏棻, 朱錫麟, 中島眞雄, 林欽呢嘛, 幹芝昌, 李鴻章, 曾我大尉, 山越大尉	劉鐵雲, 賈景仁

일기	행정	회견	수신
7月27日	공친왕부(恭親王府), 순친왕부(醇親王府) 방문, 나퉁(那桐)이 초청한 연회 참석, 숙친왕우(肅親王寓, 거처) 방문, 종실 위랑(진국장군(鎮國將軍), 성친왕의 아들) 동석.	載洵, 載濤, 山根少將, 靑木中佐	根津一, 胡燏棻
7月28日	오가와 잇신(小川一眞)이 와서 공사관원과 함께 사진 촬영, 고묘(高廟) 후위펀(胡燏棻)이 초청한 연회 참석, 오무라 공사, 야마네(山根) 사령관, 아오키(靑木) 참모장, 하시구치(橋口) 소좌, 히오키 에키(日置益) 서기관, 정 서기관, 가와시마(川島), 이토(伊藤), 나퉁, 주시린(朱錫麟) 등 동석, 기념사진 촬영, 저녁 오무라 공사가 초청한 연회.		
7月29日	베이징 시가의 모 상점에서 물건 구입, 오무라 공사가 수행, 영국 공사 방문.	陳璧, 黃中慧父子, 吳汝綸, 廉泉, 荒川銜次郎	
7月30日	천단 기차역에서 출발, 나퉁, 후위펀, 다오다쥔(陶大鈞), 야마네 소장, 히오키 에키 서기관 등이 배웅, 텐진 도착, 이쥬인 영사가 마중, 영사관에서 연회.		
7月31日	텐진성에서 물건 구매, 정금은행에서 연회.		
8月1日	텐진에서 출발하여 산해관(山海關)에 도착, 수비본부에 들러 휴식.		
8月2日	산해관 시가를 지나 장성 유람.		
8月3日	원래 친황다오(秦皇島)를 유람하기로 했으나 큰비로 인해 취소, 고사함(高砂艦)을 타고 출항.		
8月4日	잉커우(營口)에 상륙, 영사관으로 감.	田邊熊三郎領事	
8月5日	풍랑으로 출항 연기, 일본 교민 접견.		
8月7日	잉커우에서 닻을 올리고 출항.		
8月8日	지부항(芝罘港)에 입항, 다유이 류노스케(田結釶三郎) 영사가 마중, 영사관에 감, 옥황묘(玉皇廟) 유람, 저녁 아선(俄船)에 탑승해 뤼순으로 향함.	徐立言, 徐家璘, 李奎煜	根津一
8月9日	뤼순항에 입항, 러시아 총독부로 가서 총독 알렉세이에프(Admiral Alexeieff) 면회.		

일기	행정	회견	수신
8月10日	뤼순에서 닻을 올려 다롄항 도착, 그날 밤 귀항.		
8月11日	지부항에 입항.		
8月14日	지부항에서 출항해 조선으로 향함, 다유이 영사 이하 수십 인이 전송.		

* 출처: 近衛篤麿日記刊行會 編, 『近衛篤麿日記』 第4卷, 鹿島研究所出版會, 1969, pp. 228~43.

은 양보 없이 팽팽하게 대치했다. 중국에 오기 전닐 밤, 고노에 아쓰마로는 국민동맹회를 주도하기에 앞서 청조 군기대신(軍機大臣) 룽루(榮祿)와 왕원사오(王文詔)에게 서한을 보냈는데, 그 취지는 "일본 관료와 지방 유지를 규합하고 중국과 연대해 러시아인을 거부하기 위함"이었다.[27] 6월 10일 군기처는 주일공사 리성뒤(李盛鐸)를 통해 회신을 보내고 '우방조호지력'(友邦調護之力)에 대해 사의를 표시했다. 특히 양국은 동삼성 문제에서 "壤地密邇, 休戚同之"(국토가 밀접하고, 화복을 같이하는) 관계를 강조했다.[28]

고노에 아쓰마로 일행이 중국에 도착했을 때 청조 궁정의 통치집단은 시안(西安)으로 피신해 베이징은 연합군의 점령 아래 있었다. 고노에는 중국인이 관할하는 경무아문(警務衙門)을 시찰하고, 의화전권대신(議和全權大臣) 경친왕(慶親王) 이쾅(奕劻)과 리홍장(李鴻章) 및 숙친왕(肅親王) 산치(善耆), 공친왕(恭親王) 푸웨이(溥偉), 순친왕(醇親王) 자이펑(載灃) 등과 지속적으로 회담하며 러시아에 관한 문제를 상의했다. 그리고 강화조약의 조인과 황제의 신속한 환궁을 권고했으며 청 정부의 주요 인사들에게 '청

---

26 劉德隆 整理, 『劉鶚集』 上冊, 吉林文史出版社, 2008, p. 99.

27 『光緖宣統兩朝上諭檔』 第27冊, 廣西師範大學出版社, 1996, p. 80.

28 『爲謝日本近衛公爵同會諸君友邦調護之力事』, 光緖二十七年四月二十四日, 國家清史工程數字資源總庫, 電寄諭旨檔, 檔號: 1-01-12-027-0302, 縮微號: 002-0848.

국개혁사의십편삼십칙'(淸國改革事宜十篇三十則)을 증정했다.[29] 일본에 사죄하기 위해 파견된 특명 전권대사 나퉁(那桐)은 고노에 아쓰마로와 교류가 가장 빈번했으며, 훗날 고노에의 신세를 많이 졌다.[30] 이와 관련해 고노에 아쓰마로는 『북청시찰담』(北淸視察談)을 지어 이번 행차에서 얻은 견문과 감흥을 상세하게 기록했다.[31] 귀국 후 동아동문회 내부에서는 곧 '경무아문', '지나인대일인감정'(支那人對日人感情), '일본인사업'(日本人事業), '지나인교육'(支那人教育) 등 문제에 대해 담화를 발표했다.[32]

　11월 고노에 아쓰마로는 다시 장문의 서신을 작성해 경친왕, 공친왕, 룽루, 왕원사오, 위안스카이, 장즈둥, 류쿤이 등에게 전송했는데 간략히 말하면 다음과 같다. "근래 몇 달 時事가 변하여 和平 국면이 비로소 확정되고, 조약은 이미 조인되니 宮廷이 北京으로 되돌아갈 날짜 역시 가까이 오고 있습니다. …… 貴國이 만약 이와 같이 變法自强을 단행한다면, 즉 東亞大局은 안정될 것입니다. …… 따라서 현재 급선무는 滿洲를 수복하는 데 있으며, 滿洲를 수복하고자 하면 開放統治案(東三省 개방)보다 좋은 것은 없습니다. 그러나 이 방법은 朝廷이 京師에 위엄과 명망이 수립된 후가 아니고서는 바랄 수도 없으니, 朝廷이 京師에 위엄과 명망을 수립하고자 한다면, 반드시 宮廷이 신속하게 京師로 돌아와야 합니다. 그러한즉 오늘날 宮廷이 京師로 돌아오는 것보다 급박한 일이 없습니다."[33] 같은 달 또 국민동맹회 명의로 룽루와 왕원사오 등에게 서신을 보내어 "제가 생각건대 귀국이 가장 절박하게 느끼는 근심이며 가장 급박해 늦출 수 없는 일은 오직 러시아가 滿洲에서 군대를 철수하는 것 한 가지뿐

29　工藤武重, 1997, p. 199.

30　『那桐日記』上冊, 新華出版社, 2006, pp. 383, 393~95.

31　「北淸視察談」(明治三十四年), 『近衛篤麿日記』第6卷, 「付屬文書」, pp. 67~75.

32　『東亞同文會第二十四回報告』, 明治三十四年十一月一日.

33　杜春和 等 編, 『榮祿存札』, 齊魯書社, 1986, pp. 388~91; 李廷江 編, 2004, pp. 451~54.

입니다"라고 성명(聲明)하고 아울러 일본 정부의 의견서를 동봉했다.[34]

청 정부는 고노에가 전달한 소식을 중시했다. 1902년 2월 28일 룽루와 왕원사오의 회신에서는 다음과 같이 말했다.

> 편지를 감사히 받았으며 만전을 기하는 變法以策은 마땅히 古今을 참작하고 東西를 절충하니 참으로 정확한 평론입니다. 근래 누차 조서를 받들었으며, 마음을 다해 새로운 것을 도모하고, 損益을 헤아려 시대에 따라 變通하니, 실로 당신의 뜻과 일치합니다. 우리나라의 兩宮(皇上과 皇太后)은 이미 지난달 28일 京師로 돌아왔으며 京師의 평안함이 평소와 같아 백성이 기뻐하니 안위를 느낄 수 있습니다. 東方大局은 관계가 매우 중요하고, 오직 우리나라의 근본일 뿐만 아니라 또한 貴國과 그 안위를 함께합니다. 다행히 이전의 교섭은 이미 그 端倪가 있으니, 이내 마땅히 상세하고 신중히 하여 다시금 議約을 행하고 있습니다. 滿洲疆土 일체의 권리를 모두 잃지 않기를 기대합니다.[35]

『근위독마완내간집성』(近衛篤麿宛來簡集成)에 따르면 1901년 이후 고노에 아쓰마로와 연락을 취한 청 정부의 주요 인사로 위안스카이, 나퉁, 경친왕, 공친왕, 숙친왕, 위랑, 왕원사오, 룽루, 추홍지(瞿鴻機), 더서우(德壽), 카라심친왕(喀喇沁親王), 장샤오첸(張孝謙), 천비(陳璧) 총 13명이었으며 서신은 22통이 남아 있다. 의화단 운동 사후에 동삼성 교섭 관련이 주종을 이루고 감사장과 위촉장이 또 다른 주종을 이루고 있는데, 상당 부분은 유학생 사무와 관련이 있다. 예를 들어 1902년 5월 22일 공친왕 푸웨이는 고노에에게 편지를 보내 일본을 돌아다니고자 하는 바람을 다음과 같이 부탁했다. "上公에게 本爵(본인)이 貴邦을 遊歷하여 天皇의 英武와 親

---

34 杜春和 等 編, 1986, pp. 391~93.
35 李廷江 編, 2004, p. 469.

上公의 훌륭한 선물을 직접 볼 수 있도록 가능한 한 빠른 방법을 생각해 주기를 청합니다. 上公과 外務大臣 小村君〔壽太郞〕의 사귐이 두터움을 알고 있으니 이 뜻이 小村君에 전달되기를 희망하며 함께 조력하여 도와주시기를 간절히 바랍니다."[36] 그해 숙친왕 산치는 경사보군(京師步軍) 통령(統領)에 임명되었는데 위랑과 뤼중위(陸宗興) 등을 파견해 일본으로 건너가 경무를 시찰하도록 했다. 또한 고노에 아쓰마로에게 "때가 되면 貴國의 貴族院 일체를 참관하려 하니, 자세히 가르쳐주시기 바랍니다. 또한 東京 朝野의 각 政治家와 기업가도 소개받을 수 있도록 편의를 봐주었으면 합니다"라고 부탁했다.[37]

1904년 1월 고노에 아쓰마로가 병으로 사망하자 우치다 고사이(內田康哉) 공사가 추도법회를 주관했으며 청조는 옹화궁(雍和宮)을 제공해 특별히 법회장소를 허락해주었다. 그 장면이 매우 장엄했으며 청조 황족 이하 고관과 귀족, 신사 수백 명이 참관했다.[38] 경친왕 이쾅 또한 고노에 가문에 언전(唁電)을 쳐서 고노에를 "興亞의 雄心을 품고 同會의 盛會를 이끈" 위인으로 높이면서 미처 "대전굉유"(大展宏猷, 큰 계획을 펼치지) 못했음을 애석해했다."[39]

맺는말

고노에 아쓰마로는 메이지 31년(1898) 1월호의 『태양』에 저명한 『同人種同盟 — 附支那問題硏究的必要』 문장을 발표했으며 '일청동맹론'의 제

---

36 앞의 책, p. 472.
37 같은 책, pp. 474~75.
38 東亞文化硏究所 編, 『東亞同文會史』, 近衛霞山會, 1988, p. 64.
39 『近衛篤麿日記』 第6卷, 「付屬文書」, pp. 553~54.

창자로 중국과 외국의 주목을 받았다. 그해 10월 동아동문회가 성립되었고 아울러 당시 일본 국내에서 중국 문제를 처리하는 유일한 민간단체로 발전했다. 초대회장으로서 고노에 아쓰마로는 다시는 '일청동맹'(日淸同盟)과 같이 국외의 오해를 야기하는 구호를 선양하지는 않았으나 '보전지나'(保全支那), '협조중국급조선적개혁'(協助中國及朝鮮的改革, 중국 및 조선의 개혁 협조), '연구중국급조선시사이기실행'(硏究中國及朝鮮時事以期實行, 실행을 목적으로 한 중국과 조선 時事 연구), '환기일본국내여론'(喚起日本國內興論, 일본 국내 여론 환기)을 강령으로 중국에서 사업을 전개했다. 일부 학자가 지적했듯 동아동문회는 메이지 유신 이래 적극적으로 대륙정책론(大陸政策論)을 이어받은 민간조직을 계승했다. 아울러 동아동문회는 성립되면서부터 계속해 외무성(外務省)의 교부금을 조직운영의 주요 재원으로 했기 때문에 활동 대부분이 정부정책의 제약을 받았다.

1899년과 1901년에 고노에 아쓰마로는 두 차례 중국 시찰을 갔는데 바로 그 대중국 정책이념을 실천하는 여행이었다. 무술정변 전후 류쿤이와 장즈둥 두 총독의 정치적 지위는 사람들의 이목을 끌었으며, 국제사회에서의 명성 역시 날로 높아져 갔다. 고노에 아쓰마로 역시 류쿤이와 장즈둥에게 커다란 기대를 품고 있었다. 동아동문회의 주된 의견은 계속해서 나라씨(那拉氏) 등 대권을 쥔 청조 궁정을 수구적이고 친아파(親俄派)의 주요 배후세력으로 보았으며, 이는 류쿤이와 장즈둥을 '온화개혁파(溫和改革派)의 수령'으로 기대를 건 일본 외무성의 관점과 완전히 일치하는 것이었다. 고노에 아쓰마로가 처음으로 중국을 방문했을 때, 창장(長江) 유역에 중점을 두었다. 이는 동아동문회가 중국에서 사업을 전개하는 데 길을 마련하게 했으며, 또한 류쿤이와 장즈둥의 지지를 얻게 되었다. 이와 상응해 캉유웨이와 량치차오 일파에 대한 소극적이고 냉담한 처리 역시 이러한 남방 실력자들과 정치적 연대를 증진했다. 이듬해 의화단 운동이 발생했으며 '동남호보'를 실행한 지방독무와 일본 측의 관계는 더욱 긴밀해져 갔다.

의화단 운동 이후 청조 궁정이 친정을 실시하자 줄곧 '남방 유력자'를 중시하던 고노에 아쓰마로의 중국에 대한 인식에서도 미묘한 변법(變法)이 발생했고, 중국에 대한 활동 중심은 점차 지방정부에서 중앙정부로 전이되었다. 특히나 러시아의 동삼성 반환교섭 과정에서 고노에 아쓰마로와 그가 지도하는 국민동맹회, 일본 정부의 입장은 서로 일치되어 갔다. 이에 고노에는 청조 정부와 관계를 맺고자 노력했으며, 이는 그가 두 번째로 중국을 방문하고 화베이(華北)를 목적지로 하는 직접적인 배경이 되었다. 그 후 고노에와 청나라 주요 인사는 직접 서신으로 왕래했으며, 고노에는 방일하는 청나라 주요 인사를 직접 접대했다. 나아가 청나라 주요 인사 자제의 일본유학을 받아들였는데, 이 모든 것은 대중국공작의 일환으로 여겨질 수 있다. 1903년 초 청조의 외무부 주청을 통해 고노에 아쓰마로는 청조로부터 두등(頭等) 제3급 보성(寶星, 훈장)을 수여받았다.[40]

이상 중일관계의 진전과정에서 간과할 수 없는 배경이 있는데, 바로 러일 전쟁이다. 메이지 30년대의 일본 대외 강경운동의 특징은 바로 '친아탈아'(親亞脫俄) 혹은 '친중거아'(親中拒俄, 지나보전론〔支那保全論〕)라 말할 수 있다. 이와 같은 사상 경향은 고노에 아쓰마로의 대외활동을 관통했으며, 그가 국민동맹회와 대로동지회를 지도하던 시기에 더욱 구체화되었다. 1900년 전후는 바로 중일아(中日俄)의 삼국관계가 급격하게 변화하는 시기였다. 예를 들어 리팅장에 의하면 '동남호보' 운동은 단순히 외국세력에 대항하고 지방에 형성된 연합체일 뿐만 아니라 청조 정권에 대해 반대의견을 가진 '남방 유력자'의 1차 집결이었다. 중일관계에서 살펴보면 '동남호보' 운동은 바로 '남방 유력자'가 '거아'(拒俄)에서 '연일'(聯日)로 전환되는 시기에 놓여 있었다.[41]

이 글에서는 고노에 아쓰마로와 중국과의 관계에 대해 일련의 단서를

---

40 「勳記」, 1903年 2月 13日, 李廷江 編, 2004, p. 487.
41 앞의 책, 解題, pp. 37~38.

제시하기만 했을 뿐, 아직 정확한 위치를 부여하지는 못했다. 특히나 중국사(中國史) 상황 아래 고노에 아쓰마로와 청말 주요 인사와의 교류에 대해 적당한 평가를 내리기 위해서는 여전히 천착해야 할 작업이 많이 남아 있다. 이곳에서는 인물의 구체적 교류의 배경, 동기, 계기, 행동과 효과를 다루었으며, 또한 국제정치의 환경, 청조 정부의 외교관계와 차이성 문제를 언급했다. 예를 들어 이른바 장즈둥의 '친일외교'는 단지 단일한 면만을 지니는 것이 아니었다. 장즈둥과 일본 측은 상호 호혜적 인식이 적지 않았으나 또한 각자가 엄격히 지키는 경계가 있었으며, 상호 원용하면서도 서로 경계심을 가지고 있었다. 이에 나는 한 면만을 극단적으로 견지하는 것을 피하고자 했다.[42]

더불어 이 글에서는 대부분 고노에 아쓰마로와 청조 인사의 교류에 초점을 맞추었으나 주의해야 할 점은 고노에 아쓰마로와 중국의 관계다. 이는 단순히 고노에와 청말 일부 주요 인사의 직접적 교류에 그치는 것이 아니라 고노에를 좌표축으로 하여 형성된 '입체적 교류'에 더욱 가깝다. 고노에를 둘러싸고, 동아동문회를 매체로 해 '흥아대업'(興亞大業)에 경도된 많은 일본인을 한데 모았으며, 동시에 그들 역시 여러 계층의 중국인과 접촉하며 상당히 발달된 관계망을 건설했다. 예를 들어 무나가타 고타로, 이노우에 마사지(井上雅二), 이데 사부로, 오다기리 마스노스케(小田切萬壽之助), 시라이와 류페이 등 동아동문회 회원은 그 출신 배경이 제각기 다르며 중국에 대한 관념 역시 완전히 일치하지는 않았다. 그러나 모두 풍부한 섭화경력을 가지고 있었으며 어느 정도 중국 각 정치 계파의 활동에

---

42 어떤 학자들은 장즈둥이 경자년에 '독립칭왕'(獨立稱王)을 실현하고자 비밀군사고찰단을 파견해 일본에서 활동했다고 인식했다(孔祥吉, 「義和團時期の張之洞の帝王志向 — 宇都宮太郎日記を手がかりとして」, 『中國研究月報』 61-6, 2007). 사실상 당시 후베이성이 일본으로 파견한 인원의 동태에 주의한다면 상술한 결론을 얻기는 매우 어렵다. 戴海斌, 「庚子年張之洞對日關係的若干側面 — 兼論所謂張之洞的 '帝王夢'」, 『學術月刊』 第11期, 2010 참조.

개입되어 있었다. 그리고 그들의 행위는 일부 경우에서 고노에 및 정부의 주류와 부조화로 나타나기도 했다. 이러한 인물들의 섭화관계는 이미 일련의 전문적인 토론이 있었으나, 여전히 깊이 있고 종합적으로 천착해야 할 광활한 공간이 남아 있다.

[번역: 김현선, 동국대 문화학술원 연구교수]

VII

젠더·자본주의·신식민주의

14

'미명'美名 혹은 '오명'汚名

—1930년대 상해에서의 여성 권련소비

황푸추스(皇甫秋實)

머리말

상해는 근대 중국의 권련(卷煙) 생산과 소비의 중심이었다. 1930년대 다국적 담배회사의 거두 영미연공사(英美煙公司), 일본·러시아·터키 등의 상인들이 경영하는 10여 개의 외국계 권련 기업, 남양형제연초공사(南洋兄弟煙草公司) 등 60여 개의 중국계 자본 기업, 셀 수 없이 많은 수공업 권련 작업장이 모두 상해에 운집해 있었다. 이들 권련 업자는 상호간에 경쟁과 동반성장을 이루며 매년 중국시장에 1천억 개비의 권련을 공급하는데 전국 권련 생산의 거의 60퍼센트를 차지했다.[1] 전국적으로 보건대 권련은 "줄곧 상해에서의 소비가 가장 많았다.[2] 1931년 한 해에만 상해에서 소비

---

1 上海社會科學院經濟研究所 編, 『英美煙公司在華企業資料彙編』, 北京: 中華書局, 1983, 第512, 733頁.
2 上海商業儲蓄銀行調查部, 『煙與煙業』, 上海商業儲蓄銀行信托部發售, 1934, 第153頁.

된 권련은 60억 개비에 달했는데, 이는 광주와 홍콩, 북경의 소비량을 압도하는 양이었다.[3]

현재까지 상해의 권련시장에 관한 연구는 대체로 경제사적 시각, 중국과 외국의 권련 기업의 경쟁과 발전에 초점이 맞춰져 있었고,[4] 권련소비의 관념과 실천적 연구에 관해서는 줄곧 관심이 부족했다. 캐럴 베네딕트(Carol Benedict)는 상해의 대중 권련시장에 대한 개척적인 연구를 내놓았지만, 단지 젠더 측면에서 서양의 오리엔탈리즘의 영향을 받은 지식인 엘리트와 기독교 부녀절제회, 민족주의자 등의 그룹이 민족적·도덕적·생리적 시각에 따라 여성의 권련소비에 강한 저항을 제기했다.[5] 사실상 민국시기 여성 흡연자의 수가 감소했다는 확실한 증거를 제시하지 못하고 있는데, 오히려 각 방면에서 솟구친 비평이 바로 여성 흡연 인구의 증가를 말해주고 있다.

이 때문에 좀더 검토해야 할 문제가 있는데, 당시 여성의 권련소비를 부추긴 것이 무엇이었는지, 그리고 각종 오명(汚名)의 이미지에서 여성의 권련소비를 방해한 근본원인이 어디에 있었는지에 관한 문제다. 이 글은 1930년대 상해 여성의 권련소비에 덧붙여진 '미명'(美名)과 '오명'(汚名)의 심층적인 동인을 분석하고자 한다.

---

3 Howard Cox, "Learning to do Business in China: The Evolution of BAT's Cigarette Distribution Network, 1902~41", *Business History*, vol. 39, 1997, p. 56.

4 영미연공사와 남양형제연초공사의 상업 경쟁에 관한 연구성과는 비교적 풍부한데, 그중에서 가장 영향력이 큰 연구는 코크런의 저서다. Sherman Cochran, *Big Business in China: Sino-Foreign Rivalry in the Cigarette Industry, 1890~1930*, Cambridge, Massachusetts: Harvard University Press, 1980.

5 Carol Benedict, *Golden-Silk Smoke: A History of Tobacco in China, 1550~2010*, Berkeley, University of California Press, 2011. 韓炅(Luke Hambleton)·皇甫秋實, 『多重視野下的中國煙草史 — 讀 *Golden-Silk Smoke: A History of Tobacco in China, 1550~2010*』 참조. 『近代中國研究集刊』 第5輯, 上海: 上海古籍出版社, 2015, 第467~77頁.

1. 이윤 추구에 따른 여성 권련소비의 '미명화'(美名化)

1931년부터 1935년 말까지 세계적 규모의 경제 대공황, 일본의 중국 동북부 점령과 상해 공격, 장강 대홍수와 일부 지역의 한재(旱災) 및 국공 양당의 끊이지 않는 군사충돌 등 중국은 농촌경제의 파탄과 도시 상공업의 퇴보, 금융 혼란 등의 위기국면에 빠졌다.[6] 이 시기 중국의 구매력은 현저하게 쇠퇴했다. 상해와 천진의 노동자 생활비 지수가 구매력의 변화를 명백하게 반영하고 있다(표 1). 노동자 생활비 지수는 구매력의 변화 추세와 기본적으로 일치하는데, 중국의 기계제 권련의 소비량도 1930년대 초반에 일정 부분 하락했다(표 2).

경제위기에 직면해 상해에 몰려 있던 권련 공장은 개척 여지가 있는 여성시장을 조준했다. 이로 인해 권련 광고에서 여성이 소비자의 신분으로 대대적으로 출현하기 시작했다. 내가 조사한바 1934년의 『신보』(申報)에 게재된 543편의 권련 광고 중 115편이 여성 권련소비의 이미지를 나타냈는데, 이는 전체 광고의 21퍼센트를 차지한다. 149편의 권련 광고가 권두면에 실렸고, 그중 33편은 여성이 권련을 흡입하는 이미지를 형상화해 전체의 22퍼센트를 차지한다. 당시 광고에서 여성 흡연 이미지를 형상화한 상표는 미려패(美麗牌), 백금룡(白金龍), 금서패(金鼠牌), 천진패(天眞牌), 칠성패(七星牌), 매사간(買司幹) 등의 순으로 대략 30여 종이었고, 국산 권련 상표가 주를 이루었다.[7]

---

6 팀 라이트(Tim Wright)가 지적한 것처럼 중국경제가 1930년대에 쇠퇴한 것은 분명하지만, 세계의 경제 대공황에 비해 일본의 중국 동북부 점령과 두 차례에 걸친 장강 수해 등의 국내 요소가 보다 큰 영향을 끼쳤다. Tim Wright, "China and the 1930s World Depression", 張東剛 等 編, 『世界經濟體制下的民國時期經濟』, 北京: 中國財政經濟出版社, 2005, 第370~92頁 收錄.

7 여기서 제시한 내용은 내가 1934년 『신보』의 권련 광고에서 얻은 것이다. 『신보』의 영인본을 보니 광고가 꽉꽉 채워져 있는데, 순서는 뒤죽박죽인데다 꽤나 흐릿하게 보인다. 그것들을 셀 때에는 세심히 주의했지만 개별 사항에서 착오가 발생할 가능

표1 상해와 천진의 공장 노동자 생활비 지수(1926~36)

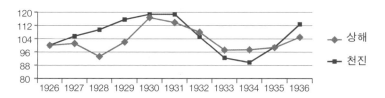

* 출처: 상해의 공장 노동자 생활비 지수는 中國科學院上海經濟硏究所 上海社會科學院經濟
硏究所 編, 『上海解放前後物價資料彙編(1921~57)』, 上海: 上海人民出版社, 1958, 第325頁 참조.

표2 중국의 기계제 권련 판매량(1923~41)

* 출처: 上海社會科學院經濟硏究所 編, 『英美煙公司在華企業資料彙編』, 第512, 733頁.

  여성 흡연의 주요 추동자로서 상해의 권련 생산업자들은 권련 광고에
서 주로 현대화, 일상화, 관능화의 세 가지 노선을 통해 여성의 권련소비
에 '자신감', '아름다움', '섹시함', '평등', '현대', '애국' 등 여러 가지 미명을
부여해 여성의 흡연행위를 합리화하고자 했다. 당시의 문학, 영화, 만화 등
기타의 대중매체도 이러한 '미명화'를 부채질했다.

———

  성은 있다.

1) 현대화

1930년대 한 부류의 흔한 권련 광고는 스타일리시하게 치장한 여성 흡연자를 현대적 배경에 넣어 여성이 권련을 흡입하는 행위에도 진보와 현대의 함의를 부여했다. 페르낭 브로델(Fernand Braudel)은 인도의 후추, 중국의 차 및 이슬람 국가의 커피를 상호 비교해 담배는 그 근거로 삼을 만한 문화가 없는 상품이라고 지적한 바 있다.[8] 사실상 권련은 영미(英美)의 현대화된 공장에서 대량으로 생산되기 시작하며 영미의 현대 공업문명이 그 든든한 배경이 되었다. 비록 처음에 상해와 광주 등 연해도시에 전래된 수제 권련은 동남아에서 온 것이지만, 뒤이은 기계제 권련은 대부분 영미 제조업자들로부터 수입 생산된 것이었고, 중국에서는 '현대'와 '서양'의 상징이 되었다. 이 때문에 권련과 함께 서양에서 기원해 현대를 상징하는 전화, 자전거, 자동차, 고층건물, 골프 등과 함께 취급되었는데, 이는 매우 자연스러운 것이었다.

이러한 종류의 권련 광고는 남성을 선택하지 않고 여성이 '현대화'를 담당하는 대변자로서 여성주의의 함의를 내포하기도 했다. 광고 속 여성들에게는 건강한 신체에 쾌활한 미소를 띄는 남성적 특징이 보인다. 불 붙인 담배를 꼬나물고, 전화로 담배를 주문하며,[9] 자전거를 타고,[10] 자동차의 운전석에 앉으며,[11] 고층건물이 늘어선 대도시를 자신감 충만한 모습으로 거닐고(그림 1),[12] 혹은 차분하게 골프채를 휘두르며,[13] 그녀가 현대생활의

---

8 Fernand Braudel, *Civilization and Capitalism, 15th~18th Century Vol. 1: The Structures of Everyday Life*, Berkeley: University of California Press, 1992, p. 262.

9 美麗牌香煙廣告,『申報』第1張 第2版, 1934年 9月 16日.

10 銀行牌香煙廣告,『良友畫報』第149期, 1939年 12月.

11 美麗牌香煙廣告,『良友畫報』第161期, 1940年 12月.

12 白金龍香煙廣告,『美術生活』第2期, 1935年.

그림 1 백금룡 담배 광고

주인공임을 명확하게 드러낸다. 이러한 현대 여성은 연약하고 온순한 전통적인 이미지를 완전히 뒤바꾸어 독립적이고 자신감이 있어 보인다. 권련을 소비하는 것은 한동안 남성의 특징으로 인식되었는데 여성이 권련을 흡입하는 행위는 그 자체가 '남성을 모방'하는 방식으로 평등과 해방을 추구함으로써 남성의 권위에 도전하게 되었다.

이외에 이러한 광고에서 '국산' 권련을 흡입하는 것은 여성이 자신의 민족주의적 입장을 표명하는 하나의 방식이 되었다. 중국에서 외국계 권련 기업의 공급, 생산, 판매 시스템이 현지화하고, 또한 민족자본의 권련 기업이 흥기함에 따라 중국 내외의 권련 기업 광고는 모두 권련을 '중국적이며 현대적'인 것으로 포장하고자 했다. 특히 중국 제조업자들은 자신들의 상품이 '국화'(國貨)라는 것을 강조하며, 권련과 '서양' 사이의 민감한 관계를 모호하게 가져가려 했다. 1934년 남경 국민정부는 부녀국화년(婦女國貨年)

---

13 美麗牌香煙廣告,『申報』第1張 第4版, 1934年 8月 6日.

을 제창하며 여성 소비자가 국산품 진흥의 책임을 지도록 했다. 화성(華成)과 남양(南洋) 등의 중국계 권련 기업은 이를 구실로 기간물 광고에 흡연하는 여성의 이미지를 대대적으로 묘사했다. '부녀국화년'이라는 문구를 민족주의와 소비주의의 가교로서 이용한 것이다. 이 때문에 그러한 종류의 '현대화' 광고에서 여성 자신의 치장과 위치한 배경은 극히 서양화되었음에도 그녀들이 입에 물고 있는 것은 '국화' 권련이며, 그에 따라 자신들이 현대적이고 게다가 애국자라는 것을 표명하고 있다.

2) 일상화

1930년대의 권련 광고에서 매우 흔히 보이는 여성 흡연자의 이미지를 형상화하는 방식이 있는데, 바로 여성의 일상생활을 배경으로 권련을 흡입하는 행위를 삽입하는 것이다. 그레타 가르보(Greta Garbo), 매리 드레슬러(Marie Dressler), 존 크로퍼드(Joan Crawford) 등 당대 할리우드에서 인기가 있었던 여성의 일상 흡연습관은 중국 영화팬들의 화젯거리와 모방의 대상이 되었다.[14] 당시의 영화 잡지는 중국 여배우의 옷차림, 식사, 일상생활을 사진으로 찍어서 실었고, 권련은 이미 그녀들의 '규방(閨房) 동반자'가 되었다. 권련의 광고 문구도 남성의 심리를 만족시켰던 어구에서 여성적 어투를 빌려 담배를 피우는 묘취를 도출해냈다.

"美麗牌 담배와 술을 마신 후의 으뜸인 취미품! 閨房의 여성을 위한 필수 교제품!"[15]

"모던 걸이 러브레터를 쓰면서 美麗牌 한 모금 빨면, 아름다운 생각이

---

14 虎, 「明星吸煙佳話」, 『銀幕周報』 第3期, 1931, 第4~5頁.

15 美麗牌香煙廣告, 『申報』 第1張 第2版, 1934年 3月 10日.

몰려와 바로 완성할 수 있어요!"[16]

"아침에 화장이 끝나자마자 한 개비 피워야죠!"[17]

"아름다운 꽃은 아름다운 여인만 못한데, 美麗牌 담배를 핀다면 더 아
름다울 거예요!"[18]

이러한 광고는 여성 소비자를 대상으로 하는 경향이 명확한데, 채유병
(蔡維屛)의 말처럼 이런 종류의 표현방식은 여성이 여가향락의 합리성을
긍정하고, 여성이 유례없는 주체성을 드러낸 것이다.[19] 또한 그들은 남성
독자에 대해 동등한 흡인력을 가졌다. 민국 시기 이전은 여성이 공적인
자리에 모습을 드러내는 경우가 적었고, 상류층 여성이 즐긴 아편 흡연과
물담배는 휴대와 사용이 불편하며, 이 때문에 여성이 흡연하는 것은 줄
곧 비교적 은밀한 행위였다. 전통적인 아녀자에 대한 제약상황에서 여성
은 자중하고 단정하며 안분하는 모습을 남에게 보였기에 그들이 은밀하
게 향락에 빠지고, '안일(安逸)을 탐닉하는' 장면은 성행위를 상상하고, 훔
쳐보고 싶은 대상이 되기 쉬웠다.[20] 이처럼 여성 흡연과 성의식이 서로 연
결되는 전통은 1930년대의 권련 광고가 이용한 판매전략이 되었다.

3) 관능화

앞서 말한 은회적 성적 암시와 비교하면, 또 다른 형태의 권련 광고에서
는 더 적나라하게 여성의 흡연과 성을 연계하기 시작했다. 1930년대의 저

---

16 美麗牌香煙廣告, 『申報』第1張 第4版, 1934年 3月 20日.

17 美麗牌香煙廣告, 『申報』第1張 第4版, 1934年 4月 2日.

18 美麗牌香煙廣告, 『申報』第1張 第4版, 1934年 4月 24日.

19 Weipin Tsai, *Reading Shenbao: Nationalism, Consumerism and Individuality
    in China, 1919~37*, London: Palgrave Macmillan, 2010, pp. 38~41.

20 楊國安 編, 『中國煙草文化集林』, 西安: 西北大學出版社, 1990, 第20頁.

그림 2 미려패 담배 광고　　　　　**그림 3** 은행패 담배 광고

명한 상업화가 사지광(謝之光)은 에로틱한 권련 광고를 수없이 제작했다.
〈그림 2〉는 그가 화성연초공사(華成煙草公司)의 '미려패'를 위해 그린 것으
로 나체의 여성이 매혹적인 눈빛으로 담배 연기를 내뿜고 있다.[21] 여성의
매혹적인 몸으로 고객을 끄는 듯한 권련 광고가 간행물뿐만 아니라 심지
어 번화가에까지 당당하게 걸려 있다(그림 3).[22]

흡연하는 여성의 육감적인 신체와 자극적인 자태를 매우 도드라지게
나타낸 것을 제외하고도 권련 광고는 대량으로 여성과 남성을 동등하게
흡연하는 친밀한 형태로 그려냈다(그림 4,[23] 그림 5,[24] 그림 6[25]).

이런 광고에서는 전에 없던 남녀평등이 표현되어 있고, 심지어는 이전
남존여비라는 도식이 뒤집혀 있다(그림 7,[26] 그림 8[27]).

21　美麗牌香煙廣告,『美術生活』第1期, 1934, 封底.

22　銀行牌香煙廣告, A billboard advertising Banker cigarettes Location Shanghai
　　China Date taken 1948 Photographer Jack Birns.

23　美麗牌香煙廣告,『申報』本埠增刊 第1版, 1934年 10月 21日.

24　七星牌香煙廣告,『申報』第1張 第1版, 1934年 3月 3日.

25　美麗牌香煙廣告,『申報』第1張 第4版, 1934年 4月 8日.

26　白金龍香煙廣告,『良友』第142期, 1939.

27　「服性務」,『良友』第73期, 1933.

그림 4 미려패 담배 광고　　**그림 5** 칠성패 담배 광고　　**그림 6** 미려패 담배 광고

그림 7 백금룡 담배 광고　　**그림 8** 복무성(服務性, 奉仕)

　그런데 남녀가 함께 흡연하는 것으로 표현되는 남녀평등의 관념은 곧바로 강렬한 성적 함의에 매몰되었다. 상해풍 도시소설 중 남녀가 함께 흡연하는 장면이 자주 묘사되지만 그 묘사는 성적 의미를 더욱 강하게 부추긴다. 섭령봉(葉靈鳳)의 소설 『미완의 참회록』(未完的懺悔錄)의 남자 주인공 배군(裵君, 이하 '나'로 지칭)과 여자 주인공 진염주(陳艶珠)가 한 독일 음식점에서 밥을 먹는 장면이 나온다.

　술기운을 빌려 나는 그녀를 바라보며 미동도 하지 않았다.
　"나를 쳐다보지 말아요." 그녀는 혼자 살짝 웃고 있었다. "담배 있어요?"
　나는 三五牌 한 개비를 뽑아 그녀에게 주었다. 그녀는 손으로 받지 않고, 입술을 벌리며 다가왔다.
　"나는 진정으로 한 개비의 香煙이 되었으면 하오!" 담배를 그녀의 입술

위에 놓고, 이 검붉은 색의 작은 꽃잎 같은 입술을 바라보았다. 억제할 수 없는 욕망이 나를 자극하고 있었다. 나는 참지 못하고 이렇게 말했다.[28]

사실상 남녀가 함께 흡연하는 것이 성관계를 시사하게 된 데는 1930년 대에 사지광과 섭령봉이 처음 만들어낸 것은 결코 아니고, 중국 몇백 년 의 흡연문화에서 연원한 것이다. 명말 이래 이미 고착된 '흡연'(아편)과 '성적 애욕'을 연계하는 문화정서가 아편과는 전혀 관계 없는 담배에까지 전가된 것이다. 정양문(鄭揚文)의 연구에 따르면 아편을 흡입할 때 아편을 찌고 배합하는 기술이 아편을 흡입하는 효과에 직접적인 영향을 주었다. 최음 효과가 풍부한 아편과 성산업의 협력관계가 더해지고 종종 기술이 능숙한 기녀가 남성 고객의 아편 흡입을 시중들었다. 기녀는 한편으로 아편을 흡입하며 한편으로 배합했는데, 남성이 흡연 중 휴식할 때 그와 교대했다. 남성은 아편을 소비하는 동시에 여색을 즐겼다.[29] 이러한 아편소비에서 성별 패턴은 권련소비로도 연장되었다. 표면적으로 평등하나 배후에는 여전히 강한 남성의 의지가 뒤덮고 있었던 것이다.

캐럴 베네딕트가 추측한바 이러한 관능적 권련 광고에서 보이는 여성 흡연자는 더 이상 옛날의 '현모양처'가 아니고, 혼인의 구속을 받지 않는 남자와 성관계를 갖는 여자였다. 여성 흡연은 성적인 분방함을 표현하는 보기 흉한 행위로 인식되었고, 남성 엘리트로부터 비판받는 결과가 되었다.[30] 그런데 이러한 비판이 내포한 역설은 『영롱』(玲瓏)의 난(蘭)이라는 한 여성 작가(혹은 여성 입장에 선 남성 작가)에 의해 다음과 같이 갈파되

---

28 葉靈鳳,『未完的懺悔錄』(1936), 廣州: 花城出版社, 1996, 第229頁.

29 Zheng Yangwen, *The Social Life of Opium in China*, Cambridge: Cambridge University Press, 2005.

30 Carol Benedict, *Golden-Silk Smoke: A History of Tobacco in China, 1550~2010*, Berkeley, Los Angeles, London: University of California Press, 2011, p. 229.

었다. "흡연을 보기 흉한 것이라고 말하는 것은 이치에 맞지 않는다. 만약 남자가 여성이 연기를 내뿜는 모습을 보기 원하지 않는다면, 여성이 그렇게 보기 흉한 모습을 하겠는가?"[31] 바로 왕유년(王儒年)이 지적한 것처럼 1920년대에서 1930년대에 이르기까지 여성미의 기준은 남성에 의해 결정되는데, 여성은 줄곧 남성의 기대에 근거해 자신의 이미지를 형상화했다.[32] 이는 남성이 호감을 갖는 이상적 여성이기 때문에 담배에 불을 붙여주던 현량주부에서 담배 연기를 내뿜는 섹시한 요물로 전변한 것이고, 여성은 자그마한 권련을 남녀관계의 윤활제로 삼아 섹시한 흡연 자태로 남성의 환심을 사게 된 것이다.

2. 경제적 압박에 따른 여성 권련소비의 '오명화'(汚名化)

1930년대 여성 권련소비의 '오명화'는 단독현상으로서뿐만 아니라 훨씬 큰 금연운동의 일환으로서 일어났다. '흡연애국'(吸煙愛國), '흡연망국'(吸煙亡國), '흡연강종'(吸煙強種) 혹은 '흡연멸종'(吸煙滅種)을 막론하고, 마치 역설적으로 보이는 여론선전에서 민족주의적 문구는 활용 가능한 구호로 충당될 뿐이었다. 권련을 금지할지의 여부는 결국 경제 문제이고, 여성 권련소비의 비판도 예외일 수 없었다.

1) 흡연 '모던 걸'의 사치생활

'오명화'의 때에도 '미명화'의 때에도 각종 대중매체의 공동작용 아래 권

31　蘭, 「希特拉禁止婦女吸煙」, 『玲瓏』 第3卷 第29號, 1933年 9月 6日, 第1527頁.
32　王儒年, 『欲望的想象 ── 1920~30年代『申報』廣告的文化史研究』, 上海: 上海人民出版社, 2007, 第286頁.

그림 9 에이미 왕

련소비는 성공적으로 '모던 걸'의 상징이 되었다. 당시의 매체가 '모던 걸'의 형상을 묘사할 때는 모두 그녀의 입 혹은 손가락에 뭉글뭉글 피어오르는 한 대의 담배를 피워 무는 것이다. 권련은 영화 여배우와 사교계 명사들이 '모던 사진'을 찍는 없어서는 안 될 도구였다. 재미있는 점은 〈그림 9〉에서 여자 주인공 에이미 왕(Amy Wang)이 흡연하고 있지 않다는 것이다. 사진을 찍을 때 효과를 위해 특히 촬영기사의 권련을 빌려 손가락 사이에 꼈다.[33] '모던 걸'이 마주한 비판은 여성의 권련소비에 사리사욕, 사치 낭비의 '오명'을 짊어지게 했다.

경제위기 중 대다수 보통 민중의 생활은 더욱 궁박해졌지만, 각종 매체에서 '모던 걸'은 오히려 이전과 다름없는 사치로운 생활을 했고, 이러

---

33 이 사진은 1930년대 후반에 찍힌 사진이다. 여자 주인공의 이름은 에이미 왕이다. 사진에는 다음과 같이 부기되어 있다. "My grandmother was a Shanghai society girl as well as a fashion designer. In this photo above she used the photographer's cigarette for effect(she didn't smoke)", http://coquette.blogs.com/coquette/2006/03/ma_grandmre_mon.html(上網日期 2017年 8月 11日).

한 선명한 대비는 '여성혐오' 정서가 사회에 만연하도록 만들었다. 중화절제회(中華節制會) 회장 류왕입명(劉王立明)은 이렇게 비판했다. "수년래 ……도시에 거주하는 중산계급 이상의 부녀자, 그들의 생활은 모두 두 글자로 정리된다. 그것은 바로 '타락'이다." 다른 나라와 다르게 그녀들은 단지 돈 벌어오는 남편에게 시집갈 뿐이고, 바깥일에 관심 없으며, 집안일은 하녀가 대신한다.[34] 심지어 어떤 사람은 의분에 차서 다음과 같은 몇 단락의 가사를 썼다. "생산에 종사하지 않는다. 사회의 좀벌레, 나태한 사치품, 기형적 해방", "네 가지 죄명", "상해 여성을 사회에 고발한다".[35]

목시영(穆時英), 류눌구(劉吶鷗), 섭령봉 등 상해파 도시작가들은 통쾌하기 그지없이 모던 걸의 사치생활을 묘사했다. 그녀들은 나이트클럽, 도박장, 공원, 무도장, 바, 레스토랑, 경마장 등 향락을 즐기는 장소에 출입하며 수입산 담배 '크레이븐 A'(Craven A), 향연(香煙), 낙타연(駱駝煙) 등을 피우며 할리우드 영화를 보고, 색소폰이 울리는 재즈 음악에 미혹되며, 탭댄스와 탱고를 추고, 1932년산 스포츠카와 오스틴 자동차 등을 몰았다. 바로 댄서 흑모란(黑牡丹)이 다음과 같이 솔직하게 털어놓은 것과 같았다. "나는 사치 속에서 생활했어요. 재즈 음악, 폭스트롯, 칵테일, 가을의 유행

---

34 劉王立明, 「中國婦女運動的新陣線」, 『東方雜誌』 30卷 第21期, 1933年 11月 1日, 第3頁. 류왕입명(1897~1970, 안휘 사람)은 1915년 세계부녀절제회(世界婦女節制會, 부녀의 심신건강을 촉진하고, 아편 금식과 흡연, 음주의 절제, 산아제한을 주장하는 국제적 부녀운동의 조직)에 가입했다. 후에 미국으로 유학을 다녀온 후 중화부녀절제회(中華婦女節制會)의 간부가 되었고, 여성 월간 잡지 『절제』(節制)를 창간했다. 중일전쟁이 발발한 후 그녀는 중화부녀절제회를 이끌고 중국부녀항적후원회(中國婦女抗敵後援會)와 상해부녀난민구제회(上海婦女難民救濟會)에 참가했고, 구국운동과 구제작업에 헌신했다. 류왕입명의 남편 류담은(劉湛恩) 박사는 일찍이 중화기독교 전국협회교육총회의 간부였고, 1938년 특무에 의해 암살당했다. 저작은 『快樂家庭』(商務印書館, 1933), 『中國婦女運動』(商務印書館, 1934) 등이 있다.

35 黃嘉音, 「向社會公訴上海女郎」, 『時代漫畫』 第7期, 1934年 7月 20日; 沈建中 編, 『一代漫畫大師的搖籃 — 時代漫畫(1934~37)』(上), 上海: 上海社會科學出版社, 2004, 第86~87頁.

색, 8기통 스포츠카, 이집트 담배 등을 떠나서는 나는 점점 영혼이 없는 사람이 되었어요."[36]

『시대만화』(時代漫畫)의 창간호에서 비지인(費志仁) 여사는 수고로움을 마다하지 않고 한 모던 걸의 소비항목들을 열거했다. 최저 비용은 상해 통용의 은원(銀元) 52원 5푼, 당시 5원에서 8원이 한 가구 세 식구의 월 생활비에 해당하므로 이를 통해 모던 걸의 지출이 매우 컸음을 알 수 있다.[37]

구체적으로 권련으로 말하면 모던 걸이 통상 소비하는 '크레이븐 A', '낙타', '김사'(吉士), '삼오'(三五) 등 수입 담배 한 갑(10개비)의 도매가는 비싸면 거의 0.5원, 즉 150개 동원(銅元)이었고,[38] 이들 상해의 '대가규수'(大家閨秀)들이 보편적으로 "담배꽁초'는 마땅히 半寸은 남겨야 하며 길게 남길 수 있으면 더욱 좋다"라고 여겼다.[39] 보통의 일반 백성들은 겨우 한 갑에 10개 동원짜리 국산의 저급 담배를 소비할 수 있을 뿐이었고, 매 개비는 "한 모금 더 빨면 그의 입술이 데일" 정도까지 피웠다.[40] 빈민은 심지어 피우다 버린 담배꽁초에 남은 담뱃잎을 다시 말아서 만든 개두패(磕頭牌) 담배를 피웠다. 걸식이나 떠도는 이러한 유랑자들로서 보면 상해 모던 걸이 피우다 버린 장초는 의심할 것 없이 그들에게는 은총이었다. 그들은

---

36 穆時英, 『黑牡丹』(1933), 嚴家炎·李今 編, 『穆時英全集』(小說卷一), 北京: 十月文藝出版社, 2008, 第343頁.

37 費志仁, 「摩登女子最低的費用」, 『時代漫畫』第1期, 1934年 1月 20日; 沈建中 編, 『一代漫畫大師的搖籃 ― 時代漫畫(1934~37)』(上), 第11頁.

38 중국에서 유통되던 원(元)은 대략 300개 동원과 동일했다. 다만 환산 비율은 50에서 400 사이로 변동했다. 0.5원은 대략 150개 동원이다. Barnard J. Gibbs, *Tobacco Production and Consumption in China*, Washington DC: U. S. Bureau of Agricultural Economics, September 1938, p. 34 참조.

39 「風頭挺健的大家閨秀」, 『上海生活』第10期, 1940; 吳健熙·田一平 編, 『上海生活(1937~41)』, 上海: 上海社會科學出版社, 2006, 第231頁.

40 卡爾·克勞(Carl Crow), 夏伯銘 譯, 『四萬萬顧客』, 上海: 復旦大學出版社, 2011, 第43頁.

눈에 쌍심지를 켜고 대로에서 꽁초를 찾았고, "담배꽁초를 모아 다시 만들어 팔며 생활했다."[41]

대공황의 사회배경에서 모던 걸의 사치생활은 뭇사람들의 비난대상이 되어 갔지만, 권련은 이미 모던 걸에게 없어서는 안 될 상징이 되었다. '모던 걸'에 대한 비평이 그녀들의 입술에 물린 권련에까지 미치게 된 것은 이상할 것이 없었다.

2) 남성이 염려한 배경의 '꿍꿍이'

상술한 각종 매체가 모던 걸의 사치생활에 가한 비판은 특수시대적 배경을 반영할 뿐만 아니라 사회적·경제적 낙차가 보편적으로 '여성혐오' 정서에 연원하고, 또 이러한 여성 이미지를 남성이 형상화한 것과 전통적인 성별질서의 이완에 대한 염려를 표현한 것이었다. 성별질서는 결국 양성의 경제적 지위로부터 결정되는 것이고, 소비모델(유형, 패턴, 양식, 표준, 모식)이 출현한다. 권련소비는 한동안 남성의 특권으로 여겨졌다. 다만 여성의 경제적·사회적 지위가 향상됨에 따라 여성도 권련 제조업자들이 얕볼 수 없는 소비의 주체로 변했는데 그녀들이 권련을 소비하는 방식은 노골적으로 '남성의 영역'을 건드는 것이었고, 남성의 권위에 도전한 것이었다.

소비에 대한 여성의 지배를 묘사함으로써 여성의 남성 권위에 대한 위협을 드러내는데, 이는 상해과 도시문학 중 종종 출현하는 주제이고, 남성이 불안을 드러내는 두드러진 상징 중 하나였다. 『駱駝·尼采主義者與女人』 중 '낙타패' 담배를 손가락에 끼고 연기를 뿜는 '그'가 그녀에게 권고하며 다음과 같이 말했다. "나는 정말 참을 수가 없구려, 아가씨. 내 당신에게 말해주고 싶소. 당신이 커피를 마시는 방법과 담배를 피우는 자태

---

41 어린아이들은 버려진 담배꽁초에서 담뱃잎을 모아 향연을 만들었다. 羅穀蓀, 「兒童年中的流浪兒童」, 『東方雜志』第32卷 第7號, 1935年 4月 1日.

그림 10 회소, 「마력」

는 완전히 용서할 수 없는 잘못이오." 뜻밖에 "朱唇牌 담배를 손가락 사이에 끼고 연보랏빛의 연기를 피우고 있던" 그녀가 오히려 이에 대해 "그에게 373종의 담배상품을 알려주고, 28종의 커피 이름과 5천 종의 칵테일의 성분 배열방식을 알려주었는데", 소비에 대한 장악으로 양자의 관계는 역전되었다.[42] 『被當作消遣品的男子』에서는 심지어 '김사패'(吉士牌) 담배를 피우는 남성 그 자신이 여성의 소비대상이 되었다.[43] 아래의 만화 중 짧은 머리에 가느다란 눈썹, 진주와 보석으로 치장하고 긴 담뱃대로 권련을 흡입하는 거대한 모던 걸이 남성을 손바닥에 놓고 다루며 여성의 소비와 남성의 지배를 생생하게 보여준다(그림 10).[44] 이런 남성이 소비와 여성에 대한 좌절감을 극복하기 위해 남성 작가들은 모던 걸을 요녀화해 모

---

42 穆時英, 『駱駝·尼采主義者與女人』(1934年), 嚴家炎·李今 編, 『穆時英全集』(小說卷二), 北京: 十月文藝出版社 2008年版, 第145~49頁.

43 穆時英, 『被當作消遣品的男子』(1933年), 嚴家炎·李今 編, 『穆時英全集』(小說卷一), 第237~60頁.

44 懷素, 「魔力」, 『上海漫畫』 1928年 6月 9日, 封面.

든 것을 집어삼키는 위험한 동물로 만들어 문학을 통해 여성을 폄하하고 재차 '그녀들'에 대한 장악을 시도했다. 바로 케이트 밀레트(Kate Millett) 가 말하는 바와 같이 "남성의 다른 성에 대한 혐오적 효용은 자신에게 일 종의 예속집단을 제어하는 수단을 제공하고 일종의 이론적 기초를 제공 했는데, 이러한 하등인의 지위는 저열한 것이고 이로써 그녀들에 대한 억 압은 합리적인 것으로 '해석'했다."[45]

소가정에서 남녀 지위의 전환은 권련의 소비 유형에서도 동일하게 드러 났다. 이러한 새로운 부부관계도 남성의 불안감을 유발했다. 당시의 만화 는 매우 직관적으로 역할의 전환, 부부 지위의 변화를 나타내고 있다. 권 련을 소비하는 여성은 순종적인 피압박자에서 기고만장한 압제자로 변했 다(그림 11,[46] 그림 12,[47] 그림 13[48]). 이런 양성 지위/소비모델의 변화는 최 종적으로 경제자원의 분배방식으로 인해 창조된 것으로 만화 『新時代 的主婦』의 내레이션에서 다음과 같이 말하고 있다. "새로운 문화로 생활 하는 부부의 경제는 각자 독립적이다. 그는 매월 수입 중에서 얼마간의 생활비를 부담하고, 보름이 되면 담배를 사 피울 돈이 떨어져 단지 그녀 가 담배를 피울 때 옆에서 연기 냄새를 맡는 것으로 만족할 뿐이다"(그림 14).[49] 바로 여성이 경제적으로 남성에게서 독립했기 때문에 정당하게 남 성 앞에서 권련을 소비할 수 있었던 것이다.

화장품과 의상은 성별의 속성을 명확하게 드러내기 때문에 남성이 여 성의 사치와 낭비를 공격하는 주요 목표가 되었다. 화장품이 재화를 낭비

45 凱特·米利特(Kate Millett), 宋文偉 譯, 『性政治』, 南京: 江蘇人民出版社, 2000, 第55頁.
46 陸振聲, 「婦道(過去與現在)」, 『漫畫漫話』 第1卷 第4期, 1935年 7月 15日.
47 徐進, 「過去與現在」, 『上海漫畫』 第84期, 1929年 11月 20日, 第4頁.
48 魯少飛, 「你是愛我的, 何需要給我冷氣受!」, 『時代漫畫』 創刊號, 1934年 1月 20日; 沈建中 編, 『一代漫畫大師的搖籃 ― 時代漫畫(1934~37)』(上), 第5頁.
49 中秋生, 「新時代的主婦」, 『婦女雜志』 第13卷 第1期, 1928年 1月, 第25~26頁.

그림 11 육진성, 「부도(과거와 현재)」   **그림 12** 서진, 「과거와 현재」

그림 13 노소비, 「너는 나를 사랑하는데 어째서 냉담하지!」

한다는 보도는 상투적인 말이었다.[50] 신생활운동 중 심지어 모던 걸의 화
려한 복장을 전문적으로 훼손하는 '모던파괴단'이 출현하기도 했다.[51] 다
만 권련의 소비자는 여전히 대부분 남성이었지 여성이 아니었고, 여성 화
장품 소비를 '집단적으로 모욕'하는 남자는 여성의 화장품 소비에 비해

---

50 「脂粉香水消耗於婦女腿部者頗巨」, 『旅行雜志』 第8卷 第9號, 1934年 9月 1日, 第
   46頁; 特郞, 「香水與脂粉」, 『新大聲雜志』 第1卷 第6期, 1935年 1月 1日, 第2~3頁;
   「八個月婦女脂粉飾品進口統計」, 『婦女月報』 第1卷 第10期, 1935年 11月 10日,
   第23~24頁.
51 瓊, 「從摩登破壞團想到婦女們與外貨」, 『玲瓏』 第4卷 第11期, 1934年 4月 11日,
   第643~44頁 참조.

그림 14 중추생, 「신시대의 주부」

20여 배 많은 비용을 권련에 소비했기 때문에 여성의 반발을 사기도 했다. "2000만을 소비하는 것과 100만을 소비하는 액수가 어떻게 다른가? 욕을 먹는 것과 용서를 받는 것은 어떤 차이가 있는가? 우리 부녀들은 결코 용서받는 것을 원하지 않는다. 단지 우리와 똑같은 범죄자들이 법망을 벗어나지 않기를 바란다!"[52] 이 때문에 남성이 여성의 권련소비에 대한 비판과 화장품이나 의상소비에 대한 공격을 명쾌하게 구분해 행하는 것은 불가능해보였다. 그들은 전략을 바꾸어 권련소비를 성별화하고, 우생학과 민족주의 등 허울 좋은 용어를 빌어 여성의 권련소비의 합리성을 추궁하며, 여성 흡연자를 교만하고 사치스러우며 방탕하고 태만한 모던 걸로 만들어내 여성이 권련을 흡입하는 행위를 도덕적으로 추악하게 묘사했다. 남성은 우회곡절한 방식으로 여성의 권련소비를 압박해 자신에게 피해가 오지 않게 하려는 목적이 있었다.

1932년 6월 1일자 『신보』에 「부녀 흡연과 풍화」(婦女吸煙與風化)라는 제목의 기사가 한 편 게재되었는데, 한 마디로 급소를 찌르듯 남성이 여성의

---

52 瑞, 「化妝品與紙煙」, 『婦女共鳴月刊』 第3卷 第9期, 1934, 第34頁.

권련소비를 비판하는 배후에는 계산된 '꿍꿍이'가 있음을 지적했다. 이 기사는 우선 겉으로는 점잖게 부녀자의 흡연을 인정하며 "이는 절대적으로 가능한 것인데, 남녀평등의 원칙으로 헤아리면, 남자는 흡연이 가능하고, 여자는 어찌 불가능한가. 풍속에 관한 원칙에 따라서도 이는 동등하다. 남자가 흡연하는 것은 이미 풍속과는 상관이 없는데, 어찌 여성의 흡연이 풍속과 관련되겠는가?" 하지만 화제를 전환해 말하길 "우리나라 부녀 흡연의 풍조는 일본과 비교하면 고약하고, 위로 보면 귀족화된 마님, 부인, 아가씨부터 아래로는 부랑자, 아줌마까지 모두 '식후에 담배 한 개비를 피우니, 마치 살아 있는 신선과 같은' 풍경이다. 부녀가 권련을 피우는 것은 비록 법률에서 금하는 것은 아니지만, 필경 일종의 선량하지 못한 습관을 만들 수 있는데, 도덕관념상으로 말하자면 대책을 강구해 제거하는 것이 옳다". 실질적으로 문제의 관건은 "본래 부녀의 소모품은 실제로 너무 많았다. 가령 진짜 소비평등을 이유로 말하면 부녀들이 흡연할 수 없어도 지나친 것이 아닌데, 그녀들이 화장품과 의상 등 곳곳에서 남자들에 비해 훨씬 많은 소비를 하고 있기 때문에 흡연 문제에서는 남자들에게 '이익'을 주자."[53]

맺는말

1930년대 경제위기 속에서 상해의 권련 제조업자들은 재차 광고전략을 수정해 권련을 피우는 여성을 광고의 주인공으로 내세워 상술한 '현대화', '일상화', '관능화'의 방식을 통해 여성의 권련 흡입행위를 '미명화'했다. 권련 제조업자의 주도로 여성 권련소비의 미명화는 비교적 광범위하

---

53 松廬, 「婦女吸煙與風化」, 『申報』 本埠增刊 第一版, 1932年 6月 1日.

게 인정받을 수 있었다. 1934년 어떤 사람이 미인의 10대 기준을 총결했는데, 그중 한 기준이 바로 "미인의 입은 담배를 물고 있어야 한다"는 것이었다.[54] 여성 흡연의 파생상품으로 담배링,[55] 긴 담배 파이프,[56] 여성용 담배 케이스[57]와 같은 것들이 출현했는데, 여성 흡연 인구가 확장되었음을 간접적으로 보여준다. 그밖에 국산 담배의 소비는 경제위기에도 감소하지 않고 증가했으며, 이는 중국계 권련 제조업자들이 여성시장을 성공적으로 개척한 것과 무관하지 않다. 〈표 2〉에서 알 수 있는 것처럼 영미연공사의 판매량 하락과 동시에 국산 권련의 소비량은 오히려 전체적으로 완만하게 상승하는 추세를 나타내며 1934년에 최고점에 다달아 영미연공사에 바짝 뒤쫓는 시장 점유률을 기록했다.

이러한 여성 흡연을 미화하는 광고는 심지어 일종의 '여성 흡연지침'으로 보이기까지 하는데, 그녀들이 어떤 담배를 피우는지(국화 혹은 양화, 구체적 상표 등), 어디서 피우는지(가정, 식당, 골프장 등), 언제 피우는지(아침 화장 후, 오후 모임, 남성과 시시덕거릴 때 등), 어떤 모습으로 피우는지(느긋하게, 자신있게, 섹시하게 등) 등을 안내하고, 그녀들이 이러한 '도구'를 어떻게 사용하는지를 알려주어 평등을 추구하고 애국을 표현하며 자유를 만끽하거나 남자의 환심을 사도록 했다. 여성 흡연에 관한 각종 '미명'은 분명히 여성의 담배소비에 동력이 되었을 것이다. 또한 이러한 '미명화' 과정은 여성의 사회적·경제적 지위의 향상을 반영할 뿐만 아니라 필연적으로 전통적인 성별구조의 이완을 가속화했다.

그러나 비록 남성이 권련 광고에서 여성의 조연으로 전락하고 심지어 완전히 자취를 감추었지만, 여성으로서 평등을 추구하는 잣대로 여성미

---

54 江流, 「美人十項」, 『壽險界』, 卷2 期3, 1934, 第38頁.

55 夾煙戒指廣告, 『申報』1927年 10月 26日, 第4版.

56 女用長煙嘴, 參見白金龍香煙廣告, 『上海漫畵』, 期18, 1928年 8月 18日, 第8頁.

57 「女用手篋中之藏煙處」, 『科學的中國』, 卷6 期11, 1935年 12月 1日, 第439頁.

를 감상하는 사람 혹은 정의하는 사람으로, 또는 여성이 힘을 다해 봉양하는 대상으로서 남성은 여전히 여성 흡연의 '미명화'를 좌우하는 주요 역할을 했다는 사실을 알아채기 어렵지 않다. 남성의 의지와 여성의 주체성, 감시와 반항, 여성의 소비와 소비당함 등 이 시기의 권련 광고에서 복잡하게 뒤섞이고 심지어 상호 모순되는 정보 등 이들 광고를 연구하는 것이 남성과 여성을 끌어들이려는 것인지 우리의 판단을 어렵게 한다. 다만 이러한 대상의 모호성이 바로 상해 권련 제조업자들의 전략에 특출난 점인지도 모르겠다. 이를 통해 그들은 남성과 여성 소비자를 동시에 모두 얻을 수 있었다.

경제의 불황기를 겪으며 권련소비의 합리성은 널리 물음표가 붙게 되었다. 소비자는 일반적으로 권련의 소비량을 줄이거나 더 저렴한 담배나 대체품으로 바꾸었다. 그밖에 권련소비가 상해의 여성에게 꽤나 보급되고 있었기 때문에 경제압력이 권련소비에 끼치는 영향은 대중매체에서 남녀의 담배소비를 차별하는 것으로 나타났다. 전통적인 성별질서의 느슨함에 초조해하던 남성 지식인 엘리트들은 생리와 건강에 관한 과학지식을 통해 허울 좋게 여성의 권련소비의 합리성에 의문을 제기하며 또한 민족주의라는 대서특필한 말로 이를 민족 존망과 관련된 차원으로 끌어올렸다. 그러나 "본래 흡연은 그다지 좋지 않은 습관이다. 다만 흡연이 여성에게 유해하고, 남성에게 역시 어찌 유익하겠는가. 남자의 흡연에 상관하지 않고 단지 여성에게 오로지 책임을 돌리는데 이는 무슨 까닭인가? 만약 이것이 사람의 건강을 위해 흡연을 금지하려면, 우선 담배를 근본적으로 근절해야지, 여성의 흡연만을 금지한다고 하면 그 효과는 매우 제한적이지 않은가? …… 요컨대 이것은 남자의 사리사욕에 지나지 않고 이러한 심리는 기회가 되면 여자를 향해 발산된다."[58] 여성들의 이러한 반발을 피하기

---

58 蘭, 「希特拉禁止婦女吸煙」, 『玲瓏』 第3卷 第29號, 1933年 9月 6日, 第1527~28頁.

위해 그들은 여성 흡연자를 돈을 물 쓰듯 하며 향락을 탐하는 '모던 걸'로 부각하고, 경제불황에 시달리는 보통 사람들의 보편적 반감을 부채질했다. 심지어 남성들이 양성간의 경제자원 분배에 불만을 품고 있어 여성의 권련소비에 사리사욕과 사치낭비라는 '오명'을 직접적으로 덧씌웠다.

결론적으로 말하면 남경 국민정부 시기에는 경제가 핍박해 사회에 있어 빈부격차가 커지고 있었는데, 그것은 당시의 소비관념과 소비행동을 고찰하는 데 경시할 수 없는 배경적 요소였다. 권련 제조업자와 소비자는 모두 자신들의 방식으로 경제위기에 대응했다. 한편으로는 기본적으로 상해의 중국계와 외국계 권련 제조업자들은 여성시장 개척을 정조준하고, 여성의 권련소비에 허다한 미명을 부여했으며, 다른 한편으로는 상해의 남성 지식인 엘리트들은 여성의 흡연행위를 '오명화'해 제한된 경제자원을 재분배하고자 했다. 그밖에 상해 대중매체에서 여성의 권련소비를 '미명화'하고 '오명화'한 그 분기점을 고찰함으로써 우리는 여성이 권련소비를 통해 전에 없었던 주체성을 드러냈지만, 포폄(襃貶)에도 불구하고 여론은 여전히 남성의 의지에 따라 주도되었다는 점을 발견할 수 있다.

[번역: 주형준, 강원대 역사교육과 강사]

제국 일본의 '내선결혼'內鮮結婚 정책과 현실*

이정선(李正善)

머리말: 동화정책과 '내선결혼'

제국 일본은 식민지 통치의 근본방침이 동화주의에 있다면서 그 통치 정책을 동화정책이라고 불렀다. 일본 통치 아래의 한국, 즉 조선에서도 마찬가지였다. 하지만 동화의 내용은 식민통치 담당자들에게도 불명확했고, 동화를 표방한 담론과 차이를 유지한 시책 사이에도 괴리가 있었다. 이로 인해 동화의 개념과 내용, 동화정책의 성격에 대한 시각도 연구자마다 달라졌다.

이러한 한계를 극복하기 위해 선행연구자들은 무언가를 설명하기 위해 '동화'라는 용어를 남용하지 말고 그 개념 자체를 분석·설명해야 한다고 제안했다. 이를 목적으로 시도된 유의미한 방식 중에는 이데올로기로서의 동화(주의)와 정책으로서의 동화(정책)를 구분하는 것이 있다.[1] 이러한

---

* 이 글은 졸저『동화와 배제: 일제의 동화정책과 내선결혼』(2017, 역사비평사)을 요약한 것이다. 자세한 내용은 이 책을 참고하기 바란다.

시각에서 일본이 동화의 주의를 표방하고도 정책으로는 시행하지 않았기 때문에 이념과 실제 사이에 이중성이 존재했음이 지적되었다. 또한 따라서 조선 동화정책은 병합 이래의 일관된 정책이 아니라 이중성과 괴리가 해소되는 때, 즉 내지연장주의가 표방된 1920년대,[2] 또는 중일전쟁이 발발한 1937년 이후에야 본격적으로 시작됐다는 평가도 제기되었다.[3]

나아가 고마고메 다케시(駒込武)는 통치정책의 법제도적 측면과 문화적 측면에도 격차가 있음을 인식하고, 통치정책을 네 가지 유형으로 분류했다. 법제도적 측면의 평등화·차별화, 문화적 측면의 동일화·차이화라는 2차원의 좌표축을 설정한 후, 양자의 결합 양상에 따라 각각 동화·융합(평등화/동일화), 계층화(차별화/동일화), 분리(차별화/차이화), 다원주의(평등화/차이화) 유형으로 나눈 것이다. 고마고메의 강점은 당대의 용례에서 이미 동화정책이 동화·융합 유형뿐만 아니라 계층화 유형으로도 정의되었음을 지적한 것, 그리고 이러한 정책의 특질을 파악한 다음 그것이 이념적 동화와 정합성을 갖는지 여부를 따져야 함을 제안한 데 있다.[4] 이로써 병합 이래 동화와 차이화가 공존한 조선 통치정책을 동화정책으로 일관되게 이해하고, 동화정책의 추진 양상을 이념과 시책의 상호관계 속에서 역동적으로 그릴 수 있는 시각을 제시했다.

하지만 고마고메의 접근방식은 두 가지 의문을 불러일으킨다. 하나는 정책 면에서 법제도적 차원의 통치정책을 '평등화/차별화'로 평가하며 조선 총독의 권한이나 조선인의 참정권 수준을 평가의 지표로 사용하는 것이 적절한지에 대한 것이다. 첫째, 참정권 등 법제적·형식적 평등을 중시하는 자유주의적 시민권 개념은 국민국가를 지향하면서 인식의 틀을 국

---

1 山本有造, 『日本植民地經濟史研究』, 名古屋: 名古屋大學出版會, 1992.

2 保坂祐二, 『日本帝國主義의 民族同化政策 分析』, J&C, 2002.

3 권태억, 「동화정책론」, 『역사학보』 172, 2001.

4 駒込武, 『植民地帝國日本の文化統合』, 東京: 岩波書店, 1996.

가로 제한하는 동시에 현재까지 이어지는 인종·민족·계급·젠더 등에 따른 실질적 차별들을 부차화하기 때문이다. 일본으로부터의 정치적 해방과 대한민국의 수립이 국민 내부의 형식적 평등을 가져왔지만, 그것이 유일하고 최종적인 목표가 아닌 이상 일제 시기에 대한 해석의 폭을 넓혀 해방 이전과 이후를 포괄할 수 있는 인식의 틀을 세울 필요가 있다.

둘째, 조선 총독의 권한이나 조선인의 참정권 문제는 기본적으로 속지적 성격을 지니기 때문이다. 일본 정부·의회에 대한 조선 총독(부)의 독자성 내지는 상대적 자율성은 그 자체로 중요한 연구주제임이 틀림없다. 하지만 이러한 속지적 지표를 중시할 경우, 본국의 법제도가 식민지에 연장, 시행된 이후 그 안에서 원주민이 다시 속인적으로 구별되는 현상을 간과하기 쉽다. 동화·융합 유형으로 평가되는 프랑스의 알제리 통치에서도 원주민에 대한 속인적 구별과 차별이 자행되었을 뿐만 아니라 제국 일본의 경우에도 조선보다 총독의 자율성이 약했던 대만은 물론이고, 내지에 편입된 홋카이도(北海道)와 남부 사할린(樺太)에서도 아이누는 '구(舊) 토인' 등으로 구별했던 사실을 떠올릴 필요가 있다. 조선인의 참정권 문제도 마찬가지다. 적어도 1920년 이후 참정권은 주소지의 문제로 전환되어 조선인이라도 일본에 거주하면 제국의회 중의원 선거권과 피선거권을 갖게 된 반면,[5] 조선에 이주한 일본인은 일본에 거주할 때 누렸던 이러한 정치적 권리를 박탈당했다. 동화정책의 초점이 조선과 일본 본토라는 '지역'의 통합이 아니라 조선인과 일본인이라는 '사람'의 통합에 있다고 한다면, 조선에 중의원의원선거법이 시행되었는지보다는 조선인과 일본인을 속인적으로 구별하는 기준이 무엇이었는지에 더 주의를 기울여야 하지 않을까.

또 하나의 의문은 통치정책과 이념의 정합성을 검토하려 할 때 일본인과 조선인의 인종적·혈연적 유사성이 다소 간과된 게 아닌가 하는 것이

---

5 松田利彦, 『戰前期の在日朝鮮人と參政權』, 明石書店, 1995.

다. 프랑스의 동화정책이 인간의 보편성에 뿌리를 두었다면, 일본의 동화
정책은 같은 인종 또는 역사적·지리적·혈연적으로 유사한 민족이라는 점
에 기대어 지배의 정당성과 동화의 가능성을 주장한 것이 특징이다. 또한
서구 제국이 동화정책을 포기하고 인종주의에 경도되면서 식민지민, 유색
인종과의 결혼과 혼혈을 배격하던 시기에 조선인·대만인 등 식민지민과
일본인의 결혼을 장려한다고 선전했다. 통혼·혼혈을 통해 비로소 하나의
민족이 될 수 있다는 가족적·혈연적 민족관념까지 동원되었다. 그렇다면
이러한 '생물학적 동화'야말로 제국 일본의 독특하고도 핵심적인 동화이념
이었던 것이 아닐까.[6] 하지만 법제도적·문화적 차원을 중시한 기존의 2차
원적 통치정책 모델에 생물학적 동화를 위한 시책이 들어갈 공간은 없다.
이러한 구도가 통혼·혼혈을 배제하거나 중시하지 않은 서구적 통치정책
을 모델로 삼았기 때문에 나온 것이 아닐까 하는 의심도 든다.

이러한 문제의식에서 이 글은 일제 시기 일본인(＝내지인)과 조선인의
결혼인 내선결혼에 착목했다. 내선결혼은 일본 특유의 생물학적 동화이념
과 직결되는 동시에 법제적·정신적·문화적·생물학적 동화의 각 측면을
종합적으로 검토할 수 있는 주제라는 점에서 중요성을 더한다. 내선결혼
(성교)은 생물학적으로 혼혈 자녀를 낳고, 가족이라는 1차적 사회화 기관
을 형성해 조선인을 사상과 일상생활까지 일본인화할 수 있는 수단으로
선전되었으며, 또 내선결혼을 위한 법제는 조선인과 일본인의 속인적 구별
에 변화를 야기하는 유일한 길이었기 때문이다. 따라서 내선결혼 정책을
통해 자연히 제국 일본의 조선인 동화정책을 분석할 수 있게 된다.

특히 유의할 것은 내선결혼 정책(선전, 시책)과 현실의 상호작용이다. 내

6 '생물학적 동화' 개념은 다카키 히로시(高木博志)에게서 차용했다. 1930년대 일본
정부는 아이누가 문명화와 일본인화라는 동화의 양 측면을 모두 달성했다고 보았
고, 이후 아이누 민족동화론은 일본인과 혼혈함으로써 아이누가 일본인으로 '동화',
'향상'되어간다는 것으로 전환되었다(高木博志, 「ファシズム期, アイヌ民族の同化
論」, 赤澤史朗·北河賢三 編, 『文化とファシズム』, 東京: 日本經濟評論社, 1993).

선결혼 정책에 대한 선행연구는 대개 정신적·문화적·생물학적 동화라는 측면에서 이를 대표적인 조선인 동화정책(=민족말살 정책)의 하나로 평가했다.[7] 전시체제 시기의 선전과 시책에 무게를 두고, 동화를 조선인에 대한 당국의 일방적·적극적인 강제로 파악한 것이다. 하지만 김영달의 지적처럼 내선결혼에 대해 전반적으로는 슬로건적 장려 아래 현실 방임하는 정책이 취해졌다.[8] 이로써 내선결혼의 양상(결혼, 관계 유지, 이혼 등)은 식민 당국의 의도보다도 민족·계급·젠더의 권력관계들이 서로 교차하는 현실과 그 속에 놓인 당사자들의 선택에 크게 좌우되었다. 그리고 이와 같은 의식적·무의식적 행위가 다시 내선결혼 정책, 나아가 동화정책에 균열을 일으켰다. 이에 이 글은 내선결혼에 대한 제국 일본의 정책을 통혼의 실제 양상과 함께 분석함으로써 내선결혼 정책의 동태적인 전개과정을 파악하고 또한 조선인 동화정책의 특징을 살펴보고자 한다.

1. 1910~30년대 내선결혼 법제의 형성과 운용

1910년 대한제국을 병합해 식민지 조선으로 삼은 일본은 조선인이 일본인과 유사한 '동문동종'(同文同種)이라는 전제 아래 동화가 가능하다고 보고, 천황이 조선인을 일본인과 차별 없이 '일시동인'(一視同仁)함을 강조했다. 하지만 제국 일본은 조선을 일본 헌법이 당연히 시행되지는 않는

---

7 임종국, 「조선민족 말살의 전략」, 『일제하의 사상탄압』, 평화출판사, 1985; 鈴木裕子, 『從軍慰安婦·內鮮結婚』, 東京: 未來社, 1992; 최유리, 「일제하 통혼정책과 여성의 지위」, 『국사관논총』 83, 1999; 최석영, 「식민지 시기 '내선결혼' 장려 문제」, 『일본학연보』 9, 2000.

8 金英達, 「日本の朝鮮統治下における'通婚'と'混血'」, 『關西大學人權問題研究室紀要』 39, 1999; 渡邊淳世, 「일제하 조선에서 내선결혼의 정책적 전개와 실태: 1910~20년대를 중심으로」, 서울대학교 국제대학원 한국학전공 석사학위논문, 2004.

'외지'(外地)로 삼아 '내지'(內地)인 본토와 구별하는 동시에 조선인은 조선에 호적상의 본적을 갖는 자로 규정해 본적이 일본 본토에 있는 일본인과 법적으로 구별했다.

그런데 호적의 본적으로 조선인과 일본인을 구별한다고 해도 조선인이 일본에, 혹은 일본인이 조선에 본적을 옮길 수 있는지, 가능하다면 그 조건은 무엇인지가 처음부터 결정되어 있었던 것은 아니었다. 호적으로 민족을 구별한다는 원칙이 확립된 것은 1918년에 공통법이 제정되면서였다. 공통법 제정과정에서 일본 정부는 원래 국적법의 귀화에 준해 일정한 조건을 충족하면 전적(轉籍)을 허용할 계획이었고, 조선총독부는 외국인에 준하는 취급이 조선인의 감정을 자극할 것을 우려해 원칙적으로 전적의 자유를 인정하자고 제안했다. 하지만 일본 정부는 식민지민이 대거 일본에 전적할 것을 우려해 전적 자체를 금지해버렸다. 대신 공통법 제3조[9]에서 혼인이나 입양(養子緣組)처럼 당사자 일방(처, 양자)이 다른 일방(남편, 양친)의 호적에 입적해야 하는 가족관계가 성립했을 때는 그 지역의 호적으로 본적을 옮기게 함으로써 조선인과 일본인 간의 가족관계를 양자의 법적 구별을 결정짓는 유일한 변수로 만들었다.[10]

일제가 이와 같은 내선결혼 법제를 제정한 가장 큰 이유는 내선결혼(법

---

9 1918년 4월 16일 법률 제39호 '공통법' 제3조
   ① 한 지역의 법령에 의해 그 지역의 가(家)에 들어가는 자는 다른 지역의 가를 떠난다.
   ② 한 지역의 법령에 의해 가를 떠날 수 없는 자는 다른 지역의 가에 들어갈 수 없다.
   ③ 육해군의 병적에 있지 않은 자와 병역에 복무할 의무가 없기에 이른 자가 아니면 다른 지역의 가에 들어갈 수 없다. 단, 징병종결처분을 거쳐 제2국민병역에 있는 자는 이에 해당되지 않는다.
10 이러한 가족관계는 혼인 이외에도 입양, 인지(認知), 친족입적(親族入籍) 등이 있었지만, 혼인이 가장 먼저, 또 가장 많이 이루어졌기 때문에 당대에도 이들을 '공혼(共婚) 문제'로 총칭했다. 이 글에서는 이러한 용례에 따라 공통법 제3조와 내선결혼에 관한 법령들을 내선결혼 법제로 총칭한다.

률혼)을 가능하게 하기 위해서였다. 조선인과 일본인 사이에서는 이전부터 자연스럽게 통혼이 이뤄졌는데, 병합 이후 1911년에 조선총독부가 내선결혼에 대해 내놓은 첫 시책은 일본인인 처나 양자의 조선 호적 입적을 정지하는 것이었다. 하지만 일본 정부는 일본인의 배우자나 양자·양녀가 된 조선인을 일본 호적에 입적한 데서 알 수 있듯이 통혼 자체가 금지된 것은 아니었다. 조선총독부는 당시 조선에 시행되던 호적 법령으로는 일본인과 조선인 사이의 혼인·입양을 성립시킬 수 없어서 일단 취급을 정지해야 했던 것이다. 이에 당시 조선에 시행되던 민적법(1909) 대신 일본에서도 호적제도라고 인정할 수 있을 만한 조선 호적 법령을 제정하러 나서는 한편, 1915년에는 조선인 남편이 일본인 처를 입적할 수 있게 해달라고 청원하자 허용하기로 방침을 변경했다. 내선결혼이 동화의 가능성을 뒷받침하는 증거이자 동화를 촉진할 수단으로 평가되는 상황에서 당국이 그 법률혼을 인정하지 않는 것은 동화와 일시동인의 이념에 어긋나고 공연히 조선인에게 차별당하는 느낌을 주어 통치를 불안정하게 할 우려가 있기 때문이었다.

그러나 조선 호적제도가 제정되지 않아 법제적 문제는 해결되지 않은 상태였으므로 일본 정부에서는 조선에서 한 혼인신고의 효력을 인정하지 않았다. 그리하여 일본 정부는 1918년에 공통법을 제정하고도 내선결혼에 관련된 제3조는 시행을 유예했다. 결국 내선결혼 문제는 조선총독부령 제99호 '조선인과 내지인의 혼인 민적절차에 관한 건'이 시행된 1921년에 해결되어 조선과 일본 어디서 신고하든 성립하게 되었다. 그리고 입양과 사생아 인지 등 조선인과 일본인 사이의 다른 가족관계에 대해서는 조선호적령이 시행된 1923년에야 해결되었다. 여기에서 내선결혼 법제는 당사자들의 요청이 있은 다음에 제정되었다는 것, 그리고 이러한 요청에 직면한 조선총독부가 본토의 일본 정부보다 법제의 제정에 적극적이었다는 것을 확인할 수 있다. 하지만 공통법 제정과정에서 일본인의 조선인 입양·입부혼인(入夫婚姻)도 자유롭게 하자는 조선총독부의 요청을 수용하는 등 일본 정부 역시 지역이나 성별과 무관하게 모든 내선결혼을 허용해도 무방하다고 생각했다.

다만 일제가 내선결혼 법제를 통한 본적 이동까지 전면 허용한 이유는 그것이 이중 본적을 해소해 법제상의 구별을 명확히 하는 방법이기 때문이었다. 1910년대에는 내선결혼 등으로 다른 지역 호적에 입적된 사람을 원래 속했던 지역의 호적에서 제적하지 않아 이중 본적이 발생했다. 본적 이동을 허용하면 이를 해소할 수 있었다. 실제로 조선총독부 관통첩 제240호(1915), 공통법 제3조(1918)와 조선총독부령 제99호(1921) 등 내선결혼을 가능하게 하는 법령에는 모두 이중 본적을 제거해 일인일적(一人一籍)의 원칙을 관철하기 위한 조항이 함께 포함되었다. 그럼에도 조선총독부는 공통법에서 지역 간 전적을 금지하고 가족관계로 인한 본적 변경만 허용하기로 하자 이를 무차별의 상징으로 선전했다. 내선결혼을 허용한 것이야말로 일본이 조선인을 구별하거나 차별하지 않는 증거라는 것이다. 일본은 호적을 통해 민족을 구별한다는 본질을 비가시화하려는 의도에서 내선결혼과 그 법제 제정의 의의를 과장했다.

하지만 차별을 드러내지 않으려는 내선결혼 법제는 구별을 재생산했고, 일본인을 조선인화하는 역방향의 동화를 초래하기도 했다. 공통법 이후 조선 민족을 조선 호적에 등록하고 조선에 본적을 갖는 자에게 조선의 관습을 적용한다는 순환논리가 형성되었다. 조선인과 일본인을 호적으로 구별한 이유는 조선인을 차별하기 위해서가 아니라 두 민족의 친족·상속 관습이 다르기 때문이고, 조선의 관습이 일본과 같아지면 호적도 통합될 것이라는 주장이었다. 사실 동화된 조선인의 일본 전적을 허용했다면 조선의 관습을 따라야 할 호적상의 조선인은 일종의 '잔여'로서 '호적 = 관습'의 논리도 정합성을 가질 수 있었다. 그러나 전적은 허용되지 않았으므로 조선인 부부는 자녀를 낳아 조선인 인구를 재생산했고, 점진적·부분적으로 도입된 일본 민법도 기존의 조선 관습과 결합해 새로운 조선의 친족·상속 관습을 창출했다. 조선과 조선인은 재생산 구조를 갖춘 독자적

법역(法域)을 구축한 것이다. 그 속에서 조선 호적에 편입된 일본인 처와 자녀들 역시 호적상 조선인이 되었고, 정신적·문화적으로 일본인화되어도 이들 조선인에게는 조선의 관습이 적용되었다. 따라서 내선결혼이 증가할수록 '민족 = 호적 = 관습'의 논리적 모순도 분명해졌다.

또한 조선의 관습이 일본화될수록 내선결혼 법제를 통해 개인이 다른 지역으로 본적을 옮기는 범위는 넓어졌다. 이 경우 참정권과 병역의무 등 일본인과 식민지민 간 지위에 차등이 있는 남성이 문제가 되었다. 그런데 조선의 친족·상속 관습에서는 서양자(婿養子)와 이성양자(異姓養子)를 인정하지 않아서 공통법 제3조 ①항에 따라 일본인 남성은 조선 호적에 입적할 수조차 없었지만, 일본 민법에 따라 조선인 남성은 일본 호적에 입적할 수 있을 뿐만 아니라 입부혼인과 서양자 입양은 조선에 없는 제도라는 이유로 더 수월해졌다.[11] 그러자 일본인의 입부·서양자·양자가 되어 차별적인 조선인 신분에서 벗어나 이득을 보려는 사람들까지 나타났다.

그러나 국제결혼과 달리 내선결혼은 혼인 신고만으로 성립하게 한 제국 일본에게 위장결혼 등 탈법행위를 막을 수 있는 방법은 없었다. 결국 공통법 및 각 지역의 친족·상속법령에만 맡겨둔 결과, 조선 호적에는 일본인 여성이, 일본 호적에는 조선인 남성이 주로 입적했고(표 1, 표 2), 일본 정부는 일본인이 된 조선인 성인 남성을 징병대상에서 배제했다(1927). 그뿐만 아니라 일본 민법에는 혼인이나 입양을 통해 다른 가(家)에 들어간 사람이 그 가(家)로 자신의 친족을 불러들일 수 있는 친족 입적제도가 있었다. 이것마저 본적 변경요인으로 인정되면서 조선인은 이론상 무제한

---

11 조선에서 가(家)를 상속해야 하는 봉사자(장남)는 가를 떠날 수 없으므로 공통법 제3조 ②항에 따라 일본의 가에 들어갈 수 없었다. 따라서 일본 호적계가 이들의 입부혼인, 서양자 입양 신고를 수리했더라도 원래라면 무효가 되어야 했다. 하지만 이러한 실수는 빈번했고, 조선총독부와 일본 정부 사법당국의 의견 충돌 끝에 1929년 조선의 판례조사회는 내선결혼은 최근에야 길이 열렸고 입부혼인 등은 조선에 없는 관습이라는 이유로 호적계가 수리했다면 이들 남성은 조선의 가를 떠난다고 결의했다.

표 1 일본 호적 → 조선 호적(1921년 7월~1938년)

	혼인	입부 혼인	서양자 입양	입양	친족입적	인지	이혼	파양	합계 (남/여/불명)
1921.7 ~1923.6	60							1	61
1923.7 ~1923.12	14					1			15
1924	29							2	31
1925	26					2			28
1926	40					4		1	45
1927	45					12			57
1928	59					5		1	65
1929	66					11		5	82(5/69/8)
1930	87					14		12	113(9/100/4)
1931	98								98(0/98/0)
1932	109				1	10		9	129
1933	135					29		2	166
1934	240					20		14	274
1935	229			2	4	38		21	294
1936	207			1	1	24		8	241
1937	237					27		12	276
1938	340				5	41	8	11	405
합계	2,021	0	0	3	11	238		107	2,380

* 입양 3건은 일본인의 가에 입양되었던 조선인 남성이 다시 조선인의 가에 입양되어 들어온 사례다.

표 2 조선 호적 → 일본 호적(1921년 7월~1938년)

	혼인	입부 혼인	서양자 입양	입양	친족 입적	인지	이혼	파양	합계 (남/여)
1921.7 ~1923.6	4	9	12	1			2		28
1923.7 ~1923.12	3	1		4					8
1924	2	3	3	3		1			12
1925	1	2		7					10
1926		11	3	5					19
1927	3	4	5	9					21
1928	3	5	4	10					22
1929	5	14	9	8	3		2		41(30/11)
1930		9	1	16	1		3		30(23/7)
1931	4	13	8				6		31(21/10)
1932	7	22	8	27		1	9		74
1933	8	27	14	42	2	1	15		109
1934	18	37	14	72	7	5	13		166
1935	25	58	21	56	5	8	10		183
1936	29	55	10	53	24	4	20		195
1937	27	77	32	39	9	2	14		200
1938	40	115	30	94	38	11	27		355
합계	179	462	174	446	89	33	121	0	1,504

적으로 일본 호적에 입적할 수 있게 되었다. 일본 호적에 친족 입적한 조선인은 분가한 후 다시 분가의 호주가 되어 자신의 친족을 일본 호적으로 불러들일 수 있었기 때문이다.[12] 제국 일본은 허용해도 무방하며 바람직하기도 하다고 생각한 내선결혼을 법적으로도 가능하게 하고 조선인과 일본인의 구별을 명확히 하기 위해 내선결혼 법제를 제정했다. 하지만 무차별의 상징으로 선전하며 장벽을 최대한 제거한 내선결혼 법제는 사람들의 행동에 따라서는 조선인과 일본인의 법적 구별을 동요시킬 수 있는 제도가 되어간 것이다.[13]

2. 1910~30년대 내선결혼의 선전과 실태

1910년대 중반 이후 일본 식민지 정책학에서는 프랑스를 비롯한 서구 동화정책의 실패를 근거로 식민지민의 저항 때문에 동화정책은 불가능하거나 기만적일 수밖에 없다는 견해가 대두했다. 하지만 일본 정부는 조선이 일본과 유사하므로 동화가 가능하다고 주장했다. 그러나 실제로 3·1운동이라는 거대한 저항에 부딪히자 민족 간의 이해와 사랑이 저항을 무마할 방책의 하나로 주목되었다. 조선인이 마음으로부터 식민지배에 순종하게 하는 방책, 즉 조선인을 동화하기 위한 전제가 융화이고, 1920년대 내선결혼은 '내선융화'의 상징으로 부상한 것이다.

---

12 1898년 6월 15일 법률 제9호 '민법 제4편, 제5편'.
　제737조 ① 호주의 친족으로서 타가에 있는 자는 호주의 동의를 얻어서 그 가족이 될 수 있다. 단, 그 자가 타가의 가족인 때에는 그 가의 호주의 동의를 얻어야 한다.
　제738조 ① 혼인 또는 입양으로 타가에 입적한 자가 그 배우자 또는 양친의 친족이 아닌 자기 친족을 혼가 또는 양가의 가족으로 하고자 하는 때에는 전조의 규정에 의하는 외에는 그 배우자 또는 양친의 동의를 얻어야 한다.
13 내선결혼(법률혼)으로 인한 호적 이동에 대해서는 졸고 「'內鮮結婚'にみる帝國日本の朝鮮統治と戶籍」, 『朝鮮史研究會論文集』 52, 2014 참조.

조선총독부는 1921년 공통법 제3조와 조선총독부령 제99호 등 내선결혼 법제의 시행을 전후해 내선결혼을 내선융화의 결과이자 시작이라고 표방하고 이와 같은 선전을 본격화했다. 양 민족이 사랑으로 가정을 이루고, 그 사랑을 양측 가정과 민족에 연쇄시킨다는 것으로 통혼을 장려한다고 선전한 것이다. 하지만 이를 통해 내선결혼이 조선인과 일본인의 영구결합을 가져올 거라는 선전이 현실성을 갖기 위해서는 논리적으로 적어도 두 가지 전제가 충족되어야 했다. 하나는 통혼이 양적으로 상당히 증가해야 한다는 것, 다른 하나는 질적으로 통혼 가정 자체가 파탄에 이르지 않고 영구결합해야 한다는 것이다. 이에 조선총독부도 1920년대부터 내연을 포함해 조선에 거주하는 내선결혼 부부의 수를 조사·공표하면서(표 3) 통혼은 매년 증가하고 그 가정은 모두 원만하다고 강조했다. 그리고 그를 근거로 내선융화의 전도도 밝다고 주장했다. 하지만 당시 자유연애와 연애결혼을 이상으로 하는 결혼관이 유행하는 가운데, 조선인 식자층은 내선결혼 자체를 정략결혼으로 보고 배척했으므로 조선총독부도 선전 외 직접적인 통혼 장려책을 시행하지는 않았다.

이로써 내선결혼이 현실에 방임된 결과, 내연을 포함해도 1912~37년 사이에 통혼 부부가 조선 인구에서 차지하는 비율은 최대 0.01퍼센트(1937)에 불과했다. 그리고 통혼 가정은 대개 일상적인 접촉 속에서 맺어졌기 때문에 양 민족의 경제적·사회적 격차를 반영해 지역·직업·유형에 따라서도 부부 수에 차이가 생겼다. 이러한 현상에 대해 현영섭은 지배민족의 피지배계급과 피지배민족의 지배계급이 결합하는 것은 법칙이라고 설명했다. 특히 조선인 순사와 결혼한 일본인 처가 남편의 월급이 적은 이유를 납득하지 못했고 군 서기의 일본인 처는 가난해서 도망쳤다는 사례를 들며, 민족의 경제력 차이를 내선결혼을 방해하는 주요 원인으로 꼽았다.[14]

1916년 조사 결과를 분석한 난바 가스이(難波可水)도 지식계급 조선인 남성은 구식 조선인 처를 버리고 신식 일본인 처를 얻는 반면, 교양이 적

표 3 조선 거주 내선결혼 부부 총수(각 연말 현재)

	혼인		입서(入壻)		총수	
	일본인 남성 조선인 여성	조선인 남성 일본인 여성	조선인 남성 일본인 여성	일본인 남성 조선인 여성	실수	증감
1912	56	57		3	116	
1913	42	70		2	114	−2
1914	29	48		2	79	−35
1915	35	38	3		76	−3
1916	59	85	3	2	149	73
1917	54	62	3	2	121	−28
1918	42	68	2	3	115	−6
1919	24	40			68	−51
1920	31	50	4		85	21
1921	56	63	1	4	124	39
1922	80	131	15	1	227	103
1923	102	131	11	1	245	18
1924	125	203	23	9	360	115
1925	187	197	19	1	404	44
1926	222	219	18		459	55
1927	245	238	14	2	499	40
1928	266	238	21	2	527	28
1929	310	277	27	1	615	88
1930	386	350	46	4	786	171

	혼인		입서(入壻)		총수	
	일본인 남성 조선인 여성	조선인 남성 일본인 여성	조선인 남성 일본인 여성	일본인 남성 조선인 여성	실수	증감
1931	438	367	41	6	852	66
1932	533	364	48	9	954	102
1933	589	377	48	15	1,029	75
1934	602	365	43	7	1,017	−12
1935	601	391	40	6	1,038	21
1936	625	430	47	19	1,121	83
1937	664	472	48	22	1,206	85

* 위 표는 다수의 자료를 대조·종합해 만든 것으로서, 1919년의 세부 수치의 합은 총수(실수)와
차이가 있지만 참고를 위해 제시함.

은 일본인 남성 중에는 조선인 처로 만족하는 자들이 있다고 비꼬았다.
일본인 여성과 결혼한 조선인 남성은 도시에 많이 거주하고 조선인 여성
과 결혼한 일본인 남성은 대개 지방에 거주하는 것도 이 때문이라는 것
이다. 따라서 그는 결혼이 정치가의 힘으로 좌우할 수 없다며 내선결혼을
조선인 동화책으로 활용하려는 사람들을 비판하고, 반대로 통혼의 수가
증가하는 동시에 일본인·조선인 사이에 통혼 비율의 차이가 없어져야 비
로소 동화정책이 성공에 가까워졌다고 할 수 있다고 명쾌하게 정리했다.[15]
　또한 내선결혼이 사랑으로 맺어진다는 선전과 달리 실제로는 정략적
혹은 경제적 동기로 인한 통혼도 많았다. 조선인 남성과 일본인 여성의 결

14　玄永燮, 「内鮮一體と内鮮相婚」, 『朝鮮及滿洲』 365, 1938.
15　難波可水, 「内鮮人通婚の狀態如何」, 『朝鮮及滿洲』 125, 1917.

혼이 많았던 배경에는 가난한 일본인 여성이 조선인에게 생계를 의탁하는 현실이 있었다. 부모가 자녀의 통혼을 결정하기도 하고, 심지어 성범죄나 인신매매가 결혼의 계기가 되기도 하는 등 당사자의 의사와 무관하게 이루어진 내선결혼도 많았다. 〈표 3〉에서 1930~34년 사이에 조선인 남성·일본인 여성 부부의 수는 정체된 반면, 일본인 남성·조선인 여성 부부가 급증한 것은 조선인이 농업공황의 타격을 더 크게 받아서 조선인 남성은 일본인 아내를 부양할 경제력을 상실하고, 조선인 여성은 자의 혹은 타의로 일본인 남성의 처첩이 되어 생계를 의탁하게 된 상황을 반영한 것으로 보인다. 일례로 1936년 수원에서는 채권자인 나카데 사부로(中出三郎)가 채무자 김팔봉(金八鳳)의 처 이소춘(李小春)을 빼앗아 5~6년 동안 동거하다가 이소춘이 다른 조선인 남성과 도망쳤지만 고소할 수 있는 권한이 없자 김팔봉의 명의로 고소하게 한 사건이 구설수에 오르기도 했다.[16]

물론 연애가 일반적인 내선결혼의 동기였던 것은 사실이다. 하지만 당연하게도 조선인과 일본인이 자유연애를 하거나 자유연애를 통해 결혼에 이르렀더라도 그 관계가 반드시 원만하거나 영구히 유지되는 것은 아니었다. 사랑이 식어서 연애 중 혹은 결혼 후라도 결별하는 사례는 비일비재했고, 조혼(早婚)이 일반적인 가운데 자유연애는 오히려 기혼 남성의 작첩(作妾)·중혼(重婚)이나 기혼 여성의 간통으로 발현되어 일부일처의 가족제도와 충돌하는 경우도 많았다. 또한 양 민족 모두 내선결혼을 백안시하는 가운데 연애결혼한 부부는 대개 부모의 반대를 무릅쓴 것이어서 부모와 친척, 사회로부터 소외당하기도 했고, 혼혈아들은 정체성의 혼란도 겪었다. 조선총독부의 통계에서는 이들도 '융화'의 상징으로 집계되고 선전되었지만, 이러한 내선융화의 가정은 현실에서는 다양한 '불화'를 수반하며

---

16 『東亞日報』 1936년 5월 29일자, 「빚으로 뺏은 人妻 不義한데 憤慨한 債鬼」.

역으로 내선융화의 취약성을 보여주었다.

한편 이 시기 조선총독부의 내선결혼 선전에서는 조선인의 일본인화보다도 '내선융화'라는 슬로건에 걸맞게 사랑에 기반을 둔 민족의 결합 자체에 의미를 부여하는 경향이 강했다. 그러면서도 내선결혼을 가정의 일상생활에서부터 조선인이 일본의 생활양식을 접하게 함으로써 조선인의 사상과 문화를 일본인화할 수 있고, 나아가 자녀의 출산을 통해 생물학적으로도 조선인을 일본인화할 수 있는 동화의 궁극적인 수단으로 이상화했다. 하지만 내선결혼이 반드시 조선인의 일본인화로 귀결되지는 않았다. 내선결혼 부부 중 관공리(官公吏)·귀족 등 상층 조선인 남성이 일본인 여성과 결혼한 경우에는 가정생활도 일본화되는 경향이 있었지만, 이는 통혼의 결과이기보다 남편이 원래부터 일본 문화에 익숙했거나 일본인화되려는 의지가 강했기 때문이었다. 그 외에는 거주 지역과 성별의 영향력이커서, 통혼 가정은 편의적으로 거주지의 생활양식을 따르는 한편, 가부장제 때문에 아내가 남편이 속한 민족 문화에 맞추는 경향이 있었다.[17]

그런데 이는 조선인의 기준에서 보면 일본인화되는 것이지만, 일본인의 기준에서 보면 조선인화되는 것이기도 했다. 이에 조선인과 일본인은 각자 자기 민족이 내선결혼으로 일본인화 또는 조선인화되는 현상을 우려

---

17 대만에 거주하는 대만인 남편과 일본인 처의 가정도 마찬가지였다. 1936년에 스다 세이키(須田清基)는 대만인을 '내지인화하려고 시집온' 일본인 여성들이 반대로 대만인화되고 자녀들까지 대만인화되어 버리는 이유를 다음과 같이 설명했다(須田清基, 「共婚會設立の提唱」, 『社會事業の友』 95, 1936).
"처는 남편에게 복종해야 하기 때문에/ 시집가서는 그 가풍을 배워야 하므로/ 경제적이기 때문에/ 편리해서 중과부적이기 때문에/ 열대생활에 적합하기 때문에/ 가족에게 권유받기 때문에/ 내지인과 만날 기회가 적기 때문에/ 친척이나 형제가 가까이에 없기 때문에/ 따돌림당하고 싶지 않아서/ 집안(深窓)에 갇혀 있기 때문에/ 가정을 지도할 입장에 있지 않기 때문에/ 경제력이 없기 때문에."
가정에서 대만어가 상용되고/ 의식주도 대만식이며/ 제반 예식은 구관에 따르고/ 태어난 아이의 이름도 대만어로 부르고/ 대만식으로 양육되어/ 소학교 입학이 곤란하기 때문에 공학교에 입교시키고/ 내지인과의 교제가 적고/ 일본인으로서의 의식을 발휘할 기회는 없고/ 점차 일본정신이 몽롱해진다."

그림 1 조선인 남편의 일본인화(왼쪽)와 일본인 아내의 조선인화(오른쪽)

* 출처: 『매일신보』 1918년 12월 10일자; 『동아일보』 1926년 9월 23일자.

하면서 상대 민족에게 자기 민족으로 동화될 것을 요구했다. 조선에서는 1926년 이후 일본인 남편·조선인 아내 부부 수가 조선인 남편·일본인 아내 부부를 능가했다. 하지만 조선인 남성이 학생이나 노동자로 일본에 단신 도항하는 경우가 많았기 때문에 내선결혼은 주로 일본에서 이루어졌고, 조선과 일본 지역을 합하면 조선인 남성과 일본인 여성의 결혼이 대다수였다. 그러자 조선인은 처가 남편을 따라 조선인화해야 한다고 주장하고, 일본인은 여성이 가정의 주인으로서 생활양식을 일본화할 것이라고 기대했다(그림 1). 내선결혼 부부의 절대 다수가 조선인 남편과 일본인 아내인 상황에서 조선인과 일본인은 각기 다른 논거를 들며 그들이 자기 민족으로 동화되기를 촉구한 것이다.

게다가 생활양식이 일본인화된 조선인들은 예상치 못한 또 다른 결과를 낳았다. 일본에 이주해 동화된 조선인 남성은 대개 기혼자였음에도 일본인을 가장해 일본인 여성에게 접근했고, 임신한 후에야 남편이 조선인임을 알게 된 일본인 여성들은 첩의 지위를 받아들이기도 했던 것이다. 이처럼 내선결혼은 가정과 사회에 불화를 야기하며 일본인의 조선인화를 초래했고, 일본인화된 조선인 남성들이 지배민족의 여성을 처첩으로 삼는 역전이 일어나고 있었다.

3. 전시체제 시기의 내선결혼 정책과 내선혼혈 문제

제국 일본은 내선결혼으로 조선인이 일본인화되기를 기대했지만, 내선결혼을 장려할 수 있는 실질적인 시책을 도입하지는 않았다. 동화주의의 이념에 따라 내선결혼을 법적으로도 가능하게 하는 길을 열고 통혼을 긍정적으로 선전했을 따름이다. 이와 같은 '주의'와 '시책'의 괴리는 전시체제 시기 이전까지 거의 모든 영역에서 확인된다. 그런데 전시체제 시기에는 조선인의 일본인화를 위한 다양한 시책들이 본격적으로 입안·시행되었다. 그에 따라 선행연구에서는 대개 내선결혼 장려정책도 전시체제 시기에 최고조에 달했다고 보았다. 하지만 이 시기에는 정신적·문화적·생물학적·법제적 동화의 측면들이 뚜렷이 구별되는 한편, 오히려 내선결혼과 혼혈로 실현될 생물학적 동화에 대한 회의가 강해지면서 내선결혼 정책은 이념적 차원에서 동요했다.

먼저 조선총독부는 1937년 중일전쟁 이후 '내선일체', 곧 반도의 일본화 정책을 통해 조선인의 정신적·문화적 일본인화에 박차를 가했다. 또한 화학적 결합으로도 비유된 내선일체의 단계에서 생물학적 동화를 수반하는 내선결혼은 명실공히 내선일체의 상징으로서 전보다 적극적으로 선전되었다. 하지만 조선총독부는 1940년부터 일본인 남성도 조선인의 양자·서양자가 되어 조선 호적에 입적할 수 있도록 조선민사령을 개정하고 1941년에만 국민총력조선연맹이 내선결혼 부부를 표창하는 등 실제 시책은 이전과 같은 소극적·간접적 장려책에 머물렀다.

오히려 일부 조선인들 사이에서 조선총독부의 선전에 기대어 내선결혼을 장려하기 위해 호적상의 구별을 철폐하거나 내선결혼 가정을 실질적으로 지원해달라는 요청이 나왔지만, 조선총독부는 그것을 거절했다. 1941년의 '내선일체의 이념과 그 실현방책 요강' 문서를 보면, 조선총독부는 "내선결혼 장려는 내선문화의 일체화에 수반해서 해야지, 그 전제로 할 것이 아니다"라고 판단했다. "문화가 여전히 같지 않고 습속에 아직 거리가 있는 동안에는 통혼의 수량적 증가를 서두를 것이 아니라 문화적 통합이 이뤄짐에 따라 내선결혼을 소개 알선 지도하는 데 힘쓰고 호적상의 융통도 간이화해 진정한 내선일체의 완성으로 나아가야 한다"는 것이었다.[18] 조선총독부는 그간의 사례들을 통해 조선인 전반이 먼저 정신적·문화적으로 동화되지 않으면 내선결혼이 파탄에 이르는 등 식민통치

---

18 『大野緣一郎關係文書』 R-149, No.1268. 「內鮮一體の理念及其の實現方策要綱」 484코마, 489코마.

상 바람직하지 않을 수도 있음을 알게 되었다. 그러므로 통혼이 급증하기를 서두르기보다는 점진적으로만 증가하더라도 가급적 황민화된 상층 조선인들만 일본인과 결혼하기를 바랐다.

그와 함께 조선총독부는 내선결혼 중 모범적인 것과 불량한 것을 구별하기 시작했다. 이러한 시각은 1944년 말 조선인에 대한 처우를 개선하기 위한 방책으로 조선인의 일본 전적을 허가하려는 법률안을 기초할 때 조선총독부가 제시한 허가의 조건에도 반영되었다. 조선총독부는 기본적으로 조선뿐만 아니라 일본 거주자까지 포함해 전쟁에 대한 협력과 내선결혼 등으로 식별할 수 있는 황민화된 조선인 가족에게만 전적을 허가해 조선인의 국민의식 고취, 즉 정신적 동화를 촉진할 방침이었다. 하지만 내선결혼도 재판소의 허가를 받게 해 조선인이 내선결혼 법제를 일본인이 되는 수단으로 활용하지 못하게 하는 방안까지 검토했다.[19] 이 법률안에 따르면 범죄력이나 유전질환을 보유한 자의 내선결혼은 금지되었다. 조선총독부는 내선결혼 자체를 긍정적으로 보되, 모범적이지 못한 내선결혼은 제한할 방법을 강구한 것이다.

이 시기 일본 정부는 내선결혼에 대해 보다 부정적인 태도의 변화를 보였다. 일본 정부는 본토의 노동력 부족을 메우기 위해 1939년부터 조선인을 집단 노무동원했고, 그로 인해 재일조선인 수가 급증함에 따라 내선결혼도 법률혼과 내연 모두 급증해서 통혼 가정의 90퍼센트가량이 일본에 거주하게 되었다. 그러자 일본 정부는 내선결혼을 경계하기 시작했다. 게다가 전시 인구정책의 일환으로 우생학이 발흥하면서 혼혈이 일본인의

---

19 『本邦內政關係雜纂植民地關係第三卷』(日本 外交史料館, A-5-0-0-1-1), 「(秘)內地朝鮮間ノ轉籍等ニ關スル法律案(昭和19.10.11. 民事課)」.
　제8조 ① 전적 또는 분가 이외에 한 지역의 법령에 의해 그 지역의 가에 들어가는 자는 들어가야 할 가의 본적지를 관할하는 재판소의 허가를 받을 것을 요한다.
　② 재판소는 혼인, 부당한 목적에 기인하지 않은 입양 이외에 정당한 사유가 있는 것이 아니면 허가의 재판을 할 수 없다.

정신적·신체적 자질에 미치는 영향에 대한 관심도 고조되었다. 이러한 상황에서 조선총독부가 조선인의 일본인화를 급속히 추진하자, 일각에서는 동화정책을 폐기하고 혼혈을 방지해야 한다고 주장하는 일본인도 나타났다.

그렇지만 일본 정부는 1941년 1월 '인구정책확립요강'을 각의 결정하면서 초안에 포함되었던 '황국민족의 통일성과 지도력 확보' 조항을 삭제했다. 이 조항은 동아공영권에서는 이주한 일본인과 현지 민족의 잡혼(雜婚)을 극력 억제하는 방침을 취하고, 조선민족과 대만민족의 일본 본토 유입은 필요한 최소한에 그쳐야 한다는 내용이었다.[20] 이를 삭제한 것은 일본 정부가 생물학적 인종주의에 입각한 동화정책·내선혼혈 반대론을 공식적으로 인정하지 않았음을 의미한다. 기획원 서기관 무라야마 미치오(村山道雄)의 설명처럼 조선인에게 완전히 일본인이라는 민족의식, 일본 국민이라는 국민의식, 어떠한 국가위기에 임해서도 일본의 운명을 자기의 운명으로 삼는 명확한 공동운명관을 갖게 하지 않으면 일본의 존립이 위태롭다고 생각했기 때문이었다.[21] 일본에서도 조선총독부와 보조를 맞추어 재일조선인을 정신적·문화적으로 일본인화하려는 협화사업을 추진했다. 내선일체 정책은 조선인이 내부의 적이 되지 않도록 하기 위한 치안대책이자 병력과 노동력으로서 조선인의 자질을 높이기 위한 인구정책이기도 했다.

하지만 이 시기 일본 정부는 동화정책 자체를 재검토했다. 아시아의 맹주여야 할 일본인의 양적·질적 발전이 인구정책의 목표가 된 상황에서 이들이 지도자로 파견되어야 할 지역에서 현지 민족과의 접촉이 일본인의 자질에 어떠한 영향을 끼치는지가 쟁점이었다. 이를 확인하기 위해 일

---

20 松村寛之, 「國防國家の優生學」, 『史林』 83-2, 2000, pp. 288~98.

21 村山道雄, 「內鮮一體化政策に付て」, 人口問題研究會 編, 『人口政策と國土計畫』, 東京: 人口問題研究會, 1942.

본학술진흥회의 지원 아래 내선혼혈아의 유전형질에 대한 연구가 이뤄졌다.[22] 전선의 확대에 따라 각지에서 일본인과 현지인의 접촉이 증가하자 혼혈정책을 근본적으로 재검토하면서 내선혼혈아의 신장·체중·가슴둘레·얼굴형 등에 대해 연구하기 시작한 것이다(그림 2).

그런데 연구결과는 생물학적 측면에서 잡종강세를 보여 내선혼혈아가 부모 모두 일본인 또는 조선인인 아동보다 우수하다는 것이었다. 그러나 연구자들은 혼혈아가 국민의식이 박약하다면서 통혼을 정책적으로 장려하는 데는 우려를 표했다. 단, 일본인이 진출해야 할 식민지·점령지에서는 상대가 우수하다면 혼혈을 장려해도 좋다며 조선에서의 모범적인 내선결혼을 지지했다.

하지만 내선결혼에서의 문제는 일본 본토였다. 연구자들은 재일조선인이 계급적으로 열등한 노동자이므로 일본에서의 혼혈은 일본인의 자질을 저하시킬 것이라며 신중해야 한다는 견해를 피력했다. 후생성 인구문제연구소도 내선결혼이 식민지 조선이 아니라 일본 본토에서, 그것도 일본인 여성이 조선인 남성의 내연 처첩이 되는 형태로 확산하는 것을 묵과하지 않았다.[23] 이 연구소는 1940년 8월에 아예 내선결혼 가정이 일반 가정

---

22 水島治夫·三宅勝雄, 「內鮮混血問題」, 人口問題硏究會 編, 앞의 책, 1942; 水島治夫, 「日本民族の構成と混血問題(一)」, 『優生學』 220, 1942; 三宅勝雄, 「內鮮混血兒の身體發育に就て」, 『人口問題』 6-2, 1944.

23 인구문제연구소 조사에서는 조선인 남편·일본인 처 부부는 부부가 모두 조선인일 때보다 법률혼 비중이 현저히 낮고(96.6퍼센트: 63.5퍼센트) 내연관계가 많음이 드러났다. 또 내선결혼 중 법률혼은 조선인의 입부혼인이 상대적으로 많은 반면, 내연관계에서는 일본인 여성이 조선인 남성의 첩이 된 중혼 비율이 조선인 부부의 6배가 넘는 8.2퍼센트에 달했다. 인구문제연구소의 후신인 후생성연구소 인구민족부는 대개 하층민인 재일조선인 남성이 지도 민족인 일본인 여성과 성관계를 맺는 경우가 많은 것은 조선인 남성이 이를 통해 정복감을 충족하는 동시에 일본인 여성이 조선인을 일본인으로 오해하는 등 부주의하기 때문이라고 보았다. 따라서 혼혈아는 지능·체력에서 일본인과 현저한 차이가 없음에도 불구하고, 성격이 비뚤어지고 부끄러움을 모르며 국가정신이 희박한 자가 많음은 당연하다고 단언했다.

그림 2 내선결혼 가족의 안면 측정 사진

* 출처: 野田一夫, 「內地人ト朝鮮人トノ混血兒ニ就テノ遺傳生物學的研究(第1編)—
混血家族ニ就テノ人類學的研究」, 『人類學·人類遺傳學·體質學論文集(第三冊)』, 東京:
慶應義塾大學醫學部, 1943 참조.

표 4 후생성 조사: 재일조선인의 내선결혼 실태

	남편의 범죄력			결혼 동기							부부관계			처가의 경제상태			
	유	무	無記	허혼	맞선	사랑	사기	협박	폭행	無記	원만	불화	無記	상	중	하	無記
홋카이도	30	221	155	11	128	112	5	1		150	253	3	151	3	105	149	150
도쿄	84	371	27	5	133	308	15		1	15	442	19	15	14	215	231	15
가나가와	26	103	3	1	68	64	3				132	5		5	51	81	
아이치	8	103	9		21	64	3			32	97	4	19	1	38	57	25
오사카	5	96	101		4	18	68	7		105		3	102		53	46	103
야마구치	4	58	12		26	32				15	56	3		1	29	29	15
후쿠오카	2	76	1	1	36	37	1			4	74	2	3	1	25	49	4
도야마	4	49			18	32	2			1	48	4	1	3	16	21	13
합계	163	1,077	308	23	448	717	36	1	1	322	1,199	43	306	28	532	663	325

* 출처: 厚生省人口問題硏究所, 『(極秘)大東亞建設民族人口資料14: 內地在住朝鮮人出産力調査槪要』, 1942, p. 55.

보다 열등함을 전제하고 일본에 사는 통혼 가정의 실태를 조사해 자신의 주장을 뒷받침하는 근거로 삼기도 했다(표 4). 내선결혼은 주로 중하층 계급의 '불의밀통(=사랑)'이나 사기를 계기로 이루어지는 등 건전하지 못하고, 조선총독부의 내선일체 정책 역시 동아의 지도자여야 할 일본인을 압박하고 있다는 것이었다.

그리하여 일본 내무성은 1944년 말의 전적에 관한 논의에서 일본 본토에 일정 기간 이상 거주하면서 생활·사상·감정 등이 완전히 일본인과 다를 바 없게 된 조선인과 대만인에게만 일본 호적으로의 본적 이동(=이적)을 허용하겠다는 방침을 세웠다. 이는 물론 일본인의 순수성을 보호하기 위한 것이었다. 또한 내선결혼 법제를 통해서 지역 간에 호적을 변경하던 방식은 이전과 똑같이 인정하되, 조선총독부와 달리 이적에서는 통혼 가정이라도 우대하려 하지 않았다.

이처럼 일본 정부는 생물학적 인종주의를 부정하면서도 조선인을 계층·국민의식·생활양식의 차원에서 일본인보다 열등하다고 간주하면서 일본인의 순수성을 지키려 했다. 일본인에 대한 식민지민의 동화보다 일본인이라는 법적 신분의 안정과 그 동질성을 중시하고 식민지의 모순이 본토로 파급되지 않도록 유의한 것은 일본 정부의 일관된 태도였다. 하지만 결국 현실에 방임한 내선결혼이 본토로 역류해 일본인의 동질성을 침해하고 자부심까지 훼손하자 조선인과 일본인의 생물학적 혼효를 장려하지 않고 일본에 거주하는 조선인에게만 조선인인 채 정신적·문화적으로 일본인화되기를 요구한 것이다.

그리고 내선결혼을 인정하고 통혼을 장려하는 데 일본 정부보다 적극적이었던 조선총독부마저 내선결혼에 회의적이 되자 제국 일본은 패전 직전에 병합 이래 유지해오던 내선결혼 장려의 슬로건마저 부정하기에 이르렀다. 내무성이 그동안 "정부로서는 특별히 장려하지 않고 억지하지도 않는 태도"를 지녀왔다고 했을 뿐만 아니라[24] 조선총독부 역시 제국의회를 상대로 내선결혼에 대해 "별다른 장려책을 강구하고 있을 리 없는 것은 물론"이라고 설명한 것이다.[25] 위정자들도 더 이상 내선결혼을 조선 통치에 바람직하다고 생각하지 않게 되었음을 알려준다.

이와 같이 병합 초기 제국 일본이 내선결혼에 대해 지녔던 낙관적 인식은 통혼의 확산과 본토 역류를 계기로 부정적으로 전환되었다. 그와 함께 생물학적 인종주의 대신 문화적·계층적 차이를 평계로 통혼과 혼혈이

---

24 『本邦內政關係雜纂植民地關係第六卷』, 「朝鮮及臺灣在住民政治處遇ニ關スル質疑應答(內務省管理局, 昭和20.3.6.)」 '第1-10. 內鮮, 內臺結婚ニ對スル政府ノ方針如何'.

25 朝鮮總督府官房, 「第86回帝國議會說明資料 三冊ノ內一」, 1944(민족문제연구소 편, 『일제하 전시체제 시기 정책사료총서』 22, 한국학술정보, 2000, 73쪽).

라는 궁극적 동화를 스스로 부정하기에 이르렀다. 이는 곧 인종적·혈연적 유사성을 강조한 일본 특유의 동화주의가 포기되는 과정이었고, 조선인에 대한 실질적인 동화의 시책은 전쟁에 즉각 동원하는 데 필요한 정신적·문화적 측면에 국한되었다.

맺는말

이 글에서는 지금까지 제국 일본의 내선결혼 정책을 통혼의 실제 양상과 함께 분석함으로써 일본인과 조선인의 인종적 유사성을 전제로 성립한 조선인 동화정책이 동요·포기되어가는 과정을 살펴보았다. 먼저 제국 일본의 동화정책을 조선이라는 지역의 일본 지방화가 아닌 조선인의 일본인화로 이해하고, 내선결혼을 통해 법제적(호적), 정신적(국민의식)·문화적(생활양식), 생물학적(혼혈) 동화의 측면들을 분석함으로써 이론적 기여를 시도했다.

전체적인 흐름은 다음과 같이 요약할 수 있다. 제국 일본은 조선인의 완전한 일본인화를 최종 목표로 삼되, 정신적·문화적 동화를 우선 과제로 삼고 법제적 동화는 정신적·문화적으로 동화된 결과로서 가장 마지막에 이뤄져야 할 것으로 설정했다. 내선결혼을 통한 생물학적 동화는 시기에 따라 위상이 변했는데, 조선인의 정신적·문화적 동화의 수준이 낮았던 병합 초기에는 자연발생적으로 이루어지던 내선결혼이 정신적·문화적 동화를 촉진할 수단으로 주목되었다. 그리하여 전적을 금지하는 동안에도 내선결혼과 그로 인한 당사자 개인의 호적 이동은 관대하게 허용되었다. 하지만 전시체제 시기가 되면, 생물학적 동화라는 목표는 사실상 포기되었다. 조선총독부는 통혼이 동화의 결과여야 한다면서 정신적·문화적 동화에 집중했고, 일본 정부도 재일조선인의 정신적·문화적 동화를 중시하되 내선결혼은 조선인과 통혼 가족의 정신적·계층적 열등함을 이유로 거부한 것이다. 이로써 제국 일본의 조선인 동화정책은 생물학적 동화를 포함했던 독특성을 상실했다. 또한 조선총독부는 정신적·문화적으로 동화된 조선인의 일본 전적을 허용해 법제적 동화의 수준을 높이려 했지만, 일본 정부는 조선인의 거주 지역과 정신·문화의 차이를 기준으로 법제적 동화에 벽을 쌓았다. 이로써 패전 직전까지 조선인의 정신적·문화적 동화를 압박했을 뿐 법제적 동화는 거의 진행하지 않은 만큼 패전 이후 양국은 비교적 쉽게 분리되었다.

이때 중요한 것은 내선결혼의 현실이 이러한 변화를 이끌어낸 동력이었다는 점, 그리고 민족·계급·젠더라는 권력관계들의 중층적 상호관계야말로 제국 일본의 예상과 기대에 어긋나는 현실을 만들어낸 근본적인 요인이라는 점이다. 최근까지도 한국 사회나 학계에서는 민족이나 계급을 우선시하는 경향이 강했고, 모든 내선결혼을 영친왕 이은과 나시모토노미야 마사코(=이방자) 여사의 결혼 같은 정략결혼으로 이해하고, 일본인과 결혼한 조선인을 친일파로 비판하는 인식이 팽배했다. 하지만 '내선결혼'이라는 한마디 말로 일반화하기에는 법률혼과 내연, 일반 혼인과 입부혼인·서양자 입양 등 결혼의 형태, 당사자의 계층 혹은 성별에 따라 그 양상은 너무나 다양했다. 게다가 그중에는 일제에 협력하며 정략결혼한 사람보다도 서로 생계를 의지해야 했던 하층 주변인들이 많았고, 젠더 권력에서 우위를 점한 조선인 남성이 일본인 여성을 취해 조선인화한 경우도 많았다. 그리고 이처럼 일본의 기대와는 달랐던 현실이 일제가 내선결혼에 회의를 품게 만든 계기였다. 그럼에도 해방 이후 친일파에 대한 분노는 역설적이게도 손쉬운 하층의 내선결혼 가족에게 표출되곤 했다. 하지만 민족·계급·젠더의 권력관계가 교차하며 만들어낸 다양한 내선결혼의 현실을 도외시하고 이들을 모두 일제의 협력자·친일파로 비난하는 것이야말로 조선총독부의 선전을 그대로 수용한 '쌍생아'에 지나지 않는다.

VIII

전시체제와
탈식민지화

16

'듣는 주체'의 형성과 대중의 국민화*

── 전시 일본의 라디오 청취지도

정지희(鄭知喜)

머리말

일본에서 방송이 정식으로 개시된 것은 1925년의 일이다. 대중을 민족 국가 일원으로서의 자각과 교양, 그리고 규율을 갖춘 국민으로 교육('대 중의 국민화')할 방도를 골몰하던 일본의 정치·문화 지도층에게 당시 가 장 선진적인 전자 음성매체였던 라디오는 대단히 매력적인 매스커뮤니케 이션 수단이었다.[1] 그러나 방송은 발신자에게 심각한 도전을 제기하는 미

---

* 이 글은 박사학위 졸고 제1장의 일부를 발전시킨 「전시기(戰時期) 일본의 라디 오 방송과 대중의 국민화: 라디오 청취지도를 중심으로」(『동양사학연구』 제125집, 2013)의 내용을 반으로 축약한 것이다. 귀중한 자료를 공유해주신 다케야마 아키 코(竹山昭子) 선생님께 깊이 감사드린다.

1 '대중의 국민화'에 대해서는 有山輝雄, 「戰時體制と國民化」, 赤澤史朗 外 編, 『戰時 下の宣傳と文化(年報·日本現代史 第7號)』, 東京: 現代史料出版, 2001, pp. 1~36; George L. Mosse, *The Nationalization of the Masses: Political Symbolism and Mass Movements in Germany from the Napoleonic Wars through the Third Reich*, New York: H. Fertig, 1975 참조.

디어이기도 했다. 방송의 내용은 통제할 수 있어도 분산되어 있는 다수의 청취자가 라디오를 수신하는 일상의 맥락은 쉽게 통제할 수 없기 때문이다.[2] 이러한 방송의 특성은 필연적으로 방송을 듣는 행위자인 청취자의 청취태도와 습관에 대한 관심을 야기했다. 특히 라디오 방송의 역할이 사회교육과 대중교화, 그리고 총력전 체제 아래의 시국인식 철저화에 집중되었던 전시 일본에서는 청취자의 청취방식을 지도하고 교정하려는 조직화된 움직임이 감지되었다. 이 글에서는 이러한 전시 일본 라디오 청취지도의 역사적 전개와 함의를 고찰하려 한다.

청취지도의 한 형식이라 할 수 있는 1930년대와 1940년대의 단체청취 시도에 관해서는 연구가 이루어진 바 있다. 그러나 이 연구들은 단체청취 운동을 장기적인 청취지도의 역사라는 맥락에서 논의하지 않았다. 또한 전시동원과 긴밀하게 연계되었던 중일전쟁 발발 이후의 단체청취 운동과 그 이전 시기의 '자유주의적' 단체청취 운동 사이의 모순을 강조했다.[3] 이 글에서는 방송을 수신하는 실천적 환경과 청취자의 행동을 규제하려는 시도로서 청취지도를 문제시해 전시체제 이전 방송인들의 대중교화 의도와 라디오를 통한 전시동원 사이의 연속성에 주목할 것이다.

청취지도는 청취자의 사상, 행동, 일상을 규제하려는 위로부터의 규율적 시선에 의해 규정된 특정한 형태의 규범적 청취자상(像)과, 이러한 시선으로부터 자유로울 수 없지만 그렇다고 해서 완전히 예속되지도 않는 현실세계의 청취자, 즉 듣는 주체로서의 청취자 사이의 끊임없는 긴장을

---

2 동시다발적 라디오 수신행위의 통제 불가능성에 대해서는 Paddy Scannell, "Introduction: The Relevance of Talk", in Paddy Scannell ed., *Broadcast Talk*, Newbury Park, CA: Sage, 1991, p. 3; John Durham Peters, "The Uncanniness of Mass Communication in Interwar Social Thought", *Journal of Communication* 46-3, Summer 1996, pp. 108~13 참조.

3 黒田勇, 『ラジオ體操の誕生』, 東京: 青弓社, 1999, pp. 151~70; 石川明, 「社團法人日本放送協會の事業部活動 — 大阪中央放送局の團體聽取をめぐって」, 津金澤聰廣 編, 『近代日本のメディアイベント』, 東京: 同文館出版, 1996, pp. 193~216.

노정한다. 이러한 문제의식에서 청취지도의 이론과 실제를 조명해 일본 방송사에서 충분히 연구되지 않았던 청취자에 대한 관심을 환기하고,[4] 라디오 청취 자체를 다만 수동적인 수신행위로 보는 단순한 접근이나 일본의 전시 라디오 청취자를 순종적 혹은 맹목적인 방송의 추종자로 보는 일반적인 이미지를 재고할 기회를 마련하려 한다.

1. 단체청취의 실험과 규범적 청취자상(像)

방송 초기 방송협회의 활동은 방송 프로그램의 편성과 제작, 그리고 보급 확대의 측면에 초점을 둔 나머지, 청취자들의 청취방식에까지 세세한 관심을 둘 여유가 없었던 것으로 보인다.[5] 그러나 1930년대부터 상황은 달라졌다. 경제불황을 배경으로 '사상선도'(思想善導)를 위한 사회교육에

---

4 방송 초기 라디오 청취자의 탄생에 관해서는 야마구치 마코토(山口誠)나 미즈코시 신(水越伸)과 같은 미디어 연구자들에 의해 연구가 상당히 진전된 데 반해, 전시 일본의 방송 청취자에 대해서는 신문과 잡지의 청취자란을 중심으로 한 다케야마 아키코(竹山昭子)의 분석 이외에는 선행연구를 찾아보기 어려운 실정이다. 竹山昭子,『史料が語る太平洋戰爭下の放送』, 京都: 世界思想社, 2005, pp. 195~212;『戰爭と放送 ─ 資料が語る戰時下情報操作とプロパガンダ』, 東京: 社會思想社, 1994, pp. 83~115. 야마구치 마코토의 연구는 라디오 도입 초기 청취자에 대한 문제의식을 일관되게 보여주며 특히 미디어 사회학적인 관점에서 어떻게 일본의 일반 대중이 라디오라는 새로운 대중매체의 청중이 되었는가를 규명한다. 그중에서도 특히 山口誠,「オーディエンスの作法とメディアの三層構造」,『マス・コミュニケーション研究』67, 2005, pp. 51~66;「聽く習慣, その條件 ─ 街頭ラジオとオーディエンスのふるまい」,『マス・コミュニケーション研究』63, 2003, pp. 144~61;「放送をつくる第三組織: 松下電氣製作所と耳の開發」,『メディア史研究』20, 2006年 5月, pp. 26~49 참조. Mizukoshi Shin, "From Active Enthusiasts to Passive Listeners: Radio, the State and the Transformation of the Wireless Imagination", in Umesao Tadao et al. eds., *Japanese Civilization in the Modern World, vol. xiv: Information and Communication*, Osaka: National Museum of Ethnology, 2000, pp. 358~78.

5 鈴木玄,「放送の政治性强化と普及業務の進路」,『放送研究』3-3, 1943年 3月, pp. 5~6.

대한 관심이 고조되고, 만주사변, 중일전쟁, 태평양전쟁으로 이어지는 전쟁의 격화와 더불어 방송에 의한 대중교화와 국책선전의 중요성이 한층 대두되었다. 이와 같은 라디오 방송의 중점 이동에 따라 방송협회 방송인들과 각 부현(府縣)의 사회교육 담당자 등을 중심으로 과연 청취자들이 라디오를 어떻게 듣고 있는지를 진지하게 문제시하기 시작했다.

1930년대, 특히 이번 장(章)에서 소개하는 단체청취 운동이 본격적으로 전개되기 시작한 1934년 이후의 청취지도 활동은 몇 가지 점에서 이전 시기의, 청취자들의 청취태도에 관한 산발적인 관심의 표명과는 확실히 구분된다. 첫째는 청취 예비활동, 방송 청취, 사후활동을 포함하는 청취의 전(全) 과정을 대상으로 청취지도의 기본적 이론과 실천방법을 구체화함으로써 청취지도라는 개념 자체를 일반화한 점이고, 둘째는 적극적으로 청취자의 태도와 습관을 형성하고 교정하고자 시도한 것이다.

단체청취 운동은 생활조건을 공유하는 청취자로 하여금 일정한 목적을 가지고 특정한 방송을 지도자의 지도에 따라 공공장소에서 단체로 청취하도록 장려한다는 취지하에 방송협회가 각 부현 사회교육과 교육자, 지역지도자 등과 연계해 실시한 방송교육 운동이다. 일반적으로 1934년 농촌 청년의 단체청취용으로 제작·방송된 「농촌에의 강좌」(農村への講座) 프로그램을 그 시초로 본다. 「농촌에의 강좌」는 방송협회 오사카 방송국 (이하 오사카국) 사회교육과장 니시모토 미토지(西本三十二)가 시가현(滋賀縣) 라디오 상인조합과 시가현 사회교육과의 요청에 따라 제작한 프로그램이었다. 농촌불황 타개와 농촌으로의 라디오 보급을 목적으로 하며, 방송내용은 농업지식, 시사해설, 농사 체험담 위주였다.[6]

오사카국은 제1차 「농촌에의 강좌」(총 11강(講), 2주간 방송)를 위해 시가현 농촌보습학교 40개를 섭외해 미리 라디오 교본을 무료로 배포하며 단

---

6 프로그램 제작배경에 대해서는 西本三十二, 「我が國に於ける團體聽取の展開(上)」, 『放送』 6-2, 1936年 2月, p. 49 참조.

체청취를 장려했고, 그 결과 총 2천 명 이상이 참여한 것으로 집계되었다. 「농촌에의 강좌」는 3년 동안 총 8차에 걸쳐 제작되었으며, 니시모토는 5차까지의 단체청취 실험에 관한 상세한 기록을 방송협회의 출간 잡지 『방송』에 총 3회에 걸쳐 게재했다. 참가단체는 이내 주변 부현뿐만 아니라 규슈(九州) 지역 등지로도 확산되었다. 1차당 단체청취 참가자 수도 3만 명 이상으로 증가했다.[7]

단체청취를 위해 따로 프로그램을 제작한 것은 「농촌에의 강좌」가 시초이지만, 오사카국은 1933년부터 이미 기존 프로그램인 「주산(珠算) 강좌」 등을 활용해 도시 청취자를 대상으로 단체청취를 시도한 바 있다. 이를 주도했던 주지과(周知課)의 마지마 데루오(間島輝夫)가 평하듯 단체청취는 특정의 단기적 목표나 농촌 지역 라디오 보급만을 목표로 한 것이 아니라 '가장 효과적인 라디오의 교육적 이용법'을 추구하는 새로운 청취방식의 실험이었다.[8]

니시모토 미토지 역시 단체청취 운동을 이상적인 청취지도의 한 형태로 인식했다. 그는 단체청취 운동을 제창하기 이전에 이미 "〔라디오〕 강좌가 과연 널리 그리고 유효하게 이용되고 있는가에 관해 커다란 의문을 갖고, 어떻게 하면 이러한 문제를 제대로 해결할 수 있을까에 대해 여러 가지로 생각하고 있었다"고 밝힌 바 있다. 그리고 그런 이유로 1927년 이래 영국, 미국, 스웨덴 등지에서 사회교육 일환으로 실시되었던 단체청취 운동에 관심을 갖고 있었다. 시가현으로부터의 요청은 때마침 단체청취라는 새로운 청취방식을 시험해볼 기회를 제공했던 것이다.[9] 「농촌에의 강좌」

---

7 참가단체 수에 대해서는 西本三十二, 「我が國における團體聽取の展開(上)」, 『放送』 6-2, 1936年 2月, p. 48; 「我が國における團體聽取の展開(中)」, 『放送』 6-3, 1936年 3月, pp. 25~26; 「我が國における團體聽取の展開(下)」, 『放送』 6-4, 1936年 4月, pp. 68~70 참조.

8 間島輝夫·本野亨一, 「都市における團體聽取の發展」, 『放送』 6-8, 1936年 8月, p. 56.

5차 방송까지의 단체청취 실험에 관한 보고서에서도 그는 일본의 방송사업이 그동안 프로그램 제작에 집중한 데 반해, "그 프로그램을 어떻게 효과적으로 듣고 어떻게 효과적으로 이용할 것인가"에 대한 지도는 거의 고려하지 않았던 점을 지적했다. 그리고 「농촌에의 강좌」가 비록 소소하게나마 이러한 지도를 시도했으니 앞으로도 다양한 단체청취의 방법을 통해서 라디오 이용의 지도에 적극적인 노력을 기울일 것을 제창했다.[10]

그렇다면 단체청취의 실험을 통해 운동의 지도자들이 청취자들로 하여금 배우고 익히기를 희망했던 청취방식이란 어떠한 것이었을까? 단체청취 운동의 양대 이론가라 할 수 있는 니시모토와 마지마의 언설을 종합해보면 "유의미한 강연을 한층 더 유의미하게 청취"할 수 있도록 하는 것을 목표로 다수의 참가자가 '특정한 목적'을 설정할 것, "빠뜨리고 못 들은 부분을 서로 보완해주며 난해한 점은 함께 연구함으로써 강의내용을 충분히 터득할 것", 나아가 강의에서 나온 문제들에 대해 "함께 토의하고 연구"한 후 이렇게 이해한 내용을 각 개인이 잘 이용하도록 유도하는 것 등이었다. 이를 위해서 청취자들은 특정한 청취습관을 몸에 익혀야 했는데, 방송청취 전 예비학습을 실시하고, 청취 중에는 요점을 기입하며, 청취 후에는 들은 내용을 복습하고 토론하는 3단계 방식이었다.[11] 이러한 청취 습관을 유도하기 위해 방송협회는 단계별 청취의 편의를 고려한 라디오 교본(ラジオテキスト)을 제작해 방송 전에 배포했다.[12]

---

9   西本三十二, 앞의 글, 1936年 2月, p. 48.

10   西本三十二, 앞의 글, 1936年 4月, p. 72.

11   西本三十二, 앞의 글, 1936年 2月, pp. 49~50; 間島輝夫, 「團體聽取の組織と其の指導」, 『放送』 7-8, 1937年 8月, pp. 27, 30.

12   단체청취용 「농촌에의 강좌」 라디오 교본 제1집은 표지 포함 12매로, 단체청취 제창의 취지 설명, 방송일시와 방송제목, 강사의 이름, 그리고 각각의 방송내용에 대한 간단한 설명, 혹은 항목별로 분류한 방송내용을 국판(菊版)으로 인쇄한 것이었다. 각종 통계와 참고도서도 포함되어 있었다. 西本三十二, 앞의 글, 1936年 2月, pp. 49~50.

이러한 청취방식은 청취자가 근대적 시간관념을 비롯한 일련의 자기규율을 내면화하지 않고서는 처음부터 끝까지 혼자서 성공적으로 수행할 수 없는 것이었다. 단체청취 운동의 지도자들 역시 그 점을 잘 인지하고 있었다. 이 때문에 니시모토와 마지마 모두 단체청취 운동의 성공에는 적당한 지도자의 존재가 "절대적으로 필요하다"고 강조했다. 니시모토는 자치체 유력자, 청년지도자, 그리고 교육자 등을 중심으로 한 잠재적 지도자 개발의 필요성을 역설하는 한편, 단체청취를 경험한 학생들이 장래에 각자 지도자가 되어 자신의 생활공간에서 청취지도를 실시할 것을 희망했다.[13]

즉 단체청취는 통제된 청취환경에서 지도자들의 규범적 가르침에 따라 청취자들이 '올바른' 청취방식을 배우고 익히는 장(場)을 형성함으로써 라디오 청취에 수반하는 일련의 규율을 체화해 종국에는 혼자서도 효과적으로 방송을 듣고, 더 나아가 이러한 청취 습관을 타인들에게도 전파할 수 있는 특정한 형태의 청취자를 만들고자 하는 시도였다. 단체청취는 방송인, 교육자, 부현 사회교육 담당자들에게 라디오 청취자의 청취태도와 습관을 관찰하고 교정할 실질적인 접점과 기회를 제공했다.

이러한 견지에서 보면 단체청취는 대중의 사상, 행동, 그리고 일상생활을 규제해 특정 방향으로 지도·훈육하고자 하는 위로부터의 규율적 시선에 의해 규정된 운동이었다고 하겠다. 그렇다고 해서 단체청취 운동의 지도자들이 청취자들로 하여금 엄격한 감시 아래 주어진 메시지를 일방적으로 받아들이도록 강요한 것은 아니다. 니시모토와 오사카국은 청취자들이 일정한 목적의식을 가지고 청취에 임할 때만 높은 청취 의지와 집중력을 기대할 수 있음을 누누이 지적했다.[14] 그리고 청취자들의 자기 계

---

13 西本三十二, 앞의 글, 1936年 4月, p. 71; 間島輝夫, 앞의 글, 1937年 8月, p. 27.

14 西本三十二, 앞의 글, 1936年 2月, p. 49. 오사카국의 『昭和九年事業生成績報告』에 도 '참가자가 일정한 문제의식을 갖고 있는 것'이 단체청취의 심리효과가 발휘될 수

발과 공동체의 생활향상에 대한 갈망에 호소함으로써 이러한 목적의식을 환기해 자발적인 참여를 유도하고자 했다. 제1차 「농촌에의 강좌」라디오 교본 제2집 권두언에는 지도자들이 제안하는 수칙에 따라 단체청취를 실시함으로써 기대할 수 있는 효과로 인격의 완성과 공동생활의 향상을 들고 있다. 특히 도입 초기의 단체청취는 후일 구로다 이사무나 이시카와 아키라가 "자주적 상호비판" 혹은 "자율성의 존중"(自律性の尊重)이라 칭한, 방송내용에 대한 비판적 청취와 상호 토론 등의 자유주의적인 청취지도 방식을 일정 정도 포함하는 것이기도 했다.[15]

이러한 요소들은 청취자의 사상과 행동을 규제하고자 하는 위로부터의 시선과 일견 모순되는 듯 보일 수 있다. 그러나 청취지도가 자기규율을 내재화해 외부 개입 없이도 규범적인 태도와 습관을 유지하는 청취자의 창출을 상정했다는 이 글의 입장에서 본다면 반드시 모순된다고 할 수 없다. 오히려 청취자가 일정한 범위 내에서 자율적으로 행동할 수 있는 여지 자체가 청취자의 사상, 행동, 생활을 둘러싼 규율권력이 제대로 작동하기 위한 하나의 조건으로 작용하고 있다고 보는 것이 적절할 것이다.

「농촌에의 강좌」의 실험이 비교적 성공을 거두자 1935년부터 단체청취를 목적으로 도시 청년단과 청년학교를 대상으로 하는 「주산실습」, 「상도(商道)를 말하다」, 「청년의 음악」 등의 프로그램과 도시와 농촌 청년 모두를 대상으로 하는 「라디오 청년학교」 프로그램이 잇따라 방송되었다. 그러나 이 프로그램들은 니시모토가 바라듯 제대로 규율화된 단체청취를 조직하는 데에는 이르지 못했다.[16]

결론적으로 단체청취 운동이 궁극적으로는 청취자들에 의한 자주적

있는 조건으로 명시되어 있다. 石川明, 앞의 글, p. 202.

15 間島輝夫, 앞의 글, 1937年 8月, p. 30; 黑田勇, 앞의 책, p. 166; 石川明, 앞의 글, p. 210.

16 西本三十二, 앞의 글, 1936年 4月, p. 70.

인 문화운동으로 발전하리라는 실험 초기 운동의 지도자들의 기대는 실현되지 못했다. 비록 소수이나마 위로부터 조직된 단체청취에 자발적으로 참여한 참가자들은 존재했지만, 마땅한 지도자의 부재로 인해 단체청취 운동은 답보상태를 벗어나지 못했던 것이 사실이다.[17]

오사카국은 편의상 지방관청과 연계함으로써 이러한 난국을 타개하고자 했다. 각 부현의 학무부장과 사회교육과의 주도 아래 라디오 청취지도자의 양성을 담당하는 하부조직을 구성하고자 하는 움직임은 1935년부터 오카야마, 오사카, 효고 등 간사이(關西) 지방 각지에서의 라디오 교육연구회의 발족으로 구체화되었다. 회원은 청년학교 교원이 압도적 다수를 차지했고 소학교 교원, 청년단 간부, 소수의 승려와 유식자 등도 참여했다. 활동은 라디오 이용의 지도자 양성을 위한 강연회와 강습회에 집중되었다. 1938년 10월에는 이들의 연합체인 간사이 라디오 교육연구회 연맹이 탄생했고 1939년까지 라디오 교육연구회의 조직망은 도쿄, 도호쿠(東北) 지방까지 확대되었다.[18]

2. 라디오의 생활화와 전시동원

1937년 중일전쟁이 발발하자 체신성과 방송협회는 국가와 방송, 그리고 생활 사이의 밀접한 결합을 한층 강조하는 한편, 1938년부터 여러 관청의 협력을 얻어 일호일수신기(一戸一受信機) 캠페인을 전개해 나갔다. 전황 뉴스와 중요 방송의 청취를 용이하게 하기 위한 공중청취 시설 또한

---

17 예를 들어 제4차 「농촌에의 강좌」의 455개의 참가단체 중 자발적 참가단체는 45개 (참가자 수 3,161명)로 집계되었다. 西本三十二, 앞의 글, 1936年 4月, p. 68; 黒田勇, 앞의 책, pp. 158~60.

18 라디오 교육연구회에 대해서는 間島輝夫, 앞의 글, 1937年 8月, pp. 28~30; 西本三十二, 앞의 글, 1936年 3月, pp. 27~28; 黒田勇, 앞의 책, pp. 160~61, 168~69.

전국적으로 확충되었다.[19] 최신의 전황을 가장 신속하게 알려주는 라디오 방송에 대한 대중의 수요 자체가 급증해 신규 가입자 수의 주목할 만한 증가로 이어졌다. 도시 보급률 50퍼센트를 최초로 달성한 것도 이 시기의 일이다.

마지마 데루오 같은 청취지도의 이론가는 중일전쟁 발발 이후 시국상황을 "라디오의 생활화에 관한 자각을 촉진해 이를 실천하기 위한 절호의 기회"로 인식했다. 마지마는 라디오의 생활화란 라디오가 "인간생활의 외부로부터 작용하는 것, 혹은 단지 무언가를 부여해주는 것"이 아니라 "생활 안에 존재하며 생활 그 자체를 구성하는" 역할을 담당하게 되는 것이라 정의했다. 그는 라디오와 생활의 결합이 여전히 "가능성에 불과한 상태에 머물러" 있을 뿐이며 "일반 대중의 생활에서 이를 실현하기 위해서는 지도와 계몽이 행해지지 않으면 안 된다"는 입장을 취했다. 그리고 단체청취를 라디오 이용의 새로운 형태로 장려하던 입장에서 더 나아가 "생활지도의 방법"으로 취급할 것을 제안했다. 그는 단체청취를 통해 라디오를 생활화하고 더 나아가 "생활을 라디오를 중심으로 재편성하는" 것은 "현재 시국의 생활훈련을 위해 매우 암시적"이라 주장했다.[20]

단체청취라는 청취방식을 통해 생활훈련 내지 협동정신을 강조하는 운동 중점의 변화는 다른 방송협회의 청취지도 이론가들의 저작에도 잘 드러난다. 사업부의 미야하라 세이이치(宮原誠一)는 "지식을 얻고 건전한 오락을 즐기는 사이 일상생활의 협동사회적인 작법이나 습관을 부지불식간에 훈련 받는다"는 점에서 중일전쟁 발발 이후의 단체청취의 의의를 찾았다.[21] 니시모토 미토지는 단체청취가 시국 아래의 교육상 "단체훈련의 실

19 日本放送協會 編, 『日本放送史(上)』, 東京: 日本放送出版協會, 1965, pp. 481~83.

20 間島輝夫, 「時局下のローカル放送と聴取の指導」, 『放送』 9-2, 1939年 2月, pp. 19, 21.

21 宮原誠一, 「放送教育運動組織化の諸問題(上)」, 『放送』 9-10, 1939年 10月, p. 22.

천적인 수련장"이라 칭했다.[22]

이러한 중점의 이동은 국민정신 총동원과 대정익찬 운동의 전개에 따른 국민교화와 일상의 조직화라는 시대상에 기인하는 것이었다. 구로다 이사무는 여기서 단체청취 운동의 '모순'이 발생한다고 논한 바 있다. 즉 '자주적 상호비판'(自主的な相互批判)을 허용했던 단체청취 운동의 이념과 이러한 요소들을 "억압·배제하는 국민 총동원의 입장"은 맞지 않는다는 것이다.[23] 그러나 단체청취 운동의 이념 자체에 대중의 행동과 일상을 규제하고 자기규율을 훈련시키려는 경향이 내재되어 있었음을 강조하는 이 글의 입장에서 보면, 청취지도 이론가들이 구상했던 바람직한 청취자상(像)과 총동원 운동이 그렸던 이상적 국민상 사이에 상당한 연속성을 발견할 수 있다. 아리야마 데루오(有山輝雄)가 지적하듯 전시동원은 '일본정신 발양(發揚)'이라는 정신론뿐만 아니라 전쟁수행을 위한 '일상도덕'과 규율의 실천을 강조하는 생활교화 운동으로서의 측면이 강했고,[24] 그러한 면에서 청취지도 이론가들과 관심을 공유했던 것이다. 전시동원 체제가 라디오 생활화의 호기라는 마지마의 주장을 단지 시대에 영합하는 수사에 불과한 것으로 볼 수 없는 것도 이 때문이다.

시국 아래의 생활지도 방법으로서 단체청취라는 새로운 접근은 청취지도 운동의 전개방식의 변화를 수반했다. 마지마는 라디오를 듣기 위해 단체를 구성하는 것이 아니라 단체생활 안으로 라디오 청취를 가져가야 한다고 주장하고, 기존의 직역(職域) 단체를 기본 단위로 하는 단체청취안을 주창했다.[25] 실제로 단체청취는 이내 총동원 체제의 말단조직으로서의 산업단체, 부인단체, 청소년단, 부락회(部落會), 정내회(町内會) 등을 통

---

22 西本三十二,「ラヂオによる青年教育の新使命」,『放送』8-4, 1938年 4月, p. 25.
23 黒田勇, 앞의 책, p. 166.
24 有山輝雄, 앞의 글, pp. 21~27.
25 間島輝夫, 앞의 글, 1939年 2月, p. 21.

한 주지선전과 집단적 생활훈련의 수단화하는 경향을 보였다.[26] 1940년 8월에 개최된 간사이 라디오 교육연구회 대회 기록을 보면, 듣는 귀의 훈련, 국어 도야, 지식계발 이외에도 시국인식과 국민의 감정적 유대를 강화해 전체화와 황도귀일(皇道歸一)을 꾀할 것 등을 연구회의 청취지도 목표로 들고 있어 이러한 경향을 잘 보여준다.[27]

3. 태평양전쟁 아래의 청취지도: 필청(必聽)과 강제청취의 이념과 실제

1941년 12월 태평양전쟁의 발발과 동시에 방송의 새로운 사명은 국책의 철저, 여론의 지도, 그리고 국민의 전의(戰意) 고양에 집중되었다.[28] 그러나 위로부터의 여론의 지도가 중시되었다고 해서 국책 위주의 방송을 청취자들이 제대로 듣고 그 내용을 그대로 수용하고 그에 따라 실생활에서 행동할 것이라고 가정할 수는 없다. 실제로 이 시기 방송협회는 청취자의 이탈을 의식해 '방송과 대중의 결합'과 이를 위한 청취지도를 강조하는 경향을 보였다. 예를 들면 「대중에 관하여」라는 『방송연구』 기사에서 프로그램 기획 담당자인 마루야마는 다음과 같이 논한다.

　　방송은 대중과의 유기적 결합으로부터 출발한다. 우리에게 가장 필요한

26　日本放送協會 編, 앞의 책, pp. 484~85.
27　奈良縣ラヂオ教育研究會, 「關西ラヂオ教育研究大會の記」, 『放送』 10-9, 1940年 9月, pp. 43~44. 구로다 이사무 역시 간사이 라디오 교육연구회 연맹의 사업편람을 인용해 라디오 교육연구회의 전시동원 말단조직화 현상을 지적하고 있다. 黑田 勇, 앞의 책, pp. 166~67.
28　국가의 입장에서 기술되었던 방송의 새로운 사명에 대해서는 竹山昭子, 앞의 책, 1994, pp. 10~16 참조.

것은 방송과 청취자를 밀접하게 결합하는 것이다. 한 명이라도 많은 사람이 방송에 친밀감을 가질 수 있도록 노력하는 것이다. 선전도 계몽도 지도도 교화도 모두 대다수의 청취자가 라디오 전원을 켜야지만 비로소 달성될 수 있는 것으로, 듣든 안 듣든 이쪽이 생각하는 대로만 하면 대중은 자연스레 따라온다는 독선적인 사고방식은 결과적으로 방송을 청취자로부터 유리(遊離)시킬 뿐이다. …… 방송과 대중의 결합은 …… 〔방송이〕 대중생활의 속으로 자연스럽게 침투해 있는 그대로 소화 흡수되어야만 성립한다.[29]

또 다른 프로그램 기획 담당자 역시 비슷한 논지를 전개하는 한편, '방송과 대중의 결합'을 위해서는 청취지도가 '긴급한 업무'임을 강조했다.[30]

그렇다면 태평양전쟁 시기의 청취자는 어떻게 라디오를 들어야 했을까? 「교사의 시간」, 「부인의 시간」, 「어린이의 시간」, 「점원의 시간」, 「상회의 시간」 등의 프로그램을 통한 단체청취는 계속되었다. 이에 더해 단체청취 참가자뿐만 아니라 일반 국민 개개인을 대상으로 반드시 들어야 할 프로그램과 시간대를 지정해주는 식의 세세한 청취지도가 시도되었다. 미야모토 요시오(宮本吉夫)가 전쟁 개시일에 수상 관저에서 방송한 「라디오 앞에 모여주십시오」는 개전 직후 어떠한 청취방식과 습관이 장려되었는지를 잘 보여준다. 당시 정보국의 방송 담당부서인 제2부 제3과장이었던 미야모토는 국민들로 하여금 다음과 같이 방송을 듣도록 독려했다.

오늘밤부터 국민에게 신속히 알려야 할 사항이 있으면 매 시간 시작 무렵에 방송할 것이므로 모쪼록 매 시간의 시작에, 예를 들어 6시라든가 10시와 같은 정각에는 반드시 라디오 전원을 켜주십시오. 그리고 밤 7시

---

29 丸山, 「番組企畵: '大衆'에 就いて」, 『放送硏究』 3-6, 1943年 6月, p. 14.
30 春, 「番組企畵: 聽取指導」, 『放送硏究』 2-10, 1942年 11月, p. 8.

30분부터는 정부의 요청이나 생각을 매일 밤 방송하므로 이 시간도 반드시 들어주십시오. 그 외에 돌발적인 중요 사안이 있으면 그 외의 시간에도 방송하는 경우가 있으므로 누군가 주위의 한 사람은 반드시 라디오를 듣고 있다가 미리 통지가 있을 경우에는 라디오 앞에 모여주십시오. 공장이나 사무소의 라디오도 항상 신경을 써주십시오. 또 거리, 극장, 영화관 등 많은 사람이 모이는 장소에서는 정부의 중요한 방송은 반드시 확성기로 방송해주십시오. …… 이렇게 해서 국민이 한마음이 되어 총진군한다면 …… 어떠한 대적(大敵)이라 해도 결단코 두려워할 것이 없습니다.[31]

즉 미야모토는 방송청취와 생활이 거의 분리되지 않을 정도로 청취 자체를 생활화하는 것을 개전 직후의 이상적인 청취방식으로 삼았음을 알 수 있다.

그러나 태평양전쟁이 일본 정부의 예상보다 장기화됨에 따라 총력전 체제를 지속하기 위해서는 전쟁 초기 미야모토가 상정했던 것보다는 훨씬 더 선별적이고 규율화된 청취방식이 요구되었다. 전쟁수행을 위한 증산이 최우선시되는 한편, 물자와 인력 부족으로 인한 실생활에 대한 압박이 가중되는 상황에서 전력(戰力) 증강에 지장을 초래하지 않고 라디오를 듣는 습관의 중요성이 대두되었기 때문이다. "라디오 청취로 인해 필요한 시간이 희생되어 다소라도 전력(戰力) 증강에 지장을 초래한다면 이는 본말전도"라는 식의 사고방식이 강조되면서 이와 같은 사태를 피하기 위한 새로운 청취습관이 요구되었던 것이다.[32] "집단청취(단체청취)에 대해서도 감상

31 방송원고는 宮本吉夫, 「ラジオの前にお集まり下さい」, 『放送』 2-1, 1942年 1月, p. 9 참조.

32 中澤道夫, 「放送生活化の意味」, 『放送研究』 3-8, 1943年 8月, p. 7. 나카자와는 방송협회 사무국 기획부 소속. 사무국 기획부의 오가와 가즈오(小川和夫) 역시 비슷한 논지의 글을 싣고 있다. 小川和夫, 「放送生活の限界」, 『放送研究』 3-8, 1943年 8月, pp. 7~10.

적이 되어서는 안 된다. 청소년단, 부인회, 도나리구미(隣組)에서 집단적으로 방송을 청취하는 것은 물론 좋다. 그러나 이것도 역시 생산생활을 방해하지 않도록 신중히 취급해야 한다. 너무 자주 실시해서는 안 된다"는 방송협회 업무국 기획부의 오가와 가즈오(小川和夫)의 주장은 장기전 체제 아래의 상황을 잘 보여준다.[33]

방송협회 기획부는 동(同) 방송협회가 청취자를 대상으로 발간한 월간 시국잡지『방송』1942년 6월호에 「방송 듣는 법」(放送の德き方)이라는 기사를 실어 청취자들에게 장기전 생활에 적합한 청취방식을 설명했다. 기사의 첫 표제어 '선택해서 들어주십시오'는 시대가 요구하는 청취방법을 단적으로 드러냈다. 이 기사는 어떤 방송을 선택해야 하는지에 대한 지침에 해당하는 것으로 방송의 제목과 방송 요일 및 시간을 일목요연하게 정리했다. "일본 국민으로서 반드시 들어야 하는" 방송은 일요일 이외 매일 오후 7시 30분부터 방송되는 정부당국의 중요 국책에 관한 방송과 매주 화, 목요일의 오후 8시부터 방송되는 육해군 당국의 군사발표였다. 그다음으로 중요한 프로그램은 매일의 뉴스였다. 기사는 같은 내용의 뉴스를 반복해서 듣지 않도록 재방송 시간을 상세히 설명하는 한편, 청취자의 생활습관에 맞춰 선택할 것을 당부하고 있다. 세 번째로 중요한 것은 매주 일요일 밤 7시부터 10시 사이의 연예와 강연 프로그램이고, 네 번째로는 학교방송이나 「농가의 시간」, 「부인의 시간」 등 직역대상의 프로그램을 들고 있다. 또한 방송국에서 방송 사이에 레코드를 트는 동안에는 잘 들리도록 수신기를 조절하고 매일 밤 5시 50분부터 방송되는 당일 밤과 다음날 아침 방송 프로그램 예고를 듣거나 신문의 라디오란을 확인할 것, 그리고 비상 시 그대로 전원을 끄지 말고 있으라는 지시가 있지 않는 한, 청취가 끝나면 전원을 바로 끌 것 등을 요청했다.[34]

---

33 小川和夫, 앞의 글, p. 10.
34 日本放送協會企畫部, 「放送の聽き方」,『放送』2-6, 1942年 6月, pp. 109~11.

그렇다면 전쟁 말기의 청취자들은 과연 방송인들과 정부당국이 제안한 방식대로 라디오를 청취했을까? 1943년 2월호『방송연구』는「청취지도의 여러 문제」라는 특집 기사란에 방송과 청취지도 담당자들의 논고를 게재했는데, 이들의 일반 대중의 청취태도와 습관에 대한 언설을 통해 실제 청취상태를 짐작해볼 수 있는 바가 적지 않다. 이 논고들은, 방송은 청취자들이 듣지 않으면 소용이 없다는 견지로부터 청취지도의 개선방안을 논의하고 있는데, 결론적으로 말하자면 전쟁 말기에 선별적이되 주의 깊은 청취를 고창한 청취지도의 효과가 그다지 높지 않았음을 시사하고 있다. 청취태도의 형성 및 규제에 관한 방송인들의 능력 부족과 자율적으로 청취지도에 따라 '올바른' 방식으로 라디오를 듣지 않는 청취자들에 대한 절망감을 고스란히 드러내고 있기 때문이다.

당시 사무국 교양부장이었던 니시모토 미토지는 "라디오는 국가의 의지를 전달한다. 따라서 이것(라디오)을 듣는 것은 국민적 행위이다'라고들 한다. 전시 아래 라디오 방송은 전부 국책적 의의를 갖는 것이지만「정부의 시간」이나 중요 강연을 필두로 전황뉴스, 정부뉴스 등은 국민필청(必聽)을 요하는 것이라 하겠다. 〔그러나〕국민필청이라고는 해도 라디오는 강제력을 갖지 않기 때문에 이를 국민의 도덕적 의무감에 호소하는 것 이외에는 달리 방법이 없다"며 필청운동의 실천적 어려움을 토로했다. 니시모토는 또한 청취지도의 문제가 일본에 있어서는 여전히 "거의 미개척의 영역에 속한다"고 평했다. 그리고 단체청취의 가장 중요한 조건인 올바른 지도자의 양성은 여전히 요원한 일이기에 "단체청취 운동의 진전을 기대하는 것은 황하(黃河)가 맑아지기를 기대하는 것과 같다"고 개탄했다.[35] 사무국 기획부의 미야카와 미쓰오(宮川三雄)는 "전쟁 이래 방송의 사명이 배가되었음에도 불구하고 국민 각자가 바빠진 사정이나 방송내용이 전전(戰

35　西本三十二,「聽取指導の基本問題」,『放送研究』3-2, 1943年 2月, pp. 5~6, pp. 14~15.

前)과 비교해 딱딱해질 수밖에 없는 사정상, 청취자는 방송으로부터 멀어져가는 경향이 없지 않다"고 지적하고 있다.[36]

국민대중의 실질적인 청취태도와 습관을 제대로 규제할 수 없음에 불안을 느낀 일부 방송인들은 법률에 의한 강제청취라는 극단적인 방식을 제안하기도 했다. 1930년대 이래 단체청취 운동을 지도해왔던 마지마 데루오 역시 그중 한 사람이었다. 당시 오사카국 문예과장이었던 마지마는 "국민 한 사람 한 사람이 자기의 일상을 규정하지 않으면 안 된다"고 강조하고 "국민이 자기 생활을 반성하고 전쟁 목적 수행을 위해 이를 규정하는 태도에 철저하지 않기 때문에 바로 라디오에 대한 일상적 관심이 산만한 것"이라 지적한다. 그리고 이러한 상황의 타개책으로서 그는 "특정 상태의 국민생활에 대해서는 종래와 같이 특정 종목의 청취를 단지 장려하거나 국민의 자발적 행동에 따라 실시하는 데 그치지 않고 차라리 법적 규제에 의거에 감행하는 편이 전쟁생활에 따른 라디오의 사명에 적합한 것이 아닌가?"라는 의견을 제시하고 있다.[37]

이시카와 아키라는 이러한 마지마의 강제청취안에 대해 1930년대 단체청취 과정에서 자율적 청취자 조직을 주창했던 이전의 사고방식과는 전혀 다름을 강조하고, 이를 방송인들이 "스스로 주도권을 버리고 방침의 결정을 정부당국에 내맡긴" 예로 이해한다.[38] 그러나 여기서 한 가지 짚고 넘어갈 것은 같은 호 『방송연구』에 실린 논고에서 미야카와 같은 방송인은 마지마가 제안하는 강제청취안에 앞서 필청이라는 접근 자체에도 전면적으로 반대하는 의견을 개진하고 있다는 점이다. 미야카와는 "설사 필청의 명령이 떨어졌다 해도 각자의 가정까지 찾아가 듣고 있는지 아닌지를 조사하고 다닐 수는 없는 노릇"이라 지적한다. 그는 국민필청은 전

36 宮川三雄, 「聽取指導の原則」, 『放送硏究』 3-2, 1943年 2月, p. 19.
37 間島輝夫, 「聽取指導の方向」, 『放送硏究』 3-2, 1943年 2月, pp. 27, 29
38 石川明, 앞의 글, p. 212.

쟁 1주년과 같이 특별한 경우에 국한해야지 날마다 하면 그 "효력이 오히려 떨어지"고 그렇게 되면 "국민필청의 시간이라 할 수도 없다"고 서술한다. 그리고 "이러한 시간은 들어야만 한다는 식으로 훈련해가는 것이 최선의 방법"이라 주장한다.[39] 여기서 주목할 점은 강제청취라는 방안 자체가 실현 가능성이 희박했다는 점과, 방송의 국가적 사명을 강조하는 감독관청의 압력만으로는 마지마가 강제청취라는 극단적인 방법을 택한 데 대한 충분한 설명이 되지 못한다는 점이다.

오히려 나는 강제청취라는 사고방식이 청취지도라는 위로부터의 규율적 시선에 일관되게 존재했던 대중의 사상과 행동, 그리고 일상을 규제하고자 하는 욕망을 드러내는 방식에 주목하고 싶다. 강제청취를 주장하면서도 마지마가 이상으로 내세운 청취자란 방송인이나 정부당국의 개입 없이도 자율적으로 규범적 라디오 청취를 수행하는 개인이었음을 기억해 둘 필요가 있다. 비록 1930년대의 청취지도가 청취자들로 하여금 방송에 비판적 태도를 취할 수 있는 여지를 다소간 부여했다 해도 청취자들은 결국 그러한 자유를 규범적인 방식으로 활용하고 '유의미한 방송을 좀 더 유의미하게 이용'하는 범위 안에서 누릴 것을 요구받았던 것이 사실이다. 그렇다면 전쟁 말기 강제청취의 제창은 청취대중이 자기규율을 통해 올바른 방식으로 라디오를 듣는 청취자로 거듭나기에 실패했을 때 그들을 규제하고자 하는 위로부터의 욕망이 투박한 방식으로 그 맨얼굴을 드러낸 것으로 볼 수 있을 것이다.

이후 전황은 악화일로로 치달아 갔고 전력 부족과 일본 주요 도시에 대한 연합군의 공습은 방송시간의 단축과 전파관제에 의한 잦은 주파수 변경, 공습에 의한 빈번한 방송의 중단과 같은 문제들을 초래했다. 이는 정규방송의 송수신 자체에 큰 차질을 가져와 청취지도 자체가 여의치 않

---

39 宮川三雄, 앞의 글, p. 21.

454 ● 공명하는 동아시아사

은 상황이 되었다. 이런 청취조건에서는 규범적인 청취습관을 이미 몸에 익힌 청취자라 해도 방송을 제대로 듣는다는 것은 불가능했다.[40] 결국 태평양전쟁 시기 청취지도의 시도는 그 실행자들이 만족할 만한 성과를 거두지 못한 채 막을 내렸다.

맺는말

이 글은 청취지도란 처음부터 규범적 청취태도와 습관을 지닌 청취자를 창출하고자 했던 위로부터의 대중교화적인 시선을 기저에 깔고 있었음에 주목했다. 그리고 이러한 청취자상을 통해 일반 대중들로 하여금 자기규율을 내면화하도록 독려했던 청취지도 운동과 생활훈련을 통해 책임감 있고 유용한 국민을 만들어내고자 했던 국가의 전시동원 사이의 연속성을 조명했다.

이러한 연속성에 주목하는 것은 청취지도 운동의 전시체제에 대한 협력적 성격을 목적론적(teleological)으로 드러내기 위함이 아니다. 일본의 청취지도 운동이 선행연구가 비교분석의 모델로 삼았던 영국 사례의 자유주의적 지향에서 일탈했음을 거듭 강조하려 함은 더더욱 아니다. 마이클 베일리(Michael Bailey)의 연구는 영국의 라디오 청취단체(radio listening groups)를 둘러싼 담론 또한 자유나 권리의식보다는 적절한 행동규율과 책임감, 공동체의식, 그리고 국가의 일원인 시민으로서의 자각을 청취대중에게 가르치는 것에 집중되었음을 보여준다. 이러한 역사적 정황은 오히려 일본의 청취지도가 전 지구적인 관점에서의 대중의 국민화 내지는 시민화의 맥락에서 살펴봐야 할 필요성을 제기한다.[41]

---

40 전파관제에 대해서는 竹山昭子, 앞의 책, 2005, pp. 88~105 참조.

41 Michael Bailey, "A Broadcasting University: Educated Citizenship and Civil

일본의 대표적인 미디어사학자 아리야마 데루오는 일본의 메이지(明治) 말기부터 다이쇼, 쇼와(昭和) 시기에 이르기까지 국민화와 대중화라는 서로 길항관계에 있는 이중의 과정이 동시에 진행되었던 점에 주목하면서 "국민이란 결코 고형화할 수 있는 것이 아니라 부단히 국민화하기 위해 손을 쓰지 않으면 대중화(하는 방향으)로 흘러 나가버리는 것"이라 규정한 바 있다.[42] 청취지도 사례는 일본의 라디오 방송과 청취자의 관계를 이러한 분석틀에서 바라볼 수 있는 하나의 창을 제공한다.

| 참고문헌 |

Bailey, Michael, "A Broadcasting University: Educated Citizenship and Civil Prudence", *Citizenship Studies* 14-6, 2010.

Foucault, Michel. "The Subject and Power", in Hubert L. Dreyfus and Paul Rabinow eds., *Michel Foucault: Beyond Structuralism and Hermeneutics*, Chicago: University of Chicago Press, 1982.

Mizukoshi Shin, "From Active Enthusiasts to Passive Listeners: Radio, the State and the Transformation of the Wireless Imagination", in Umesao Tadao et al. eds., *Japanese Civilization in the Modern World, vol. xiv: Information and Communication*, Osaka: National Museum of Ethnology, 2000.

Mosse, George L., *The Nationalization of the Masses: Political Symbolism and Mass Movements in Germany from the Napoleonic Wars through the Third Reich*, New York: H. Fertig, 1975.

Peters, John Durham, "The Uncanniness of Mass Communication in Interwar Social Thought", *Journal of Communication* 46-3, Summer 1996.

Prudence", *Citizenship Studies*, 14-6, 2010, pp. 681~95.

42　有山輝雄, 앞의 글, p. 8.

Scannell, Paddy, "The Relevance of Talk", Paddy Scannell ed., *Broadcast Talk*, Newbury Park, CA: Sage, 1991.

有山輝雄, 「戰時體制と國民化」, 赤澤史朗 外 編, 『戰時下の宣傳と文化(年報·日本現代史 第7號)』, 東京: 現代史料出版, 2001.

石川明, 「社團法人日本放送協會の事業部活動: 大阪中央放送局の團體聽取をめぐって」, 津金澤聰廣 編, 『近代日本のメディアイベント』, 東京: 同文舘出版, 1996.

大阪中央放送局周知課, 「大阪市店員の時間利用狀況」, 『放送』 8-12, 1938年 12月.

小川和夫, 「放送生活の限界」, 『放送研究』 3-8, 1943年 8月.

貴志俊彥, 川島眞, 孫安石 編, 『戰爭·ラジオ·記憶』, 東京: 勉誠出版, 2006.

黒田勇, 『ラジオ體操の誕生』, 東京: 青弓社, 1999.

坂本慎一, 『ラジオの戰爭責任』, 東京: PHP研究所, 2008.

鈴木玄, 「放送の政治性強化と普及業務の進路」, 『放送研究』 3-3, 1943年 3月.

竹山昭子, 『史料が語る太平洋戰爭下の放送』, 京都: 世界思想社, 2005.

竹山昭子, 『戰爭と放送: 資料が語る戰時下情報操作とプロパガンダ』, 東京: 社會思想社, 1994.

竹山昭子, 『太平洋戰爭下その時ラジオは』, 東京: 朝日新聞出版, 2013.

中澤道夫, 「放送生活化の意味」, 『放送研究』 3-8, 1943年 8月.

奈良縣ラヂオ教育研究會, 「關西ラヂオ教育研究大會の記」, 『放送』 10-9, 1940年 9月.

西本三十二, 「ラヂオによる靑年教育の使命」, 『放送』 8-4, 1938年 4月.

西本三十二, 「我が國に於ける團體聽取の展開(上)」, 『放送』 6-2, 1936年 2月.

西本三十二, 「我が國に於ける團體聽取の展開(中)」, 『放送』 6-3, 1936年 3月.

西本三十二, 「我が國に於ける團體聽取の展開(下)」, 『放送』 6-4, 1936年 4月.

西本三十二, 「聽取指導の基本問題」, 『放送研究』 3-2, 1943年 2月.

日本放送協會 編, 『日本放送史(上)』, 東京: 日本放送出版協會, 1965.

日本放送協會企畫部, 「放送の德き方」, 『放送』 2-6, 1942年 6月.

春, 「番組企畫: 聽取指導」, 『放送研究』 2-10, 1942年 11月.

間島輝夫, 「時局下のローカル放送と聽取の指導」, 『放送』 9-2, 1939年 2月.

間島輝夫, 「團體聽取の組織と其の指導」, 『放送』 7-8, 1937年 8月.

間島輝夫, 「聽取指導の方向」, 『放送研究』 3-2, 1943年 2月.

間島輝夫, 本野亨一, 「都市における團體聽取の發展」, 『放送』 6-8, 1936年 8月.

間島輝夫, 本野亨一, 「ラヂオ靑年講座の聽取狀況」, 『放送』 8-4, 1938年 4月.

丸山, 「番組企畫: '大衆'に就いて」, 『放送研究』 3-6, 1943年 6月.

宮川三雄, 「聽取指導の原則」, 『放送研究』 3-2, 1943年 2月.

宮原誠一,「放送教育運動組織化の諸問題(上)」,『放送』9-10, 1939年 10月.

宮本吉夫,「國家と放送(上): ラヂオ普及の國家的必要」,『放送』9-7, 1939年 7月.

宮本吉夫,「ラジオの前にお集まり下さい」,『放送』2-1, 1942年 1月.

山口誠,『英語講座の誕生: メディアと教養が出會う近代日本』, 東京: 講談社, 2001.

山口誠,「オーディエンスの作法とメディアの三層構造」,『マス・コミュニケーション研究』
　　67, 2005.

山口誠,「聴く習慣, その條件: 街頭ラジオとオーディエンスのふるまい」,『マス・コミュニ
　　ケーション研究』63, 2003.

山口誠,「放送をつくる第三組織: 松下電氣製作所と耳の開發」,『メディア史研究』20,
　　2006年 5月.

17

동아시아 전후처리와 해외 한인의 귀환*

황선익(黃善翌)

머리말

1945년 8월 제2차 세계대전의 종결과 함께 일본 제국주의의 식민통치도 종식되었다. 미·소 군정으로 분할된 한반도에서 일본 제국주의 체제의 해체가 각기 진행되어갔다. 한편으로 해외에서는 과거 일본제국의 축을 허물고, 새롭게 획정한 영토의 재편과 수복이 추진되면서 대규모 인구이동이 추진되었다. 동아시아 전후처리와 맞물린 대규모 인구이동은 해외 한인사회를 크게 변형시켰다.

동아시아 전후처리의 핵심은 과거 일본제국의 축을 허물고, 새롭게 획정한 영토의 재편과 독립국들에 대한 지원 및 조정에 있었다. 이러한 지각변동에 중요한 문제로 부상한 것이 동아시아 각지의 인구이동이었다. 인

---

* 이 글 가운데 제2절은 「연합군 총사령부의 재일한인 귀환정책」(『한국근현대사연구』 제64집, 2013), 제3절은 「동북아 정세와 중국 지역 한인 귀환(1944~46): 중·미 교섭을 중심으로」(『한국독립운동사연구』 제46집, 2013), 제4절은 「1945~49년 사할린 억류 한인 귀환 교섭」(『한국독립운동사연구』 제46집, 2012)을 축약한 것이다.

구이동은 제국주의 체제의 해체와 제국주의로 인해 일그러진 민족적 괴리를 복원(restoration) 혹은 재결합(re-union)하는 것이었으며, 독립국가 건설의 선결조건이기도 했다. 때문에 해외 한인의 귀환 문제는 단순한 인구이동의 문제가 아니라 카이로 선언에서 명기된 '독립' 달성의 첫 단계이자 포츠담 선언에서 규정된 진정한 전쟁종결의 의미를 지니고 있었다.[1] 그러나 전시체제 시기에 동원과 통제의 대상이던 500만 명의 해외 한인은 전쟁 종결과 함께 현지에 방치되었다.[2]

해외 한인의 귀환은 일본인·중국인·대만인 등을 포함한 1,000만 명의 동아시아 인구이동의 일환으로 진행되었다. 연합군 총사령부(General Headquarters/Supreme Commander for the Allied Powers, GHQ/SCAP)는 미국 태평양육군총사령부로서 미국의 입장을 대변하면서 중국(국민정부)·소련·영국 등 연합국 간에 전후처리를 조율하는 역할을 맡았다. 그리고 한국과 일본, 나아가 중국과 소련 지역 한인 및 일본인 등의 본국 '송환'을 주도했다. 태평양전쟁 시기에 동아시아 재편을 구상한 연합국 진영은 한국의 독립과 정부수립 등의 정치적 문제와 함께 한·일 간의 경제적 분리, 한국 내 일본인 처리 등과 같은 경제적·사회적 의제 등을 논의했다. 이와

---

1 '한인'(韓人)은 한반도 출신자를 통칭하는 것으로, 국가적 개념보다는 민족적 개념에 기반한 것이다. 근대 이후 한국은 해외 이주, 식민통치, 강제이주와 동원 등으로 '민족적 이산'(Diaspora)을 겪고 있으며, 이 때문에 해외 한인에 대한 다양한 용어들이 혼용되고 있다. 고려인, 조선인, 한인 등 각자가 처해 있는 국가의 현실에 따라, 혹은 이주시기와 배경 등에 따라 혼재되어 있다. 이들 용어들은 민족적 이산의 복잡성을 상징하는 것이기도 하다. 다만 거주국보다 본국·민족 지향성을 띤 집단들이 '한'(韓)이라는 용어를 스스로 택했고, 근대 이후 국호의 맥락이 '한'(韓)(대한제국, 대한민국 임시정부, 대한민국)으로 연결된다는 점을 고려해 나는 민족적 공유개념으로 '한인'을 쓴다. 고려인·조선인·한인 등의 역사적 정체성을 모두 합치시킬 수 있는 용어가 현실적으로 없는 속에서 현재로서는 이것이 최선의 선택이라고 생각한다.
2 아시아·태평양전쟁 종전 당시 해외 한인의 규모는 대체로 일본 지역 200만 명, 중국 동북 지역 230만 명, 중국 관내 지역 10만 명, 소련 지역 25만 명(사할린 4만여 명 포함), 기타 지역을 합해 500만 명 정도로 추산된다.

함께 제기된 해외 한인 문제는 '독립 지역'에 대한 지위규정 사례와 현지
에서의 한인 영향력 등을 종합적으로 고려해야 하는 복합적인 것이었다.
또한 이들의 귀환 문제는 향후 행보를 예측해야 하는 가변적인 것이었으
며, 나아가 지역 간 이동을 전제로 한다는 점에서 일국의 문제가 아닌 동
아시아 공동의 의제이기도 했다.

  연합군 총사령부의 전반적 주도로 진행된 해외 한인의 귀환은 미국을
비롯한 동아시아 각국의 대한(對韓) 인식과 한국의 국제적 위치를 보여준
다. 또한 미국을 정점으로 한 동아시아 연합국 공조체제의 현실을 잘 보
여준다는 점에서 또 다른 의미를 갖는다. 이 연구는 이러한 문제의식에서
해외 한인의 귀환을 결정적으로 주도한 연합군 총사령부의 귀환정책과
미국·중국·소련의 귀환교섭의 추이를 규명하고자 한다.

1. 연합군 총사령부의 재일한인 귀환정책

1) 태평양전쟁 시기 미국의 재일한인 인식과 귀환정책의 기조

  1945년부터 미국 국무부 내 극동지역분과조정위원회(이하 '극동위', The
Inter-Divisional Area Committee on the Far East 혹은 The Far East Area
Committee, FEAC) 한국소위원회(The Korean Sub-Committee)는 재일 한
인의 귀환 문제를 구체적으로 다루었다. 국무부 측은 재일 한인의 거주상
황과 이주배경, 종전 후 예상되는 정세, 향후 국적결정 문제, 송환 문제 등
을 주로 다루었다. 이때 국무부 측은 재일 한인의 거주배경이 태평양전쟁
시기 강제동원에 기인한다는 점과 이들이 열악한 환경에서 살아가고 있
음을 알고 있었으나, 결국 일본의 전후질서 유지에는 '위험요소'가 될 것
이라고 전망했다. 극동위는 일본 내 한인이 "일본에서 틀림없이 증폭될 경
제적·정치적 압력 때문에" 대부분 위협에 처할 수 있다고 경고했다. 한편

으로 "근본적으로 전후 일본은 심각한 식량 부족과 실업위기를 겪게 될 것"이라며, 따라서 한인의 노동력은 불필요하게 될 뿐만 아니라 경제 문제를 악화시킬 존재가 될 것이라고 전망했다. 극동위는 결국 "일본의 평화와 질서유지를 위해 한인들의 일본 출국이 필요하다"고 주장하면서 한인 중 동화되지 않은 120만 명은 자발적으로 속히 귀국할 것으로 전망했다. 반면에 일본에서 경제적으로 안정된 30만 명의 한인은 일본에 잔류할 것으로 예상했다. 그런 전망 속에서 국무부 측은 "일본 내 한국인들을 송환하려는 시도를 하지 않는다"는 것과 "일본 국적을 유지하고자 하는 자들을 제외한 모든 한국인들을 송환"한다는 방안을 구상했다.[3] 이는 이후 연합군 총사령부가 취한 귀환정책에 큰 영향을 끼쳤다.

전반적인 전후처리 원칙과 구체적인 방안의 수립은 국무부를 중심으로 진행되었지만, 전쟁 말기 육군부에서도 향후 점령행정을 실시하게 될 지역들에 대한 정보수집과 대응방안 마련 등이 진행되었다.[4] 전략기획국 (OSS) 조사분석과 주도로 발행된 『민정가이드 재일외국인』(*Civil affairs guide: Alliance Japan*) 시리즈에서 미군은 향후 재일한인에 대한 대처방안을 크게 세 가지로 정리했다. "첫째, 일본인의 폭행으로부터 재일한인을 보호할 것, 둘째, 일본 거주 아시아인의 빈곤대책으로 고용과 구제도 중요한 과제가 될 것이므로 송환이 지체되거나 긴급하게 구제할 필요가 있다면 일정한 지역(연합군에게 석탄의 생산이 필요한 탄광지대, 또는 도로건설이나 철도공사와 같은 육체노동이 익숙한 한인을 고용할 수 있는 지역)으로 한인을 집중시켜도 좋을 것, 셋째, 상당수가 한국으로 돌아가기를 희망하지만 그것이 불가능할 것이므로 한인과 다른 외국인에 대한 사회적·경제적·정치적

---

3 K-9 Preliminary, "Korea: Repatriation of Japanese Residents in Korea", 1945. 4. 27; K-9 Preliminary a, "Korea: Repatriation of Japanese Residents in Korea", 1945. 6. 1.

4 竹前榮治, 『占領戰後史』, 雙柿舍, 1980, pp. 218~22.

차별을 제거하도록 노력할 것"이었다.[5] 군정부 조사분석과는 한인이 일본인보다 연합군에 당연히 우호적일 것이라는 기계적 낙관과 함께 강제동원된 한인은 조속히 귀국을 희망하더라도 일반 거주자들은 계속 재류하기를 원할 것이라고 전망했다. 그리하여 193만 명 중 절반 이상이 잔류할 것으로 예측했다.

태평양전쟁 시기 미국은 해외 한인의 규모와 이주배경, 한인을 둘러싼 경제적·사회적 환경 등을 파악해갔다. 특히 미국이 파악하고자 했던 점은 한인들의 사회적 '이질성'과 '적응 가능성'이었다. 결국 이러한 논의는 제국주의 해체 후 한인의 삶에 대한 의지는 고려되지 않은 채 제국-식민지 구조가 해체된 이후에도 한인들이 사회에 순응하며 살아갈 것인가를 다룬 것이었다.

태평양전쟁 시기 국무부와 육군부 등에서 수립한 귀환정책은 종전 후 연합군 총사령부에 의해 시행되었다. 연합군 총사령부는 일본을 중심으로 귀환정책을 수립하며 다음과 같은 구체적인 계획(the Plan)을 추진코자 했다. "(1) 연합군 총사령부는 귀환에 대한 최종적 책임과 권한을 가지며, '접수·관리·(육군 및 해군의) 동원 해제·귀환자 수송·일본에 있는 타국인의 수송' 등에 관해 일본제국 정부에 명령한다. (2) 귀환 선박의 운영 관리와 유지감독은 해군 선박-제5함대 사령관, 상선(商船)-연합군 총사령부의 해군 연락장교가 담당한다. (3) 일본제국 정부는 연합군 총사령부가 발포하는 귀환명령을 수행하며, 여기에는 귀환 접수센터의 설립과 조직 및 운영, 귀환자 수송, 승무원과 선박용 물품 제공을 포함한다는 것" 등이다.[6] 이는 연합군 총사령부 귀환정책(policies)의 중요한 기조가 되었다.

---

5 金太基, 『戰後日本政治と在日朝鮮人問題』, 勁草書房, 1997, pp. 51~52.

6 GHQ G-3, "Report on Mass Repatriation in the Western Pacific", RG 331, Miscellaneous File to Russian Conference: box. 382, pp. 11~14.

연합군 총사령부의 귀환계획과 정책은 동아시아 전역에 적용되었다. 총사령부는 귀환 프로그램의 최우선 대상이 '일본인'임을 분명히 밝혔다. 총사령부는 일본인 중에서도 군인의 이동을 가장 먼저 추진했으며, 송환에 앞서 현지에서 무장해제를 실시하도록 했다. 이는 연합국의 전후 점령정책의 최우선 과제가 일본 제국주의의 무력화에 있었음을 보여주는 것이었다. 한편으로 총사령부는 일본인 송환 전반에 대해서는 미 태평양 육군과 태평양 함대가 업무를 총괄하는 한편, 중국, 소련, 영국 등의 사령부와의 합의 주체는 연합군 총사령부가 되는 이원적 체계를 추구했다. 이는 일본인, 일본 지역 귀환을 우선하려는 연합군 총사령부의 입장을 적극적으로 반영하기 위한 조처였음으로 풀이할 수 있다.[7]

연합군 총사령부는 '서태평양 지역 귀환'을 크게 3단계로 구분해 추진했다. 1단계에서는 1945년 9월부터 1946년 2월까지로 상대적으로 단거리인 일본 지역에 집중되었다. 지역적으로는 한국, 류큐(琉球, 오키나와), 일본을 잇는 이동이 진행되었고, 정책적 추진과 별개로 일본 내 한국인의 귀환이 진행되었다. 이는 태평양전쟁 시기 국무성 등이 예상한 '자발적 귀환'의 결과이기도 했다. 2단계(1946년 3월~6월)에서는 중국 지역 귀환이 본격적으로 추진되었다. 이에 따라 중국 본토와 대만 지역, 태평양의 영국령 지역에서 귀환이 시작되었다. 3단계(1946년 6월~12월)에서는 만주와 38도선 이북 지역 등 소련 점령 지역 등에 대한 논의가 시작되었다. 다롄(大連)·후루다오(葫蘆島) 등지에서의 귀환이 시작되었고, 북한 지역 일본인과 일본에서 북한 지역으로 귀환하는 한인의 귀환이 추진되었다. 그리고 이외 태평양 지역 귀환이 추가적으로 시행되었다.

전후 초기에 진행된 동아시아 귀환은 일본 제국주의 체제의 해체를 주

7 '귀환 프로그램'의 주체는 미군 내에서는 미 태평양육군총사령관(CINCAFPAC), 태평양함대사령관(CINCPAC)이었으며, 그 외에 중국 전구총사령관, 동남아시아사령부(SACSEA), 오스트레일리아 군사령관(GOCAMF), 소련 극동군사령관이 지휘 주체로 명기되었다.

목표로 일본인 본국 송환과 일본 지역 외국인(주로 한인)의 본국 귀환을 최우선으로 하고 있었다. 그리고 이는 일본의 안정적 점령체계를 구축한 후 중국과 소련군 점령 지역에서 귀환을 본격적으로 추진한다는 구상에 맞춰 진행되었다.

2) 연합군 총사령부의 귀환정책과 재일한인의 귀환 양상

연합군 총사령부는 점령 초기 일반적인 대일점령 정책에 대해서 세부적이고 신속한 대응을 취했지만, 200만 명에 달하는 재일한인 문제 등에 대해서는 별다른 조치를 취하지 않았다. 대일점령 초기 선박의 운항통제에 집중하던 연합군 총사령부는 10월 중순 들어 귀환 문제에 적극 대응하며 통제에 나섰다. 총사령부는 10월 12일 지령을 통해 '휴대 가능 재산'(1인당 1,000엔)을 규정하고, 통화교환과 개인자산 이동을 금지했다. 이는 인구이동에 따른 재산이동이 미치는 일본 경제에 대한 영향을 최소화하려는 조치로 전후복구를 위해 만주, 한국, 일본의 경제구조가 연속되어야 한다는 방침에서 비롯된 것이었다.

연합군 총사령부가 한인의 귀환에 관한 구체적 방침을 공표한 것은 11월 1일, '비일본인(非日本人) 귀환' 지령이었다. 여기에서 한인의 송환 항구로 센자키(仙崎), 하카타(博多), 구레(吳)가 지정되었다. 지역별 귀환 우선순위는 규슈의 칸몬(關門)·하카타 지구, 한신(阪神) 지구, 기타 지구로 설정되었으며, 신분별 귀환 우선순위는 '복원(復員) 군인, 강제 노무자, 기타 순'으로 규정되었는데, 특히 기타쿠슈 지구의 탄광 노무자를 우선 귀환시키도록 지시했다. 복원 군인, 강제 노무자에 대한 신속한 송환은 이들을 불만세력 내지 위험세력으로 받아들였기 때문이다. 이는 결과적으로 강제동원자의 미지급 임금 문제나 사망자의 보상이 제대로 이뤄지지 않은 채 송환되는 문제를 낳았다.

점령 초기 연합군 총사령부는 원칙적으로 한인의 차별대우를 금하도록 했다. 예컨대 병역에서 해제된 한인 병사에 대해서도 제대로 급여를 지불하도록 일본 정부에 지령했다. 또한 귀환자의 휴대재산을 제한하면서도 탄광에서 근무한 한인 노동자들의 저금과 수당을 한국으로 송금할 수 있도록 일본 정부가 준비하게 했다. 그러나 이는 제대로 지켜지지 않았다. 연합군 총사령부 또한 이러한 상황을 충분히 알고 있었음에도 일본의 석탄산업을 유지하기 위해 한인의 귀환을 미루는 등 이중적인 태도를 보이기도 했다.[8] 재일한인에 대한 이중적 처사는 총사령부의 방침에서도 확인할 수 있다. 총사령부는 "한인, 중국인, 대만인 노동자를 일본인과 차별하지 말라"고 일본 정부에 명령했지만, '비일본인' 송환자 단속에 모든 법적 수단을 쓰도록 행정당국에 지령하는 등 이중적 태도를 취했다.

1946년 2월 17일 연합군 총사령부는 3월 18일까지 "귀환에 대해서 희망의 유무를 등록할 것, 등록을 게을리하거나 '귀환을 희망하지 않는다'고 등록한 사람은 귀환의 특권을 잃는다"고 발표하며, 귀환 희망자의 조사와 등록을 실시했다.[9] 귀환 희망자의 등록조사는 다음의 목적에서 실시된 것이었다. 첫째 일본에 잔류할 한인의 수를 추정해 일본 사회에 재일한인이 미칠 파급효과를 가늠하기 위한 것이었다. 둘째, 한인 귀환을 제한한다고 공표함으로써 한인들의 귀환을 재촉하려는 의도가 내포되어 있었다.

1946년 2월 귀환지령이 내려지기까지 연합군 총사령부는 점령 지역 간 인구이동의 관할을 규정하고, 이동상의 몇 가지 규제를 상정했을 뿐 한인의 귀환에 대한 구체적인 정책을 확정짓지 않고 있었다. 이는 무관심에서 비롯된 것이 아니라 "한국인 스스로 귀환할 때까지 기다린다"는 태

---

8 Edward. W. Wagner, *The Korean Minority in Japan*, 1951(『日本における朝鮮少數民族 1904~50』).

9 이때 연합군 총사령부가 집계한 재일한인 총수는 64만 7,006명, 귀환 희망자 수는 51만 4,060명이었다. 그러나 실제로 센자키와 하카타에 모인 귀환 희망자는 총사령부가 계획한 수의 10분의 1에 불과했다.

평양전쟁 시기 수립한 방관적 귀환방침을 이어받은 것이었다. 태평양전쟁 시기 미국 측의 예상과 달리 재일 한인의 전체 인구는 많았으며, 귀환의 양상도 복잡하게 전개되었다. 조국에 대한 귀환 열기로 자연스럽게 자발적 귀환이 이뤄질 것으로 봤지만, 연합군 총사령부와 일본 정부에 의한 각종 규제는 한인들에게 강한 거부감을 갖게 했다. 결국 일부 한인들은 처우개선을 요구하며 귀환을 보류했다. 이들을 '송출'(送出)하고 싶었던 연합군 총사령부 측은 귀환에 대한 규제를 표면적으로 완화해 갔지만, 일본 사회는 점차 이들을 사실상 격리해가기 시작했다.

연합군 총사령부는 초기 귀환단계에서 많은 한인이 불만을 토로했던 자산이동 규정을 완화하면, 한인의 귀환이 다시 증가할 것으로 보았다. 그러나 결과는 그렇지 않았다. 이는 재일한인의 귀환 여부를 결정하는 데 더 이상 재산이동과 같은 경제 문제가 영향을 끼치지 않는다는 점, 재일한인의 문제는 귀환 가능 여부의 문제 차원을 넘어 일본 사회가 이들을 어떻게 처우할 것인가라는 차원으로 옮아간다는 것을 의미하는 것이었다. 사실상 귀환이 정체되면서 총사령부와 일본 정부는 재일한인에 대한 보다 적극적인 대응을 시작했다. 특히 일본 정부는 재일한인과 대만인에 대한 관리 및 통제를 강화해 나갔다.[10] 경보국(警保局)은 특고경찰과 같은 '공안계'를 각 경찰서에 설치하고 정보수집을 명령했는데, 그 명분에는 한인들의 불법행위를 단속한다는 것이 주요하게 내세워졌다.[11] 한편으로 일본 정부는 재일한인의 참정권을 정지하며, 정치적으로는 일본 사회에서 철저히 배제했다.

1946년 11월 12일 연합군 총사령부는 한인의 귀환을 재촉하는 한편, 귀환을 거부하는 한인은 향후 "정당히 수립된 한국 정부가 국민으로 그

---

10 大沼保昭, 『單一民族社會の神話を超えて』, 東信堂, 1986, p. 34.

11 김창윤, 「일본의 연합국총사령부 점령기 치안정책 연구」, 『한국경찰학회보』 제11권 제3호, 2009, 209쪽.

들을 인정하는 시기가 올 때까지 일본 국적을 보유하는 것으로 간주"될 것이라고 발표했다. 고압적으로 예고 발표된 외국인등록령은 1947년 4월부터 시행되었다. 재일한인에게 일본 국적을 부여한다는 소식은 한국에도 알려져 큰 파장을 일으켰다.[12] 이런 가운데 일본 정부는 '외국인등록'을 재일한인을 장악, 관리할 수 있는 계기로 삼아 방송·신문·광고 등 다양한 매체를 통해 등록을 촉구했다. 재일한인 단체들은 이에 극렬히 저항했지만, 오히려 일본 정부는 무력으로 이를 탄압했다.[13]

1946년 12월 말로 연합군 총사령부는 재일한인의 공식적인 송환은 '중단'되었다고 발표했다. 그러나 비록 소수였지만 귀환은 이전과 같은 방식으로 계속되었다. 1950년 6·25전쟁이 일어난 후 한인의 '귀환'은 공식적으로 종료되었고, 이후 귀국을 희망하는 한국인은 일반 외국인과 마찬가지로 일본의 출입국 수속을 거쳐야 했다.

2. 중국·미국의 귀환교섭과 재중한인의 귀환

1) 종전 전후 중국·미국의 귀환방안 공유와 교섭

제2차 세계대전이 끝날 무렵에 중국 지역 한인 사회의 규모는 약 250만 명에 달했다. 중국 지역 한인의 귀환은 그 규모나 범위에 있어 다른 지역에 비해 방대한 문제였다. 게다가 중국국민당과 중국공산당이 충

---

12 「연합군사령부, 귀국 거부 재일조선인은 일본 국적 보유 발표」, 『조선일보』 1946년 11월 14일자; 『조선일보』 1946년 11월 15일자 사설; 「재일본조선인연맹서울시위원회, 未歸國조선인 日국적자 간주에 성명 발표」, 『서울신문』 1946년 11월 16일자; 「외무부 당국자, 在日조선인 日國籍 보유 대책 검토」, 『동아일보』 1946년 11월 17일자.
13 梁永厚, 『戰後·大阪の朝鮮人運動』, 未來社. 1994, pp. 70~72.

돌하는 내전구도와 중국·미국·소련이 얽혀 있는 외교관계가 이를 더욱 복잡다단하게 만들었다.

1944년 후반 들어 미·영·중 3국은 한국 문제에 관한 정보교환을 협정하고, 향후 과제를 협의해 나갔다. 이 과정에서 미국이 구상한 대한정책의 큰 틀과 각종 한국 관련 정보가 중국에 전달되었다. 중국 국민정부는 미국이 추구하는 신탁통치와 공동점령에 대한 세부 사항을 마련하는 한편, 해외 한인에 대한 구체적 대응방안을 모색했다. 중국 외교부는 주미대사관을 비롯한 각계의 의견을 수렴해 한국의 독립에 대한 방안과 '한교'(韓僑) 처리방침을 마련했다.

아동사장(亞東司長)인 양윈주(楊雲竹)와 외교부 내 린딩핑(林定平)은 중국 내 한인에 대한 전면적인 조사 후 친일부역의 혐의가 있거나 '불량분자'가 아니라면 중국 내 거주를 허용한다는 의견을 제시했다. 또한 일본 등지의 한인의 한국 국적을 회복시키고 귀환 여부를 스스로 결정하도록 권리를 부여해야 한다고 제안했다. 특히 양윈주는 국적 회복에 대한 등록 기한을 1년으로 상정하고 있었다. 여기서 주목할 점은 중국 외교부가 일본 내 한인에 대한 국적과 귀환 문제까지 검토하고 있었다는 점이다. 이는 전후 귀환 문제가 일국의 문제가 아닌 연합국 내 공통의제로 처리될 것임을 짐작케 하는 것이었다. 나아가 중국 외교부 측은 한국 정부 수립과 소련의 사할린 점령 등에 따라 국적 문제의 양상이 변할 수 있다고 보았다. 그리고 한교의 '이익'이 지도감독기구 혹은 타국에 위탁될 수 있다고 가정했는데, 이는 한인의 불안정한 지위를 그대로 드러내는 것이었다. 한편, 주미 중국대사 쉬무(徐謨)는 한인의 거주와 경제활동, 그리고 귀환 문제에서 차별적 대우가 이뤄질 수 있다고 밝혔다. 뿐만 아니라 '언제든 한교의 출국을 명령'할 수 있다는 사실상 '추방'의 권리까지 주장했다. 그는 한국이 지리적 특수성 때문에 언제든지 국제분쟁의 중심이 될 수 있으므로 '과도적 방법'을 통해서라도 '완충국' 역할을 하도록 만들어야 한다고 주장했다.[14] 대체로 외교부의 방안들은 중국의 대응이 '귀환' '거주권' '국적 부여'라는 단계적인 의제전환을 예고하고 있었다.

해외의 한인 문제에 대한 미국과 중국의 공조체계는 전쟁종결 후에도 긴밀하게 지속되었다. 연합군 총사령부를 중심으로 한 미·중 군사참모회의에서는 일본세력의 중국 철수와 일본인·한인의 귀환, 그리고 해외 중국인의 귀환 문제 등이 주요하게 다뤄졌다. 연합군 총사령부는 약 300만 명에 달하는 일본인이 있는 중국 지역 귀환 문제의 중요성을 인식하고 있었다.[15] 총사령부는 많은 일본인이 중국국민당과 공산당의 이해상충 지역에 있는 상황에서 이들의 안전이 보장되지 못한다고 우려했다.[16] 반면에 중국 국민정부는 일본세력을 신속히 중국에서 축출해야 한다는 인식을 하면서도 국공내전 상황에서 이들을 활용하려 했다. 그런 가운데 연합군 총사령부의 주도로 중국 지역 일본군의 무장해제와 철수, 일본인의 본국 송환에 교섭이 진행되었다. 미국-중국 간 귀환교섭은 중국 국민정부-연합군 총사령부 간의 협의를 골간으로 하고, 실무적으로 중국총사령관-주중국 미군사령관이 담당했다.

일본군 포로 및 교민, 한인과 대만인의 귀환에 대한 미·중 협의는 1945년 9월 말부터 시작되었다. 회의의 의제는 무장해제된 일본군과 일본 교민의 귀환에 관한 사항이었다. 중국 총사령부는 연합군 총사령부에 세 가지 주요 현안을 공식 질의했다. 첫째, 일본군 포로와 교민의 귀환 시 연합군 총사령부가 제공 가능한 선박 수, 둘째, 구체적 중국군 점령 지구 귀환조치 계획, 셋째, 동북 지구 일본인의 귀국조치와 관련한 계획이었다.

---

14 「주미 중국대사의 전문, 광복 후 '한국 독립에 관한 문제'」, 『임시정부 자료집』 제25권, 148~50쪽.

15 연합군 총사령부가 파악한 중국 내 일본인 인구는 다음과 같았다. 화베이: 63만 2,000명, 화중: 72만 8,000명, 화난: 11만 7,000명, 만주: 105만 9,000명, 타이완: 48만 4,000명, 북인도차이나: 3만 2,000명, 홍콩: 2만 1,000명.

16 SCAPIN 294(1945. 11. 17), GC "Repatriation of Japanese Military and Civilian Personnal in North China".

중국 측은 향후 중국·일본을 포함한 '동아시아 귀환'을 연합군 총사령부가 주도할 것이라는 전제 아래 중국 지역 귀환에 대한 두 가지 변수를 주목했다. 첫 번째는 동북 지구의 문제로, 이 지역이 "중국 전구에 속하지만 동북 지구의 접수 임무는 소련이 책임지기 때문에 일본인의 귀환 관련 사무는 중국 관내의 귀환업무가 마감된 뒤 시작"할 것으로 전망했다. 두 번째로는 중국 지역 귀환이 일본의 내부사정에 따라 변동될 것으로 보았다. 즉 연합군 총사령부에 의한 일본 본토의 군병력이 해체되고, 해외 일본군과 교민 수용준비가 이뤄졌을 때 중국 지역 귀환업무가 개시될 수 있을 것으로 보았다.[17]

1945년 10월 25~27일, 상하이에서 개최된 연합군 총사령부와 미·중 간의 회의에서는 귀환을 진행하기 위한 절차와 운용, 중국 내 이동과 비용 부담, 귀환 규모에 대한 세부규정 등이 논의되었다. 귀환의 추진은 연합군 총사령부가 지휘하되, 중국 내 일본군과 교민의 송환업무는 중국 정부가 책임지며, 중국에서 타국으로의 이동에 대해서는 연합군 총사령부가 책임지기로 합의되었다.[18] 1946년 1월 5일 중국 상하이에서 열린 제2차 미·중 귀환회담은 1945년 10월 큰 틀에서 합의된 귀환행정을 실제 추진하기 위한 실무적 회담이었다. 이 회담에서는 항구별 구체적 귀환일정이 결정되었다. 중국 측은 화난(華南)·화중(華中) 지역의 경우 대체로 원만한 실정이지만, 화베이(華北) 지역의 경우 중앙군의 접수공작이 완수되지 못했다며, 5월 이후 송환추진이 가능하다고 밝혔다. 미국 측은 관내 지역 뿐만 아니라 동북 지역의 후루다오·다롄 두 개 항구도 활용하자는 안을 제시했지만, 중국 측은 현실적으로 상황을 예측하기 힘들다며 난색

---

17 中國陸軍總司令部 第2處,『遺送日俘僑及韓臺人歸國有關條規彙集』, 1946年 2月;
  『광복 이후 재중 한인의 귀환 관련 사료』 I, 국사편찬위원회, 2012, 9~11쪽.
18 中國陸軍總司令部 第2處,『遺送日俘僑及韓臺人歸國有關條規彙集』, 1946年 2月,
  第45頁.

을 표했다.

1946년 2월 미국과 중국의 군사령부는 한인의 귀환추진에 대해 다음과 같은 점이 확인되었다.[19] "(1) 일본 거류한인을 우선적으로 원적지로 돌려보낸다. (2) 중국 거류한인 가운데 군사적 필요가 있다고 판단되는 일부 인물은 중국 육군 총사령부가 연합군 총사령부에 통지 후 활용할 수 있도록 한다. (3) 한인의 송환업무를 돕기 위해 상하이·칭다오·톈진 세 곳에 한국의 연락대가 설치되었다. 연락대는 중국 육군 총사령부의 지휘 아래 유관 사령부에 부속되어 임무를 수행하고 있다." 미·중 간의 합의안은 크게 세 가지 점에서 주목된다. 첫째, 중국 지역 귀환을 본격적으로 시행하는 시점에서 일본 내 한인의 귀환이 여전히 중요하다는 점을 명시한 것이다. 이는 향후 일본의 상황에 따라 중국 지역 귀환에 변동이 있을 수 있음을 내포한 것으로 보인다. 둘째, 귀환업무를 위해 주한 미군정의 연락대가 파견되어 상하이·칭다오·톈진에 상주하게 되었다. 셋째, 중국 측은 군사적 필요에 따라 한인의 귀환을 연기한 후 활용하겠다는 의지를 미국에 분명히 전했다. 또한 상하이에 집결해 있는 한인의 귀환이 결정된 시점에서 중국 군부는 이에 제동을 걸고 있었다. 이는 전시 때부터 구상되어 온 한인 병력의 활용방안과 관련 있는 것으로 보인다.

2) 한인 귀환의 추진과 통제

종전 직후 중국 본토에 주둔하고 있던 일본군은 약 128만 명에 달했고, 그중 한인 병사는 2만 8천 명 정도로 추산된다. 연합군 총사령부와 일본군의 무장해제 및 집중수용 등에 대해 합의한 중국 군사위원회는 점차 일본인과 한인에 대한 분리수용을 실시하며, 이를 담당하기 위한 한적관

---

19 中國陸軍總司令部 第2處, 『遣送日俘僑及韓臺人歸國有關條規彙集』, 1946年 2月, p. 45.

병관리소를 설치했다. '관리소'는 각지 전쟁포로 관리처가 직할한다는 점에서 한인의 신분도 큰 틀에서 포로로 규정되었다고 할 수 있지만, 광복군에 의한 통제와 훈련이 이뤄지도록 했다.

1945년 12월 국민정부 군사위원회는 '한교·한인 포로 처리방안'(韓僑韓俘處理辦法)을 공포했다.[20] 일본군 소속 한인은 일본인과는 구분되지만, 궁극적으로 강제송환 대상이라는 점에서 패전국 포로로 취급받았던 점과 크게 다르지 않았다. 한인 사병들은 종전 직후 소속부대에서 '복원'(復員, 소집 해제)된 후 '한적 사병 포로수용소'에 수용되었다. 이들 한인 사병에 대한 국민정부의 처우는 타지역에 비해 우호적이었다. 한편 이들에 대한 교육과 훈련의 내용은 삼민주의, 역사, 국제정치 등에 집중되었다. 이러한 한인 병사에 대한 국민정부의 대우는 미국과 적극적으로 합작하면서 주한미군과 소련군 당국과도 관계를 유지함으로써 외교의 이점을 유지하고, 양자의 관계를 이용해 점차 '친화(親華) 한인세력'을 양성할 계획에서 비롯되었다.[21] 그러나 이들의 귀환은 연합군 총사령부가 구상한 귀환정책의 틀을 벗어나지 않았다.

한인의 귀환은 미·중 간의 협의에 따라 1946년 1월부터 본격적으로 시작되었다. 공식적인 첫 귀환은 톈진의 탕구(塘沽) 항을 출발해 1946년 2월 1일 인천에 도착한 1,838명이었다. 하지만 한인의 귀환이 순탄하게 진행되지는 않았다. 탕구 항에서의 2차 귀환은 4월에 들어서야 재개되었고, 귀환을 기다리며 수용소에 집결된 한인들은 질병과 식량 부족으로 고통을 겪었다. 한인들은 중국 철도국과 교섭해 육로로 귀환하려 했지만, 이마저 쉬운 일이 아니었다. 베이징, 톈진 지역 한인을 대상으로 한 탕구 항에서의 귀환에 뒤이어 1946년 3월 상하이 지역 귀환이 이뤄졌다. 아울러

---

20 「韓僑韓俘處理辦法」, 中國軍事委員會, 1945年 12月 22日; 秋憲樹, 『資料韓國獨立運動』 1, 연세대출판부, 1971, 495~96쪽.

21 「國民政府電爲設立統一處理韓僑事務機構案」, 行政院, 1945年 12月 5日.

지난(濟南) 등 내륙 지역 한인들의 항구도시 이동이 증가하는 가운데 칭다오 항도 주요 귀환 항구로 활용되었다. 1946년 4월 상하이에서 천연두, 5월 티푸스, 6월 콜레라가 잇달아 발병해 귀환수송은 일시 중단되기도 했지만,[22] 간헐적 귀환은 계속되었다. 연합군 총사령부와 중국 국민정부가 공조한 동북 지역 귀환은 후루다오 항을 통해 진행되었다. 동북 지역은 한국과 지리적으로 인접해 언제든지 국내로 귀환할 수 있는 조건에 있었다.[23] 해방 직후 동북 지역에는 약 216만 명의 한인이 있었고, 약 70만 명이 자유롭게 귀환한 것으로 파악된다. 동북 지역에서의 한인 집단귀환은 1946년 12월에 1차로 이루어졌다. 한인의 집단귀환 이후 모든 귀환행정은 중국 외교부가 이를 미국 대사관을 통해 연합군 총사령부와 주한미군 당국에 입국 여부를 타진하는 형식을 취했다.

1946년 말 한인의 귀환이 마무리되는 가운데 선무단은 해체되고, 주화대표단도 베이징, 상하이에 판사처를 설치하며 기능이 축소되었다. 1946년 11월 주화대표단은 중국에 직원 105명의 귀환에 대한 협조를 요청했다. 연합군 총사령부의 최종 승인을 얻은 중국 외교부는 귀환 허가 사실을 알리는 한편, 연합군 총사령부가 제시한 조건을 알려왔다. "첫째, 해당 일반 송환자의 예에 따라 귀국하며 특별한 우대조치를 향유할 수 없다. 둘째, 해당 한교들은 귀국선을 기다리는 다른 송환자와 같은 수속 절차를 밟아야 한다. 셋째, 해당 한교들은 자신들이 개인 자격으로 귀국하는 것임을 분명히 이해하고 어떠한 정치적 연락이나 의존관계를 가져서는 안 된다는 조건 아래 이들 한교들의 귀국을 허용한다"는 것이었다.[24]

22　GHQ G-3, "Report on Mass Repatriation in the Western Pacific", RG 331, Miscellaneous File to Russian Conference: Box. 382, p. 48.

23　육로이동이 가능한 관계로 동북 지역에서는 일찍이 소련군과 교섭해 철도로 귀환하는 경우도 있었다(承日範, 『無休八十年』, 유진문화사, 1991, 255~58쪽).

24　「주일연합군 총사령부가 한국 주화대표단 직원과 권속 및 교민의 귀국을 허용했음을 전하는 公函」(外交部亞東司 제2과 ⇒ 韓國駐華代表團, 1946年 11月 26日),

이는 임정이 연합국의 굴욕을 당하며 개인적으로 귀환하던 상황과 크게 다르지 않은 것이었다. 결국 주화대표단 철수 인원은 12월 4일 일반 한인 300여 명과 함께 귀국길에 올랐다.[25]

한인의 귀환이 중국 국민정부와 연합군 총사령부의 엄격한 통제 아래 진행되고, 그나마 교통편도 구하기 어려운 실정에서 귀환을 희망하는 한인은 동북 지역 등으로 이동하는 등 다른 방법을 모색해야 했다. 한편 주화대표단의 기능이 약화된 가운데 각지에서 조직된 한교협회는 중국 행정부를 보조하며, 거류조사 및 신원증명 등과 같은 한인 관련 업무를 담당하며, 현지에서의 정착을 추구했다.

3. 사할린 지역 한인의 귀환교섭과 억류

제2차 세계대전 종전 후 동아시아 문제에 대한 미·소 간의 주요 협상 채널은 우선 일본에 위치한 연합국 총사령부 및 대일이사회를 통해 협의되었다. 그리고 한국 주둔 미·소 군정 간의 창구가 활용되었다. 한국에서의 미·소 협상은 모스크바 삼상회의 이후 신탁통치 실시 문제와 함께 38선에 장벽이 생김으로써 발생한 전력수급, 교통, 우편·통신, 미곡 교환 문제 등이 다뤄졌다. 이때 남북한의 경제교류와 함께 북한 지역에 있는 일본인 송환 문제가 함께 논의되기도 했다.[26] 한인의 귀환을 둘러싼 협상도 일본과 한국에서 이원적으로 논의되곤 했으나 대체로 일본에서 주요한

『광복 이후 재중 한인의 귀환 관련 사료』 I, 150~51쪽.

25 「한교의 송환업무를 처리했던 외교부 주상해판사처의 보고 내용을 관련 기관에 전하는 代電」(外交部亞東司 제2과 ⇒ 行政院 先後救濟總署, 1946年 12月 16日), 『광복 이후 재중 한인의 귀환 관련 사료』 I, 169~70쪽.

26 김국태 옮김, 『해방 3년과 미국 ─ 미국의 대한정책 1945~48』, 돌베개, 1948, 120~24쪽.

의제가 논의되었다. 그러나 소련 지역 한인의 귀환 문제는 독자적 의제로 다뤄지지 못하고, 일본인 송환 논의 과정에서 간혹 부수적으로 다뤄졌다.

소련 지역 한인의 귀환과 관련해 연합군 총사령부의 초기 점령방침을 주목할 필요가 있다. 연합군 총사령부는 1945년 9월 한국 38도선 이북 지역과 만주 등지는 소련 당국의 관할 아래 있으며, 해당 지역의 일본인 '인양'(引揚)업무 또한 소련군의 지휘를 받게 될 것임을 밝혔다.[27] 이는 군사적 목적으로 분할된 미·소 점령구도가 동아시아 귀환 문제에 일차적 장벽이 될 것임을 분명히 한 것이었다. 그리고 소련 점령 지역 한인의 귀환이 일본 점령의 연장선에서 추진될 것임을 예고하는 것이었다. 연합군 총사령부는 1946년 초 가장 우선시한 일본 지역 귀환이 마무리되어가자 소련 지역 일본인 귀환교섭에 적극 나서기 시작했다. 한편 일본 정부는 스웨덴을 통해 소련 점령 지역 일본인 보호와 귀환에 대해 교섭을 벌였지만, 거부당했다.[28] 이 과정에서 소련 점령 지역 일본인 교섭의 전권은 사실상 미국과 소련에 있음이 확인되었다.

연합군 총사령부는 종전 무렵 소련 점령 지역에 약 170만 명의 일본인이 있는 것으로 파악했다. 이들에 대한 귀환교섭은 1946년 1월부터 간헐적으로 진행되었다. 소련 지역 일본인 귀환 문제가 처음으로 논의된 것은 1946년 1월 중순 서울에서 열린 미·소 공위 예비회담에서였다. 주한 미군사령관은 소련 극동군사령관과 북한 지역 일본인 귀환 문제를 논의했지만, 아무런 합의를 이루지 못했다. 1946년 4월 23일 연합군 총사령부는 소련 당국에 일본과 북한 간의 상호귀환을 제안했다. 이에 대한 후속 조치로 6월 19일 도쿄에서 회의가 열렸지만, 소련 측이 일본 내 한국인

---

27 SCAPIN 32(1945. 9. 17), GC "Japanese National and Their Repatriation from Manchuria and Nothern Korea".

28 「重光外務大臣發瑞典岡本公使電報」(1945年 9月 5日),『北鮮, 滿洲, 樺太及千島における邦人の保護及引揚に關する交涉關係文書』, 外務省終戰連絡中央事務局, 1945年 12月, p. 5.

을 북한으로 우선 귀환시키자고 제의하자 미국 측이 받아들이지 않았다. 1946년 7월 11일 도쿄에서 개최된 연합군 총사령부와 소련 대표 간의 회의에서는 북한과 만주, 뤼순 지역 귀환 논의가 있었으나, 소련 대표자가 일본 전쟁포로와 항복한 일본군의 귀환을 논의할 수 있는 권한을 갖지 못했다며 연기되었다. 이렇듯 미·소 간에 상당한 의견차가 있었음에도 불구하고 양측의 협상이 계속된 것은 포츠담 선언에 따른 일본군 무장해제와 본국 송환이 기본적으로 이행되어야 한다는 인식을 공유했기 때문으로 판단된다.

  1946년 10월 14일부터 12월 19일까지 진행된 13차에 걸친 회의에서는 귀환자 비율과 귀환 선박의 연료비용 지불 문제, 소련 통치 항구에서의 비상용품과 서비스 제공 문제 등을 놓고 공전을 거듭했지만, 월 5만 명의 일본인을 귀환시키는 등의 내용으로 타결되었다.[29] 이른바 '소련점령지구 송환(인양)에 관한 미·소 협정'에서는 '소연방과 소연방 지배 아래 있는 영토'로부터의 송환대상과 규모, 절차 등이 규정되었다.[30] 이때 송환의 대상자는 (1) 일본인 포로, (2) 일반 일본인(희망자)과 (3) 북위 38도 이북 출신 조선인 1만 명으로 한정했다. 미·소 협정에 따라 1947년 4월 20일까지 약 28만 명의 일본인이 송환되었다.[31] 반면에 일본에서 북한 지역으로 귀환시키기로 한 한인은 당초 1,000명이었으나, 실제로 233명이 귀환했다.[32] 미·소 간의 협정은 결국 소련 지역 일본인과 일본 내 한인의 귀환

---

29 GHQ G-3, "Report on Mass Repatriation in the Western Pacific", pp. 59~60.
30 SCAPIN 1421(1946. 12 .23), GC "Repatriation of Japanese Nationals from Soviet and Soviet Controlled Territories, and of Koreans from japan to Korea North of 38°North Latitude".
31 지역별 송환자 수는 다음과 같다. 다롄 항: 21만 8,179명, 시베리아: 2만 1,644명, 북한: 1만 4,574명, 사할린: 2만 4,307명. G-3, "Report on Mass Repatriation in the Western Pacific", p. 62.
32 法務研修所, 「在日朝鮮人處遇の推移と現狀」, 『法務研究』 第三號, 1954年 7月, 第67頁.

을 맞교환한 것이었다.

소련의 이러한 요구는 전후복구에 동원되어 온 일본인의 공백을 메우기 위한 조치였다. 소련 국가방위위원회는 종전 직후인 1945년 8월 23일, 국가방위위원회 결정 9898호에 의해 일본군 포로 50만 명에 대한 전후복구 동원을 결정한 바 있었다.[33] 1946년 4월에는 시베리아에 수용된 포로 5만 명을 중앙아시아로 이송한다는 명령과 '소련령 내의 병약한 포로 2만 명을 북한 내의 건강한 포로 2만 2천 명과 교환'한다는 명령을 내릴 만큼[34] 구 일본세력의 전후복구 동원에 적극적이었다.

사할린 한인의 정보는 여러 경로를 통해 미국 측에 전달되고 있었다. 특히 1946년 2월 이바라키현 야마이치 탄광(山一炭鑛)에 배치된 한인 18명이 사할린에 남겨진 가족과의 연락 재개와 귀환을 요구하며 파업쟁의를 벌였다.[35] 연합군 총사령부 측은 이들이 38선 이남 출신 한국인이며, 사할린에 일본군이 아닌 노동자로 갔다는 점을 강조하며 난색을 표했다. 이는 이후 한인 귀환교섭을 가로막은 미국 측 시각을 엿볼 수 있는 대목이다. 즉 미국 측은 '소련 지구 미·소 협정'에 따라 소련 지역 한인의 귀환에 대해 몇 가지 기본적 조건을 전제로 했다. 먼저 귀환의 대상은 전쟁 포로이고, 일본 국적을 가진 자에 한하며, 지역적으로는 일본과 소련 점령지 사이의 이동만을 범주로 한 것이다.[36]

1946년 12월 성립된 '소련 지역에서의 철수에 대한 미·소 협정'에 의해

---

33 ソ連における日本人捕虜の生活體驗を記錄する會, 『捕虜體驗記』 I, 1998, pp. 362~66.

34 富田武, 「日米ソ公文書に見るシベリア抑留 ― 研究の現狀と課題」, ロシア史研究會 學術大會 發表文, 2011年 10月 23日, p. 8.

35 General Headquaters Supreme Commander for the Allied Powers Signal Corps Message From SCAP To WARCOS, 20 February 1946, "Repatriation of Koreans From Sakhalin", Box. 382, RG 331.

36 Memo for Record, PRS/jyn, 12, July, 1949, "Repatriation of Koreans From Sakhalin", Box. 382, RG 331.

29만 2,600여 명이 일본으로 돌아갔다. 그리고 1956년 10월 19일의 '소·일 공동선언'에 의해 일본인 부인과 그 동반자인 한국인 및 자녀 2,300여 명이 철수했다. 이후 개별적으로 귀환한 450여 명을 포함한 약 30만 명의 일본인은 대부분 일본으로 돌아갔다. 그러나 한인은 1천 명 미만이 돌아왔을 뿐 거의 대부분 잔류, 실질적으로 억류되었다.

미·소 갈등이 점차 공공연해지는 가운데 극동 지역의 갈등은 갈수록 고조되었다. 사할린 등지에 억류된 한인의 귀환이 전혀 진척되지 않는 가운데 국내에서는 귀환운동이 이어졌다.[37] 1948년 8월 정부수립 이후 한국 외교대표부는 연합군 총사령부 측에 사할린 한인 억류의 불법성 및 부당함과 이들에 대한 조속한 귀환교섭을 요청했지만,[38] 연합국총사령부 측은 내부적으로 "소련의 승인을 받지 못한 한국을 대표하는 한국 정부의 주일 외교단에게 연합군 사령부보다는 다른 중재자를 통해 소련과 접근"할 것에 대해 논의하고 있었다.[39] 결국 소련 지역 내 한인의 귀환은 냉전의 제약으로 표류를 거듭했다.

맺는말

해외 한인의 귀환은 급변하는 냉전구도 속에서 강대국의 점령정책과 전후 복구방침에 수반되어 불안정하게 진행되었다. 다만 큰 틀에서 한인의 귀환은 제2차 세계대전 시기 구축한 연합군 체제의 범주를 벗어나지

---

37 「화태 천도재류동포귀환운동」, 『자유신문』 1948년 11월 28일자.

38 To the Diplomatic Section, General Headquarter, Supreme Commander for Allied Power, Tokyo, June 14, 1949. "Repatriation of Koreans From Sakhalin", Box. 382, RG 331.

39 Paul R. steakls 26-5945 AG 014.33 GC-0, "Repatriation of Koreans From Sakhalin and Kuriles", 12 July, 1949. Box. 382, RG 331.

않으며, 연합군 총사령부와 해당국 정부의 협조 또는 동의 아래 진행되었다.

　종전 직후 연합군 총사령부와 일본 정부는 한인의 열악한 상황과 향후 장래를 염두에 둔 어떠한 우호적 귀환정책을 내놓지 않으며, 귀환 선박 제공에 국한된 최소한의 귀환조치만을 취했다. 이는 일본 사회에서 재일한인이 불안요소가 될 것으로 보고, 방출하려 한 의도에서 비롯되었다. 한인의 귀환 추이가 둔화되는 1946년 들어 연합군 총사령부 측은 한인의 귀환에 대한 적극적인 모습을 보이며, 강압적이고 차별적인 재일한인 정책을 시행했다. 이는 재일한인에게 큰 반감을 주어 오히려 귀환 희망자가 감소하고, 민족단체를 조직하며 적극적으로 대응하는 결과를 낳기도 했다. 연합군 총사령부가 사회질서 유지에 적극적인 자세를 취하자 일본 정부는 치안권 확보를 획책하며, 적극적으로 재일한인을 통제해갔다.

　중국 지역의 귀환은 연합군 총사령부–주중국 사령부–주한 미군정 등의 미군 지휘체계와 중국군의 공조로 진행되었다. 중국 내 항구로의 이동에 대해서는 중국 측이 부담하고, 선박 운용에 대한 책임은 연합군 총사령부를 위시한 미군이 담당했다. 그러나 이는 경비상의 부담 배분의 문제만은 아니었다. 귀환의 최종 결정은 동아시아의 군사적 점령상태를 총괄하던 연합군 총사령부의 승인을 거치게 했다. 중국 국민정부는 귀환행정의 규제방침은 연합군 총사령부의 것을 따르면서 자국 내 한인 거류 문제와 재산 문제 등에 대해서 각종 법안을 마련했다. 초기 중국의 정책은 한인의 장기적 거류를 인정하는 듯한 모습을 보였지만, 귀환이 진척되자 급변했다. 대체로 1946년 말에 접어들며 중국 정부는 한인의 거류규제를 엄격히 하고, 대부분의 한인을 의지와 상관없이 송환했다. 반면에 국공내전의 여파로 동북 지역의 한인에 대한 통제는 제대로 이뤄지지 않았다. 동북 지역에 정착한 한인은 이후 재중한인 사회의 원형이 되었다.

　소련 지역 한인의 귀환은 일본 제국주의의 패퇴와 소련군의 진주가 중첩되며, 중층적 문제를 보였다. 미국이 주도하는 연합군 총사령부 체제가

표1 1945년 3월 극동소위원회의 '전후 한국의 상황에 따른 국적 부여 방안'

	일본으로부터의 독립 여부	점령-신탁통치 상태	독립국 지위 확보	한인의 지위
1	X	연합군의 군사적 점령	X	일본적
2	독립	특정국의 신탁통치	X	신탁통치국의 보호 (국적은 미정)
3	독립	2개국 이상의 보호	불확실	공동책임국의 합의에 따라 특정국으로 지정
4	독립	특정국의 감독 혹은 고문	독립국	한국적 (스스로 외교권 행사)

원활한 지역의 경우 한인의 귀환이 그나마 가능했지만, 소련 점령 지역의 경우 냉전의 여파로 한인의 귀환 통로가 끊겨 버렸다. 소련 점령 지역 한인의 귀환교섭은 크게 일본인 인양교섭에서 부수적으로 다뤄졌으며, 한편으로 미소공위 등 미·소 간의 협상과정에서 논의되었다. 소련은 한인의 귀환 문제를 한국 문제, 포츠담 선언 완수를 통한 전후처리 완결이 아닌 자국의 전후복구 관점에서 접근했다. 한인의 이동은 노동력의 이동으로 인식했고, 이들의 이동비용은 일종의 물류비용처럼 다뤄 비용의 부담 문제가 줄곧 미·소 간 논의 중단의 빌미가 되었다.

해외 한인의 국적 문제는 해외 한인의 외교적 보호의무가 누구에게 있는가의 문제로 연결되는 것이기도 했다. 태평양전쟁 시기 미 국무부는 한국의 상황에 따른 해외 한인의 국적 부여 방안을, ① 독립하지 못하고 군사적으로 점령 시 '우호적 적국민', ② 신탁통치 시 '무국적', ③ 2개국 이상의 신탁통치 시 합의에 따라 국적을 규정하되 신탁통치국 국적 부여 가능, ④ 한국이 독립국이되 고문(顧問)을 받을 경우 '한국적'으로 수립했다.[40]

이러한 방안은 일본 국적의 상실과 이를 대체해 한국을 책임지는 정부가 있을 시 해당 국가가 외교적 보호의무를 갖는다는 점, 한국의 외교가 여러 국가에 의한 공동책임 아래 있을 시는 해당 국가들이 공동책임을 지되 그중 대표적 국가가 외교적 보호권을 대표적으로 양도받을 수 있음을 규정한 것이었다. 이러한 방침은 향후 해외 한인의 처우에 대한 중요한 기준이 되었다. 그럼에도 현실적으로 해외 한인은 분명한 규정에 따라 외교적 보호를 받지 못했다.

전쟁종결 후 한국은 독립했지만, 연합국은 신탁통치를 상정하고 그 실현방안을 모색했다. 그러나 미소공위가 결렬되는 등 '국제적 독립'과 '신탁통치'에 대한 합의는 결렬되었다. 이런 상황은 해외 한인의 국적 부여 환경으로 상정한 어느 경우에도 부합되는 것은 아니었다. 그런 연합군 총사령부는 한인을 사실상 무국적 상태로 처우하는 한편, 사실상 '적국민'으로 처우했다.

1948년 정부수립 후 미국 측은 한국 정부의 외교적 보호권을 인정한다며 해외 한인 문제에 대한 책임을 회피했다. 제2차 세계대전 종전 후 해외 한인의 외교적 보호책임은 '공동책임을 지는 국가'들의 몫이었다. 그러나 미국, 소련이 외교적 보호를 다하지 않음으로써 한인의 귀환은 정부수립 이후에도 여전히 미완의 과제로 남게 되었다.

---

40 K-1 Preliminary a, 20 July, 1945, Records Relating to Miscellaneous Policy Committees, 1940~45 Box. 108, RG 59.

18

제국 해체 이후

── 구(舊) 사할린 주민이 겪은 복수(複數)의 전후

나카야마 다이쇼(中山大將)

머리말

동아시아 신진 역사가 세미나에 내가 참가했던 2015년의 노벨 문학상
은 스베틀라나 알렉세예비치(Svetlana Alexeievich)가 수상했다. 알렉세예
비치는 소련의 대독전쟁에 종군한 여성 병사들을 소재로 한 『전쟁은 여
자의 얼굴을 하지 않았다』 중에서 전(前) 여성 병사들의 말뿐만 아니라
이하와 같은 검열관의 말도 싣고 있다.

확실히 우리가 승리한 것은 보통 일이 아니었지. 하지만 그중에서도 영
웅적인 본보기를 찾으려고 해야 해. 그런 건 수백 개나 있어. 그런데 당신
은 전쟁의 더러움만 보이려 하고 있어. 뭘 노리고 있는 거야? 진실이 현실
속에 있는 거라고 생각하고 있는 거야? 길거리에 굴러다니는 것이라고? 속
세의 것이라고? 그런 건 없어. 진실이라는 것은 우리가 동경하고 있는 것이
야. 이랬으면 하고 바라는 것이란 말이야.[1]

일본의 대형 보도기관은 매번처럼 수상을 '놓친' 무라카미 하루키(村上春樹)와 그의 팬인 '하루키스트'들의 언동만 언급해 노벨 문학상을 국가적 이벤트로 연출했고, 수상자인 알렉세예비치의 인지도가 높아지는 일은 거의 없었다고 생각된다. 알렉세예비치가 언급될 때에도 『체르노빌의 목소리』[2]가 '후쿠시마'와 연관짓는 경우가 많았고, 그와 비교하면 『전쟁은 여자의 얼굴을 하지 않았다』는 별로 관심을 부르지 않았다는 인상이 짙다.

그러나 이 검열관의 말은 이미 없어진 전체주의 국가 소련이니까 등장한 말이며 현대 동아시아를 사는 우리에게는 관계없는 말이라고 단언할 수 있을까?

> 그런 건 거짓말이야. 이것은 우리 군의 병사에 대한, 유럽의 절반을 해방시킨 우리 군에 대한 중상이다. 우리나라의 빨치산, 우리 영웅적 국민에 대한 중상이다. 당신의 작은 이야기는 필요 없어. 우리에게는 큰 이야기가 필요해. 승리의 이야기가. 당신은 누구에 대해서도 애정이 없어. 우리나라의 위대한 사상을 사랑하고 있지 않아. 마르크스와 레닌의 사상을.[3]

이 검열관이 말하는 '당신의 작은 이야기'를 기록해두려는 사람들 ─ 물론 그중에는 다수의 역사연구자도 포함되어 있다 ─ 은 여전히 '검열관'과 조우하고 있는 것이 아닐까? 그러한 '검열관'은 철근 콘크리트로 지어진 취조실 안에만 있는 게 아니다. 민주국가에서조차 매스컴의 오보나 편향보도, 법정투쟁, 인터넷에서의 비난여론, 여러 곳에서 여러 방법으로

---

1   スヴェトラーナ・アレクシエーヴィチ, 三浦みどり 譯, 『戦争は女の顔をしていない』, 岩波書店, 2016(원저: Светлана Алексиевич, У войны-не женское лицо, Минск: "Мастацкая літ-ра", 1985), pp. 28~29.

2   원저는 Светлана Алексиевич, Чернобыльская молитва: хроника будущего, Москва: Время, 1986.

3   『戦争は女の顔をしていない』, p. 32.

'큰 이야기'나 '승리의 이야기'가 '작은 이야기'를 사회로부터 '퇴장'시키려하고 '검열관' 같은 역할이 연출되어 그것이 사람들 안에서 '자율규제'라는 형태로 내면화되어 간다. 그리고 '이랬으면 하고 바라는' 것처럼 '작은 이야기'가 다시 쓰일 때 그것은 '큰 이야기', '승리의 이야기'가 되어버린다. 이러한 시대에 역사연구자가 짊어지는 사명은 매우 클 것이다.

1. 이 글의 목적

1) 경계 지역사라는 시점

역사연구의 현대적 의의로는 국가나 사회, 학계가 형성해 공유해온 통설에 대한 끊임없는 재검토를 들 수 있을 것이다. 바꾸어 말하면 그것은 어느 시대에 관한 특정 시점의 절대화를 회피하기 위한 노력이라고 할 수 있다.[4]

동아시아에서의 민주화는 각 국가나 지역을 둘러싼 역사학의 존재방식에도 커다란 영향을 끼쳐왔다. 예를 들어 일본에서는 1945년 패전을 계

---

4 '통설'의 재검토가 당사자를 원고로 하는 소송으로 발전한 최근의 예로는 박유하, 『제국의 위안부: 식민지지배와 기억의 투쟁』(뿌리와이파리, 2013. 일본어판은 朴裕河, 『帝國の慰安婦: 植民地支配と記憶の闘い』, 朝日新聞出版, 2014)을 둘러싼 민사·형사소송이 있다. 이 문제를 둘러싸고 일본에서는 2016년 3월에 다양한 입장의 연구자가 한자리에 모여 논의가 진행되었다. 이 집회의 기록집은 인터넷에 공개되어 있으며(0328集會實行委員會 編, 『慰安婦問題'にどう向き合うか 朴裕河氏の論著とその評價を素材に 研究集會記錄集』0328集會實行委員會(http://0328shuukai.net/) 最終閱覽: 2017年 7月 12日), 나도 감상을 적었다('和解'と'救濟'という二つの讀み方」同前所收). 또한 이 문제를 바탕으로 역사연구자의 사회적 역할과 역사연구의 바람직한 자세 등에 대해서는 졸고, 「なぜ'數'を問うのか?」(淺野豊美·小倉紀藏·西成彦 編, 『對話のために——帝國の慰安婦'という問いをひらく』, クレイン, 2017)에서 논했다.

기로 국가권력의 후원을 잃어버린 황국사관은 쇠퇴했고, 유물사관을 비롯한 다양한 역사관이 발흥해[5] 오늘에 이르고 있다. 내가 주요 연구대상으로 삼고 있는 사할린에서도 소련 공산당 일당 독재체제의 붕괴 이후 사회주의적 역사관의 속박에서 해방된 국립 사할린 대학의 역사학 교수 M. S. 비소코프 등의 역사가들이 공개된 공문서관의 자료를 바탕으로 사할린의 독특한 역사적 배경을 전제로 한 지역사 연구를 전개해왔다.[6] 마찬가지로 타이완에서도 1990년대 중화민국 총통 민선 등 일련의 민주화 움직임 속에서 중앙연구원의 차오융허(曹永和) 등의 영향을 강하게 받아 중국사와는 별도의 타이완 도사(島史)라는 연구분야가 시작되었다.[7]

일본에서의 가라후토(일본 통치 아래의 사할린 남부)[8]사 연구가 활발해진

---

5 그러나 마르크스주의 역사연구자의 흐름 자체는 전전부터 존재했다(網野善彦, 『歷史としての戰後史學』, 洋泉社, 2007).

6 비소코프가 동료들과 집필한 사할린주 역사서의 일본어판 서문의 "러시아인은 (다른 다수의 민족도 마찬가지지만) 우리의 여러 섬에서 지난 수천 년 동안의 투쟁, 공존, 그리고 문화교체의 역사 속에서 최초로 나타난 민족이 아니었으며, 또한 물론 최후의 민족이 되지 않을 것이다"(板橋政樹 譯, 『サハリンの歷史』, 北海道撮影社, 2000, p. 13)라는 말은 이들 역사연구자들의 정신을 상징하고 있다. 2000년대에는 이들 사할린의 역사연구자와 홋카이도 대학을 중심으로 한 일본의 사할린·가라후토사 연구자와의 교류도 활발해져 세미나와 심포지움이 개최되었고, 그 성과는 Ответственный редактор M. C. Высоков, *Россия и островной мир Тихого океана*, Южно-Сахалинск: Сахалинское книжное издательство, 2009나 松井憲明·天野尙樹 編譯, 『サハリン·樺太史硏究 第一集』, 北海道情報大學, 2010으로 간행되었다.

7 若林正丈, 「臺灣島史'論から諸帝國の斷片'論へ」, 『思想』 第1119號, 2017.

8 사할린은 1875년의 가라후토치시마 교환조약에 의해 섬 전체가 러시아 제국령이 되었고, 1905년의 포츠머스 조약에서는 북위 50도선 이남이 일본 제국령이 되었다. 1945년 소련의 가라후토 침공에 의해 일본제국은 실질적 시정권(施政權)을 잃지만, 정식으로 일본 정부가 영유권을 포기하는 것은 1951년의 샌프란시스코 강화조약에서다. 또한 1920년부터 1925년의 일소기본조약 체결까지의 기간 동안 북위 50도선 이북은 일본군에 의해 보장점령 상태에 있었다. 현재 일본의 일본사 분야에서 '가라후토'라고 하는 경우 가라후토치시마 교환조약까지의 사할린 전체 혹은 포츠머스 조약부터 소련의 가라후토 침공까지의 사할린 북위 50도선 이남을 가리키며, 후자에 대해서는 '남가라후토'라고 부르는 경우도 있다. 또한 보장점령 시기의 사

것은 2000년 전후로, 앞서 언급한 새로운 역사학의 발흥과는 직접적 관계가 없다. 종래의 일본 식민지사 연구는 조선과 타이완, 그리고 만주를 중심으로 다른 국가에 대한 착취와 지배를 연구과제로 해왔다. 그러나 소련 붕괴로 인해 일본 학계에서 마르크스-레닌주의적인 제국주의 사관의 권위가 약체화해 그러한 논의에 잘 어울리지 않는 가라후토도 연구선상에 오르게 된 것이다.[9]

종래의 가라후토 식민지사 연구에서는 1945년 소련에 의한 점령 혹은 1949년에 종료한 일본인 인양(引揚)이 그 마지막으로 간주되고 있다.[10] 그러나 나는 식민지 사회가 점령이나 인양만으로 종결되는 것이 아니라고 생각해 '경계 지역사'라는 관점에서 제국 시기와 포스트 제국 시기를 연속시킨 역사연구를 시도하고 있다. '경계 지역사'란 근·현대사에서 경계가 변동한 지역의 역사적 경험, 여러 제국의 직·간접적 영향의 누적, 개개인의 시점에서 근대 국민국가·제국의 국민·경계를 되묻는 것이다. 이것은 개별적으로 시작된 사할린 도사(島史)나 타이완 도사(島史) 등을 고립시키지 않고 보편화하기 위해서도 유효한 시점이라고 생각한다.

할린 북위 50도선 이북을 '북가라후토'라고 부르는 일도 있다.

9 2008년까지의 일본에서의 가라후토사 연구 동향에 대해서는 竹野學, 「樺太」, 日本植民地研究會 編, 『日本植民地研究の現狀と課題』, アテネ社, 2008, 그 이후에 대해서는 졸고 「サハリン樺太史研究會發足以後の樺太史研究の動向」, 『近代東北アジア地域史研究會ニューズレター』第26號, 2014에 정리되어 있다.

10 근년에는 인양자·잔류자 연구의 진전에 의해 이 종점이 현대까지 연장되어오고 있다. 내가 기획한 사할린 가라후토사 연구회 제41차 정례회 "가라후토의 '전후사 연구의 도달점과 과제"(2016年 12月 10日, 北海道 大學)에서는 5명의 연구자가 최신의 연구성과를 보고해 활발한 논의가 이루어졌다(中山大將 ほか, 「サハリン樺太史研究會第四一回例會 樺太の'戰後'史研究の到達點と課題」, 『北海道東北史研究』第11號, 2018* 근간).

2) 이 글의 과제

나의 연구는 가라후토 식민지 사회의 형성과정 연구부터 시작했으며, 그 성과는『아한대 식민지 가라후토의 이민사회 형성』(2014)으로 출판되었다. 현재의 주된 관심은 그 해체과정이며, 사할린 잔류 일본인·한인 문제를 중심으로 일본제국의 붕괴 이후 구(舊) 가라후토 주민을 둘러싼 이동과 잔류의 실태 해명을 진행해왔다. 이 글에서는 '구 가라후토 주민이 겪은 복수의 전후'가 갖는 다양성과 그 배경에 대해 논하고자 한다.

'복수의 전후'라고 할 때 '전후'란 전후 시기의 체험뿐만 아니라 전후 시기에 회상된 가라후토 시대의 '기억'을 포함하고 있다. 역사학의 역할이란 방대한 개별 사례를 수집하면서 어느 정도의 기준으로 분류와 일반화[11]를 도입하는 것이다. 본론에서는 어디서 전후를 경험했는지를 규정하는 전후의 이동 경험과, 그것을 규정한 호적·국적 등을 기준으로[12] 한 일반화를 시도할 것이다.

---

11 여기서 말하는 '일반화'는 전칭화(全稱化)를 의미하는 것이 아니며, 어느 집단 내의 다양성을 사상하기 위한 것도 아니다.

12 일본에서는 근래 일본사 연구에서 '원초주의'적인 민족 공동체의 전제를 배제하고, 국적이나 호적과 같은 근대제도를 기준으로 집단을 파악해가는 연구의 조류가 생겨나고 있으며, 그 대표적 존재로서 이 세미나에도 참가 경험이 있는 엔도 마사타카(遠藤正敬,『近代日本の植民地統治における國籍と戶籍 ―滿洲, 朝鮮, 臺湾』, 明石書店, 2010)나 시오데 히로유키(鹽出浩之,『越境者の政治史 ―アジア太平洋における日本人の移民と植民』, 名古屋大學出版會, 2015)를 들 수 있다.

2. 구(舊) 가라후토 주민의 분류

1) 구 가라후토 주민

이 글에서 말하는 '구 가라후토 주민'이란 1945년 8월 소련에 의한 침공 이전에 가라후토에 거주하고 있었던 사람을 가리키며, 구체적으로는 일본인(일본제국의 내지 본적자), 한인(동 조선 본적자), 중화민국 국적자, 폴란드 국적자 외 유럽계 외국인,[13] 그리고 가라후토 아이누 등의 선주민을 말한다. 가라후토 침공 직전에는 일본인 약 36만 명, 한인 약 2만 4,000명, 외국인 약 240명, 선주민 약 1,700명이 가라후토에 거주했다.[14] 그리고 가라후토 침공과 그 후 일련의 인구이동은 사회상황과 개개인의 인생에 커다란 변화를 가져왔다.

---

13 일본의 가라후토 영유 시점에서 러시아 제국 시대부터 거주했던 유럽계 주민(다만 여기서는 타타르인 이슬람교도 등도 포함)은 가라후토청 관련 문서에서는 '(잔류) 노국인'(露國人)이라고 호칭되었으나, 러시아 혁명으로 인해 러시아 제국이 해체되고 소련이 성립하자 이 사람들은 '구(舊) 노국인'이라고 불리게 되었고, 폴란드계 주민처럼 새로이 탄생한 국민국가의 국적을 취득한 자는 이 '구 노국인'에서 제외되었다. '구 노국인'은 소련 국적을 갖지 않는 무국적자로 일본 정부로부터 지목되었고, 전후 소련 시정 개시 후에도 소련 당국으로부터 무국적자로 취급되어 국적 취득이 진행된 것은 1950년대 이후라고 말하고 있다(セルゲイ·P·フェルドチェーク, 板橋政樹 譯, 『樺太に生きたロシア人』, ナウカ, 2004, pp. 43~44). 또한 소련 사회주의 체제로부터 도망친 '백계 러시아인'의 유입은 가라후토에서도 1920년대를 중심으로 발생해 정주자도 나타났다. 더 나아가 같은 시기에는 시베리아에서 자신의 국민국가를 건설하려는 야망을 품은 시베리아 선주민족 사하의 위노클로프 등의 가라후토 이주도 발생했다. 이러한 사람들의 가라후토 사회에서의 생활에 대해서는 졸고 「樺太のエスニック·マイノリティと農林資源 —— 日本領サハリン島南部多數エスニック社會の農業社會史研究」(『北海道東北史研究』第11號, 2018* 근간)에서도 논하고 있다.

14 졸저 『亞寒帶植民地樺太の移民社會形成 —— 周緣的ナショナル·アイデンティティと植民地イデオロギー』, 京都大學學術出版會, 2014, p. 65.

2) 구 가라후토 주민의 전후동향

(1) 인양자[15]

'인양자'란 소개(疏開), 탈출, 밀항을 포함해 1949년 7월의 공식 인양 종료까지 일본 본토로 이동한 약 38만 명을 가리키며, 구 가라후토 주민의 대부분을 차지한다. 이 사람들을 대표하는 단체가 전국가라후토연맹이다. 인양 종료 후의 사할린 잔류 일본인은 약 1,400명, 한인은 약 2만 4,000명으로 추계된다. 한인의 거의 대부분이 잔류를 강요당한 것은 인양에 관한 미·소 협정에 한인이 포함되어 있지 않았던 것이 직접적 원인이었다.

(2) 외국인 귀국자

인양과 같은 시기에 폴란드 국적자나 중화민국 국적자[16]도 본국에 귀환했으나, 이 글에서는 지면관계상 생략한다.

---

15 앞의 논문 「樺太移民社會の解體と變容 ─ 戰後サハリンをめぐる移動と運動から」, 『移民硏究年報』第18號, 2012. 또한 인양자 중에는 한인도 소수 보였다. 이것은 소련 당국 측이 인양의 가부 기준을 일본제국의 호적 본적지가 아닌 소련 국내 신분증의 민족적란(籍欄)에서 구했기 때문에 본인 의도의 유무와는 별도로 민족적란에 '일본 민족'이라고 기재된 경우는 본적지가 조선이라도 인양허가가 인정되었기 때문이라고 생각된다(졸고 「サハリン殘留日本人 ─ 樺太·サハリンからみる東アジアの國民帝國と國民國家そして家族」, 蘭信三 編, 『帝國以後の人の移動 ─ ポストコロニアルとグローバリズムの交錯点』, 勉誠出版, 2013, pp. 447~48).

16 1943년 무렵부터 가라후토청은 일부를 제외하고 유럽계 주민을 하나의 취락에 집주시키는 조치를 취해 서서히 이주가 진행되었다. 이들 유럽계 주민은 소련 침공에 대해서는 꼭 해방군이라고 받아들이지는 않았고, 일부 여성은 일본인 여성과 마찬가지로 두발을 짧게 해 남장하는 등의 자위책을 취한 외에도 여러 가지 이유로 소련 당국에 의한 체포도 이어졌다. 폴란드 국적자의 본국 귀환에는 이러한 배경도 존재했다(앞의 책 『樺太に生きたロシア人』). 중화민국 국적의 귀환에 대해서도 가까운 시일에 연구성과를 정리할 예정이다.

(3) 냉전 시기 귀국 잔류자[17]

1956년의 일·소 국교 정상화 이후 합의에 근거한 귀국사업에 의해 잔류 일본인 약 900명과 한인 가족 약 1,800명이 일본으로 귀국했다. 귀국한 일본인은 특별히 단체를 결성하지 않았으나, 동반 가족이었던 한인 남편들은[18] 사할린에 여전히 잔류한 한인의 귀국을 요구해 1958년에 가라후토귀환재일한국인회(가라후토억류귀환자한국인회)를 결성했다.

(4) 냉전 시기 공화국 조선 귀국 잔류자[19]

같은 시기에는 재일조선인의 공화국 조선(조선민주주의인민공화국)에 대한 귀환사업이 실행되고 있었는데, 마찬가지로 사할린에서도 공화국 조선이 잔류한인에게 공화국 조선으로의 귀국을 촉구해 이에 응한 한인들이 존재했다. 귀국 후의 한인들이 귀국자 단체를 발족시켰는지는 자세하지 않다. 또한 1970년대에는 한국이나 일본으로의 귀국을 청원했다는 이유로 소련 당국에 의해 '조선 민족의 조국'인 공화국 조선에 강제이송된 잔류자도 있었다.

(5) 냉전 시기 이후 일본 귀국 잔류자[20]

1977년 이후 사할린에서 일본으로의 귀국은 끊겼지만, 귀국을 희망하는 일본인이 없어진 것은 아니었다. 소련 붕괴를 전후해 이러한 사람들의 일시·영주 귀국의 실현 지원을 위해 일본사할린동포교류협회[21]가 일본에

---

17 앞의 논문 「サハリン残留日本人の冷戦期帰国 — '再開樺太引揚げ'における帰国者と残留者」, 『移民研究年報』 第20號, 2014.
18 인양 시기에는 인정되지 않았던 한인의 일본으로의 이동을 냉전기 귀국 시기에는 일본인의 배우자나 자식(한인과 일본인을 부모로 하는 자)이며 해당 일본인과 동반해 귀국선에 타는 경우에 한해 일·소 양국 정부는 용인했다(앞의 논문 「サハリン残留日本人の冷戦期帰国」).
19 앞의 논문 「サハリン残留日本人」.
20 앞과 같음. 다만 이하 수치는 정의에 따라 변동이 있다는 점에 주의.

서 발족했고, 사할린 측에서도 사할린홋카이도인회가 발족해 사할린 잔류 일본인끼리의 섬 전체 차원에서의 교류가 시작되어 41명이 영주 귀국하기도 했다.

(6) 냉전 시기 이후 한국 귀국 잔류자[22]

같은 시기에는 잔류한인의 한국으로의 일시·영주 귀국도 실현되기 시작해, 2000년에는 한·일 정부의 합의에 의해 잔류한인 귀국사업의 지원이 실현되어 약 3,500명이 한국으로 영주 귀국했다. 사할린 측에서는 잔류한인 단체인 사할린주한인회가 결성되었으며, 한국 측에서도 안산시고향마을영주귀국자노인회 등이 결성되었다.

3. 인양자와 단체의 전후: 피해에서 화해 내지 망각으로

일본으로의 인양자는 복원자(구군인·군속)와 같이 일본에서의 생활재건이 시급했다. 공무원이나 전국기업사원(全國企業社員)은 전전(戰前)과 같은 일에 종사할 수 있었던 경우가 많았지만, 그 이외의 일반인은 전후개척[23]이나 탄광노동 등에서 활로를 찾지 않을 수 없었다.[24]

---

21 초기는 '가라후토(사할린)동포일시귀국촉진회'라는 명칭으로 활동했다.

22 앞의 논문 「サハリン殘留日本人」.

23 일본의 패전에 의해 각 지역에서 일본제국 신민인 구군인·군속의 복원과 민간인의 인양이 발생했다. 이 사람들의 본국 귀환에 의해 야기된 식량 문제 등에 대처하기 위해 일본 정부는 1945년 11월에 '긴급개척실시요령'을 시행해 내지에서의 농업개척으로 이 인구를 수용하고자 도모했다. '전후개척'이란 그 후에도 계속되는 일련의 국내 농업개척을 가리키며, 광의로는 정책상 1974년까지 지속되었다고 여겨진다(道場親信, 「'戰後開拓'再考 — '引揚げ'以後の'非國民'たち」, 『歷史學硏究』 第846號, 2008).

24 전후 일본 사회에서의 가라후토 인양자의 홋카이도 도시부·탄광 지역에서의 상황에 대해서는 木村由美, 「戰後樺太からの引揚者と北海道 — 都市部と炭鑛都市を中

인양자 단체인 전국가라후토연맹(가라렌(樺連))은 회장을 구 가라후토청 장관이 맡는 등 "요인·유력자들의 재결집"[25]이라는 측면이 강해 반드시 인양자 전부가 가입했던 것도, 인지했던 것도 아니었다. 그 활동의 목적은 당초에는 인양 촉진과 원호가 중심이었으나, 일·소 국교 정상화를 앞두고 는 영토반환 운동으로 기울어져 갔다. 그러나 영토반환 운동에 열심이었 던 세대가 은퇴한 이후에는 친목단체화가 진행되었다.

전국가라후토연맹은 단체사(史)나 단체지(誌)『가라렌 정보』 등을 간행 했는데, 이로부터 가라렌의 '전후'를 읽어낼 수 있다. 또한 인양자 개개인 도 회상기 등을 간행했는데, 그것들을 합쳐보면 냉전 시기에는 반소적 표 현이 그 주축을 이룸과 동시에 소련의 피해자로서의 일본인 인양자상(像) 을 강조했다. 즉 일·소 중립조약을 위반한 소련의 가라후토 침공, 전시 전 투행위나 점령 아래서의 약탈폭행에 의한 인적·물적 손해, 그리고 영토약 탈에 의한 고향상실이 그것들이다.[26]

냉전 시기 이후가 되면, 인양자 1세대(인양 당시 청장년층)의 감소와 사할 린 재방문이 가능해지고 사할린과의 교류도 활발해진 것을 배경으로 피 해의 강조보다는 화해를 지향하는 표현이 많이 보이게 된다. 예를 들어 어느 인양자(침공 당시 8세)[27]는 2005년 무렵부터 사할린의 향토사가들과 교류를 거듭해 다수의 자료를 제공하고 조언을 해주었다. 그에게 가라후

心に」,『北大史學』第54號, 2014; '가라후토 인양자상(像)'의 생성에 대해서는 ジョ ナサン·ブル, 「樺太引揚者'像の創出」, 天野尚樹 譯,『北海道·東北史研究』第9號, pp. 24~43에서 분석되는 등 근년의 연구가 진척되고 있다.

25 앞의 논문 「樺太移民社會の解體と變容」, p. 108.

26 현재에도 이러한 역사관은 일본 사회에서 보이는데, 예를 들어『別冊正論二五「樺 太─カラフト」を知る』, 産經新聞社, 2015에는 이러한 인식이 다수 보인다. 또한 구 가라후토 주민 중에서도 후쿠토미 세츠오(福富節男,『人がその土地に生きるこ と─領土と住民·戰爭』, 1999)나 구도 노부히코(工藤信彦,『わが內なる樺太』, 石 風社, 2008) 등과 같이 전후에 독자적인 성찰을 행한 사람들도 있었다.

27 나와 Thomas Lahusen(Tront University)에 의한 공동 청취조사(2014年 8月, 札幌).

토의 역사는 인양자와 현재 사할린에 거주하는 러시아인 쌍방이 공유할 수 있는 역사이며, 현재를 살아가는 일본인과 러시아인을 잇는 것이다. 또한 인양 이전까지의 러시아인 이주자와의 생활을 따뜻하게 묘사한 것도 회상기에서 많이 보인다.

이러한 자세는 피해에서 화해로라는 하나의 이상적인 상(像)이지만, 일부 1세대는 전쟁의 참극과 소련의 비인도성의 망각으로도 받아들일 수 있다. 실제로 소련 붕괴 직전에 사할린을 재방문했던 2세대(인양 당시 유소년층) 가라렌 간부[28]는 1세대 간부로부터 "소련 지배 아래의 가라후토에 가는 건 무슨 일이냐!"라고 질책당했다고 한다.

4. 냉전 시기 이후 귀국자와 귀국자 단체의 전후: 뒤틀린 가해성

냉전 시기 귀국 잔류 일본인의 다수는 귀국 후에 자신들의 단체도 만들지 않았고, 회상기 출판 등의 자기 발언도 드물어서 집단적 기억을 파악하기 어려운 것이 현재 상황이다.

냉전 시기 이후 귀국 잔류 일본인의 다수는 물론 잔류 그 자체를 비극으로 간주하고 소련의 가라후토 침공이 그 원인이라고 인식하고 있지만, 전후에 이주해온 러시아인을 가해자라고는 보지 않는다. 오히려 그녀/그들을 심리적으로 압박했던 것은 일본인을 가해자로 간주하는 잔류한인들의 차가운 시선이었다. 냉전 시기에는 이름을 조선식으로 변경하는 등 일본인이라는 것을 숨기는 것이 일반적이었다. 예를 들어 전전부터 한인의 양자가 되었던 어느 잔류 일본인은 전후에 한인과 결혼했으나, 곧 남편에

---

28 나에 의한 청취조사(2014年 6月, 東京).

게 자신이 일본인의 혈통이라는 것이 알려져 그 결과 남편으로부터 냉대 받았다고 한다.[29]

흥미로운 것은 귀국 지원 운동단체의 관점이다. 운동 중 소련의 가해성 보다도 책임 주체인 일본 정부의 가해성을 추궁하는 논리가 전개되었다.[30] 이것은 운동의 중심에 신문기자나 노동조합 관계자 등이 있어 애초에 좌파적 경향이 있었던 것도 원인 중 하나이지만, "움직일 수 있는 것을 움직이는 노력을 한다"는 운동의 현실주의의 결과라고도 할 수 있다. 즉 일본인 잔류자에 대해 소련이 어떠한 책임을 인정하는 것은 상상할 수 없고, 일본 정부의 책임을 추궁하는 쪽이 현실적이었던 것이다.

현재의 일본 사회에서 가라후토라고 하면 전쟁피해의 상징으로서 삼선(三船) 순난, 마오카(眞岡)의 아홉 처녀,[31] 잔류 일본인이 그 표상이다. 냉전 시기에 미디어에서 보였던 소련의 비인도성에 대한 비난은 후퇴하고, 오히려 앞서 언급한 표상이 모두 일본 정부의 가해성을 암시하는 형태로 제기되었다. 즉 가라후토 전화(戰禍)의 직접적 원인인 소련의 침공보다도 간접적 원인인 일본의 군국주의에 의한 개전이야말로 비극의 본질로서 근년

---

29 앞의 논문 「サハリン殘留日本人」, p. 758.

30 예를 들어 일본사할린동포교류협회 사무국장을 역임한 오가와 요이치(小川峽一)의 편저(『樺太シベリアに生きる ― 戰後六〇年の證言』, 社會評論社, 2005, pp. 16~17)에는 "우리들이 '8월 15일은 종전의 날'이라고 가볍게 말할 수 없는 이유는 여기에 있다(인용자 주: 가라후토에서는 15일 이후에도 일·소 사이에 지상전이 전개되었기 때문). 가라후토 관계자가 그렇게 생각한다면, 오키나와 관계자, 히로시마·나가사키의 희생자는 반대로 어째서 8월 15일까지도 패전을 연기했는가, 더 빨리 종결방송을 할 수 있지 않았냐고 생각할 것이다", "국가의 정책빈곤에 의한 '방치'를 '잔류' 일본인이라는 말로 애매하게 해서는 안 된다. 이 표현은 국가에 의해 보호되지 않고 전후 오랫동안 외지(인용자 주: 여기서는 '해외' 정도의 의미)에서 살지 않을 수 없었던 동포에 대한 '자기의사 잔류자'라는 단정이나, 이라크에서 시민 구원활동을 계속한 젊은이에게 던져진 매도, '자기책임론'이라는 발상과 통할 것이다"라는 표현이 보인다.

31 '삼선 순난'은 1,700명 이상이 희생된 소련 잠수함에 의한 소개선 격침, '마오카의 아홉 처녀'는 소련 침공 후 우편 전신국 여성 직원의 집단자결을 가리킨다.

일본 사회의 '우경화'가 이러한 전쟁의 재난을 다시 초래할 것이라고 경종
을 울리는 것이다.[32]

5. 잔류한인의 전후: '기억'의 충돌

한인을 둘러싸고는 '기억'의 충돌이라고 할 수 있는 것이 발생하고 있다
는 점이 매우 중요하다. 전후 초기의 일본 사회에서 잔류한인은 잊힌 존재
였으며, 그 존재가 처음으로 주목된 것은 앞서 언급한 잔류 일본인이 냉
전 시기에 귀국한 때다. 샌프란시스코 평화조약에 의해 일본 정부는 구조
선 국적자에게 일본 국적을 인정하지 않게 되었는데, 원칙론에 의하면 사
할린 한인은 입국자격이 없기 때문에 입국을 허가한 법무성에 대해 국회
에서의 추궁도 일어났다.[33] 이와 같은 법적 논의를 별개로 하더라도 전후
일본에서는 심리적으로도 한인의 입국이 환영받지 못했다. 『아사히신문』
조차 제목에 「조선 모다이」(인용자 주: '귀국'을 가리키는 러시아어의 음역)라고
표현해 한인의 입국을 차가운 시선과 반발을 갖고 보도했다.[34] 가라렌에

---

32 나는 2014년부터 2015년에 걸쳐 신문, TV를 포함해 여섯 매체로부터 사할린 잔류 일본인 문제와 관련한 취재에 응했다. 어느 TV 방송국의 취재에서는 '안보 법안' 국회 심의 시기였다는 것도 있어서 양자와 연관된 코멘트를 요구받았다. 그러나 잔류자 발생의 주요 요인 중 하나인 소련의 가라후토 침공은 "(일본이 이전에 그랬던 것처럼) 일본이 군사침공 의도를 갖고 있지 않은 국가로부터 군사침공을 받을 가능성이 있다(그러므로 억지력이 필요)"라는 것을 보여주는 사례도 될 수 있다. 또한 사할린 잔류자가 '잔류자'가 되었던 주요 요인 중 하나는 전후 국제질서 속에서 사할린 혹은 소련과 일본, 한국 사이의 교통과 통신이 곤란해졌다는 것 등이 언급된다. '잔류'를 '전쟁'이라는 문맥뿐만 아니라 지역연구(border studies)에서 말하는 경계의 '투과성'(permeability)(アレクサンダー C. ディーナー, ジョシュア ヘーガン, 川久保文紀 譯, 『境界から世界を見る ——ボーダースタディーズ入門』, 岩波書店, 2015, p. 90)으로 이해할 수 있을 것이다.

33 앞의 논문 「冷戰期歸國」, p. 7.

34 「不満ぶちまける引揚者 まるで'朝鮮ダモイ'日本人は片すみに」, 『朝日新聞』 1975年

이르러서는 일본인만으로 구성된 귀국자 세대를 '진정한 귀국자'라 하고, 한인 가족을 동반한 세대에 대해서는 '거짓 귀국자'인 것처럼 보도했다.[35]

그러나 이러한 견해를 바꾼 것은 1975년에 시작된 '가라후토 재판'이었다. 전술한 바와 같이 냉전 시기에 일본으로 귀국한 한인들은 한·일 양국 정부에 사할린 잔류한인의 귀국 실현을 계속 청원했다. 이러한 활동에 다카기 겐이치(高木健一) 등 일본인 변호사가 합류해 일본 정부를 피고로 하는 '가라후토 재판'을 성사시켰다. 원고 측의 대략적인 논리는 우선 한인 잔류의 애초 원인이 일본 정부에 의한 전시동원이며, 또한 전시동원 자체가 비인도적인 것이었으므로 거기에 책임이 있는 일본 정부가 전후의 잔류에도 책임을 져야 한다는 것이었다.[36] 여기서는 전후 일본의 외교권 상실이나 소련·한국 정부의 책임이 불문에 부쳐졌다. 이것 또한 "움직일 수 있는 것을 움직이는 노력을 한다"라는 운동의 현실주의의 결과라고 할 수 있다.

이 재판을 통해 강제연행 피해자로서의 가라후토 한인상(像)이 일본 사회에 퍼졌다고 할 수 있다. "잠든 때 습격당해 폭력적으로 끌려갔다"와 같은 물리적 강제연행의 예가 강조되었다.[37] 그러나 반드시 이러한 사례를

8月 1日(夕刊).

35 「まだ五百余名残留か 第六次樺太引揚げ終る」, 『樺連情報』 第114號, 1959年 3月.

36 『訴狀 樺太殘留者歸還請求權訴訟事件』(東京地方裁判所, 1975年 12月 1日, 國文學研究資料館 所藏)에는 "피고국의 이러한 정책(인용자 주: 국가총동원법에 의한 '총동원 업무라는 명목의 강제노동'을 가리킴)의 희생자로서 '남가라후토'의 땅에 강제연행(국민징용령에 의하면, 관 알선 등의 여부와 상관없이 당시의 노무동원 계획 아래 개인의 자유의지가 억압되어 고향에서 연행된 것에 변함은 없다)되어 강제노동에 처해진 자임에도 불구하고, 일본의 패전 후에는 같은 곳에 내버려져 피고국의 어떠한 외교적 보호도 받지 못한 채 스스로의 의지에 의하지 않고 주석에 쓰인 장소에 어쩔 수 없이 헛되이 머물고 있다", "원고들의 이러한 처지는 오로지 피고국의 강제연행에서 유래하는 것이므로 피고국에 원고들을 구제할 의무가 존재하는 것은 의심할 바 하나 없이 명백하다"고 주장했다.

37 예를 들어 가라후토 재판에서 중심적인 역할을 맡았던 다카기 겐이치는 저서에서 "최정식(崔正植)은 …… 갑자기 순사와 목검을 든 일본인에게 새벽녘에 자고 있을

전형적인 예로 단언하기는 어렵다. 왜냐하면 예를 들어 가라후토귀환재일한국인회의 회장 박노학(朴魯學)과 부회장 이희팔(李義八)도 이와 같은 물리적 강제연행으로 가라후토에 간 것은 아니기 때문이다.[38] 더 나아가 패전 시점의 가라후토 한인의 3분의 1은 전시동원 이전부터 가라후토에 거주했던 이주 한인으로,[39] 그들의 관점에서 본다면 '강제연행'이 아니라 '잔류'야말로 부조리한 것이다.

냉전 시기의 이러한 경위로 인해 냉전 시기 이후의 일본 사회에서는 한인에 대해 이하의 두 가지 '기억'이 충돌하고 있다. 첫 번째는 상기한 것처럼 강제연행의 피해자라는 한인상(像)이다. 이것은 가미시쿠카(上敷香) 사건이나 미즈호(瑞穂) 마을사건 등 소련 침공 때 일어난 일본인에 의한 한인학살 사건도 점차 알려져서 더욱 보강되었다.[40] 한편으로, 확실히 한인은 있었으나 자신들은 학우나 동료였으며 그 우호적 관계는 냉전 시기 이

때 습격당해 목검으로 구타당하고 연행되어 …… 가라후토의 호로나이(幌内) 비행장 공사 건설현장이었던 …… 합숙소에 수용되어 …… 일요일도 없이 연일 철야의 중노동으로, 식사는 조악하고 임금은 명목으로도 일본인의 절반 이하 …… 도망치려고 했지만 반죽음이 되도록 구타당하고, 모국어인 조선어로 말하는 것도 금지당하는, 인간성을 빼앗긴 존재였다"(高木健一, 『サハリンと日本の戰後責任』, 凱風社, 1990, p. 138)라는 사례를 소개하고 있다.

38 박노학에 대해서는 『樺太の實情と歸還後の動態 ─ 朴魯學の半生涯』, 國文學硏究資料館 所藏, 1970년; 이희팔에 대해서는 졸고 「サハリン韓人の下からの共生の模索 ─ 樺太·サハリン·韓國を生きた樺太移住韓人第二世代を中心に」, 『境界硏究』 第5號, 2015, p. 22 참조. 양자 모두 모집을 알고 나서 응모, 계약, 출발까지 어느 정도의 시일이 걸렸으며, 앞에서 언급한 최정식과는 가라후토에 가게 된 과정이 크게 다르다.

39 종전 시점에 가라후토에 있던 한인의 숫자와 그 검증에 대해서는 앞의 논문 「サハリン韓人」(pp. 9~11) 참조.

40 또한 한국에서 1972년 이후 방송된 공산권 잔류 조선인에 대한 '사람 찾기' 방송에서는 반공 프로파간다 방송으로서의 성격으로 인해 사할린 잔류한인이나 중국 조선족은 공산주의 국가에서 '가혹한 생활을 강요당하고 있는' '구출'해야 할 동포로 표상되었다(玄武岩, 『コリアン·ネットワーク ─ メディア·移動の歷史と空間』, 北海道大學出版會, 2013, pp. 159~64).

후에 다시 부활했다는 인양자의 '기억'도 존재했다. 이것은 앞서 언급했듯이 냉전 시기 이후에는 인양자가 사할린을 재방문함으로써 가두에서 잔류한인과 일본어로 대화하거나 경우에 따라서는 동창생과의 재회나 교류도 일어남에[41] 따라 보강되었다.

어느 인양자는 회상기에서 '징용'으로 가라후토에 온 한인의 존재를 언급하고 있다.[42] 그러나 이 인양자는 그 한인이 동료였으며, 여가를 같이 즐기는 등 아우처럼 총애했고, 그 한인 스스로 조선에 있을 때보다도 가라후토에서의 일이 편하다는 얘기를 기록해 "징용으로 왔다는 한인은 있었지만, 사이도 좋았고 일에서도 차별대우가 있었던 것은 아니다"라는 상(像)을 그리고 있다. 또한 애당초 이 인양자는 그 당시 한인이 '징용'으로 왔다는 것을 몰랐으며, 전후가 되어서야 알았다고 적고 있다. 즉 직장에 한인이 있었던 것에 대해 그것을 전후에 알게 된 강제연행과 결부지어 해석해 동원 한인의 비인도적 대우의 이미지를 불식하고자 하는 것이다.

---

41 池田貴夫, 「引き揚げた人, 殘された人」, 島村恭則 編, 『引揚者の戰後』, 新曜社, 2013. 나는 日本國外務省, 「樺太日本人墓地等委託調査」(日本サハリン交流協會 受託, 2016年度)에 협력했을 때 전후 사할린에 건립된 12기가 넘는 일본인 관계 위령비의 현지조사와 문헌조사를 실행해 이 위령비 건립에서 사할린 한인이 협력한 사례를 다수 볼 수 있음을 알았다. 이러한 교류사에 대해서도 향후 집필할 예정이다.

42 "쇼와 19년 12월 …… 오지제지(王子製紙) 오치아이(落合) 공장에 복직해, …… 직장에는 중년들뿐이며, 젊은 사람은 나와 김이라는 조선인 청년뿐이었다. 김 청년은 경상북도에서 징용되어 온 청년으로 일을 잘했다. …… 당시 그녀들(인용자 주: 근로동원된 고등여학교 생도)은 물론, 우리들도 강제징용이라는 사실을 몰랐고, 단지 머나먼 조선에서 왔다고 해 동정하고 있었다. 김 청년의 집은 농가로, 부모님은 50을 넘겼으나 건재하고 생활은 안정되어 있었다고 했다. …… '김 씨, 일 힘들지 않아?'라고 내가 물으면, '농사일보다 훨씬 편해'라며 웃었다. …… 나는 그를 올봄에 현역병으로 입대한 남동생 대신 총애해 제대로 만족스러운 것을 먹지 못하고 있던(인용자 주: 저자에 의하면, 자급할 수 있는 가정 채소밭을 갖고 있지 않아서 배급품만으로 생활했기 때문에) 그를 자주 우리 집에 데려왔다. …… 휴일에는 자주 그를 데리고 등산이나 피라미 낚시를 하거나, 구로가와(黑川)의 붓꽃 들판에 가거나 했다"(松田靜偲, 『サハリン抑留七百九十七日』, 文藝社, 2007, pp. 120~23).

인양자와 잔류자의 '기억'에 공통된 것은 침공 시기와 점령 시기에 '전승국민'처럼 행동하는 한인의 모습이다. 이것은 미군 점령 아래의 일본에도 공통된 것이지만, 가라후토의 경우는 여기에 일부 한인에 의한 일본인 여성에 대한 직·간접적 결혼 강요가 더해져 가해자로서의 한인상(像)을 만들어낸다. 다만 당시 한인과 결혼한 일본인 여성에 대해 마치 민족의 배신자처럼 평하는 인양자도 존재한다.[43]

이러한 충돌을 풀기 위해서는 우선 전시동원이 시작되기 전에 이미 가라후토에 거주하고 있었던 이주 한인과 전시동원으로 가라후토에 건너온 동원 한인을 구별하는 방법이 유효하다. 또한 가해론 / 피해론의 덫에 빠지지 않고, 피해자는 가해자도 될 수 있다는 당연한 사실을 받아들이는 것, 그리고 안이한 일반화를 조심하는 것도 중요하다.[44] 그를 위해서는 사례를 수집하는 것, 그리고 책임론이 아닌 원인론으로부터 그 사례들을 정밀히 조사해가는 방법이 필요하다.

맺는말

이상으로 이 글에서는 구 가라후토 주민들이 겪은 복수의 '전후'에 대해 논했다. 인양자도 잔류자도 스스로를 소련의 가라후토 침공의 피해자로 인식하고 있다는 점에서 공통되지만, 전자가 가라후토로부터 쫓겨난 것을, 후자가 가라후토에 잔류한 것을 그 피해의 근간으로 삼고 있는 점에서는 다르다.

---

43 앞의 논문 「なぜ'數'を問うのか?」(p. 71)에서는 사할린 잔류 일본인에 대해 "선의 때문에 '순수'한 '피해자'상을 구축하려고 해버리"는 인식구조와, 조선인 위안부를 소녀로서 상징하게 하는 인식구조 사이에 유사성이 보인다고 지적했다.

44 사할린 한인과 사할린 잔류 일본인의 다양성에 대해서는 앞의 논문 「サハリン韓人」, 「サハリン殘留日本人」, 「冷戰期歸國」에서도 이미 서술했다.

강제연행 피해자로서의 한인상(像)은 가라후토 판결 이후 일본 사회에 퍼져 갔으나, 이것은 본래 동원 한인에만 해당할 수 있는 상(像)이었다. 따라서 이주 한인 이외에 접점이 없었던 인양자의 다수에게 이것은 받아들이기 힘든 '기억'이었다. 한편 인양자도 일본인 잔류자도, 일부 한인의 전후 횡포나 결혼 강요 등 가해자로서의 한인상(像)을 그리고 있다는 점에서는 공통된다.

흥미로운 것은 냉전 시기 이후 일본에서의 귀국운동은 모두 운동의 현실주의와 운동체의 사상적 배경으로 인해 일본 정부를 가해자로 자리매김했다는 점이다. 냉전 시기 이후에는 위협적 존재로서의 소련이 소멸했으므로 일본의 매스미디어에서는 소련의 비인도성에 대한 추궁은 후퇴하고 일본 정부의 식민지 책임과 전쟁 책임 추궁, 현재의 '우경화'에 대한 경종만이 강조되는 결과를 낳았다.

이러한 복수의 '전후'는 소련의 피해자로서는 분명 연대할 수 있는 일본인과 한인을 피해론/가해론의 덫에 빠뜨리고, 일본과 한국이라는 국가 레벨에서 대립시키는 불씨마저 되고 있다.[45] 기억의 충돌[46]을 풀기 위해서는 안이한 일반화와 책임론을 피하고 원인론의 관점에서 사례를 수집·축

45　세미나의 일반 참가자로부터 받은 "조선인은 잔류를 강요당해 비극이지만, 일본인은 조국으로 인양할 수 있었으니까 비극도 뭣도 아니다"라는 발언이 내게는 매우 인상 깊었다. 이 발언에 대한 나의 생각은 앞의 논문 「なぜ"數"を問うのか?」에서 서술했다.

46　근년 일본의 일부 보수 미디어에서는 '역사전쟁'이라는 말이 빈번히 보이게 되었다 (「【歷史戰 第1部 河野談話の罪(1)前半】裏付けなき糾彈許した日本外交の事なかれ主義, 決別の時」, 『産經ニュース』 2014年 4月 1日 發信, http://www.sankei.com/politics/news/140401/plt1404010025-n2.html〔最終閱覽: 2015年 12月 8日〕 등). '역사전쟁'이 아닌 '역사대화'를 촉진하는 토양을 만드는 것은 역사연구자의 책무 중 하나일 것이다. 과학연구비조성사업 '신학술영역연구'로서 2017년도부터 '화해학의 창성(創成) — 정의가 있는 화해를 구하여'(대표: 와세다 대학 아사노 도요미(淺野豊美) 교수)가 채택되어 나도 연구 분담자의 일원으로서 참가하게 되었다. 이 연구 프로젝트가 국가나 민족, 이데올로기의 '봉사자'가 아닌 '애지(愛智)의 도(徒)'인 사람들에 의해 성과를 내기 위해 진력하고 싶다.

적해가는 착실한 실증이 유효할 것이다.[47]

[번역: 손장희, 오사카대학 박사과정]

---

47 복수의 '전후'가 병립하는 것 자체는 비난받아야 할 것은 아니지만, 그 사이
    에 '역사전쟁'과 같은 치열한 관계가 발생하는 것을 어떻게 조정하고 막을 것인
    지는 연구자의 역할이며, 요시다 증언의 오보 문제에 대한 『아사히 신문』의 「當
    時は研究が乏しく同一視」という辨明('挺身隊'との混同 當時は研究が乏しく同一
    視」,『朝日新聞 DIGITAL』 2014年 8月 5日, http://www.asahi.com/articles/
    ASG7M01HKG7LUTIL067.html〔最終閱覽: 2015年 1月 6日〕)을 겸허히 받아
    들인다면, 연구의 공백과 지체는 이러한 예방과 조정의 기회를 잃어버리는 것을 의
    미한다.

| 편자 및 집필자 소개 |

1. 편자

• 박훈(朴薰)

1965년생. 도쿄대학 박사. 일본근세·근대사 전공. (현) 서울대 동양사학과 교수.

(주요 저서) 『메이지유신과 사대부적 정치문화』, 서울대출판문화원, 2019; 「武士
の政治化と「学党」: 一九世紀前半の日本における「士大夫的政治文化」の台頭」,
『公論と交際の東アジア近代』, 東京大學出版會, 2016; 「幕末政治變革と'儒教
的政治文化'」, 『明治維新史研究』 8, 2012; 『講座 明治維新 1: 世界史のなか
の明治維新』(共著), 有志舍, 2010.

[현재 연구 프로젝트] 일본 국가주의 기원 연구.

• 미타니 히로시(三谷博)

1950년생. 도쿄대학 박사. 19세기 일본사, 동아시아사, 비교사 전공. (현) 도쿄대학
명예교수.

(주요 저서) 『維新史再考: 公議·王政から集權·脱身分化へ』, NHK出版, 2017; 『愛
國·革命·民主: 日本史から世界を考える』, 筑摩書房, 2013; 『東アジアの公論
形成』, 東京大學出版會, 2004.

[현재 연구 프로젝트] '공론과 폭력'을 주제로 한 혁명의 세계 비교.

• 장샹(張翔)

1957년생. 히로시마대학 박사과정 수료. 일본근세근대사상사, 동아시아비교사상사
전공. (현) 푸단대학 역사계 교수.

(주요 저서) 張翔·園田英弘 編, 『「封建」·「郡県」再考: 東アジア社會体制論の深層』,
思文閣出版, 2006; 『中日文化異同論の推移: 近代以降の日本と歐米の學界を
中心に』(日文研フォーラム 264), 国際日本文化研究センター, 2018; 張翔·大里
浩秋·小林一美 編, 『中國と日本: 未來と歷史の對話への招待』, 御茶の水書房,
2011.

[현재 연구 프로젝트] 근세 일본에서의 유교(宋學) 문명화 연구.

2. 집필자: 논문 게재순

• 하세가와 슌지(長谷川順二)

1974년생. 학습원대학 박사. 중국고대역사지리학 전공. (현) 학습원대학 비상근강사.
(주요 저서) 『前漢期黃河古河道の復元: リモートセンシングと歷史學』, 六一書房, 2016; 「黃河安流說の檢討: リモートセンシングデータを利用した黃河古河道復元」, 渡邊義浩 編, 『學際化する中國學: 第十回日中學者中國古代史論壇論文集』, 汲古書院, 2019; "A Study of the Ancient Channel of the Yellow River Using Remote Sensing Data: A Comparison of Distinctive Features of the Yellow River during the Former Han and the Yellow River Described in the Shuijing Zhu", *Memoirs of the Research Department of the Toyo Bunko* 75, 2017.

• 김현선(金賢善)

1982년생. 화중(華中)사범대학 박사. 중국질병사 전공. (현) 동국대 문화학술원 연구교수.
(주요 저서) 『국가와 감염병: 역병에서 질병 X까지』(공저), 세창출판사, 2023; 「明淸時期兩湖疫災: 時空分佈, 影響與社會應對」, 華中師範大學 博士學位 論文, 2016.

• 이재환(李在晥)

1978년생. 서울대 박사. 한국고대사 전공. (현) 중앙대 역사학과 교수.
(주요 저서) 『신라는 정말 삼국을 통일했을까: '삼국통일'을 둘러싼 해석과 논쟁』(공저), 역사비평사, 2023; 「7세기 중·후반 동북아시아의 전쟁을 어떻게 부를 것인가?」, 『역사비평』 126, 2019; 「함안 성산산성 출토 신라 荷札의 성격에 대한 새로운 접근」, 『한국사연구』 182, 2018; 「「성주사 낭혜화상탑비」의 '得難'과 '五品' 재검토」, 『목간과문자』 15, 2015.

• 김영인(金映印)

1982년생. 서울대 석사. 한국근세사상사 전공. (현) 서울대 규장각한국학연구원 선임연구원.
(주요 저서) 「「학교모범(學校模範)」 다시 읽기」, 『나의 자료 읽기, 나의 역사 쓰기』, 경인문화사, 2017; 「17세기 후반 조성기(趙聖期)의 "사공(事功)" 중심 사유와 경세사상(經世思想)」, 『한국사론』 54, 2008.

- 장펑(姜鵬)

1978년생. 푸단(復旦)대학 박사. 중국사상문화사 전공. (현) 푸단대학 역사학계 부
교수.

(주요 저서)『北宋經筵與宋學的興起』, 上海古籍出版社, 2013;「司馬光施政理念在
歷史編纂中的表達: 從《資治通鑑補》對原作的改動說起」,『復旦學報』(社會科
學版), 2015, 第2期;「『資治通鑒』文本的內外語境: 兼說『通鑑紀事本末』的體
裁障礙」,『學術研究』, 廣東, 2011, 第12期.

- 당리궈(唐利國)

1974년생. 베이징(北京)대학 박사. 일본사, 일본정치사상사 전공. (현) 베이징대학
역사학계 부교수.

(주요 저서)『兵學與儒學之間: 論日本近代化先驅吉田松陰』, 社會科學文獻出版社,
2016;『武士道與日本的近代化轉型』, 北京師範大學出版社, 2010; 戰時期日
本における思想戰の展開: 国内議論を中心に」,『年報 日本現代史』23, 現代資
料出版, 東京, 2018.

- 왕신레이(王鑫磊)

1981년생. 푸단대학 박사. 명청동아시아사 전공. (현) 푸단대학 문사(文史)연구원
부연구원.

(주요 저서)『同文書史: 從韓國漢文文獻看近世中國』, 復旦大學出版社, 2016;「朝鮮
王朝對明朝薛瑄從祀的反應」,『史林』, 上海, 2014, 第3期;「帝國斜阳下的親
密接觸: 談朝鮮官員金允植的天津领选」,『復旦學報』(社會科學版), 2010, 第
2期.

- 쓰지 야마토(辻大和)

1982년생. 도쿄대학 박사. 조선왕조사 전공. (현) 요코하마(橫浜)국립대학대학원 도
시이노베이션연구원 준(准)교수.

(주요 저서)『朝鮮王朝の對中貿易政策と明淸交替』, 汲古書院, 2018;『調査研究報
告64号: 東アジアの歴史イメージとコンテンツ』(編著), 學習院大學東洋文化研
究所, 2018;「17世紀初頭朝鮮の對明貿易: 初期中江開市の存發を中心に」,『東
洋學報』96(1), 2014.

- 와타나베 미키(渡邊美季)

1975년생. 도쿄대학 박사. 류큐사, 동아시아해역사 전공. (현) 도쿄대학대학원 총합

문화연구과 준교수.

(주요 저서) 『近世琉球と中日關係』, 吉川弘文館, 2012; 『地域史と世界史』(共著), ミ
ネルヴァ書房, 2016; 『東アジア海域に漕ぎだす 1: 海から見た歷史』(共著), 東
京大學出版會, 2013.

• 고노 유리(河野有理)

1979년생. 도쿄대학 박사. 일본정치사상사 전공. (현) 수도대학도쿄(首都大學東京)
법학부 교수.

(주요 도서) 『明六雜誌の政治思想: 阪谷素と「道理」の挑戰』, 東京大學出版會, 2011;
『僞史の政治學:新日本政治思想史』, 白水社, 2016; 『田口卯吉の夢』, 慶應義塾
大學出版會, 2014.

• 쑨칭(孫青)

1976년생. 푸단대학 박사. 중국근현대사, 문화사, 교육사, 중외문화교류사 전공. (현)
푸단대학 역사학계 부교수.

(주요 저서) 『晚淸之"西政"东渐及本土回应』, 上海書店出版社, 2009; 「魔灯镜影:
18-20世纪中國早期幻灯的放映, 制作與传播」, 『近代史研究』, 北京, 2018,
第4期; 「引渡"新知"的特殊津梁: 清末射策新學选本初探」, 『近代史研究』, 北
京, 2013, 第5期.

• 가나야마 야스유키(金山泰志)

1984년생. 니혼(日本)대학 박사. 일본근현대사 전공. (현) 요코하마시립대학 국제교
양학부 준교수.

(주요 저서) 『明治期日本における民衆の中國觀: 教科書·雜誌·地方新聞·講談·演劇
に注目して』, 芙蓉書房, 2014; 「一九三〇年代の『少年俱樂部』に見る日本の中國
觀」, 『メディア史研究』 45, 2019; 「大正期の映畫受容に見る日本の中國觀: 映
畫雜誌を素材に」, 『ヒストリア』 251, 2015.

• 다이하이빈(戴海斌)

1978년생. 베이징대학 박사. 중국근대정치외교사 전공. (현) 푸단대학 역사학계 부
교수.

(주요 저서) 『晚淸人物叢考』(初編, 二編), 三聯書店, 2018; 「《辛丑條約》談判前後的
中方"全權"問題」, 『歷史研究』, 北京, 2018, 第4期; 「書評·岡本隆司·箱田惠
子·青山治世著《出使時代の日記: 淸末の中國と外交》」, 『中國硏究月報』 第

7卷 第9號, 東京, 2016.

• 황푸추스(皇甫秋實)

1984년생. 푸단대학 박사. 중국경제사 전공. (현) 푸단대학 역사학계 부교수.
(주요 저서)『危机中的選擇: 戰前十年的中國卷煙市場』, 東方出版中心, 2016;「中美工商業協進會與戰後中美經濟關係」,『中國經濟史研究』, 北京, 2018, 第5期.

• 이정선(李正善)

1982년생. 서울대 박사. 한국근대사 전공. (현) 조선대 역사문화학과 부교수.
(주요 저서)『'동화'라는 양날의 검: 일제강점기 '내선결혼' 정책과 그 실상』, 동북아역사재단, 2023;『동화와 배제: 일제의 동화정책과 내선결혼』, 역사비평사, 2017;「「内鮮結婚」の子どもたち: 内地人と朝鮮人の狭間で」,『歴史評論』815, 歴史科學協議會, 東京, 2018;「『内鮮結婚』にみる帝国日本の朝鮮統治と戸籍」,『朝鮮史研究會論文集』52, 朝鮮史研究會, 東京, 2014.

• 정지희(鄭知喜)

1976년생. 캘리포니아 대학 샌디에이고(UCSD) 박사. 일본근현대사 전공. (현) 서울대 일본연구소 부교수.
(주요 저서)『흔들리는 공동체, 다시 찾는 '일본'』(공저), 박문사, 2019;『탈 전후 일본의 사상과 감성』(공저) 박문사, 2017; "Seductive Alienation: The American Way of Life Rearticulated in Occupied Japan", *Asian Studies Review* 42(3), 2018; "Playing with New Rules: Radio Quiz Shows and the Reorientation of the Japanese under the U.S. Occupation, 1945-1952", *Historical Journal of Film, Radio and Television* 34(4), 2014.

• 황선익(黃善翌)

1977년생. 국민대 박사. 한국근대사(해외한인사회사) 전공. (현) 국민대 한국역사학과 교수.
(주요 저서)「대만 광복 후 한인 귀환과 일본인 인양」,『역사와교육』26, 2018;「해방 후 귀환구호운동의 전개와 미군정의 대응」,『한국근대사연구』85, 2018;「일본 방위연구소 소장 조선주둔 일본군 관계사료의 구성과 성격」,『한국민족운동사연구』83, 2015.

- 나카야마 다이쇼(中山大將)

1980년생. 교토대학/홋카이도대학 박사. 농업사회사, 이민사회사, 경계지역사 전공.
(현) 쿠시로(釧路)공립대학 전임강사.

(주요 저서) 『亞寒帶植民地樺太の移民社會形成: 周緣的ナショナル·アイデンティテ
ィと植民地イデオロギー』, 京都大學學術出版會, 2014; 『サハリン殘留日本人と
戰後日本: 樺太住民の境界地域史』, 國際書院, 2019; "Japanese Society on
Karafuto", in (ed.) Svetlana Paichadze, Philip A. Seaton, *Voices from the
Shifting Russo-Japanese Border: Karafuto/Sakhalin*, Oxon: Routledge,
2015.